日本古代の儀礼と社会

西本昌弘 編

八木書店

はしがき

私は二〇二五年二月に七十歳の節目を迎え、三月末に関西大学を定年退職する。一九九九年四月に着任してから二十六年間の月日を千里山の学舎で過ごしたことになる。この間、多くの学部生・大学院生とともに日本古代史の諸問題について学び、また、日頃から親しくさせていただいている研究者の方々には、関大の学部や大学院へのご出講をお願いするなどして、学生・院生たちの研究指導にご尽力いただいた。私の退職を機会に記念の論文集を編むこととし、ともに学んだ人々やご出講いただいた方々にお声がけしたところ、幸いにも一八名の方々から玉稿をお寄せいただき、充実した日本古代史の論文集を編集することができた。以下、お寄せいただいた論考を三部に分けて掲載することとする。

第一部には「**儀礼と王権**」と題して、王権に関わる儀礼や祭祀に関わる論考を収めた。

西本昌弘「不改常典と神祇令践祚条」は、不改常典とは践祚儀礼を定めた神祇令践祚条のことで、この規定が近江令から養老令まで受け継がれたため天智の定めた不改常典と称されたとし、この儀礼は高天原に発する神性を新帝に付与する重大な意味を有したと論じる。**山内晋次「日本近世の航海信仰からみた古代の持衰」**は、近世の日本・琉球や十二世紀の中国・朝鮮における航海時の断髪祈願習俗の源流に、中国古代の魂と毛髪の関係をめぐる共通した観念が存在することを指摘し、魏志倭人伝が持衰は「不梳頭」(整髪しない)と記すのも同様の習俗に基づくものと説く。**市大樹「古代行幸の運用実態」**は、『延喜式』の行幸規定と実際の行幸記事を対比検討して、行宮の整備をはじめとする運用の実態に迫り、聖武天皇の紀伊行幸・関東行幸・難波行幸などの意味を問い直す。また行幸時に海路や河川が利用された場合があることを指摘する。**姚晶晶「『唐暦』と「日本」国号への変更期間について」**は、中唐の柳芳が建中三年(七八二)頃に完成させた『唐暦』は、倭国から日本への国号変更を最初に記した史書として、古代・中世の日本人に注目されたとする。**二星祐哉「荷前別貢幣と諸王発遣の意義」**は、六国史所載の山陵臨時奉幣使の変遷を検討し、公卿を長官、四位・五位王を次官とする発遣方式は延暦四年(七八五)よりみえ、公卿発遣制は八世紀半ばには成立していたとする。また神嘗祭使の考察も踏まえて、諸王発遣制のもつ重要性を強調する。**笹田遥子「斎院の交替制」**は、天皇即位時に留任する場合のあった斎院の性格を斎宮と比較して検討し、斎院には天皇と対面して祭祀権を分与される発遣儀式がなく、斎院は神前に奉納される存在であったため、代替わりごとに選び直される意味が薄かったとみる。

第二部には**「仏教と社会」**と題して、古代仏教と国家・社会との関わりを追究した論考を収録した。**田島公『伊勢物語』第九段 東下り「都どり」の歌と「豊嶋ミヤケ」・「浅草寺縁起」―在原業平の「事問ひ」の和歌と「特牛」・「檜前」氏―」**は、東京の言問通りと関わる『伊勢物語』の名歌「いざ言問はむ 都鳥」の由来を探り、古代の隅田川河口にムサシ国造が経営する牛牧から発展した豊嶋ミヤケがあり、強健な牛を意味する「特牛」(こっとひ、ことひ)という地名で呼ばれたとし、このミヤケ在住の檜前氏が信仰した観音菩薩像とその仏堂が浅草寺の起源であると説く。**若井敏明「行基にかんするいくつかの問題」**は、養老期の行基は困窮した僧尼の活動を維持しようとして弾圧されたが、のちに和泉や昆陽野で公共事業を請け負う活動を展開して聖武天皇に認められたとし、行基の大僧正登用には玄昉が反発したと論じる。**家村光博「行基と池溝開発」**は、行基が大鳥郡周辺で池溝開発に取り組んだのは斜陽化した陶邑窯跡群の丘陵地を耕作地にするためとし、狭山池の堤で行基が修造した第一一層も本来は第一〇層と同規模の高さがあったろうとする。**鈴木拓也「長岡遷都・廃都と早良親王」**は、『類聚三代格』から廃太子直後の早良親王を救うために祈禱が行われていたことを示す延暦四年十月五日官符を見出し、早良と南都寺院は連携して長岡遷都に反対していたとする。また、長岡京を最終的に終わらせたのはやはり早良の怨霊問題であったと説く。**櫻木潤「和気氏と最澄・空海」**は、天台・真言両宗の開創に尽力した和気氏の動向を清麻呂と広世らの二代にわたって追跡する。延暦末年に桓武天皇の意を受けて広世は最澄を支援し、弘仁以降は真綱・仲世が空海を支援するようになるのは、和気氏が仏教の新潮流を敏感に感じ取ったからであるとする。**山口哲史「平安時代中後期における四天王寺俗別当の補任と芸能」**は、四天王寺俗別当は伽藍の修造や惣用帳の覆勘を職掌とし、十一世紀後半以降は院の近臣たる大納言と弁官が補任されたこと、藤原兼通・師長ら芸能に通じた者が俗別当に任じたことを契機に、四天王寺楽所・舞楽が発展したことなどを論じる。

第三部には「**政務と文物**」と題して、摂関制を含めた広義の政務と典籍・文物に関わる論考を収めた。**鴨野有佳梨「太政大臣の権能からみた摂政・関白の成立」**は、近江令制下の大友皇子の任太政大臣、浄御原令制下の高市皇子の任太政大臣、『令集解』における太政大臣の解釈などを吟味して、太政大臣にはのちの関白的な権能があり、文徳天皇も藤原良房に「摂任する」ことを期待して太政大臣に任命したとする。**鈴木景二「大極殿炎上と清和天皇の退位」**は、応天門の変後、若き清和天皇は疑義を退けて伴善男を厳しく処断したが、貞観十八年（六七五）に大極殿が炎上するとこれを伴善男の祟りによるものと認識し、その退位を早めたとみる。**藤井貴之「季禄の変遷と財源」**は、季禄は貞観年間以降、年料別納租穀による支給となるが、やがて支給・不支給を繰り返すようになり、特定官人への給禄である位禄定がはじまると、全官人への給禄である季禄は衰退していったとする。**高田義人「平安時代における天文勘申と中原氏」**は、外記の最上首たる局務に任じた中原氏は、中国典籍に通じていたため天文学習宣旨・天文密奏宣旨を蒙ることができ、世襲的に天文密奏者を輩出したが、平治の乱に関わった師業が大外記を罷免され、局務が庶流の師元に移ると、中原嫡流家は衰退し、やがて所蔵の文書類は後白河院や九条兼実に譲渡されたと説く。**小倉慈司「近世における『政事要略』の伝来―前田綱紀蒐集本を中心に―」**は、金沢文庫本『政事要略』一九巻の行方を追跡したもので、一八巻は江戸時代に木下順庵を介して一条家に、巻六九残簡は前田家に売却されたが、一条家の古本は延宝三年（一六七五）に焼失したこと、前田家尊経閣文庫に現存する金沢文庫本の巻二五・六〇は延宝九年頃に前田家に入ったことなどを明らかにする。**並河暢子「安閑天皇陵とガラス碗―東北大学附属図書館所蔵　速水宗達『御玉まりの説』より―」**は、安閑天皇陵出土と伝わるガラス碗の形状と発見経緯を寛政五年（一七九三）に記した新史料を紹介し、高屋城落城後に一帯を支配した田中氏の家僕が田畑を作る際に玉碗を掘り出し、百余年後に西琳寺に寄贈したことを再確認する。

今から約五十年前の一九七〇年代前半には、日本古代史の分野では大化前代史の研究がいまだ盛んで、井上光貞・直木孝次郎・岸俊男の諸氏らの著作が大きな影響力を及ぼしていた。石母田正氏の『日本の古代国家』が刊行されたのは一九七一年のことで、その三年後に大学に入学した私もこれを熟読したが、周囲が騒ぐほどの本質的な価値に気づいたのは後年になってからであった。それよりも井上・岸両氏らの研究の影響下にあった私は、改新否定論に違和感をもち、その可否を確かめるため大化改新を研究テーマの中心に定め、卒業論文では部民制、修士論文では畿内制について検討した。ただし、とくに前者は不出来なもので、難解なテーマに取り組むには能力不足であることを痛感した。

その後、はじめて定職を得た宮内庁書陵部では儀礼や儀式書の研究を進めることになり、京都御所東山御文庫への出張調査では『新撰年中行事』に巡り会うことができた。関西大学文学部に身を置くようになってからは、講義や演習を通して、学生・院生たちと多種多様な研究課題について議論を重ねたものである。こうした経験のなかで私も古代の仏教史や政治史・祭祀論などへの関心を深めるようになり、自身の研究テーマもさまざまに変化していった。また、関西大学東西学術研究所の研究班に参加してからは、東アジアのなかの日本を強く意識するようになり、そうした視点からの考察も行うようになった。

本書には最新の研究動向を踏まえたさまざまな論考をお寄せいただいたが、私のこれまでの拙い仕事を意識して下さった方もあり、期せずして大化前代史や儀礼・祭祀論、古代仏教史、典籍伝来論などに関わる好論が多く含まれることになった。まことに実り多い論文集となったことを喜ぶとともに、諸事多端のなか力作をお寄せ下さった方々に厚くお礼申し上げる次第である。また思い返せば、これまでの研究者人生を通してお世話になった方々は数多い。いちいちお名前をあげることはさし控えるが、この機会をかりて深甚の謝意を申し述べたい。

本書の出版に際しては、八木書店出版部の恋塚嘉氏が親身になって相談に乗って下さり、各論考の配列や記述の統一、誤引用の補正など編集と校正の全般にわたってご支援いただいた。そのご芳情に心よりお礼申し上げる。厳しい出版情勢のなか本書の刊行をお許しいただいた八木書店出版部代表の八木乾二氏にも感謝申し上げたい。

なお、本書は関西大学の二〇二四年度記念論文集等刊行補助金を受けて刊行されるものである。

二〇二四年八月

西本昌弘

目　次

第一部　儀礼と王権

不改常典と神祇令践祚条

西本昌弘

はじめに

元明天皇即位詔など歴代天皇の即位詔の多くには、天智天皇の立てた不改常典あるいは天智天皇の初め定めた法に従って即位したという文言が書かれている。この不改常典は皇位継承に関わる法と考えられるが、具体的にどのような法をさすのかについては、長らく議論が続けられているものの、いまだに決着をみていない。

本稿では、先学の研究を整理しつつ、近江令説を復活させる立場から、不改常典について考え直してみたい。

一　不改常典の史料

天智天皇の立てた不改常典や天智の初め定めた法という表現は、『続日本紀』に宣命体で記された元明即位詔・聖武即位詔・聖武譲位詔・桓武即位詔などのなかに姿をみせる。以下に関係箇所を書き出し、その意味するところを考えてみたい（読み下し文は「不改常典」の読み方以外は原則として新日本古典文学大系本『続日本紀』によった）。

A元明天皇即位詔（『続日本紀』慶雲四年〔七〇七〕七月壬子条）

A1　天皇、大極殿に即位きたまふ。詔して曰はく、「現神と八洲御宇倭根子天皇が詔旨と勅りたまふ命を、親王・諸王・諸臣・百官人等、天下公民、衆聞きたまへと宣る。関くも威き藤原宮に御宇しし倭根子天皇、丁酉の八月に、此の食国天下の業を、日並所知皇太子の嫡子、今御宇しつる天皇に授け賜ひて、並び坐して此の天下を治め賜ひ諧へ賜ひき。是は関くも威き近江大津宮に御宇しし大倭根子天皇の、天地と共に長く日月と共に遠く不改常典と立て賜ひ敷き賜へる法を、受け賜り坐して行ひ賜ふ事と衆受け賜りて、恐み仕へ奉りつらくと詔りたまふ命を衆聞きたまへと宣る。（後略）」

A2　（去年十一月、文武天皇が身労を理由に元明天皇に譲位の意思を伝え、元明はいったんは辞退したが、今年六月十五日に譲位の詔命を受諾したことを宣したのち）「故、是を以て、親王を始めて王臣・百官人等の、浄き明き心を以て、弥務めに弥結りに阿奈々ひ奉り補佐け奉らむ事に依りてし、此の食国天下の政事は、平けく長く在らむとなも念し坐す。また、天地と共に長く遠く不改常典と立て賜へる食国の法も、傾く事無く動く事無く渡り去かむとなも念し行さくと詔りたまふ命を衆聞きたまへと宣る。」

B聖武天皇即位詔（『続日本紀』神亀元年〔七二四〕二月甲午条）

禅を受けて、大極殿に即位きたまふ。天下に大赦す。詔して曰はく、「現神と大八洲知らしめす倭根子天皇が詔旨らまと勅りたまふ大命を、親王・諸王・諸臣・百官人等、天下公民、衆聞きたまへと宣る。（中略）大八嶋国知らしめす倭根子天皇の大命に坐せ詔りたまはく、「此食国天下は、掛けまくも畏き藤原宮に天下知らしめしし、みましの父と坐す天皇の、みましに賜ひし天下の業」と詔りたまふ大命を、聞きたまへ恐み受け賜り懼り坐す事を、衆聞きたまへと宣る。かく賜へる時に、みまし親王の齢の弱きに、荷重きは堪へじかと、念し坐して、皇祖母と坐しし、掛けまくも畏き我皇天皇に授け奉りき。此に依りて是の平城大宮に現御神と坐して、大八嶋国知らしめして、霊亀元年に此の天日嗣高御座の業食国天下の政を、朕に授け賜ひ譲り賜ひて、教へ賜ひ詔り賜ひつらく、「掛けまくも畏き淡海大津宮に御宇しし倭根子天皇の、万世に不改常典と立て賜ひ敷き賜へる法の随に、後遂には我子にさだかにむくさかに過つ事無く授け賜へ」と、（後略）」

C聖武天皇譲位詔（『続日本紀』天平勝宝元年〔七四九〕七月甲午条）

皇太子、禅を受けて、大極殿に即位きたまふ。詔して曰はく、「現神と御宇倭根子天皇が御命らまと宣りたまふ御命を、衆聞きたまへと宣る。（中略）。平城の宮に御宇しし天皇の詔りたまひしく、「挂けまくも畏き近江大津の宮に御宇しし天皇の不改常典と初め賜ひ定め賜ひつる法の随に、斯の天つ日嗣高御座の業は、御命に坐せ、いや嗣にながか御命聞こし看せ」と勅りたまふ御命を畏じ物受け賜はりまして、食国天下を恵び賜ひ治め賜ふ間に、万機密く多くして御身敢へ賜はずあれ、法の随に天つ日嗣高御座の業は朕が子王に授け賜ふと勅りたまふ天皇が御命を、親王等・王・臣等・百官人等、天下の公民、衆聞きたまへと宣る。（後略）」

D桓武天皇即位詔（『続日本紀』天応元年〔七八一〕四月癸卯条）

天皇、大極殿に御しまして、詔して曰はく、「明神と大八洲知らしめす天皇が詔旨らまと宣りたまふ勅を、親王・諸王・百官人等、天下の公民、衆聞きたまへと宣る。掛けまくも畏き現神と坐す倭根子天皇が皇、此の天日嗣高御座の業を掛けまくも畏き近江大津宮に御宇しし天皇の初め賜ひ定め賜へる法の随に、被け賜はりて仕へ奉れと仰せ賜ひ授け賜へば、頂に受け賜はり恐み、受け賜はり懼ぢ、進むも知らに退くも知らに恐み坐さくと宣りたまふ天皇が勅を、衆聞きたまへと宣る。（後略）」

A元明天皇即位詔は元明が大極殿に出御して即位儀を行ったとき、親王・諸王・諸臣・百官人以下、天下公民らに宣言した宣命である。その前段A1では、丁酉年（持統十一年・文武元年、六九七）の八月に、持統天皇が日並所知皇太子（草壁皇子）の嫡子である文武天皇に譲位し、並び坐して天下を統治したが、これは天智天皇が立て賜い敷き賜える「不改常典」を「受け賜り坐して行ひ賜ふ事」であると述べている。

後段のA2では、文武の譲位の意思を受けて即位した元明は、親王・王臣・百官人らの輔佐によって食国天下の政事は平けく長く保たれるであろうこと、また、「不改常典と立て賜へる食国の法」も「傾く事無く動く事無く」伝えられるであろうことを念じる旨を宣している。

B聖武天皇即位詔は聖武が大極殿に出御して即位儀を行ったとき、親王・諸臣・百官人ら、天下公民らに宣言した宣命である。ここでは霊亀元年（七一五）に元明が元正に譲位した際に、天智の立て賜い敷き賜える「不改常典」の「随に」、後には聖武に誤りなく皇位を授けるよう教え賜い詔り賜ったことが述べられている。

C聖武天皇譲位詔は聖武天皇の譲りを受けた孝謙天皇が大極殿で即位儀を行った際に、親王等・王・臣等・百官人ら、天下公民に宣言した宣命である。ここでは元正天皇が天智の定めた「不改常典」の「随に」、この皇位を聖武に伝えたので、聖武はこれを受けて食国天下を統治してきたが、万機繁多で御身が堪えられなくなったので、この皇位を「朕が子」の孝謙に授けるということが宣せられている。

D桓武天皇即位詔は桓武が大極殿に出御して即位儀を挙行した際に、親王・諸王・百官人ら、天下公民に宣言した宣命である。ここでは光仁天皇が天智天皇の「初め賜ひ定め賜へる法」の「随に」、「被け賜はりて仕へ奉れ」と命じて、桓武に皇位を授けたことが述べられている。桓武以後、淳和・仁明・文徳・清和・陽成・光孝の各天皇の即位詔のなかにも、天智の初め定めた法のことがみえ、その表現には一部相違もあるが、ほぼ同文に近いもので、

『朝野群載』巻一二に載せる御即位宣命の書様も、淳和以降の即位詔とまったく同文である。桓武あるいは淳和の即位詔が基本となって、その後の即位詔に受け継がれていったのである。

「随」は従・順と同意なので（『大漢和辞典』）、Ｂ・Ｃ・Ｄは不改常典に従って皇位を授けることを意味し、Ａ１の不改常典を「受け賜り坐して」譲位を行ったというのも、同じことを述べたものとみることができる。天智の立てた不改常典は皇位継承の際に準拠すべき法であったことが読み取れるのである。また、Ａ～Ｄのいずれもが大極殿で挙行された即位儀の記事であることも注目すべきで、不改常典は王臣以下、天下公民に対して、新天皇の即位を公示する場において言及されていることも見逃すことができない。

さて、不改常典のことを考える際に、まず最初に問題となるのは、Ａ元明即位詔の前段Ａ１にみえる天智の立てた不改常典と、後段Ａ２にみえる不改常典の食国法の関係をどうみるのかという点である。両者は異なるものとみる説[(1)]もあるが、私は同じものとみる説[(2)]に共感を覚える。長山泰孝氏は「与二天地一共長与二日月一共遠不改常典」という最高に重々しい表現が気安く二つの異なった事柄について用いられたとは考えられず、「食国法」を「傾くこと無く動くこと無く渡り去かむ」とは皇位を間接的に表現したものとみるべきであるから、Ａ１の天智の立てた不改常典とＡ２の不改常典の食国法の両者は同一の内容をもつものと解した。篠川賢氏も同じ理由から両者は同一の皇位継承法をさすとみており、星野良作氏も両者は同一とみるのが文脈上自然な解釈であるとする。とくに長山氏の指摘が説得的であり、両者は同一の内容をさすものと考えるのが妥当であろう。

次に問題となるのが、ＡＢＣにみえる不改常典がＤ以下にみえる天智の初め定めた法と同一かどうかという点である。これについても、別のものとみる説[(3)]と同じものとみる説[(4)]があるが、長山泰孝氏がＡＢＣとＤとの間に大きな相違は見出せず、Ｄ以下の天智の初め定めた法が皇位継承に直接に関わる法であることは明白であると説いており、森田悌氏と篠川賢氏は両者とも即位詔のなかに用いられているので同義とみてよいと論じている。長山氏らの指摘には説得力があり、ABCの不改常典とD以下の天智の初め定めた法とは同じものとみるべきである。

要するに、A1とBCにみえる天智の立てた不改常典、A2にみえる不改常典の食国法、D以下の天智の初め定めた法はいずれも皇位継承に関わる何らかの法であり、同一の内容をさすものとみるべきで、この法は天皇の即位時に大極殿の前庭や朝堂院に居並ぶ王臣をはじめ、天下公民に向けて宣言する必要のあったものと考えられる。

二　先行研究の整理とその問題点

不改常典に関する研究は枚挙に遑がないほど積み上げられており、諸説紛々として定説のない状態が長く続いている。田中卓氏は一九八二年までの研究史をまとめ、星野良作氏は一九九五年までの研究史を総括しているが、[5]不改常典の研究はその後も陸続と出されている。本稿では一九八二年までの研究で田中氏が引用していない論考七編、一九八三年以降、二〇二四年までに発表された論考六六編、合わせて七三編を読み、その内容を整理しながら、問題点を指摘することにする[6]（以下、引用する論考・著書名は注（6）に掲出した番号と研究者名による。同一論文が複数の説に重複して分類される場合があることに注意されたい。敬称略）。

a　近江令説……①北山、②藤木、20美多

b　皇位継承に関わる法・方式とみる説

(1)直系（嫡系）皇位継承法説

③石尾、④上田、⑥笠井、1中嶋、2野村、5斎郷、6大平、7大塚、8大和、9亀井、10・19早川、

17・34・42瀧浪、22篠川、23関、27成清、29中田、35水林、39安西、40山田、54吉村、57・66虎尾、58水谷、65村井

(2)天智十年（六七一）十一月に大友皇子と近江朝廷の五大官が遵法を誓った天智の詔に由来する皇位継承方式とみる説

3長山、13村井、21森田、22篠川、29中田、58水谷

(3)天智十年十月に天智が大海人への譲位の意思を示した事実に根拠をもつ皇位継承方式とみる説

11寺西、33中西、37義江、36・45仁藤、44坂田、50倉本、51熊谷

(4)太上天皇と天皇の二人による共治体制を定めたものとみる説……15門脇、16池上、31藤堂

(5)先帝の意志によって次期天皇を決定するという規定とみる説

11寺西、12土田、33中西、37義江、36・43・45仁藤、51熊谷、61森、62大町、63原科

(6)皇太子が皇位を継承することを規定したものとみる説……6大平、9亀井、21森田、28若井、49佐藤

c　律令法説（近江令をふまえた大宝令説）……10・19早川、24柴田、30遠山、32北、60小阪

d　天皇家と藤原氏の合同体制をめざしたものとする説……⑦三好

e　皇統君臨の大原則という理念とみる説……38中橋

f　天壌無窮の神勅の精神に由来した君臣の大義を明文化したものとする説……46長田

g　天智が定めた天皇としてのあり方・地位・秩序とみる説……18大山、52中野渡、56中村順昭

h　天智の皇子・皇女が即位する条件の一つとなったものとみる説……64中村修也

a近江令説は①北山、②藤木のような一九五〇年代の研究では支持されているが、一九七六年の押部佳周説(7)を最

後に唱えられることがほぼなくなっている（20美多説は根拠薄弱である）。

一方で賛同者が多く、定説に近い位置にあるのがbの皇位継承に関わる法・方式とみる説である。この説は岩橋小弥太氏の直系皇位継承法説[8]、井上光貞氏の嫡系皇位継承法説[9]に起源をもつもので、この二説を直接継承する(1)直系（嫡系）皇位継承法説が概説書や講座論文を中心に今も支持者が多く、有力説といえる地位にある。ただし、(1)説に対しては多くの批判が寄せられており、とくに問題となるのは次の三点であろう。

ア　不改常典に従ったとされる持統から文武への皇位継承は祖母から嫡孫へ、元正から聖武への皇位継承は叔母から甥への皇位継承であり、とくに後者は直系（嫡系）皇位継承法に従ったものとみることはできない。

イ　天智の初め定めた法に従って即位したとされる淳和・仁明は兄・叔父の跡を継いで即位したものであり、これを直系（嫡系）による皇位継承とみることはできない[10]。

ウ　天智が立てた法となると、直系・嫡系の起点は天智になるはずであり、天武系の皇統は直系・嫡系から外れることになる[11]。

イ・ウの不都合を避けるために、不改常典と天智の初め定めた法とは異なるものである、不改常典は天智に仮託されたものであるなどとする論者もいる。しかし前述したように、不改常典と天智の初め定めた法とは同一のものと考えるべきであり、仮託説に対しても次のような批判が出されているので、これを支持することは難しい。

エ　不改常典が最初に持ち出された文武即位時あるいは元明即位時は、天智朝からわずか二十六年後あるいは三十六年後のことなので、天智が立てた不改常典という言説の信憑性は高い[12]。

オ　仮託というような策謀が、天皇即位を告げる重大な宣命のなかで堂々とまかり通るとは思えない[13]。

カ　元明即位の時点では、有力な皇位継承者でもあった穂積親王や大友皇子の側近であった石上麻呂が存命であったから、ありもしない天智の不改常典を述作できるとは思えない(14)。

ア・イ・ウのような批判を受けて、bの(1)説はそのままでは成立が困難となった。そのため、皇位継承法というよりは、皇位継承方式という観点から説明しようとするbの(2)(3)(4)(5)(6)などの説が唱えられるようになったのであろう。近年では(2)(3)(4)(5)(6)の各説をとる論者が少なくなく、新たな有力説となりつつある。しかし、これらの各説についても、すでにいくつかの批判が出されており、簡単には認めることができない。

まず、天智十年十一月条にみえる天智の詔に注目する(2)説は、北山茂夫説(15)を継承するものである。この天智の詔の内容は『日本書紀』には明記されていないが、当時の状況からみて、大友皇子を中心に五大官が協力して近江朝廷を守護せよとの命令であったろうことは想像に難くない。こうした天智の詔を大友を倒した天武政権の後継者が皇位継承時に持ち出すのは、政権の正統性に疑義を起こしかねず(16)、ありえないことと思われる。何よりも、王臣や百官人が周知していない天智の詔を、即位儀の場で取り上げることに意味があるとは思えない。

次に、天智十年十月に天智が大海人に譲位の意思を示した事実に着目する(3)説に対しては、大海人は譲位を固辞したので天智の詔命は無効になったことや、大海人への譲位の意思は天智の本心ではなかったことから、このような事実を皇位継承の根拠にするのは不適切であるとの批判が出されている(17)。大海人の固辞によって、このときの天智の詔命は無効となったのである。百官人の会集する厳粛な即位儀礼の場で、天智が天武に本気で譲位しようとしたというようなみえすいた嘘を持ち出し、皇位継承の根拠とするのは疑問であるといえよう。

先帝の意志によって次期天皇を決定する規定とみる(5)説は、11寺西論文のように群臣の関与を排除して天皇の意志によって譲位するという見方とセットで主張される場合が多く、これは倉住靖彦説や佐藤宗諄説(18)を継承したものである。新帝の即位に群臣の推挙が必要であるというのは吉村武彦氏が強調した見解であるが、吉村氏はこのプロセスは大化改新で改定され、以後は王権側の意思によって新帝が決められたとしており、[19] 天智朝の不改常典でこれが決定されたという見方とはやや齟齬がある。そもそも大化前代の皇位継承に群臣の同意が必ず必要であったという見方にも疑問の余地があり、先帝が生前に太子を決めずに亡くなった場合に、皇族・群臣が皇位継承者を推挙したとみる中田薫説[20]が成り立つ可能性も十分にあるのである。

皇太子が皇位を継承することを規定したものとみる(6)説については、「ひつぎのみこ」と呼ばれた太子（皇太子）のもつ権能からみてきわめて当然のことを、わざわざ天智が定めたこととして宣言する必要があるのかが問われよう。(5)説にもあてはまることであるが、かりにこうした天皇大権や皇太子制が七世紀後半に成立したことを認めるとすると、このような皇位継承規定は天武が定めたこととするのが自然である。仮託するとしてもなぜ天武の制定とはせずに、天智の定めた不改常典としているのかの説明が困難となるであろう。

cの律令法説（近江令をふまえた大宝令説）は、「食国法」の解釈に重点を置いた説であり、大枠としては承認しうるものであるが、令法典全体に議論を広げると問題の核心を見失う恐れがある。「食国法」という表現は立太子宣命、廃太子を山陵に告げる宣命、左大臣に任命する宣命、元慶改元の宣命などにも使用されているので、[21]「食国法」だけなら律令法と解釈することは可能である。しかし、天智が定めた不改常典は皇位継承に関わる即位詔や譲位詔にのみ姿を現すものなので、これが一般的な律令法や大宝律令をさすというのは疑問である。不改常典が皇位継承や即位に関わる何らかの法・規定に限定できることは疑いの余地がないのである。

dの天皇家と藤原氏の合同体制志向説は、田村圓澄説[22]と同趣の見方であるが、田村説にはすでに多くの批判があり、成立する余地は乏しい。b(4)の太上天皇と天皇の共同統治説は持統・文武の場合にしか適合しないもので説得力に乏しい。e・f・g・hの各説に対しては、すでに同様の水野柳太郎説や田中卓説への批判として出されているように、あまりに一般的・抽象的な見解であり、[23]積極的に支持することは難しい。

以上、主として一九八三年以降の不改常典に関する研究史を振り返ってきたが、bの皇位継承法説が有力説の地位を保持していることが確認できた。ただし、(1)直系（嫡系）皇位継承法説には問題点が多く、これをそのまま踏襲できないことは明らかである。これ以外の諸説については、さらに大きな疑問符のつくものが多く、大方の了承を得るには至っていないのが現状である。天智朝からわずか二十〜三十余年後に、王臣・百官人の集う厳粛な即位儀の場で宣言された不改常典は、天智が定めた皇位継承に関わる法で、多くの官人が周知しているものであると考えねばならない。そうした視点から、不改常典を近江令と関わらせる旧説を修正的に継承する道を探りたい。

三　近江令説の再構築

不改常典とは近江令のことであるとするのがかつての通説であった。元明即位詔の不改常典に注解を加えた本居宣長は、法典の起源としてまず天智紀十年正月甲辰条の「東宮太皇弟奉宣、〈或本云、大友皇子宣命。〉施二行冠位法度之事一」という記事をあげたのち、ここに結実する中大兄皇子の改革を列挙しており、[24]不改常典と近江令の関わりに注目していたことがわかる。[25]戦前には、三浦周行氏が歴代天皇の即位宣命にみえる不改常典とは近江令のことであって、近江令は国家法制の起源として後世に大きな影響を及ぼしたと説き、[26]瀧川政次郎・藤木邦彦・北山茂夫ら各氏も同様に近江令説に立った。[27]また、高橋崇氏は元明即位詔にみえる「不改常典の食国法」を国家統治の法律すなわち律令をさすと解し、これは近江令をさすと考えねばならないと論じている。[28]

その後、一九五四年に青木和夫氏の近江令否定説が発表されると、[29]不改常典をめぐる議論にも大きな影響を及ぼし、押部佳周氏が高橋崇説を支持して不改常典＝近江令説に立ったほかは、[30]近江令説を唱える論者は激減した。近江令説は「もはや過去の説として処理すべきもの」[31]とまで評されるに至ったのである。

近江令説に対する批判は主として岩橋小弥太・直木孝次郎・倉住靖彦・田中卓・寺西貞弘・森田悌・関晃ら各氏によって唱えられているが、[32]それらをまとめると以下のようになる。

（一）令には継嗣令があるが、ここに規定されているのは三位以上の継嗣のことであって、皇位の継承のことは定められていない。

（二）唐令以来、大宝令・養老令を含めて、皇位継承に関わる規定は令には含まれないのが原則である。

（三）元明即位時には大宝律令が施行されており、近江令はすでに改訂されているので、これを不改常典ということはできない。

（四）近江令の存在自体が疑問である。

たしかに（一）（二）の批判はその通りであって、近江令を含めて令に皇位継承に関する規定があったとみることはできないであろう。しかし、養老令には践祚儀礼に関する規定があったことを見逃すべきではない。それは次に掲げる神祇令第一三条の践祚条である。

凡践祚之日、中臣奏二天神之寿詞一、忌部上二神璽之鏡剣一。

井上光貞氏は唐の祀令には存在しない即位儀礼の規定を日本の神祇令がもっていることに注目し、この規定が大極殿で行われた即位儀礼にあたると考定した。[33]岡田精司氏も天神寿詞と神璽鏡剣の奏上は大極殿で行われたとみている。[34]しかし私は、神祇令践祚条は内裏正殿で行われた神器の相承儀（践祚儀）を定めたもので、大極殿で行われた即位儀と践祚儀とはもともと分離していたとみなすべきであると考えている。[35]

養老令に規定されたこの神祇令践祚条は、集解古記説の存在より、大宝令に遡ることが確認できる。また、『日本書紀』持統四年（六九〇）正月戊寅朔条に、

物部麻呂朝臣樹二大盾一、神祇伯中臣大嶋朝臣読二天神寿詞一。畢忌部宿禰色夫知奉二上神璽剣鏡於皇后一。皇后即二天皇位一。公卿百寮、羅列匝拝、而拍レ手焉。

とあることから、神祇令践祚条と同様の践祚儀礼が持統践祚時に行われており、この前年の持統三年六月には浄御原令が諸司に班賜されているので、神祇令践祚条にあたるものが浄御原令にも存在していたことがわかる。(36) そうすると、浄御原令にも存在していた神祇令践祚条のような践祚規定が近江令にも定められていたとみることは可能であろう。神祇官は近江令では神官と称されたと思われるので、(37) のちの神祇令践祚条は近江令では神令践祚条と呼ばれたと考えるべきかもしれない。

近江令説批判の論点（三）は、近江令がその後に改訂されていることをあげるが、近江令中のいくつかの規定、たとえばここにいう神祇令（神令）践祚条がその後に改訂されず、浄御原令・大宝令・養老令と受け継がれていったとすれば、これを不改常典と称することに不都合はないのである。以上から、近江令説批判派のいう論点（一）（二）（三）はいずれも回避することができるので、残るのは（四）の論点のみとなる。

これについても、近江令の存在を否定した青木和夫氏の論考が発表されてから、すでに約七十年が経過し、改めてその可否を検証する時期にきている。青木氏は律令には広狭二義があり、広義には詔・勅などの単行法も律令と称したこと、近江令施行の根拠とされる天智紀十年正月甲辰条の「施二行冠位法度之事一」は、天智紀三年二月丁亥条の重出記事であることを主たる根拠に、体系的な法典としての近江令の施行を否定した。

これに対して林陸朗氏は、天智紀十年正月条を天智紀三年二月条に置く青木説は必ずしも決定打とはいえないと

批判し、『続日本紀』養老三年（七一九）十月辛丑条の、

詔曰、開闢已来、法令尚矣。君臣定レ位、運有レ所レ属。洎二于中古一、雖二由行一、未レ彰二綱目一。降至二近江之世一、弛張悉備。迄二於藤原之朝一、頗存二増損一。由行無レ改、以為二恒法一。

とある記事が、近江朝に至って綱目を備えた法典が出来たことを明らかに述べているので、近江令の編纂を疑うのは妥当ではないとした[38]。また石尾芳久氏は、冠位法度の施行と太政大臣以下の任命は法典の施行で最重視されることなので、これを記す天智十年正月甲辰条は近江令の施行を意味するとし、養老三年十月辛丑条の記載も近江令が日本最初の法典であることを示していると説く[39]。養老三年十月辛丑条にみえる「恒法」は不改常典のこととも関連して、これは近江令をさすのか大宝令をさすのかが議論されてきた。「恒法」が何をさすかは措くとしても、林氏や石尾氏がいうように、ここに「降至二近江之世一、弛張悉備」とあることは重要である。律令編纂の歴史における「近江之世」の重視はすでに養老年間にははじまっていた[40]。奈良時代人の法典整備史観では天智天皇の業績がきわめて高く評価されており、それは『弘仁格式』序の認識と変わらないのである[41]。

青木氏の近江令否定説に対しては、田中卓氏が詳細な批判を加えており[42]、近年では吉川真司氏がこれをほぼ継承して、次のように近江令肯定説を唱えている[43]。

・近江令の存在を示す一等史料は天武十年（六八一）二月甲子条の「朕今更欲下定二律令一改中法式上」で、「今更」の一句が、それまでに「律令」「法式」が存在したことを明示する。

・いま一つの一等史料は養老三年十月辛丑条の「降至二近江之世一、弛張悉備」で、天智朝に基本法典が成立し、大宝律令まで受け継がれたというのが、八世紀前葉の国家的認識であった。

・近江令が施行されたのは天智十年正月のことで、正月癸卯（五日）に太政大臣・左右大臣・御史大夫が任命さ

れ、正月甲辰（六日）に「冠位・法度之事」が「施行」された。新令施行とともに政権中枢部が異動するのは、浄御原令・大宝令施行時にも行われたことである。

・天智十年正月甲辰条は甲子の宣（天智三年二月丁亥条）との同事重複記事ではなく、甲子の宣で十九冠位が行われ、それを含む近江令（冠位・法度）が天智十年正月に施行されたとみるのが自然である。

・『家伝』の「撰二述礼儀一、刊二定律令一」の記事にも信を置くことができる。

・近江令は天智即位の直後にはほぼ出来上がっており、中臣鎌足の死後、さらに修訂を加えて、天智十年に施行されたと考えるべきである。

以上に紹介した近江令肯定説、とりわけ吉川氏が総括した肯定説は納得できるものであり、青木氏の否定説を乗り越えるものと評価することができよう。このように近江令否定説が崩れるとすると、不改常典と近江令を結びつける障害は何もないことになる。近江令にも養老令の神祇令践祚条と同様の践祚条があり、皇位継承者は中臣氏から天神寿詞を受け、忌部氏から神璽鏡剣を授けられることで、天皇位に就くと規定されていたことが想定できる。

神祇令践祚条は成文法典の一条文であり、王臣・百官人の間によく知られたものであったから、大極殿で挙行される即位儀において宣言されるにふさわしいものであった。この規定は近江令で制定され、その後、浄御原令・大宝令・養老令と新令が編纂・施行された際にも改訂されることなく、皇位継承に関わる践祚儀礼の条文として受け継がれたので、天智が定めた不改常典と称されるに至ったのであろう。

四　天神寿詞と神璽鏡剣の意義

天皇の践祚に際して中臣が天神寿詞を奏し、忌部が神璽鏡剣を奉ることにはどのような意義があるのであろうか。以下、不改常典と称された神祇令践祚条の儀礼がもつ神権的性格について述べてみたい。

水林彪氏は持統四年正月戊寅朔条の持統践祚記事をあげつつ、践祚儀と即位儀とは分離される別個の儀式で、大極殿において践祚儀が行われたのち、大極殿前方の臣下に対して即位宣命が詔られて、新天皇即位のことを明らかにする即位儀が挙行されたと論じる。そして、忌部による神璽鏡剣の奉上の意味は、天照大神の天神御子に対するレガリアの授与にほかならず、そのような儀式であるがゆえに、中臣による天神寿詞の奏上と対をなしており、皇位継承者を決定する者も天照大神の現し身としての先帝ただ一人であったと説いている(44)。

水林説を一部継承しながら、神野志隆光氏は文武即位宣命を詳しく分析しつつ、即位における神権性に目を向ける。すなわち、神璽は天の神の血統を引くことのしるしであり、その天神との関係の保障を言葉の上で与えるのが天神寿詞であろうという。即位するのは璽（神璽）と言葉（寿詞）によって神性を保障された者であり、即位宣命はそれを確認しなおし、神璽・寿詞とあいまって高御座につくことを意味づけるとする。そして、文武元年八月庚辰条の文武即位宣命の前段に、

詔して曰く、現御神と大八嶋国知らしめす天皇が大命らまと詔りたまふ大命を、集り侍る皇子等・王等・百官人等、天下公民、諸聞きたまへと詔る。

とあり、文武がまず「現御神と大八嶋国知らしめす天皇」として宣していることに注目し、文武は神璽・寿詞の奉

上を受けて即位したものとして、すでに神性を保障された存在であることがわかるという。そして、文武即位宣命の後段に、

天つ神の御子ながらも、天に坐す神の依し奉りし随に、この天津日嗣高御座の業と、現御神と大八嶋国知らしめす倭根子天皇命の、授け賜ひ負せ賜ふ貴き高き広き厚き大命を受け賜り恐み坐して、（後略）

とあるのは、天神のヨサシ（委任）を受けた持統天皇だから、皇位を決定しうるのだと、譲位を正当化し、文武天皇の正統性を確認することを意味するとみる。要するに、文武即位宣命から読み取るべきなのは、儀礼の場の神璽・寿詞によって与えられた神性を確かめ直し、持統の授けとして即位の正統性が確信されるということであると論じている[45]。

水林氏と神野志氏が日本史学の通説である践祚・即位一体説に縛られず、践祚・即位分離説に立っていることは、私見に一致するもので支持できる。ただし、践祚の場を大極殿の高御座とする見方には従えず、前述したように、践祚の場は内裏正殿であったと考えるべきである。つまり、新天皇は内裏正殿で天神寿詞と神璽鏡剣を受ける践祚儀を行ったのち、同日か別日に大極殿の高御座に着座して、百官人に即位を公示する即位儀に臨んだとみられるのである。

このように一部賛成できない点もあるが、天神寿詞の奏上、神璽鏡剣の奉上の背景に神話による正統性付与を想定する水林・神野志両氏の見解は見逃すことができない。とくに践祚儀が神璽と寿詞によって高天原に発する神性を保障する儀式であるのに対して、即位儀はその神性を確かめ直す儀礼であったとする神野志説は注目すべきものである。

天神寿詞は中臣寿詞として現在に伝わる。『台記別記』康治元年（一一四二）十一月十六日条に近衛天皇大嘗祭

時の中臣寿詞が記され、西田長男氏が藤波家に伝えられた鳥羽天皇大嘗祭時の「寿詞文」を紹介した。(46)天神寿詞の奏上は淳和天皇践祚時から大嘗祭のみの行事となっていたから、(47)現在に伝わる中臣寿詞は大嘗祭用のものであり、ここから践祚時の寿詞の様相をうかがうことには慎重でなければならない。

ただし、中臣寿詞の前半の「天つ水」の神話と後半の大嘗祭に関わる記述とは無関係なものが接続されたようにみえるので、前半の「天つ水」の神話には践祚時の寿詞の様相が残されている可能性がある。(48)「天つ水」の神話を要約すると、次のようになる。

中臣の遠祖天児屋根命が天忍雲根命を高天原に昇らせると、神漏伎・神漏美命は「皇御孫尊の御膳水には「現し国」の水に「天つ水」を加えて奉れ」(49)と命じ、「天つ水」を出す呪法を教えた。天忍雲根命は天上で授かってきた天の玉櫛を刺し立て、夕から朝まで祝詞を唱えると、篁（筍）がたくさん生えてきて、その下から霊水が湧いてきた。これを「天つ水」として天皇に奉るのである。

「天つ水」の神話は高天原の神漏伎・神漏美命の教示により、新天皇が「御膳水」として用いる霊水を掘り出す話であり、高天原から降臨した神の子孫にあたる皇御孫尊（新天皇）は、「現し国」の水に「天つ水」を加えて飲用しないと生存しえないことを示唆する神話であり、新天皇の神性を物語るものである。

現存する中臣寿詞の前半の「天つ水」の神話が、践祚儀で奏上された天神寿詞のものを忠実に伝えているかどうかは確言できないが、「天神寿詞」という名称からみても、少なくとも高天原や天神に関係する同様の神話が語られていた可能性は高いであろう。神祇令義解が天神寿詞について「謂、以二神代之古事一、為二万寿之宝詞一也」と述べていることも参考になる。こうした天神寿詞を新天皇の前で奏上し、神璽鏡剣を奉上するということは、新天皇の神性を儀礼的に明示する役割を果たすものであった。霊水を飲用する聖なる人物だからこそ、天皇のレガリアたる神璽鏡剣を授けられるにふさわしい存在であると、演劇的手法によって暗示するものといえよう。

いうまでもなく神璽鏡剣は皇位を象徴するもので、これを手にすることが皇位に就くことを意味した。即位後まもなく長患いの床に就いた嵯峨天皇が「神璽を奉還」して退位しようとしたこと（『日本紀略』弘仁十四年〔八二三〕四月庚子条）、光孝天皇に「天皇璽綬を奉りて天日継位に定め奉」ったこと（『日本三代実録』元慶八年〔八八四〕二月四日条）などは、そのことをよく示していよう。現実には先帝の意思や群臣の同意があれば、新天皇を定めることが可能であったとしても、建前上は天や天神の意思が示されることが践祚には不可欠であった。宇佐八幡神託事件後に称徳が詔して、「此の帝の位と云ふ物は、天の授け給はぬ人に授けては保つことも得ず」（『続日本紀』神護景雲三年〔七六九〕十月乙未朔条）という聖武の言を紹介しているように、帝位は天の授けるものだったのである。

要するに、皇位は皇孫として天（天神）の認める者にのみ授けられるのであって、新天皇の践祚儀ではそのことを儀礼的に表現する必要があった。そうした新帝に神性を付与する儀礼が天神寿詞の奏上と神璽鏡剣の奉上であり、この両儀礼をへることによって、新帝は天（天神）によって皇位継承者としての正統性を認められたのである。

不改常典が近江令に規定された神祇令（あるいは神令）践祚条であったとすると、天智は近江令に新天皇の皇位就任儀礼、すなわち践祚儀礼を定めたということになろう。それは新帝に神性を付与する神権的な装いをもって挙行され、天（天神）が新帝の正統性を保障する形式をとったのである。不改常典は直系（嫡系）の皇位継承法であるとするのが今も有力な説であるが、律令において皇位継承者の資格を厳密に規定してしまうと、先々の皇位継承に大きな制約を加える恐れがあり、適当なこととは思えない。天智は寿詞と神璽を授けられた者が皇位に就くという践祚儀礼の原則のみを定めた。これが不改常典として以後の践祚儀の場で継承されていったのである。

私は践祚儀は内裏正殿において一部の王臣の参列下に行われ、即位儀は別日あるいは同日に大極殿に百官人参列のもと挙行されたと考えている。大極殿での即位儀は百官人と天下公民に新天皇の即位を公示するお披露目の儀礼であった。その意味で、奈良時代から平安時代前期を通して、不改常典あるいは天智の初め定めた法がいずれも大極殿での即位儀において言及されていることは注目される。これは内裏正殿での践祚儀において、新帝が天神寿詞の奏上と神璽鏡剣の奉上を受け、皇位を継ぐにふさわしい神性を身につけたことを踏まえて、そのことを大極殿で挙行された即位儀において百官・天下公民に公示していることを意味しよう。

なお厳密にいえば、元明即位詔が引く文武践祚時に依拠した不改常典は浄御原令の神祇令践祚条をさし、聖武践祚時に依拠した不改常典は大宝令の神祇令践祚条をさすが、これらはいずれも近江令の神祇令（神令）践祚条以来、変わることなく受け継がれてきたものであるため、天智の定めた不改常典に従って践祚したと宣言したのである。

おわりに

以上に述べてきたことを要約しておきたい。

一、不改常典の関係史料とされるものに、A元明即位詔、B聖武即位詔、C聖武譲位詔、D桓武即位詔などがあるが、Aの前段にみえる天智の定めた不改常典と、後段の不改常典の食国法とは同じものをさし、ABCにみえる天智の定めた不改常典と、D以下の即位詔にみえる天智の初め定めた法も同内容のものと考えられる。

二、不改常典に関する研究史を整理したところ、直系（嫡系）皇位継承法説が今も優勢であるが、一九八〇年代後半以降、天智十年十月条や同年十一月条の天智の詔に淵源を求め、天智が天武に譲位の意思を伝えたもの、先帝の意思による皇位継承を定めたもの、皇太子の即位を規定したものなど、さまざまな説が出されるようになっており、諸説紛々たる状況を呈していることが確認できた。しかし、これらの説には問題点が多く、何よりも不改常典の内容が王臣・百官人に周知のものとして示されていない点が大きな弱点である。

三、近江令説はすでに克服された説とされてきたが、近年では近江令肯定説が一部復活しつつあり、近江令説の復活する機運が熟してきている。養老令の神祇令践祚条は践祚儀礼を定めたものであり、この条文が大宝令や浄御原令まで遡ることは確実なので、近江令にも神祇令（あるいは神令）践祚条が存在した可能性は高く、これが天智の定めた不改常典として元明即位詔以降に言及されたものに相当すると考える。不改常典は令文の一条文として王臣・百官人によく知られたものであった。

四、内裏正殿において中臣が天神寿詞を奏上し、忌部が神璽鏡剣を奉上する践祚儀礼は、高天原に発する神性を新帝に付与する重要な意義を有していた。これによって神性を保障された新帝は大極殿での即位儀に臨み、天（天神）の認める者として践祚したことを百官人や天下公民に宣言したのである。天智は近江令に神祇令（神令）践祚条という践祚儀礼を定めた。これが浄御原令・大宝令・養老令にも変わることなく受け継がれ、不改常典として引用されたのである。

践祚儀において天神寿詞を奏上し、神璽鏡剣を奉上することは、嵯峨践祚時までは行われていたが、淳和践祚時に両儀は大嘗祭の辰日節会に移されたと私は考えている(50)。淳和以降は践祚儀で寿詞や鏡剣は奉上されなくなるのである。桓武即位詔には天智の初め定めた法を「被け賜りて、仕奉れ」とあったのが、淳和即位詔以降は「被け賜りて」の語がなくなり、「仕奉れ」のみとなる変化が起こっていた(51)。即位詔から「被け賜りて」の語句が省かれるのは、淳和以降、践祚時に寿詞と鏡剣を受けることがなくなったことと関係するのであろう。

さて、不改常典が近江令の神祇令（神令）践祚条であるとすると、近江令が施行された天智十年正月以降はこの規定に従って践祚儀礼が挙行されたことになる。つまり、大友皇子・天武・持統・文武らの践祚は不改常典に基づいて行われた可能性が高い[52]。大友・天武の践祚が不改常典に依拠して挙行されたという確証はないが、壬申の乱の結果、近江朝廷にあった神器を天武が奪取して、皇位の証として利用したとみることは可能で、そのことを示唆する史料も残されている。ただし、ここで詳述する余裕はないので、別稿を期すことにしたい。

大友や天武以降、不改常典によって践祚儀が執り行われていたとすると、不改常典の名が元明即位詔まで姿を現さないのはなぜであろうか。大友の践祚を明記しない『日本書紀』であるから、大友や天武が近江令に従って践祚したと書くことには憚りがあったのであろう。しかし、元明即位時には壬申の乱からすでに四十余年が経過していた。天智が定めた近江令践祚条の名を出すことに抵抗がなくなったことや、天智の皇女である元明が即位したこともその理由であろうが、近江朝廷の瓦解時に大友皇子に最後まで従った重臣である石上麻呂が、元明即位時に太政官首班の右大臣であったことも大いに預かっているのであろう。天皇践祚時に準拠した不改常典は天智が定めた近江令の神祇令（神令）践祚条であった。元明即位時にこれを別人制定のものに仮託するには年月が不足していたが、天智の制定であることを公言するためには、これだけの年月が必要だったと思われるのである。

注

（1）直木孝次郎「天智天皇と皇位継承法」（『人文研究』〈大阪市立大学文学会〉六—九、一九五五年）、水野柳太郎「「不改常典」をめぐる試論—大王と天皇—」（『日本史研究』一五〇・一五一、一九七五年）、倉住靖彦「いわゆる不改常典について」（『九州歴史資料館研究論集』一、一九七五年）、佐藤宗諄「元明天皇論—その即位をめぐって—」（『古代文化』三〇—一、一九七八年）、注（6）21森田論文など。

（2）直木孝次郎『壬申の乱』（塙書房、一九六一年）四九頁、岡田芳朗「「不改常典」について」（『女子美術大学紀

要』五、一九七五年）五頁、注（6）3長山論文二一〇～二一一頁、注（6）22篠川論文一一一頁、注（6）26星野論文一五〇頁。

（3）注（1）倉住論文、注（6）10早川論文・19同著書、注（6）29中田論文、注（6）31藤堂論文、注（6）39安西論文、注（6）58水谷論文など。

（4）注（6）3長山論文、注（6）11寺西論文、注（6）22篠川論文、注（6）60小阪論文など。

（5）田中卓「天智天皇の不改常典」（『田中卓著作集六　律令制の諸問題』国書刊行会、一九八六年。初出一九八四年）、注（6）25・26星野論文。

（6）注（5）田中論文に言及がない論文に①～⑦、一九八三年以降、二〇二四年までに発表された論考に1～66の番号を振り、以下に引用する。

①北山茂夫『万葉の時代』（岩波書店、一九五四年十二月）
②藤木邦彦『日本全史』三、古代Ⅱ（東京大学出版会、一九五九年一月）
③石尾芳久「古代天皇制の本質」（『日本古代天皇制の研究』法律文化社、一九六九年七月）
④上田正昭『女帝の時代』（講談社、一九七一年六月）
⑤大石良材「大刀契」（『日本王権の成立』塙書房、一九七五年四月）
⑥笠井昌昭「〝不改常典〟小考」（『歴史と地理』二四五、一九七六年一月）
⑦三好邦男「「不改常典」と藤原氏」（『民衆史研究会年報』七、一九七六年五月）
1中嶋治代「元正女帝の登極とその背景景―皇位継承と古代天皇制の一考察として―」（『史流』二五、一九八四年三月）
2野村忠夫「平城京の経営」（『日本歴史大系』一、山川出版社、一九八四年九月）
3長山泰孝「不改常典の再検討」（『古代国家と王権』吉川弘文館、一九九二年。初出一九八五年七月）
4荒木敏夫『日本古代の皇太子』（吉川弘文館、一九八五年十月）
5斎郷陽子「元明天皇とその時代―皇位継承と女帝の意識についての一考察―」（『専修史学』一七、一九八五

年十一月）
6大平聡「日本古代王権継承試論」（『歴史評論』四二九、一九八六年一月）
7大塚泰二郎「天武・持統朝における皇位継承」（『東アジアの古代文化』四八、一九八六年七月）
8大和岩雄「不改常典と日並知皇子命」（田村圓澄先生古稀記念会編『東アジアと日本』歴史編、吉川弘文館、一九八七年十二月）
9亀井輝一郎「不改常典の「法」と「食国法」」（『九州史学』九一、一九八八年二月）
10早川庄八「天智の定めた「法」についての覚え書き」（『名古屋大学文学部研究論集』史学三四、一九八八年三月）
11寺西貞弘「古代皇位継承論再説」（『古代天皇制史論』創元社、一九八八年十一月）
12土田健治「古代の皇位継承と不改常典」（愛知学院大学大学院文学研究科『文研会紀要』一、一九八八年十二月）
13村井康彦「王権の継受―不改常典をめぐって―」（『日本研究』一、一九八九年五月）
14梅原猛「日本とは何か（三〇）元明天皇（二）―「不改常典」は不比等の創作―」（『朝日ジャーナル』三一―三四、一九八九年八月）
15門脇禎二「称徳天皇を嗣ぐもの」（エコール・ド・ロイヤル古代日本を考える一三『日本古代王朝と内乱』学生社、一九八九年十一月）
16池上みゆき「元明天皇即位詔にみる二つの不改常典の法について」（『ぐんしょ』（再刊）一〇、一九九〇年十月）
17瀧浪貞子「皇位と皇統」（『史窗』四八、一九九一年三月）
18大山誠一『長屋王家木簡と奈良朝政治史』（吉川弘文館、一九九三年一月）
19早川庄八「天智天皇の初め定めた「法」」（古典講読シリーズ『続日本紀』岩波書店、一九九三年二月）
20美多実「幻の「近江律令」と「不改常典」―壬申の乱の原因として捉える―」（『風土記論叢』三、一九九三

年九月）
21森田悌「不改常典について」（笹山晴生先生還暦記念会編『日本律令制論集』上、吉川弘文館、一九九三年九月）
22篠川賢「皇統の原理と「不改常典」」（『日本古代の王権と王統』吉川弘文館、二〇〇一年。初出一九九五年三月）
23関晃「いわゆる不改常典について」（『関晃著作集』四、吉川弘文館、一九九七年。初出一九九五年六月）
24柴田博子「立太子宣命にみえる「食国法」」（門脇禎二編『日本古代国家の展開』上、思文閣出版、一九九五年十一月）
25星野良作「壬申の乱原因論と「不改常典」法の研究史的考察」（『壬申の乱研究の展開』吉川弘文館、一九九七年。初出一九九一年三月～一九九六年三月）
26星野良作「壬申の乱原因論と「不改常典」法の解釈」（『壬申の乱研究の展開』吉川弘文館、一九九七年三月）
27成清弘和「日本古代王位継承法試論」（『日本書紀研究』二一、一九九七年六月）
28若井敏明「不改常典と古代の皇位継承」（『続日本紀研究』三〇九、一九九七年八月）
29中田興吉「不改常典についての一考察」（『政治経済史学』三七八、一九九八年二月）
30遠山美都男『天智天皇―律令国家建設者の虚実―』（ＰＨＰ研究所、一九九九年二月）
31藤堂かほる「天智の定めた「法」について―宣命からみた「不改常典」―」（『ヒストリア』一六九、二〇〇〇年四月）
32北康宏「律令法典・山陵と王権の正当化―不改常典と先皇霊に基礎づけられた新しい政体―」（『日本古代君主制成立史の研究』塙書房、二〇一七年。初出二〇〇〇年一月）
33中西康裕「「不改常典の法」と奈良時代の皇位継承」（『続日本紀と奈良時代の政変』吉川弘文館、二〇〇二年。初出二〇〇〇年三月）
34瀧浪貞子『帝王聖武』（講談社、二〇〇〇年十二月）

35水林彪『記紀神話と王権の祭り』新訂版（岩波書店、二〇〇一年十月）
36仁藤敦史「聖武朝の政治と王族―安積親王を中心として―」（高岡市万葉歴史館編『家持の争点』Ⅱ〈高岡市萬葉歴史館叢書14〉、二〇〇二年三月）
37義江明子「古代女帝論の過去と現在」（『岩波講座天皇と王権を考える』七、岩波書店、二〇〇二年九月）
38中橋玲子「元明天皇譲位の意義―「不改常典」法を手がかりに―」（『市大日本史』六、二〇〇三年五月）
39安西望「不改常典について」（『龍谷大学大学院文学研究科紀要』二五、二〇〇三年十二月）
40山田正「「不改常典」とは何か―『続日本紀』の「宣命」」（『名古屋芸術大学研究紀要』二五、二〇〇四年三月）
41瀧浪貞子「孝謙・称徳天皇―「不改常典」に呪縛された女帝―」（『東アジアの古代文化』一一九、二〇〇四年五月）
42瀧浪貞子『女性天皇』（集英社、二〇〇四年十月）
43仁藤敦史「宣命」（文字と古代日本一『支配と文字』吉川弘文館、二〇〇四年十二月）
44坂田隆「不改常典」（『古代史の海』四二、二〇〇五年十二月）
45仁藤敦史『女帝の世紀―皇位継承と政争―』（角川書店、二〇〇六年三月）
46長田圭介「「不改常典」考」（『皇学館史学』二三、二〇〇八年三月）
47川北靖之「天智天皇の不改常典をめぐって」（『京都産業大学日本文化研究所報　あふひ』一一、二〇〇六年三月）
48稲垣彰「不改常典の意味するもの」（『続日本紀研究』三六二、二〇〇六年八月）
49佐藤長門「「不改常典」と群臣推戴」（『日本古代王権の構造と展開』吉川弘文館、二〇〇九年二月）
50倉本一宏『持統女帝と皇位継承』（吉川弘文館、二〇〇九年三月）
51熊谷公男「即位宣命の論理と「不改常典」法」（東北学院大学論集『歴史と文化』四五、二〇一〇年三月）
52中野渡俊治「不改常典試論」（『古代太上天皇の研究』思文閣出版、二〇一七年。初出二〇一〇年三月）

53佐野真人「「不改常典」に関する覚書」（『皇学館大学神道研究所紀要』二八、二〇一二年三月）
54吉村武彦『女帝の古代日本』（岩波書店、二〇一二年十一月）
55田阪仁「「不改常典」の典拠と『公羊伝』」（『鷹陵史学』三九、二〇一三年九月）
56中村順昭「不改常典と天智天皇即位に関する試論」（吉村武彦編『日本古代の国家と王権・社会』塙書房、二〇一四年五月）
57虎尾達哉「奈良時代の政治過程」（『岩波講座日本歴史』三、岩波書店、二〇一四年九月）
58水谷千秋「不改常典と『日本書紀』の思想」（『日本古代の思想と天皇』和泉書院、二〇二〇年。初出二〇一四年十一月）
59中野渡俊治「不改常典と持統天皇」（『キリスト教文化研究所研究年報　民族と宗教』四八、二〇一五年三月）
60小阪徹「不改常典の考察」（『古代史の海』八〇、二〇一五年六月）
61森公章『天智天皇』（吉川弘文館、二〇一六年九月）
62大町健「天智の定めた「不改常典」と「法」」（『成蹊大学経済学部論集』四七―二、二〇一六年十二月）
63原科颯「「不改常典」法に関する一考察」（『慶応義塾大学大学院法学研究科論文集』五八、二〇一八年六月）
64中村修也「不改常典の成立について」（木本好信編『古代史論聚』岩田書院、二〇二〇年八月）
65村井康彦『古代日本の宮都を歩く』（筑摩書房、二〇二三年十月）
66虎尾達哉『苦悩の覇者　天武天皇』（吉川弘文館、二〇二四年九月）

（7）押部佳周「近江令の成立」（『日本律令成立の研究』塙書房、一九八一年。初出一九七六年）。
（8）岩橋小弥太「天智天皇の立て給ひし常の典」（『上代史籍の研究』二、吉川弘文館、一九五八年。初出一九五一年）。
（9）井上光貞ａ「古代の皇太子」、ｂ「古代の女帝」（『日本古代国家の研究』岩波書店、一九六五年。ｂの初出一九六三年）。
（10）田村圓澄「「不改常典」について」（『飛鳥仏教史研究』塙書房、一九六九年）二七六頁、注（7）押部論文一一一頁、注（6）21森田論文一一頁。

(11)　注（6）21森田論文一〇頁。
(12)　注（5）田中論文二八〇頁、注（6）23関論文二九八頁。
(13)　注（6）23関論文二九八頁、注（6）25星野論文一一六頁。
(14)　注（5）田中論文二八一～二八二頁。
(15)　北山茂夫「壬申の乱」（『日本古代政治史の研究』岩波書店、一九五九年）、同『壬申の内乱』（岩波書店、一九七八年）。
(16)　注（6）11寺西論文一〇四頁。
(17)　注（6）26星野論文一五九～一六〇頁、注（6）58水谷論文二六六頁、注（6）60小阪論文一二二頁。
(18)　注（1）倉住論文四八頁、注（1）佐藤論文一五～一六頁。
(19)　吉村武彦「古代の王位継承と群臣」（『日本古代の社会と国家』岩波書店、一九九六年）。
(20)　中田薫「養老律令前後の継嗣法」（『法制史論集』一、岩波書店、一九二一年）。
(21)　注（6）24柴田論文三二二頁。
(22)　注（10）田村論文。
(23)　注（1）佐藤論文六頁、注（6）56中村論文一〇二頁。
(24)　本居宣長「続紀歴朝詔詞解」（『本居宣長全集』七、筑摩書房、一九七一年）二一六～二一九頁。
(25)　井上光貞氏は「この不改常典は、本居宣長の歴朝詔詞解をはじめとして古来、近江令のことと考えてきたものである」と述べている（注（9）井上b論文二三〇頁）。
(26)　三浦周行『続法制史の研究』（岩波書店、一九二五年）三二一頁。
(27)　瀧川政次郎『律令の研究』（刀江書院、一九三一年）四四頁、注（6）①北山著書六六頁、注（6）②藤木著書三六頁。
(28)　高橋崇「天智天皇と天武天皇」（『続日本紀研究』一―九、一九五四年）二三三頁。
(29)　青木和夫「浄御原令と古代官僚制」（『日本律令国家論攷』岩波書店、一九九二年。初出一九五四年）。

(30) 注（7）押部論文一一二頁。
(31) 伊野部重一郎「「不改常典」小考—岡田・水野・武田三氏の所論にふれて—」（『続日本紀研究』一九二、一九七七年）一三頁。
(32) 注（8）岩橋論文、注（1）直木論文、注（1）倉住論文、注（5）田中論文、注（6）11寺西論文、注（6）21森田論文、注（6）23関論文。
(33) 井上光貞『日本古代の王権と祭祀』（東京大学出版会、一九八四年）一二三〜一二四頁、六〇〜六九頁。
(34) 岡田精司「大王就任儀礼の原形とその展開」（『古代祭祀の史的研究』塙書房、一九九二年）五三〜六二頁。
(35) 西本昌弘「践祚・即位と古代即位儀礼の二段階—天神寿詞奏上・神璽鏡剣奉上儀礼の再検討を通じて—」（同編『日本古代の儀礼と神祇・仏教』塙書房、二〇二〇年）。
(36) 注（33）井上著書三五〜三六頁。
(37) 田中初夫『神祇令考註』（田中初夫、一九五四年）一八四頁、注（33）井上著書六四頁。
(38) 林陸朗「近江令と浄御原律令」（『国史学』六三、一九五四年）五二〜五三頁。
(39) 石尾芳久「律令の編纂」（『日本古代法の研究』法律文化社、一九五九年）九〇〜九六頁。
(40) 注（6）3長山論文二一二頁。
(41) 坂上康俊「古代の法と慣習」（『岩波講座日本通史』三、岩波書店、一九九四年）二一八頁。
(42) 田中卓「天智天皇と近江令」（『田中卓著作集六　律令制の諸問題』国書刊行会、一九八六年。初出一九六〇年）
(43) 吉川真司「律令体制の形成」（『律令体制史研究』岩波書店、二〇二二年。初出二〇〇四年）一六〜一七頁。
(44) 水林彪『記紀神話と王権の祭り』新訂版（岩波書店、二〇〇一年）一八〇〜一八二頁、三一一頁。
(45) 神野志隆光「神話テキストとしての即位宣命—文武天皇の即位宣命をめぐって—」（『説話論集』六、清文堂出版、一九九七年）二八五〜二八六頁、二九〇〜二九六頁。
(46) 西田長男「中臣寿詞考」（『神道史の研究』二、理想社、一九五七年）。
(47) 注（35）西本論文。

（48）岡田精司「大王と井水の祭儀」（『古代祭祀の史的研究』塙書房、一九九二年）、土橋寛「中臣寿詞と持統朝」（『文学』五四―五、一九八六年）、松前健「中臣寿詞の天つ水伝承の成立」（坂本信幸ほか編『論集古代の歌と説話』和泉書院、一九九〇年）。

（49）古いテキストには「加」字が存在しないので、「加えて奉れ」と読むことを疑問視する意見もあるが（注（46）西田論文、青木紀元「中臣寿詞の基礎的資料」（『祝詞古伝承の研究』国書刊行会、一九八五年）、いまは通説に従っておきたい。

（50）注（35）西本論文。

（51）注（6）60小阪論文一三二頁。

（52）私は大友皇子は践祚した可能性が高いと考えている。西本「薬師寺東塔檫銘と大友皇子執政論―付、関西大学博物館所蔵金石文拓本調査目録抄―」（『KU-ORCASが開くデジタル化時代の東アジア文化研究―オープン・プラットフォームで浮かび上がる、新たな東アジアの姿―』関西大学アジア・オープン・リサーチセンター、二〇二二年）。

日本近世の航海信仰からみた古代の持衰

山内晋次

はじめに

現在、海から歴史の展開をみなおそうとする「海域史（海洋史、Maritime History）」の研究が、グローバル・ヒストリー研究の進展とも連動しつつ、世界的に盛行している。このような動きはもちろん、日本の歴史学に関しても例外ではない。（1）しかし、このような海域史研究の進展のなかで、あまり顧みられることもなく、とり残されている研究テーマもいくつか存在している。本稿が検討の対象とする「航海信仰」も、そのようなとり残されたテーマのひとつである。

この航海信仰という事象について、現時点で私は、なんらかの目的をもって海洋を航行する人びと（商人・船員・漁民・聖職者・遣外使節など）が、自分たちの航海が安全・無事に終わることを祈願する信仰や、海上で嵐などの危難に遭遇した際にそこからの救済を祈る信仰などを指す、とおおまかに定義している。そして、海域史研究の重要な一分野として航海信仰に注目すべき理由を、私は以下のように考えている。

歴史学における海域史研究の主軸のひとつは、人間による航海の歴史であると考えられるが、その航海の途上では、嵐などの自然の猛威によるトラブルや海賊などの人為的なトラブルが、歴史を通じて頻発してきた。航海においてこのような危機・障害に直面した場合、後者の人為的なトラブルに関しては、航海ルートの変更や防備の強化などの対処が可能であろう。しかし、前者の自然の猛威に関しては、人間の力をもって鎮定することは不可能である。そうなると、その自然の猛威による危機・障害に対しては、自然をも操ると考えられていた超自然的存在、つまりは神や仏などに救済や加護を祈るしかないであろう。さらにいえば、この自分たちは神や仏などの超自然的な存在に守られているという安心感が、航海のいっそうの拡大・発展の支えともなっていたと推定される。このように考えてくると、航海信仰の問題はやはり、ヒトの海洋活動の歴史において重要な構成要素のひとつとして注目されてしかるべきテーマといえるであろう(2)。

以上のような航海信仰研究の必要性の認識のもとに、本稿では、古代の日本における航海信仰のひとつとしてこれまでもしばしば注目されてきた、『三国志』魏書・巻三〇・東夷伝・倭条（魏志倭人伝）にみえる「持衰《じさい》」という特殊な役割を担った人物の事例にあらためて着目し、その役割がどのような観念や思想を背景として成立していたのかを考えてみたい。ただ、持衰の実態や役割を物語る史料は、日本史料・中国史料ともにまったくといってよいほど残されていない。そこで本稿では、まず日本近世（本稿では十七世紀初頭〜十九世紀後半のいわゆる「江戸時代」を指す）の史料に頻出するある航海信仰の事例を検討し、そこからさかのぼって古代の持衰の背景となっていた観念や思想を類推していくという、かなり迂遠な論の展開をとることを、あらかじめお断わりしておきたい。

一　日本近世の漂流記にみえる「断髪祈願習俗」

日本古代の持衰の問題を考えるうえでの参照軸として、本稿がまず注目するのは、私がこれまで「断髪祈願習俗」と呼んできた、日本近世の漂流記に頻出する航海習俗である。(3)

（1）日本近世における漂流記の急増

日本には近世の漂流記が数多く伝存している。(4)このいっぽうで、それ以前の古代・中世の漂流記は、近世のようなまとまった記録のかたちでは、まったくといっていいほど残されていない。では、なぜ日本では近世になると突然、数多くの漂流記が作成されるようになったのであろうか。この疑問に対して私は、以下のような事情を推定している。

まずは、江戸幕府という安定的な統一政権の確立にともない、それまでの国内における政治・経済的な分裂状況が終息し、日本列島のほぼ全域にまたがる広域的な物流網が形成されたことが重要なポイントとなるであろう。この物流網の中心的な担い手は海運であり、これにともない前代に比べてはるかに多くの船舶が列島の沿海を日常的に動き回るという状況が出現した。そうすると当然、船体構造上の欠陥ともあいまって、嵐などによる漂流事件も多発することとなり、幸いにもその漂流から生還した人びとの記録も以前よりはるかに増加したと考えられる。しかし、たんに多くの船舶が航行したために漂流記の数が増加したと考えるのは早計であり、漂流事件がわざわざ記録されるためには、さらにほかの理由も考えなければならない。

私は、もうひとつの理由としてやはり、いわゆる「鎖国」という制度の存在をあげたい。周知のように、鎖国制のもとでは、幕府による厳しい出入国管理がおこなわれ、日本の人びとが海外に渡航することは厳禁されていた。ただ、嵐にまきこまれるなど不慮の事態の結果として、不本意に朝鮮・中国・東南アジアなどに漂流した人びとがかろうじて帰国した場合には、長崎での幕府による厳しい取り調べをはじめとして、公権力による漂流事件に関するさまざまな取り調べがおこなわれ、とくに疑いなしとなれば郷里に返された。そして、この一連の取り調べの過程でさまざまな調書が作成され、一件の漂流事件に関して種々の「公的」な記録が残されることになる。また、鎖国制のもとで海外体験ができず、海外情報の入手に関しても厳しく統制されていた当時の民衆にとって、帰国した漂流民たちの海外体験や海外情報は、たいへん珍奇で魅力的なものであった。この結果、上記のような「公的」な漂流記とはべつの、いわば「私的」「読物的」な漂流記が記述され、当時の出版文化の拡大もあり、民間にも多くの漂流記が流布していった。このような鎖国制のもとでの公私両様の漂流記録の増大こそが、日本近世において爆発的とでもいえるように漂流記が増加する重要な背景であろう。[5]

これらのほかに第三の理由をあげるとすれば、それは、近世の東アジア海域において、日本・朝鮮・中国（清）のあいだで比較的安定した漂流民の送還システムが形成されていたことであろう。[6]この送還システムを通じて、多くの日本の漂流民たちの帰国が実現し、その結果、彼らの漂流事件を記録した公私の記録も数多く残されることになったと考えられる。

以上のようないくつかの理由により、日本近世には大量の漂流事件の記録が作成され、多くのものが伝存するに至ったのである。では、それらの記録に頻出する、本稿が注目する断髪祈願習俗とは具体的にどのような航海習俗なのであろうか。

（2）「断髪祈願習俗」とは

ここで、私が断髪祈願習俗と呼ぶ航海習俗を、数ある日本近世の漂流記のなかでもとくに著名なもののひとつである『北槎聞略』の記録にもとづいて紹介してみたい。『北槎聞略』は、十八世紀末の伊勢の船頭・大黒屋光太夫たちのロシアへの漂流体験を、幕府の医官であった桂川甫周が聞きとって記録したものである。その漂流事件は、天明二年（一七八二）の年末に、大黒屋光太夫たちの廻米船が伊勢の白子浦から江戸に向かう途中の駿河沖で嵐にまきこまれるところから始まる。そのときの状況は、巻二・飄海送還始末・上につぎのように記録されている。(7)

俄に北風ふき起り西北の風もみ合て、忽柁を摧き、それより風浪ますます烈敷、すでに覆溺すべきありさまなれば、船中の者ども皆々髻を断、船魂に備へ、おもひおもひに日頃念ずる神仏に祈誓をかけ、命かぎりに働ども、風は次第に吹きしきり

こののち光太夫たちは長期にわたって太平洋を漂流し、アリューシャン列島のアムチトカ島に漂着する。やがてその島を脱出した光太夫たちは、カムチャツカ・イルクーツク・ペテルブルクなどを経て、最終的には寛政四年（一七九二）に光太夫を含む三名が北海道の根室に帰着する。

上掲のように、漂流のきっかけとなった嵐のなかで光太夫たちは、髻を切って船内に奉祀している船の守り神である船魂神に供え、日ごろ信仰している神仏に救済の祈りをささげている。このような、難船時に髪の毛を切って神仏などに救済を祈る習俗を、私は断髪祈願習俗と呼んでいる。紙幅の関係上、他の事例を逐一紹介することはできないが、その習俗は日本近世のさまざまな漂流記に登場する。(8) また、そのような習俗は、たとえば琉球国の士族の家譜『向姓家譜（具志川家）』の一二世諱鴻基の項に、嘉慶二十四年（一八一九）の薩摩遣使の際に硫黄鳥島の近

海で嵐に遭遇したときのこととして、「通船人数剪髪禱天、風雨仍然不止」とみえるように、[9] 近世琉球の史料にもしばしば記録されている。[10] 断髪祈願習俗に関するこのような記録の遍在状況は、琉球も含めた近世の日本列島においてその習俗がきわめて一般的なものであったことを物語っており、沖縄地域などではさらにくだって昭和初期頃まで残存していたという証言もある。[11]

では、近世の日本や琉球の人びとはなぜ、難船時に髪を切って神仏に救済を祈ったのであろうか。次節では、その習俗の意味について考えてみたい。

二　「断髪祈願習俗」の意味に関するこれまでの研究

（1）これまでの諸研究が前提とする毛髪をめぐる観念

日本の歴史学・民俗学研究においてはこれまで、断髪祈願習俗の意味をめぐる有力な仮説として、大別してふたつの説がとなえられているが、それらを紹介するまえにまず、それらの共通する前提となっている、毛髪に対する人びとの観念について、概略を述べておきたい。

毛髪には神秘的な力（生命力・霊魂・呪力など）が宿っているという観念は歴史上、日本ばかりでなく世界各地において一般的なものである。[12] 海事民俗の分野においても、そのような毛髪がもつ神秘的な力を前提として、たとえば先述の船魂（船霊・船玉）信仰のように毛髪（とくに女性のもの）が御神体や捧げものとして重視されている。また、前近代の沖縄地域では、家族のなかの男性が航海に出かける際に、その姉妹の頭髪を随身することで、そこに宿る女性たちの霊力によって守護される、というヲナリ神信仰がみられる。[13] このような人間の毛髪には不思議な力が宿っているという一般的な観念を共通の基盤として、以下に紹介する断髪祈願習俗の意味をめぐるふたつの仮説が提示されている。

（2）供犠説と出家説

ひとつめは、私が「供犠説」と呼ぶ、日本中世史研究者の新城常三氏などを代表とする説である。この説においては、そもそも人間の毛髪はその持ち主の身代わりとなりうる、という観念が存在していたことが大前提とされる。そして、海難に際しても、その場で切られた毛髪を人身御供の代わりとして海神にささげることで、その怒りを鎮めて嵐から生還しようとした、と説明される[14]。この説の要点は、切りとられた毛髪の束（髻）そのものが、人間の身代わりとして重視されたという点である。

これに対して、難船時に髪を切ることは、仏教で出家する際に剃髪することと同じような意味をもち、そうすることで神仏への誠意や懸命の祈りを示そうとするものである、とする日本近世史研究者の金指正三氏などを代表とする説があり、私はそれを「出家説」と呼んでいる[15]。この説においては、髪を切るという行為や髪を切ったあとの頭の状態が重要なのであり、上述の供犠説とは違って、切りとられた毛髪の束はとくに重要ではないことになる。

では、断髪祈願習俗の意味をめぐるこれらふたつの仮説のうちで、どちらの説が正解といえるのであろうか。

（3）ふたつの仮説の当否

まず、前者の供犠説の根拠となる一事例としては、以下のような『漂流天竺物語（筑州唐泊浦孫七天竺語）』の記録がある。この漂流記は、明和元年（一七六四）に鹿島灘で嵐にまきこまれてフィリピンに漂着した筑前志摩郡唐泊浦の伊勢丸の船乗が、ジャワ島などを経てオランダ船で明和八年に長崎に帰着した、という記録である。[16] そしてそこには、

皆々髪を切払、命代りと海に入レ、八大龍王下界の龍神、あまねく神仏に祈禱をこめ

とみえるように、嵐のなかで切りとられた毛髪の束が「命代り」として海神の龍王に捧げられており、まさに供犠説を明証する素材といえよう。

つぎに、出家説に関して史料をひとつ例示すると、江戸時代後半の成立と推定される著者未詳の随筆『雨窓閑話』[17]の巻中・桑名屋徳蔵が事では、伝説的な名船頭である桑名屋徳蔵が嵐にまきこまれた際に、その船に乗り組んでいる人びとが髪を切って神仏に祈願するよう徳蔵にも懇願したところ、徳蔵は、

髻を払ひ出家に成たりとも、などや仏神の欽び給んや、命惜ての仕方なし坊主と決句笑せ給んか

と、それを迷信として一蹴したという逸話が語られている。ここには、難船時に髪（髻）を切ることは「出家」を意味すると明確に述べられている。

以上のように、供犠説および出家説のふたつの仮説についてはどちらも、日本近世の史料のなかからその明確な根拠をみいだすことができ、その当時の日本においては、断髪祈願習俗についてすくなくとも二種類の意味づけがなされていたといえる。そうすると、断髪祈願習俗の意味をめぐる考察は、ここで終了してもよいように思われるが、私はそれら二説に関して依然として疑問を感じる点がある。

それは、ひとつには、断髪祈願の意味として、その二説では供犠と出家のみが指摘されているが、それら以外に第三の意味づけも探ってみる余地があるのではないか、という疑問である。また、これまでの日本の歴史学・民俗学研究においては、断髪祈願習俗の発生と展開をほぼ「日本」の枠内でのみ観察・理解しているが、その習俗はほ

んとうに「日本」の「独自な」習俗と考えてよいのか、という疑問も感じる。つづく第三節では、このような私の疑問を解決するために、日本列島の対岸にある中国大陸や朝鮮半島における、難船時の断髪祈願習俗の存否を探ってみたい。

三　中国・朝鮮史料に「断髪祈願習俗」を探る

（1）中国の史料にみえる「断髪祈願習俗」

まず、私がある程度史料の残存状況を把握している、日宋貿易期（十世紀末～十三世紀後半）の中国史料を検索してみると、『宣和奉使高麗図経』[18]のなかに興味深い記述がみつかる。この史料は、北宋末の宣和五年（一一二三）に徽宗皇帝の命をうけて高麗に派遣された国信使の一員であった徐兢が著した高麗見聞録である。このときの使節団は、明州（現在の寧波）を発着港とする海路を利用しており、以下の記述はその復路において中国沿岸（現在の江蘇省の沖合あたりか）で嵐に遭遇した際のものである。

〈巻三九・海道六〉

第二舟至黄水洋中、三桅併折。而臣適在其中、与同舟之人断髪哀懇、祥光示現。然福州演嶼神亦前期顕異

〈巻三四・海道一〉

黄水洋使者回程至此、第一舟幾遇浅、第二舟午後三桅併折、頼宗社威霊得以生還

この史料に関してまずなによりも注目したいのは、日本近世からは数百年さかのぼる十二世紀前半の中国においても、難船時の断髪祈願習俗が存在したという点である。そうすると、この史料からみても、その航海習俗の意味

や源流を「日本」の枠内のみで検討するのは、一面的な考察といわざるをえないであろう。

また、このほかに注目すべき記述は、この祈願に対して霊験をあらわした神が「福州演嶼神」という、福建の連江県奉谷里演嶼の昭利廟に祀られる地方的海神で、この使節団の船員として徴発されていた福建の人びとが信仰する郷土神であった点[19]や、嵐から生還できた理由を「宗社」の「威霊」、つまり国家・皇帝の威光のおかげであるとしている点である。これらの記述からは、すくなくともここに記録されている断髪祈願習俗が仏教の出家との関わりでおこなわれたものとは考えがたい。

さらに注意される点としては、ここで切りとられた毛髪の束がその後どのように扱われたのか、特段の記述がみられない点であり、このことからは、彼らの断髪が供犠という意味をもっていなかった可能性も考えられる。

（2）朝鮮の史料にみえる「断髪祈願習俗」

つぎに、朝鮮半島に残る史料のなかに断髪祈願習俗の事例を探っていくと、高麗中期の高官であった尹彦頤の墓誌銘に興味深い記述がみえる[20]。その墓誌の記録によると、彼は国王仁宗の命をうけて「戊申」の年に宋に派遣されたようだが、これは西暦一一二八年にあたる。そこで、『宋史』巻二五・本紀二五・高宗二をみると、建炎二年（一一二八）十一月辛巳朔条に「高麗国王王楷、遣其臣尹彦頤入見」とあり、まさにその年に尹彦頤が入宋していることが確認できる。そして、この遣宋使の帰途において、つぎのようなできごとがあったことが墓誌に記されている。

及廻船、忽於乳山下風濤大作、船人皆僵仆。公乃正衣冠抱廻詔、上船頭除髪焚香仰天禱、訖風乃定。又於洋中亦然、一瞬間入本朝洪州界内。真至誠君子也。不幸短命、何其與顔回不相異也。

この記録に関してまず注目すべきは、先述の『宣和奉使高麗図経』と同時期の十二世紀前半の朝鮮半島においても断髪祈願習俗が存在したことが明記されている点である。この史料からも、その習俗が日本の「独自な」習俗ではなかったことが確証される。

また、嵐のなかでの尹彦頤の勇敢な祈りの行為が、「至誠君子」と讃えられ、さらには孔子の最愛の弟子であった「顔回」にも比されていることからみて、このときの断髪行為は儒教的観念と密接に関わったものであり、出家というような仏教思想にもとづくものではなかった可能性が高い。

そしてさらにいえば、この十二世紀の朝鮮の記録についても、切りとった毛髪をその後どう扱ったのか、明確な記述がみえないことからすると、やはり先述の徐兢の記録と同様に、かならずしもそれに供犠としての意味がなかったとも考えられる。

（3）中国・朝鮮の事例と日本近世の事例との比較

以上、わずかふたつの事例ではあるが、それらを日本近世の事例と比較することで、以下のような点があきらかになる。

まずもっとも重要な論点として、断髪祈願習俗は日本の「独自な」習俗ではなく、中国や朝鮮にも古くから確実に存在していたことがわかる[21]。また、中国・朝鮮の事例に仏教思想との関連性をうかがわせるような記述がない点からして、それらの地域の断髪祈願習俗は出家の思想とは関係がなかった可能性が高い。そしてさらには、切りとった毛髪の束をその後どのように扱ったのかとくに記されていない点からみて、中国・朝鮮では断髪祈願習俗にかならずしも供犠としての意味が付与されていなかった可能性も考えられる[22]。

これらの論点からは、日本近世の漂流記に頻出する断髪祈願習俗は、その発生・展開の過程が「日本」の枠内で完結するような航海習俗ではなく、その習俗の意味や源流、さらには航海と毛髪がなぜ密接に関わるのかというより本質的な問題などを考察する際には今後、朝鮮半島や中国大陸、さらには東南アジアなども含めた幅広い歴史的視野や史料検索が求められるといえよう。

私は現在、このような断髪祈願習俗をめぐる広域的な歴史の連関について、ある仮説を抱いている。それは、日本・朝鮮・中国のその習俗の古層に、共通の基盤となるなんらかの思想や信仰が存在した可能性である。そこで次節においては、現時点で私が、その共通の基盤の最有力候補と推測している、古代中国の人びとの毛髪をめぐる観念を紹介してみたい。

四　古代中国の毛髪観念と断髪祈願習俗

(1) 毛髪と魂の関係をめぐる大形徹氏の見解

航海における断髪祈願習俗との関わりでまず注目したいのは、中国思想史研究者の大形徹氏が指摘する、古代中国の人びとの毛髪と魂の関係をめぐる以下のような観念である。(23)大形氏によると、古代中国においては、人間の魂は頭蓋骨の内部にあり、それはときとして毛髪を通って体外に遊出すると考えられていたという。そして、この毛髪を通じた魂の遊出という点と関わって、古代中国の巫女は一般の人びととは異なる「被髪」と呼ばれる髪型をしていたが、これは、髪を編んだり結んだりせず、さらには頭巾や冠を被ることもなく、毛先が露出した状態、いわゆるザンバラ髪であったとする。そして、神との対話ができると信じられた巫女がこのような特殊な髪形をしていた理由としては、被髪の露出した毛先からは魂が遊出しやすく、神との交信や霊力の発揮も容易になるためであると指摘している。[24]

このような大形徹氏の見解に関しては、古代中国において、人間の魂が毛髪を通って外部に出ていくと考えられていたという点と、その遊出を容易にするのがヘアセットをしていない被髪という髪型であるとされていたという点をとくに押さえておきたい。

（2）毛髪と魂の関係をめぐる柿沼陽平氏の見解

魂と毛髪の関係をめぐる古代中国の人びとの観念については、中国古代史研究者の柿沼陽平氏も以下のような興味深い指摘をおこなっている。[25]

古代中国の人びとは一般に、毛先を隠すために男女ともに頭髪を結い、さらには冠や頭巾などを被っていた。その毛先を隠す理由としては、当時の人びとが、魂は毛先から抜け出るものであるため、毛先を隠さないと死ぬと信じていたためであるとする。

このような柿沼氏の説明は、毛髪が魂の通路であるとする上述の大形徹氏の指摘と符合し、さらには、魂を毛先から遊出させないために結髪をするということは、逆にいえば、「被髪」はそれを容易にする特殊な髪形であるということになり、この点でも大形氏の議論と重なってくる。

（3）中国古代の霊魂・毛髪・被髪観と航海時の「断髪祈願習俗」

現時点で私は、以上のような霊魂・毛髪・被髪の関係をめぐる古代中国の人びとの思想・観念こそが、後世の日本・朝鮮・中国における航海時の「断髪祈願習俗」の共通基盤として古層に横たわっているのではないかと推測している。すなわち、たとえば日本近世の船乗たちの場合には、航海が危機におちいったときに、「丁髷」という日常的な結髪の状態から、その髻を切り落としてザンバラ髪、つまりは「被髪」になることで、髪の毛を通して魂が遊出するのを容易にし、その遊出した魂が神仏と交感することで、航海の危機からの救済をかなえてもらう、というような思想がその古層にあったのではないかと考えるのである。

ただ、その古層の観念は、中国から周辺地域に伝播し、さらには時代がくだっていくにつれてしだいに意識のかなたに埋没していき、日本近世においては結局、仏教思想などの影響も受けつつ、先述のように断髪祈願習俗が供犠や出家との関連で理解されるようになったのではなかろうか(26)。このような中国古代の古層の思想・観念はもちろん、中国内部や朝鮮でも、後世にはしだいに後景に退き、それとはまた異なる断髪祈願習俗に対する説明がなされていったのであろう。

では、日本における航海時の断髪祈願習俗は、もともとどのように中国から伝来し、古代・中世を経て、どのように変容しながら漂流記に散見するような近世的な習俗となったのであろうか。しかし残念ながら、現在のところ私は、日本の古代・中世史料のなかに断髪祈願習俗の事例はみいだせておらず、事例の発見も含めて今後の課題とせざるをえない。

五　日本古代の「持衰」をめぐって

前節において、日本近世の断髪祈願習俗の源流が、古代中国の人びとの毛髪と魂の関係をめぐる観念にあるのではないか、という仮説を提示した。このような現時点での私の仮説が、ある程度の説得力をもったものとして承認されるのであれば、その航海習俗との関わりで、本稿でぜひとも検討しておきたい問題がある。それは、日本古代における航海習俗としての「持衰」の問題である。

（1）「持衰」の「不梳頭」

『三国志』魏書・巻三〇・東夷伝・倭条（魏志倭人伝）に、

其行来渡海詣中国、恒使一人、不梳頭、不去蟣蝨、衣服垢汚、不食肉、不近婦人、如喪人、名之為持衰。若行者吉善、共顧其生口財物、若有疾病、遭暴害、便欲殺之、謂其持衰不謹。

とあるように、三世紀の倭から中国に渡航する船には「持衰」と呼ばれる特殊な役割を担った人物が搭乗していた。ここにみえる持衰についてはこれまでも、邪馬台国問題に関心をもつ研究者を中心に、多くの研究者がその意味や役割について言及してきた。そのおおかたの見解としては、この持衰とは、おのれの罪科をほかの者に負わせて祓い浄める方法のひとつであり、古代日本において「御贖《みあが》」と呼ばれたものに相当するとされている。そしてそのような呪術的観念にもとづいて、持衰は乗船する一行の災厄を一身に引き受ける役割を担っていた、と説明されている[27]。このような、多くの研究者によって支持されている持衰の意味・役割については、私もとくに異論はない。ただ、依然として私が疑問に感じるのは、持衰はなぜ「不梳頭（髪を櫛けずらない）[28]」とされているのか、という一点である。そこで、本稿の最後にこの問題に対する私なりの仮説を提示してみたい。

（2）『万葉集』の和歌への注目

持衰の問題を考えるにあたって、まず注目したいのは、『万葉集』巻一九所載のつぎのような作者未詳の四二六三番歌である。

　梳毛見自　屋中毛波可自　久左麻久良　多婢由久伎美乎　伊波布等毛比氏

　（櫛も見じ　屋内《やぬち》も掃かじ　草枕　旅行く君を　斎いはふと思（も）ひて）

〔櫛も手にせず　家の中も掃かないでおきましょう　草枕　旅行く君を　慎み祝おうと思って[29]〕

この歌については、多くの『万葉集』の訳注が、船旅も含めて旅行者の家族が旅人の身の安全を祈って禁忌を守り斎戒する、という習俗にもとづくものであることを指摘している。[30] そして、それらの訳注のいくつかが、「梳毛見自」という行為に関して、上述の『三国志』にみえる持衰の習俗と関わる可能性を指摘している。[31] ただ、このような両者の関連性については、多田一臣氏のように、古代の日本では櫛や簪には呪力が宿ると観念されていたので、その呪力の発動を恐れた習俗であると解釈し、その行為を持衰と関連づけることに疑問を呈する見解もある。[32] では、多田氏が指摘する櫛の呪力とはどのようなものなのであろうか。

（3）櫛の呪力

この櫛がもつ呪力という問題については、鎌倉時代の仙覚により編まれた『万葉集注釈』の巻一〇で、問題の四二六三番歌の「梳毛見自　屋中毛波可自」という部分に対して付されているつぎのような注が注目される。[33]

　クシモミシヤナカモハカシトイフハ、人ノモノヘアリキタルアトニハ、三日ハイヘノニハ、ハカズ、ツカフクシヲ、ミズトイフコトノアル也。

この注釈からは、仙覚が生きた鎌倉時代にも、『万葉集』にみえるような、旅をする人の安全を祈ってその家族が守る禁忌習俗があり、その禁忌には「梳毛見自」すなわち「髪を櫛けずることもしまい」という禁忌も含まれていたことがわかる。この点からすれば、櫛には神秘的な力が宿っており、それを使用しないことでその力の発動を避け、旅人の安全を祈るという思想・習俗があったのではないか、という解釈が成り立つ余地はあるのかもしれない。

この櫛がもつといわれる神秘的な力に関して、さらに福島秋穂氏や太刀掛祐輔氏らの研究を参照すると、原始・古代の日本の人びとは、櫛を髪に挿すのは呪術的儀礼であり、髪を櫛でとくことで悪いものも梳きとられると考えたり、櫛には降魔力があり、たとえばそれを投げつけることで魔的存在を排撃することができると信じていたという。(34)

そうすると、『三国志』の持衰の「不梳頭」や『万葉集』の「梳毛見自」という行為は、旅行中に櫛がもつ呪力などの神秘的な力が発揮されることで災厄が降りかかるのを恐れてそれを使用しない、という禁忌と考えるべきなのであろうか。

私はそうは考えない。原始・古代の日本の人びとのあいだに、櫛が神秘的な力をもっているという観念が共有されていたこと自体は認めてもよいであろう。しかし、持衰の場合、もしそのような櫛がもつ神秘的な力に期待するのであれば、むしろそれを髪に挿したり、髪を櫛けずったりするほうが、よりいっそう呪力や降魔力を得やすいのではなかろうか。とすれば、やはり私は、持衰については「櫛の魔力」よりも「髪を櫛けずらない」という行為に重点をおいて解釈すべきであると考える。

（4）「持衰」・『万葉集』四二六三番歌・古代中国のつながり

ここで、『三国志』の持衰の記述にみえる「梳頭」という語句について、とくに「梳」という字の意味に注目しつつ、いくつかの辞（字）書を確認してみたい。

まずは、当該史料とも時期的に近い後漢の許慎により編まれた『説文解字』を、清の段玉裁の『説文解字注』を参照しながらみてみると、その巻七・木部に「梳、理髪也」とみえる。(35) さらに、この「理髪」の「理」の字の字義を検索すると、巻一・玉部に「治玉也」とある。(36) これらの字義からみて、「梳」とは「髪の毛を（理＝治＝おさめる＝）ととのえる」ことがその原義であると考えられる。

「梳」字についてのこのような字義は、近世および現代に編纂された辞（字）書類からも確認することができる。(37) また、たとえば、『康熙字典』辰集中・木部・七画においてもこの「理髪」という『説文解字』の説が継承されている。さらに『漢語大詞典』巻四・木部・七・一〇五九〜一〇六〇では、「梳」字について、隋末の類書『北堂書鈔』巻一三六所引・後漢の崔寔の「正論」や前漢末の儒者・揚雄の「長楊賦」などを典拠として「①梳子。整理須髪的用具。」「②以梳理髪。」とあり、「梳頭」という熟語に関しては、南朝・宋の劉義慶撰『世説新語』賢媛などを典拠として「梳理頭髪」とある。さらには、『大漢和辞典 修訂版』巻六・木部・七画・三八三二においても、「梳頭」という熟語に唐の詩人の丘為や李端の詩を典拠として「髪を梳く。髪の手入れをする。化粧する。梳髪。」とあり、「梳髪」という熟語に対しては『新唐書』巻三四・五行志一・木・服妖を典拠として「髪をくしけずる。理髪。梳頭。」と解説されている。

これらの辞（字）書の説くところからすれば、「梳頭」とは「髪を櫛けずり、ととのえること」となり、そうすると『三国志』の持衰に関して付されている「不梳頭」という語句の意味するところは、「髪をみずら（美豆良・角髪・鬟）などのかたちにととのえず、被髪（垂髪）のままにしておく」ことであると考えてよいであろう。

持衰の「不梳頭」の意味に関する以上のような仮説を前提として、こんどは『万葉集』所載の歌にあらわれた奈良時代の人びとの毛髪観をみてみると、それを考察した大原梨恵子氏によれば、髪は神の依り代であり、また霊魂の宿るところでもあったという。そしてまた、「髪を結う」あるいは髪に「紐を結ぶ」というような行為は、魂を結び籠める行為であったと説明されている。(38)そうすると、このような毛髪観からすれば、日本古代の人びとは、髪を櫛けずり「結う」「結ぶ」などのヘアセットをおこなうことで、髪を通して魂が遊出するのを防ぐことができると信じていた、と考えてよいであろう。このような観念はまさに、先述の古代中国の人びとの魂と毛髪をめぐる観念と相通じているといえよう。

ここまでの考察を通じて私は、『万葉集』四二六三番歌の「梳毛見自」という習俗は、すでに複数の当該書の訳注が指摘するように、『三国志』東夷伝・倭条にみえる「持衰」の「不梳頭」という行為と密接に関わっていると結論づけたい。すなわち、持衰の「不梳頭」という状態は、「みずら」などのかたちにヘアセットしない「被髪」の髪型であり、その髪型をすることで毛先から魂が出入りしやすい様態を保ち、魂と神との交感を容易にすることで航海の無事を祈る、という意味・観念があったのではないかと推定したいのである。そして、このような意味づけや観念の古層・源流には当然、第四節で紹介した中国古代の人びとの魂と毛髪の関係をめぐる観念があったと考えられる。

ただ、「持衰」という語句自体が、『三国志』東夷伝・倭条以外の中国史料にほとんどみあたらず、中国内部におけるその航海習俗の歴史的展開を跡づけることは困難である。また、中国から倭国に伝播した経路についても、百済の習俗との関係を推測する見解もあるが、(39)現時点では史料的にはまったく不明とするしかない。

おわりに

以上、日本近世の「断髪祈願習俗」を出発点として、かなり迂遠な議論や推測を重ねつつ、三世紀の倭の「持衰」が髪を櫛けずらない理由を考察し、それらふたつの航海習俗が中国古代の人びとの魂と毛髪の関係をめぐる観念を源流としているのではないか、という仮説を提示した。この仮説からは、航海の信仰や習俗もまた、ヒト・モノ・情報などの交流を通じて幅広く伝播していくものである、という事実をあらためて認識できるであろう。そしてさらには、日本列島・朝鮮半島・中国大陸に囲まれた「東アジア海域世界」におけるその伝播の歴史過程においては、以前の拙稿でも指摘したように、[40]中国を源流とする要素がとくに重要ではないかと考えられる。とすれば、これまで日本や朝鮮に独自なもの考えられてきた航海の信仰や習俗についても、今後あらためて中国古代の思想・信仰・習俗などと広範かつ詳細に比較することを通じて、相互の歴史的連関を探っていく必要があるのではなかろうか。

注

（1）日本における海域史研究の概況については、たとえば桃木至朗・山内晋次・藤田加代子・蓮田隆志編『海域アジア史研究入門』（岩波書店、二〇〇八年）参照。

（2）山内晋次「航海をめぐる信仰―海域交流の発展と信仰はいかに関わるか―」（吉澤誠一郎他編『論点・東洋史学　アジア・アフリカへの問い158』ミネルヴァ書房、二〇二二年）も参照。

（3）以下、断髪祈願習俗に関する第一節～第四節の叙述は、山内晋次「航海と祈りの諸相―日宋関係史研究の一齣として―」（『古代文化』五〇―九、一九九八年）、同「10～13世紀の東アジアにおける海域交流」（『唐代史研究』七、二〇〇四年）における考察を土台としつつ、その後に得られた知見を増補したうえで新たに書き起こしたものである。

（4）たとえば池田晧編『日本庶民生活史料集成5　漂流』（三一書房、一九六八年）、同志社大学図書館編『日本人漂流記文献目録（2刷改訂版）』（同志社大学図書館、一九八四年）、荒川秀俊編『近世漂流記集』（法政大学出版局、一九六九年）、加藤貴校訂『叢書江戸文庫1　漂流奇談集成』（国書刊行会、一九九〇年）、石井研堂著・山下恒夫再編『石井研堂これくしょん　江戸漂流記総集2』（日本評論社、一九九二年）、東京海洋大学附属図書館電子化資料コレクション漂流・漂着資料〈https://lib.s.kaiyodai.ac.jp/library/bunkan/tb-gaku/hyoryuki.html〉などを参照。

（5）「鎖国」制の理解については、彭浩「「鎖国」見直し論のパラダイム転換」（『社会経済史学』八九―四、二〇二四年）などを参照。

（6）劉序楓「漂流、漂流記、海難」（注（1）桃木他編）二一八～二二〇頁。

（7）桂川甫周著・亀井高孝校訂『北槎聞略―大黒屋光太夫ロシア漂流記―』（岩波書店、一九九〇年）二三頁。

（8）この習俗に関する資料として伝存しているのは、文献史料だけではない。たとえば、青森県西津軽郡深浦町の円覚寺には、遭難事故から生還した北前船の船乗りたちが、本尊の観音菩薩の加護に感謝して奉納した、危機的状況のなかで切りとった髻を張りつけた髷額（髷絵馬）が複数伝存している。

（9）那覇市史企画部市史編集室編『那覇市史　資料篇　第1巻7　家譜資料（3）首里系』（那覇市企画部市史編集室、一九八二年）二八〇頁。

（10）池野茂「近世琉球の遭難漂流記録をめぐる諸問題」（『桃山学院大学社会学論集』一〇―一、一九七六年）五四～五七頁も参照。

（11）島袋源七「頭髪」（『旅と傳説』五―四（№五二）、一九三二年）六六頁。

（12）たとえば、江紹原『髪鬚爪―關於它們的風俗―』（上海文芸出版社、一九八七年。開明書店一九二八年影印の再刊）、中山太郎『日本巫女史』（大岡山書店、一九三〇年）、飯島伸子『髪の社会史』（日本評論社、一九八六年）、高木智見「古代人と髪」（『先秦の社会と思想―中国文化の核心―』創文社、二〇〇一年）など参照。

（13）牧田茂『民俗民芸双書11　海の民俗学』（岩崎美術社、一九六六年）一六七頁、桜田勝徳「船霊の信仰」（須藤利一編『船』〈ものと人間の文化史1〉法政大学出版局、一九八九年）三三四～三四四頁、北見俊夫『日本海上交通史の研究―民俗文化史的考察―』（法政大学出版局、一九八六年）六九〇～六九九・七〇七～七一三・七四〇頁など参照。

(14) 新城常三「海神への供犠―遭難時に於ける―」（『中世水運史の研究』塙書房、一九九四年）八八〇～八九四頁。このほか、注（13）牧田著書一六七頁、石井謙治『図説日本海事史話叢書1 図説和船史話』（至誠堂、一九八三年）三六四～三六五頁、注（13）北見著書七四〇～七四一頁なども参照。

(15) 金指正三『日本海事慣習史』（吉川弘文館、一九六七年）三三〇頁。

(16) 注（4）池田著書に所収。

(17) 日本随筆大成編輯部編『日本随筆大成 第Ⅰ期7』（吉川弘文館、一九七五年）所収。

(18) 活字化されたテキストとしては、朝鮮古書刊行会編『朝鮮群書大系 第15輯 渤海考・北輿要選・北塞記略・高麗古都徴・高麗図経』（朝鮮古書刊行会、一九一一年）および今西龍校定『宣和奉使高麗図経』（今西春秋、一九三二年）などがある。

(19) 愛宕松男「天妃考」（『愛宕松男東洋史学論集2 中国社会文化史』三一書房、一九八七年）七七・八一・九六頁、李献璋『媽祖信仰の研究』（泰山文物社、一九七九年）二一〇～二一二頁。

(20) 李蘭暎編『韓国金石文全書4 韓国金石文追補』（亜細亜文化社、一九八六年）一二〇～一二三頁。

(21) 注（14）新城著書八八一頁では、嘉靖十三年（一五三四）に新国王冊封のために琉球に派遣されてきた陳侃の『使琉球録』使事紀略にみえる、同年五月十四日に沖縄島近海の久米島付近で嵐に遭った際に、福建出身の船員たちが一斉に天妃の名を呼び髪を切って祈誓したという史料に気づいており、これは十六世紀前半の中国においても航海時の断髪祈願習俗が存在したことを示す興味深い史料である。しかし結局、新城氏は「我国のそれが中国伝来かどうかは明瞭でない」と結論を保留している。

(22) 水口幹記「海・髪・東アジア、そして祈り」（同編『叢書・文化学の越境22 古代東アジアの「祈り」―宗教・習俗・占術―』森話社、二〇一四年）二一七～二一八頁では、「髪を切ること」それ自体が、すでに神仏などへの祈請となっており、海中へ投げ入れるか否かは次の問題であり第一義的ではなく、さらには「断髪」が殉死に代わるものとしておこなわれている以上、「断髪」は一面では死をも意味しているのであり、髪を切るだけですでに海中への「身投げ」（＝死・供犠）と同義であった、というような指摘がなされている。このような水口氏の指摘は傾聴すべきものであり、その点も十分に考慮しつつ、今後さらに私なりに断髪祈願習俗に関する考察を深めていきたい。

(23) 大形徹「被髪考―髪型と霊魂の関連について―」（『東方宗教』八六、一九九五年）、同『角川選書315 魂のありか―中国古代の霊魂観―』（角川書店、二〇〇〇年）第一章・第二章。

(24) ちなみに、漢文学研究者の西岡市祐氏も、中国古代の巫女の被髪は、神霊と通じ、同化した姿であると指摘している。西岡市祐「被髪雑考―「被髪左衽」惑解―一―」（『国学院雑誌』七三―四、一九七二年）二三頁参照。

(25) 柿沼陽平『古代中国の24時間―秦漢時代の衣食住から性愛まで―』（中央公論新社、二〇二一年）。なお、同「中国古代禿頭攷」（渡邉義浩編『中国文化の統一性と多様性』汲古書院、二〇二二年）四五一～四五三頁では、中国古代の人びとの頭髪観をめぐる研究史が簡潔にまとめられており、たいへん参考になる。

(26) ただ、沖縄の民俗学研究者の島袋源七氏は、「天理教布教師が、頭髪は神託の受信器であつて大切なものだと説いた事がある」という昭和初期頃のものと思われる興味深い聞書きを残しており（注（11）島袋論文六七頁）、中国における古層の観念がまったく忘れ去られてしまったわけでもないのかもしれない。

(27) 三品彰英編『邪馬台国研究総覧』（創元社、一九七〇年）一一〇～一一一頁などを参照。

(28) ちなみに、『三国志』が成立した三世紀末から一五〇年程のちの史料ではあるが、四三二年の完成とされる南朝・宋の范曄『後漢書』巻八五・東夷列伝・倭条では、「持衰」について「不櫛沐」と記されている。

(29) 小島憲之・木下正俊・東野治之校注・訳『新編日本古典文学全集9　萬葉集4』（小学館、一九九六年）三五二頁。

(30) 高木市之助・五味智英・大野晋校注『日本古典文学大系7　万葉集4』（岩波書店、一九六二年）三七六～三七七頁、澤瀉久孝『萬葉集注釋　巻第十九』（中央公論社、一九六八年）一八五頁、小島憲之・木下正俊・佐竹昭広校注・訳『日本古典文学全集5　萬葉集4』（小学館、一九七五年）三五〇頁、土屋文明『萬葉集私注九　新訂版巻第十八・巻第十九・巻第二十』（筑摩書房、一九七七年）二二八頁、注（29）小島・木下・東野校注・訳三五二頁、青木生子『萬葉集全注 巻第十九』（有斐閣、一九七七年）二四九頁、佐竹昭広・山田英雄・工藤力男・大谷雅夫・山崎福之校注『新日本古典文学大系4 萬葉集四』（岩波書店、二〇〇三年）三三四頁、多田一臣訳注『万葉集全解7』（筑摩書房、二〇一〇年）二〇二頁など。

（31）注（30）小島・木下・佐竹校注・訳三五〇頁、注（29）小島・木下・東野校注・訳三五二頁、注（30）佐竹・山田・工藤・大谷・山崎校注三三四頁。

（32）注（30）多田訳注著書二〇二頁。

（33）佐々木信綱編『万葉集叢書8 仙覚全集』（古今書院、一九二六年）三四六頁。

（34）福島秋穂「記紀載録神話に見える櫛の呪力について」（『国文学研究』五八、一九七六年）、太刀掛祐輔『櫛の文化史』（郁朋社、二〇〇七年）一二～三二頁。

（35）尾崎雄二郎編『訓読 説文解字注 金冊』（東海大学出版会、一九八一年）六六九頁。

（36）尾崎雄二郎編『訓読 説文解字注 絲冊』（東海大学出版会、一九八九年）一一四頁。

（37）『康熙字典 縮刷』（吉川弘文館、一九〇九年再版）五〇五頁。

（38）大原梨恵子『黒髪の文化史』（築地書館、一九八八年）四～五頁。

（39）長沼賢海『邪馬台と大宰府』（太宰府天満宮文化研究所、一九六八年）七九～八〇頁。

（40）山内晋次「近世東アジア海域における航海信仰の諸相―朝鮮通信使と冊封琉球使の海神祭祀を中心に―」（『待兼山論叢』四二・文化動態論篇、二〇〇八年）三七頁。

〔付記〕本稿は、「神宿る島」宗像・沖ノ島と関連遺産群保存活用協議会主催の特別研究事業・第三回国際検討会「古代東アジアの海洋信仰と宗像・沖ノ島」（二〇二二年三月二十一・二十二日、福岡市、オンライン公開）、および第六回公開講座（二〇二三年二月十八日、福岡市・アクロス福岡）における報告・講演を骨子として成稿したものである。

古代行幸の運用実態

市　大樹

はじめに

日本古代の行幸に関しては、一九九〇年前後に王権論の視点から研究が大きく進展し、天皇による恣意的な遊覧行為とする見方は後退し、政治行為として捉える見方が定着するようになった(1)。その代表的論者の一人である仁藤敦史氏は、①天皇行幸の目的は、天皇が行軍の形態をとった「律令制度の行列」の中心に位置することで、「統治権の総覧者」としての地位を見る者に確認させ、圧倒するとともに、曲赦・叙位・免課役・賑給・交易・宣命などの行為により、民衆と直接対峙し、天皇の恩恵・聖徳を感じさせ、王としての支配の正統性を主張する場であり、王権の超越的性格を示す都城とは相互補完的な関係にあったこと、②平安期になると畿外への大規模な行幸はほとんどなくなり、朝覲行幸・臣下邸宅への行幸・京近郊への遊猟・御禊行幸などが中心となることなどを指摘した(2)。

行幸の行列次第である鹵簿については、吉川真司氏が『儀式』巻二践祚大嘗儀上に詳細に記された御禊行幸（これは奈良時代の大行幸のあり方を基本とするとみる）の鹵簿に着目し、重要な指摘をおこなっている。すなわち、日本では唐の皇帝鹵簿の配置を一部踏襲しつつも、ほぼ供奉官と諸衛のみから構成される唐制とは大きく相違し、二官七省一台六衛のほか、主要な被管諸司が多数参加している点に着目し、（一）文官・武官・女官が混成されていること、（二）左右近衛府と中務省（被管諸司を含む）が天皇側近に位置して前陣・後陣の双方にわたること、（三）後陣は天皇への奉仕という観点から序列化されていることなどに、日本の特徴をみいだしている。[3]

　こうして行幸の大枠は把握できるようになってきたが、[4]個々の行幸がどのように運用されていたのかとなると、意外に不明な点が少なくない。本稿では、行宮の造営・整備、行幸ルートに関して、若干の考察を試みてみたい。

一　行幸の制度的枠組み

『延喜式』には行幸に関する式文が複数存在する。ここでは太政官式112条を便宜的に次の五つに段落分けし（〈　〉は双行注。以下同じ）、他の式文も適宜参照しながら、行幸の制度的枠組みを確認しておきたい。[5]

①凡行幸応レ経レ宿者、弁史各一人、左右史生各二人、官掌一人陪従。若不レ経レ宿者、減二左右史生各一人一。預択二行日一、弁二備庶事一。

②前数十日〈臨時量定〉定二造行宮使一〈使人官品、臨時随レ事処分〉、任二装束司一。長官一人〈三位〉、次官二人〈五位〉、判官三人、主典三人〈並六位以下〉。任二前後次第司一、御前長官一人〈三位〉、次官一人〈五位〉、判官二人、主典二人〈並六位以下〉。御後亦准レ此〈定畢奏聞〉。又預定二陪従・留守五位以上一〈人数臨時処分〉、差レ使検二校行宮一。

③前十余日、仰二下諸国一、令レ進二国飼御馬一〈左右馬寮、定レ数奏之〉、左右馬寮、儲二負レ印馬一〈用下諸国所レ貢繫飼

御馬放二近牧一者上〉、仰二京職・諸国一、令レ進二担夫一〈其数臨時処分〉。
④前五・六日、仰二大蔵一、儲二禄料絁布等一、令レ運二収便処一。又給二陪従五位以上朝服及袍衫一。其覆二太政官印櫃一皮、幷担夫二人、及黄衫者、装束司充之、事畢返上。若諸司鑰匙、有レ勅付二留守官一者、大臣若大納言、率二侍従五位以上一、倶侍二内裏一、令下典鑰等就二櫃所一出収上。
⑤其行幸路傍百姓窮困者賑恤、長老者賜レ物、側近社寺奉幣・誦経。臨二駕将レ廻、即有二宣命一、賜二当国郡司等禄一有レ差〈或有二叙位一〉。行宮側近高年八十以上、及陪従人等、賜レ物有レ数〈事見二儀式一〉。

①によると、行幸は経宿（宿泊をともなう）か否かで二分される。前半部は弁官の陪従者を規定するが、経宿行幸のほうが多くなっている。後半部は太政官が事前に日取りを決め、さまざまな準備をするように規定する。

②～⑤は基本的に時系列でまとめられている。②は「前数十日」に実施すべき内容である。「前数十日」は、③「前十余日」より以前にあたるので、二〇日以上前ということになる（日数は行幸ごとに量り定められる）。この期間内に、造行宮使（行宮の造営にあたる）が定められ、装束司（装束・物資の調達などにあたる）、前後次第司（鹵簿の前後で行列の次第を整え、官人らを指揮する）が任じられる。装束司と前後次第司は四等官構成をとる「司」で、各定員と官位相当が定められているが、造行宮使は「司」よりも格下の「使」であり、相当位も定まっていない。このうち最も充実しているのが装束司で、長官一名（三位）、次官二名（五位）、判官三名（六位以下）、主典三名（同上）で構成される。それぞれの構成員が定まると、太政官は天皇に奏聞する決まりである。

また、②の最後の一文によると、あらかじめ行幸に陪従する五位以上と王宮の留守にあたる五位以上を定め、行宮を検校するための使者（造行宮使とは別）も派遣することになっている。これらは③の規定に先立つので、二〇日以上前にすべきことにみえるが、その場合、行宮検校使の派遣は日程的に厳しく感じられる。そこで参考になるのが太政官式86条である。これは御禊行幸に関する規定ではあるが、「前廿許日、任二御装束司幷次第司一。（中略）前五日、大臣及参議已上、定下五位以上応二陪従幷留守一歴名上奏聞、訖下二式部及装束・次第等司一」とあり、五位以上の陪従・留守が決定・奏聞されるのは、御装束司・次第司が任命されてから約一五日後となっている。これを参照すれば、②の最後の一文は必ずしも「前数十日」に実施すべき内容とみる必要はなかろう。②は全体として任命関係の規定となっており、そのため便宜的に最後に配置された可能性がある。太政官式86条からは、大臣・参議以上が五位以上の陪従・留守を定め、その歴名は天皇に奏聞された後、式部省・装束司・次第司に下された（六位以下も官司ごとに陪従と留守が選別されるが、その歴名は天皇に奏聞されない）ことがわかる。

つづいて、「前十余日」の③について。まず、国飼馬の進上が規定されている。左右馬式27条によると、国飼馬は山城・大和・河内・摂津・伊勢・近江・美濃・丹波の八ヵ国で飼育される。同20条の「凡諸節及行幸、応レ用二国飼御馬一者、斟二量須数一奏聞、乃下二官符一令レ進」も踏まえると、左右馬寮が行幸で使用する馬の数を定め、天皇へ奏聞した後、太政官符を上記八ヵ国に下して国飼馬を進上させたことがわかる。

さらに③では、左右馬寮が「負レ印馬」を儲けることを規定する。この「印」が内印（天皇御璽）を意味することは、主鈴式2条の「凡行幸従駕内印幷駅鈴・伝符等、皆納二漆簏子一、主鈴与二少納言一共預供奉。其駄者、左右馬寮充之」から明らかである。内印は駅鈴・伝符とともに漆簏子に納められる。こうして収納された内印を背負わせるための馬としては、近牧（近都牧）で放ち飼われた繋飼御馬が使用されるが、左右馬式21条に「凡車駕巡幸鈴印駄、用二櫪飼強壮者一充之」とあるように強壮馬が選ばれる。なお、以上の式文および左右近衛式32条の「凡行幸者、（中略）亦令三近衛二人護二印鈴一」から、行幸の際には内印を携行するのが原則であったという見方があるが、内記式19条・大舎人式18条では行幸時の「駄レ鈴馬」「駄鈴」を規定するものの、内印のことは記されていない。加藤麻子氏が詳しく論じたように、行幸で内印を携行するのは遷都・遷宮などの特殊な事例であり、太政官式112条などが規定しているのは、あくまでも内印携行時の従駕形態であって、内印携行そのものではないと考えられる(6)。

③の最後には、太政官は京職・諸国に命じて担夫を進上させるとある。京職・諸国は雑徭を使って行幸時の荷物運搬にあたる担夫を徴発し、都へ進上する義務を負っていたのである。担夫の数は行幸ごとに異なっていた。

そして、「前五、六日」に関する④では、まず、大蔵省に命じて禄料の絁・布などを準備させ、便処に運び収めさせること、陪従の五位以上に朝服および袍・衫を支給することを規定する。また、太政官印の入った櫃を覆うための皮、ならびに担夫二人、および（その担夫が着す）黄衫については、（大蔵省ではなく）装束司が充当し、行幸が終わった後に返上することになっていた。最後はカギに関する規定である。典鑰式1条に「凡諸司蔵庫鑰匙、毎日与二監物一共日請夕進〈図書寮・民部省・大蔵省・掃部寮・大膳職・主殿寮・大炊寮鑰〉。但兵庫鑰、臨時請進」とあるように、諸司の蔵庫を開けるための鑰匙は、毎日、典鑰が監物とともに朝に請求し、夕方に進上することになっていた（監物式1条も参照）。しかし、天皇が行幸した際には、内裏に保管された鑰匙を請求できなくなるため、事前に勅によって留守官に鑰匙を付す場合があった。それを④は規定しており、大臣もしくは大納言が侍従の五位以上を率いて、ともに内裏に侍って、典鑰らに櫃（鑰匙が収納）のある所に就かせて鑰匙を出納させるとある。

⑤の前半部は行幸路傍の百姓窮困者に対する賑恤、長老に対する賜物、側近社寺に対する奉幣・誦経を規定する。後半部は行幸先から出立しようとする際には宣命を発して、国郡司への賜禄もしくは叙位、行宮側近高年八十以上および陪従人への賜物をおこなうことを規定する。

以上の制度的枠組みを踏まえ、次節以下では、行幸の造営・整備、行幸ルートの運用実態をみてみたい。

二　行宮の造営・整備

前節でみたように、経宿行幸では「前数十日」（二〇日以上前）に造行宮使を定める決まりである。当然、行宮の造営・整備はそれ以降ということになる。実態としても、そのような経緯をたどったと筆者は考える。

これに対して、行宮造営の開始時点をかなり早く見積もる見解がある。その主たる根拠となっているのが、膳所城下町遺跡（滋賀県大津市）で検出された、七間×四間の二面廂掘立柱建物である。その柱掘形は一辺約一・六m、柱は直径約四〇cmもある立派なもので、建設後間もなく解体撤去されていた。この大型建物は八世紀第2四半期のものとみられることから、天平十二年（七四〇）十月二十九日〜十二月十五日に実施された関東行幸にあたって、十二月十一日に志賀郡禾津で頓宿した際の施設（いわゆる禾津頓宮）であった可能性が指摘されている。(7) この成果を受けて栄原永遠男氏は、似たような規模の建物として、法華寺金堂（七間×四間）・石山寺仏堂（七間×四間）の工期が順に八ヵ月・七ヵ月となっている点に着目し、天平十二年四〜五月頃には禾津頓宮の建設が始まっていたと考えた。(8) この関東行幸は伊勢行幸として始まるが、十月十九日の造伊勢国行宮司任命よりも半年近く前から、禾津頓宮の建設工事が実施されていたとみたわけである。この場合、農繁期に建設工事がなされたことになるが、東野治之氏はそれは考えにくいとし、早ければ前年十一年の冬頃には行幸の準備に入っていたとする。(9)

この天平十二年の関東行幸は恭仁遷都に帰着するが、同年に藤原広嗣の乱が勃発したこともあって、さまざまな議論がなされている。筆者は先行諸説を参考に、次のように理解している。(10)

多大な人命を奪った天平九年の疫病大流行によって、聖武天皇の権威は大きく失墜した。聖武は権威を取り戻すために、国分寺建立・大仏造立に取り組むことを考える。この新たな仏教政策の遂行に先立ち、伊勢神宮へ奉幣使を派遣して許可をもらい、さらに壬申の乱における大海人皇子の行軍ルートを追体験することで、王権の危機意識を官人たちにも共有させ、それを君臣一体となって克服することを目指して、恭仁遷都に直結する関東行幸を計画した。天平十一年三月、恭仁宮と木津川を挟んだ場所に位置する甕原離宮へ二度も聖武は行幸しており（二回目は元正太上天皇も同行）、この頃には恭仁遷都の構想がほぼ固まっていたとみられる。その後、着々と準備を進めていき、天平十二年の冬に関東行幸・恭仁遷都を実施する手はずであったと考えられる。

ところが、思いもかけず九州で広嗣の乱が勃発する。聖武はすぐさま大野東人を大将軍に任命し、広嗣の追討に向かわせる。追討軍は豊前国の三鎮を陥落させ、ついで板櫃川の戦いで勝利を収めた。いまだ広嗣の捕獲・殺害にはいたっていないが、勝敗がほぼ決したこともあり、聖武は関東行幸を実行することにした。出立日は十月二十九日。秋から冬にかけての畿外行幸（紫香楽行幸は除く）の出立日は次のとおりで、これらに比べるとかなり遅い。

斉明四年（六五八）紀伊行幸：十月十五日　　持統四年（六九〇）紀伊行幸：九月十三日
大宝元年（七〇一）紀伊行幸：九月十八日　　大宝二年（七〇二）参河行幸：十月十日
霊亀三年（七一七）美濃行幸：九月十一日　　神亀元年（七二四）紀伊行幸：十月五日
神亀三年（七二六）播磨行幸：十月七日　　天平神護元年（七六五）紀伊行幸：十月十三日
延暦二十二年（八〇三）近江行幸：閏十月十六日　　延暦二十三年（八〇四）紀伊行幸：十月三日

出立日である十月二十九日の干支は壬午であった。瀧浪貞子氏が指摘しているように、壬午は陰陽道で出行（出発）、行吉事（挙兵）のいずれにも吉日にあたり、大海人が吉野で挙兵を宣した日の干支と一致する。[11] その三日前、聖武は東人に対する詔で「朕、縁レ有レ所レ意、今月之末、暫往二関東一。雖レ非二其時一、事不レ能レ已。将軍知之、不

㆑須㆓驚怪㆒」と述べた。広嗣の捕獲・殺害を待って出立すべきところ、十月二十九日を逃せば年内の行幸は中止となりかねない、との思いが吐露されたものであろう。軍事的緊張から解放されていないこともあり、特別に前後騎兵大将軍を任命し、東西史部・秦忌寸から徴発した騎兵四〇〇人も従駕させた。関東行幸は当初からの計画とはいえ、『万葉集』巻六―一〇二九番歌の題詞に「十二年庚辰冬十月、依㆓大宰少弐藤原朝臣広嗣謀反発㆑軍、幸㆓于伊勢国㆒之時、河口行宮、内舎人大伴宿禰家持作歌一首」とあるように、広嗣の乱がそれなりの影響を与えたことは間違いない。聖武が広嗣の捕獲・処刑の情報に接したのは、河口頓宮（関宮）においてである。

このように筆者は、恭仁遷都・関東行幸は早くから計画されていたと考える。しかし、計画があっても即座に実行に移されるとは限らない。禾津頓宮の問題に戻すと、関東行幸の半年以上も前から建設が始まっていたのか、筆者は大きな疑問を感じる。栄原氏は法華寺金堂・石山寺仏堂の建設日数を参考にしたが、氏も断るように、仏教施設の中心建物と頓宮のそれとでは仕様・荘厳などは異なる。行幸の際に新造される建物は、元正太上天皇・聖武天皇が長屋王の佐保宅に行幸した際に詠まれた歌（『万葉集』巻八―一六三七・一六三八番歌）にみるように、「黒木もち造れる室」（樹皮がついた荒木で造った建物）であったと考えられる。黒木を使用する建物としては、大嘗宮・殯宮・斎宮の頓宮などもあげられ、仁藤敦史氏は高貴な人物や神が臨時に滞在する一回限りの使用に造営されたことを指摘している[12]。大嘗宮の場合、大嘗祭の七日前に造り始めて五日のうちに終える決まりである（『延喜式』大嘗祭式22条など）。しかし、平城宮跡で検出された大嘗宮建物の柱掘形はそれなりに立派なものである。禾津頓宮の建設期間を算出することは難しいが、栄原氏が想定した期間よりも相当短かったのではないか。

ここで、造行宮使（司）・造離宮司の任命・派遣から行幸出立までの日数を調べてみよう。

大宝元年（七〇一）紀伊行幸：三三日　　大宝二年（七〇二）参河行幸：二一日

霊亀三年（七一七）美濃行幸：二三日　　神亀三年（七二六）播磨行幸：九日
天平十二年（七四〇）関東行幸：一〇日　　天平十四年（七四二）紫香楽行幸：一六日
天平神護元年（七六五）紀伊行幸：二一日　　延暦二十二年（八〇三）近江行幸：一五日

このうち半数が二〇日以上となっており、『延喜式』太政官式112条の規定と合致する。

これに対して関東行幸では、出立までの日数はかなり短いが、途中で連泊した施設も少なくない。五泊以上の宿泊をした施設としては、河口頓宮（一〇泊）、赤坂頓宮（九泊）、不破頓宮（五泊）があげられる。これらは川口関・鈴鹿関・不破関が置かれた場所にあたる。この行幸は広嗣の乱の最中に始まったこともあり、軍事施設としての性格も有した三関（鈴鹿関、不破関）やそれに準じる関（川口関）の所在地に長く滞在したのであろう。河口頓宮では伊勢神宮奉幣・遊猟が実施され、赤坂頓宮では大規模叙位があり、不破頓宮では騎兵司が解任されるなど、これらが重要な行幸先であった様子がうかがわれる。また、二～四泊した施設としては、壱志郡（二泊）、朝明郡（二泊）、当伎郡（四泊）、犬上（二泊）、志賀郡禾津（三泊）があげられる。最初の四つは郡名となっており、基本的に郡家を行宮に転用したと考えられる。一方、最後の禾津は志賀郡家とは別の施設ということになる(13)。

このように関東行幸では出立日が遅かった割には、しかも徐々に寒くなる時期でありながら、ゆっくりと進んでいる。北啓太氏は、関東行幸中に恭仁へこのまま遷都するという変更があったため、その受け入れ体制を整える必要があり、主要な行幸先である関所在地などで日程調整された可能性を指摘している(14)。これに対して筆者は、関東行幸を開始した時点で恭仁遷都は想定されていたと考えており、突発的に恭仁遷都に方針転換したとはみない。しかし、恭仁における受け入れ体制を確保するために、日程調整をした可能性は十分にあると考える。さらに、美濃国・近江国・山背国の行宮整備期間を確保する狙いもあったとみる。なぜならば、聖武ら為政者の思惑は別として、当初関東行幸は伊勢行幸として始まり、造行宮使も伊勢国のみを対象としたからである。

以上を総合すれば、行宮の造営・整備に着手するのは、やはり造行宮使などが任命・派遣された後とみるのが穏当ではないか。出立まで太政官式112条に反して二〇日以内の事例も半数存在するが、行宮は既存の施設を利用することが多かったため、行宮の整備期間としてはこの程度で十分であったのだと考える。

もう少し具体的な行宮の造営期間をうかがうために、神亀元年（七二四）紀伊行幸に着目してみたい。この行幸では、『続日本紀』神亀元年十月甲午（八日）条に「至二海部郡玉津嶋頓宮一、留十有余日」とあるように、玉津嶋頓宮が中心的な滞在・宿泊施設とされた。その造営・整備期間は史料的に確認できないが、これとは別に「離宮」が造営された。それを示すのが、十月戊戌（十二日）条の「造二離宮於岡東一」および次の同月壬寅（十六日）条である。

賜二造離宮司、及紀伊国々郡司、幷行宮側近高年七十已上禄一、各有レ差。百姓今年調庸、名草・海部二郡田租、咸免之。又赦二罪人死罪已下一。名草郡大領外従八位上紀直摩祖為二国造一、進二位三階一。少領正八位下大伴櫟津連子人・海部直士形二階。自余五十二人、各兼一階。又詔曰、登レ山望レ海、此間最好。不レ労二遠行一、足二以遊覧一。故改二弱浜名一、為二明光浦一。宜下置二守戸一、勿上レ令二荒穢一。春秋二時、差二遣官人一、奠二祭玉津嶋之神・明光浦之霊一。

造離宮司などが十六日に賜禄されたのは、十二日に造営が始まった「離宮」が完成したためで、造営期間は約四日と推定できる。[15] この「離宮」は、次の『万葉集』所載歌に「わご大君の常宮」と詠まれ、雑賀野に所在した。

やすみしし　わご大君の　常宮と　仕へ奉れる　雑賀野ゆ　そがひに見ゆる　沖つ島　清き渚に　風吹けば
白波騒き　潮干れば　玉藻刈りつつ　神代より　然そ貴き　玉津嶋山　（九一七番歌）

離宮は恒久的な施設を指すことが多いが、今回の事例に関しては、造営期間の短さから仮設と考えられる。九一七番歌の「常宮」（永久に変わらない宮殿）は、あくまでも表現上でのことである。[16] 佐保宅に関する一六三七番歌でも、「黒木もち　造れる室は　万代までに」と詠まれているように、永久的な存続が祈願されている。

前掲の壬寅条後半部にある詔や九一七番歌では、頓宮のある玉津嶋の一帯の景色が褒め称えられている。これは国誉めであるが、同時に宮誉めでもあったろう。[17] 九一七番歌によれば、「離宮」から玉津嶋の一帯が一望できた。詔の冒頭に「登レ山望レ海」とあるのも、山（実態は岡）の上に「離宮」があったことを示している。約四〇年後の天平神護元年（七六五）、称徳天皇は紀伊へ行幸する。十月十八日に玉津嶋に到着し、翌日に「南浜望レ海楼」に出御し、そこで雅楽・雑伎が奏上された。「南浜望レ海楼」は「離宮」と同じ場所にあった可能性が高いが、神亀元年に造営された「離宮」は短期間で造営した仮設であり、そのまま維持され続けたわけではあるまい。

ではなぜ、仮設でありながら「離宮」と称されたのか。それは、紀伊国海部郡の中心的な滞在・宿泊施設として、玉津嶋頓宮が存在したことが関係するのではないか。神亀二年難波行幸で詠まれた『万葉集』所収歌に注目したい。

おしてる　難波の国は　葦垣の　古りにし里と　人皆の　思ひやすみて　つれもなく　ありし間に　績麻なす
長柄の宮に　真木柱　太高敷きて　食す国を　治めたまへば　沖つ鳥　味経の原に　もののふの　八十伴の男
は　廬りして　都なしたり　旅にはあれども　（九二八番歌）

反歌の「荒野らに　里はあれども　大君の　敷きます時は　都となりぬ」（九二九番歌）とあわせて、「里」であっても、天皇の行幸時には一時的に「都」になるという観念が読み取れる。同様の観念は、『日本書紀』景行十二年九月戊辰条の「天皇遂幸二筑紫一、到二豊前国長峡県一、興二行宮一而居。故号二其処一曰レ京也」にも認められる。行宮であっても、天皇が滞在すると通常の王宮と同等に扱われるのである。とすれば、神亀元年紀伊行幸では玉津嶋頓宮が王宮に擬えられ、それとは別の施設ということで、仮設ながら「離宮」と呼ばれたと理解できよう。

三　行幸における海路・河川の利用

『儀式』巻二践祚大嘗祭儀上には、御禊行幸の鹵簿（行列次第）が詳しく記載されており、供奉の官人は少なくとも一五〇〇人おり、その全長は約二㎞にも及ぶとされる(18)。鹵簿の規模は行幸ごとに異なるが、極めて大きなインパクトを与えたことは間違いない。ここに行幸の意義があるが、一方で通過する地域に多大な負担をもたらす。特に陸路を使うと、地域社会との接点も増え、どうしても負担が大きくなる。それもあってか、海路や河川を利用することもあったようである。海路の利用が正史に明記されているのが、斉明四年（六五八）と大宝元年（七〇一）の紀伊行幸である。先に後者から取り上げよう。『続日本紀』大宝元年八月甲寅(十四日)条に、

播磨・淡路・紀伊三国言、大風潮漲、田園損傷。遣レ使巡二監農桑一、存二問百姓一。又遣二使於河内・摂津・紀伊国一、営二造行宮一、兼造二御船卅八艘一。予備二水行一也。

とあるように、河内国・摂津国・紀伊国に造行宮使が派遣され、「水行」に備えて御船三八艘の建造も命じられた。河内国・摂津国への造行宮使派遣から、大阪湾を航行する予定であったと考えられる。しかし実際には、往路・復路ともに巨勢路（紀路。南海道駅路）を通行しており（後述）、河内国・摂津国を経由しなかったようである。前掲甲寅条によると、この行幸に先立って播磨・淡路・紀伊の三ヵ国では台風被害を受けている。同じ大阪湾沿岸部の河内国・摂津国も相応の被害を受けたはずで、このことが行幸ルートの変更をもたらした可能性が考えられる（本来であれば、紀伊行幸そのものを中止すべきであったと思われるが）。

往路について、『続日本紀』は九月丁亥(十八日)条に「天皇幸二紀伊国一」、十月丁未(八日)条に「車駕至二武漏温泉一」と記すの

みで、一二日もかけて移動したことがわかるにすぎない。それを補ってくれるのが『万葉集』である[19]。その「大宝元年辛丑秋九月、太上天皇幸二于紀伊国一時歌」をみると、「巨勢山」（五四番歌）、「巨勢」（五四・五六番歌）、「真土山」（五五番歌）が詠まれており、巨勢路を使って大倭・紀伊国境の真土山を越えたことがわかる。また、「大宝元年辛丑冬十月、太上天皇・大行天皇幸二紀伊国一時歌十三首」のうち、一六六七～一六七四番歌が往路の歌とみられるが、「白崎は　幸くあり待て　大船に　ま梶しじ貫き　またかへり見む」（一六六八番歌）のように、明らかに海路を使ったことを示す歌が含まれる。具体的な地名としても、「三名部の浦」（一六六九番歌）、「湯羅の崎」（一六七〇・一六七一番歌）、「黒牛潟」（一六七二番歌）がみられ、紀ノ川の河口部から船を使った可能性が高い。

復路も『続日本紀』に具体的な記載は存在しない。そこで『万葉集』をみると、紀伊国の「岩代」（一四三・一四四・一四六番歌）、「藤白のみ坂」（一六七五番歌）が詠まれている。後者は「藤白の　み坂を越ゆと　白たへの　我が衣手は　濡れにけるかも」という歌で、陸路を使ったことがわかる。海路をまったく交えなかったとは断定できないが、復路は陸路が主体であった可能性がある。その後の行程については、所在地の確定できない「大我野」（一六七七番歌）はおくとしても、「背の山」（一六七六番歌）、「妻の杜」（一六七九番歌）から、往路と同じく紀ノ川流域をたどったことがわかる。このうち一六七六番歌は「背の山に　黄葉常敷く　神岡の　山の黄葉は　今日か散るらむ」というもので、黄葉が散った状況から、復路で詠まれた歌であることが明らかである。

ちなみに、藤原宮へ帰還した翌日の十月二十日、従駕した諸国騎士の当年調庸が免除されている。これによって、騎士が従駕したことがわかるが、騎士は海路ではほとんど意味をなさない（船に馬を同乗させるのは困難であり、別途陸路を使った可能性もあろう）。往路は紀伊国内の行程のかなりを海路に委ねたが、復路はあえて陸路を行進することによって、威厳に満ちた鹵簿の有り様を路傍の人々に印象づけたのではないか。

つぎに、斉明四年紀伊行幸をみてみたい。これは「紀温湯」（牟婁温湯）への行幸であり、最終目的地は大宝元年と同様である。この行幸で海路を使用する予定であったことは、斉明天皇が出発時に早逝した孫の建王を追憶し傷心悲泣して口ずさんだ次の二首から明らかである（別に一首ある）。

山越えて　海渡るとも　おもしろき　今城の中は　忘らゆましじ〈其一〉。

水門の　潮のくだり　海くだり　後も暗に　置きてか行かむ〈其二〉。

今度は正史に海路の利用が明記されていない事例として、持統太上天皇の大宝二年参河行幸を取り上げよう(20)。『続日本紀』同年九月癸未（十九日）条に「遣二使於伊賀・伊勢・美濃・尾張・三河五国一、営二造行宮一」とあり、行幸時の経路をうかがうことができる。実際、復路に関しては、その後の『続日本紀』の記載によって、参河国→尾張国→美濃国→伊勢国→伊賀国（→藤原宮）の順に進んだことが判明し、癸未条の五ヵ国と合致する。尾張国・美濃国・伊勢国では国守に対する賜封が実施されており、国府に赴いたことはほぼ確実である。各国の国府の所在地を参照すれば、復路は概ね次のようになろう。

まず、参河国府もしくはその周辺に置かれた行宮を出発し、東海道駅路を尾張国新溝駅までたどる。ついで、東海道・東山道連絡路を使って尾張国府に入り、さらに美濃国府へ向かう。その後、養老山地の東麓を通って伊勢国榎撫駅のあたりまで南下してから、東海道駅路を使って伊勢国府を目指す。そして、そのまま東海道駅路をたどって、鈴鹿関を越えて伊賀国府へ向かい、最後は藤原宮に帰還する。高市黒人の「桜田へ　鶴鳴き渡る　年魚市潟潮干にけらし　鶴鳴き渡る」（二七一番歌）という歌は、尾張国を陸路で通行する際に詠まれたものである。

一方、往路について、『続日本紀』からは、藤原宮を十月十日に出発したことがわかるにすぎず、参河国に到着した日も不明である。そこで参考になるのが『万葉集』所載歌である。このときの行幸で詠まれた歌は複数あるが、往路を考える際に最も重要となるのが、従駕した舎人娘子の詠んだ次の歌である。

ますらをの　さつ矢手挟み　立ち向かひ　射る的形は　見るにさやけし　（六一番歌）

「的形」は伊勢国気多郡に所在し、『万葉集註釈』所引『伊勢国風土記』逸文に「的形浦者、此浦地形似レ的。因以為レ名〈今已跡絶、成二江湖一也〉」とみえる。潟湖である的形は伊勢湾の主要な港の一つであるが、上記の復路から大きく外れるため、往路に立ち寄ったとみる必要がある。往路においては、伊賀国名張郡から東海道駅路をそのまま通行するのではなく、川口関を越えて伊勢国壱志郡に入るルートを選択し、飯高郡を経て気多郡の的形へ向かったと考えられる。その先のルートを考える際には、高市黒人の詠んだ次の歌が大いに参考になる。

四極山　うち越え見れば　笠縫の　嶋漕ぎ隠る　棚なし小船　（二七二番歌）

「四極山」「笠縫の嶋」について、摂津国に求める説もあるが、木下武司氏が詳しく考証したように、参河国幡（播）豆郡に関わる地名と考えられる。(21) 幡豆郡には東海道駅路が通じておらず、日程的にみても復路に立ち寄ったとは考えにくい。したがって、二七二番歌は往路に詠まれたとみられる。的形から海路で参河国へ向かう際、知多半島と伊良湖岬に挟まれた篠島・日間賀島・佐久島の付近を必ず通過する。この三島は幡豆郡に属していた。一行はこの三河湾三島に立ち寄り、(22) さらには幡豆郡家まで足を伸ばしたのではないか。「四極山」は幡豆郡内で三河湾を見渡せる場所で、郡家の近辺であったと推測される。「笠縫の嶋」の比定に際しては、木下氏が指摘するように、菅笠の材料となる菅が、幡豆郡の低湿地帯である修家《すか》郷で採取されたことを踏まえる必要がある。木下氏は古代の海岸線を考慮して、当時は島のようにみえた宮崎丘陵が「笠縫の嶋」に該当するとみた。その可能性も否定できないが、三河湾三島とみることもできよう。田島公氏は、波の穏やかな内海や湾内を船で航行する際には、太陽光が波に乱反射するため菅笠が必要となることから、三島でも菅笠が盛んに作られた可能性を指摘する。(23)

こうして往路で幡豆郡に立ち寄った後、一行は参河国府へ向かう。黒人は「いづくにか　船泊てすらむ　安礼の崎　漕ぎ廻み行きし　棚なし小船」（五八番歌）という歌を詠んでいる。「安礼の崎」について、遠江国の新居などに結び付ける説もあるが、参河行幸である以上、遠江国まで足を伸ばしたとは考えにくい。現存地名では確認できないが、この行幸で詠まれた「引馬野に　にほふ榛原　入り乱れ　衣にほはせ　旅のしるしに」（五七番歌）の「引馬野」とあわせて、愛知県豊川市御津町御馬（近世は三河国宝飯郡御馬村）に求める説が妥当であろう。[24]「御津」は国府津に由来する地名とされる。一行はこの津で上陸し、参河国府へ向かったと考えられる。

ところで、持統は一〇年前にも伊勢湾を航行した可能性がある。というのも、持統六年（六九二）伊勢行幸の際、京に留まった柿本人麻呂が、従駕した女官に思いを馳せて、

あみの浦に　船乗りすらむ　娘子らが　玉裳の裾に　潮満つらむか　（四〇番歌）
釧つく　答志の崎に　今日もかも　大宮人の　玉藻刈るらむ　（四一番歌）
潮さゐに　伊良虞の嶋辺　漕ぐ船に　妹乗るらむか　荒き嶋廻を　（四二番歌）

とあるように、「あみの浦」から「答志の崎」を経て「伊良虞の嶋辺」へ漕ぐ船を詠んでいるからである。
以上の事例は、従来の研究でも細部の理解の別はおくとして、海路の利用が考えられてきたものである。[25]以下では、河川を利用した可能性のある事例を新たに指摘してみたい。

まず、養老二年（七一八）美濃行幸に注目したい。前年の霊亀三年（養老元年）にも美濃行幸が実施され、当耆郡（多芸郡）の「多度山美泉」を覧じ、これを契機に養老に改元された。霊亀三年の行幸では往路・復路ともに近江国を経由している。一方、養老二年行幸は「美濃国醴泉」（「多度山美泉」と同地であろう）を主要目的地としたが、ルートは前年と異なっていた。それを示すのが、次の『続日本紀』養老二年二月己丑《二十四日》条である。

行所二経至一、美濃・尾張・伊賀・伊勢等国郡司、及外散位已上、授レ位賜レ禄各有レ差。

「行所二経至一」は往路に関わるが、尾張国を経由している点に注意したい。平城宮から陸路で美濃国当耆郡へ向かう際、尾張国はルート上に乗ってこない。尾張国を通過しているのは、二つの可能性が想定できる。第一は、伊勢国榎撫駅付近から養老山地の東麓を陸路で北上せず、揖斐川などの水系を使用した可能性である。いわゆる木曽三川が尾張国との国境をなすため、河川を使用すれば尾張国とも無関係ではなくなる。第二は、榎撫駅から尾張国府へ向かい、大宝二年参河行幸の復路と同じようなルートで、美濃国府を経て醴泉に行った可能性である。第二は遠回りとなるが、授位・賜禄の対象者に国司が含まれていることから、尾張国府に立ち寄ったとしてもおかしくない。これに関しては、『日本後紀』弘仁三年（八一二）五月乙丑（八日）条に「伊勢国言、伝馬之設、唯送二新任之司一、自外無レ所二乗用一。今自二桑名郡榎撫駅一、達二尾張国一、既是水路、而徒置二伝馬一、久成二民労一」とあるように、榎撫駅から尾張国（馬津駅）までは「水路」となっていた点に注意する必要がある。この一帯は木曽三川のデルタ地帯となっており、網の目状の水路が形成されていたと推測される。尾張国府は東海道駅路から外れるが、現大江川が大きく湾曲する自然堤防上に位置しており、水路ではつながっていた可能性がある。いずれの場合であっても、養老二年美濃行幸で河川が使用されたことになる。

つぎに注目したいのが、天平十六年（七四四）難波行幸である。『続日本紀』同年閏正月乙亥（十一日）条に、

天皇行二幸難波宮一。以二知太政官事従二位鈴鹿王、民部卿従四位上藤原朝臣仲麻呂一、為二留守一。是日、安積親王、縁二脚病一、従二桜井頓宮一還。

とあり、恭仁宮から難波宮へ向かう途中、聖武天皇の当時唯一の男子であった安積親王が、「脚病」（脚気カ）のため桜井頓宮から引き返している。その二日後、安積親王は亡くなった。

桜井頓宮の所在地については、『和名類聚抄』の河内国河内郡桜井郷と関連づけて、大倭国から河内国へ生駒山を越えた先の六万寺往生院（現、東大阪市六万寺）のあたりに求める見解が一般的である(26)。しかし、恭仁宮から奈良盆地を経て難波宮へ向かうとすれば、他の難波行幸の事例からみて、生駒山と金剛山の間を抜ける龍田越えのルートをとったはずである。たとえ生駒山を直接越えるのだとしても、雄略天皇の行幸伝承をもつ日下直越(27)（『古事記』雄略段）によったはずで、その遥か南方の六万寺往生院付近を通ったとは極めて考えにくい。

そこで別の可能性を探ってみたい。聖武の行幸ルート上にありそうな桜井としては、古代まで遡る確証はないが、楠木正成・正行父子が訣別したと伝承される桜井（『太平記』巻一六正成下向兵庫事。大阪府島本町桜井）が想起される。当地は木津川・宇治川・桂川の合流地点にほど近く、摂津国嶋下郡の大原駅（『続日本紀』和銅四年〔七一一〕正月丁未（二日）条）も近在する場所に想定される。この摂津国の桜井であれば、恭仁宮から難波宮へ向かう際に、山陽道駅路→三嶋路（後述）という陸路、木津川→淀川という河川、どちらであっても経由する。ともに可能性があるが、陸路では何度か川を渡らなければならないのに対し、河川の場合、恭仁宮・難波宮ともに川に近接する点、上流から下流に向かっての移動である点で有利である。断定はできないが、河川によった可能性は十分にあろう。

ちなみに、難波行幸の約四〇日後、『続日本紀』天平十六年二月甲寅（二十日）条に「運二恭仁宮高御座幷大楯於難波宮一。又遣レ使取二水路一、運二漕兵庫器仗一」とあるように、恭仁宮から難波宮まで兵庫器仗が水路で運漕されている。ただし、高御座・大楯は兵庫器仗とは区別して記載されているので、こちらは陸路を使った可能性が高い。高御座・大楯が陸路で運搬されたのは、これらは王権に関する重要器物であり、破損・水没しないようにするためであろう。

三月二十六日、難波宮を皇都とする宣言が出されるが、その場に聖武はいなかった。『続日本紀』の二月戊午（二十四日）条に「取二三嶋路一、行二幸紫香楽宮一。太上天皇及左大臣橘宿禰諸兄、留二在難波宮一焉」とあるように、三嶋路を使って紫香楽宮へ行幸したからである。「三嶋路」は難波から摂津国三嶋地域を結ぶ陸路で、山陽道駅路に合流した。
「三嶋路」（三嶋道）は、次の『日本三代実録』元慶五年（八八一）正月十九日条にも登場する。

又下㆓知河内・摂津両国㆒俾、斎内親王、擬㆑出㆓神宮㆒。従㆓河陽宮㆒取㆓水路㆒、赴㆓難波宮㆒。依㆑例三処祓除。毎処経㆓一日㆒。即便取㆓三嶋道㆒、還㆓向河陽宮㆒。其陪従一百人、検校幷奉迎等使六十二人。酒食・夫馬等類、事々祇供。時属㆓諒闇㆒、莫㆑用㆓魚鳥㆒。

伊勢斎内親王が退下に際して、山崎の河陽宮から「水路」で難波宮へ赴き、三処祓除の後、「三嶋道」を使って河陽宮へ戻っている。こうした水路と陸路の使い分けは、聖武天皇の行幸ルートを考える際にも参考になろう。
関連して、慶雲三年（七〇六）難波行幸にも触れておきたい。この行幸では、『続日本紀』同年十月壬午（十二日）条に、

還㆑宮。摂津国造従七位上凡河内忌寸石麻呂、山背国造外従八位上山背忌寸品遅、従八位上難波忌寸浜足、従七位下三宅忌寸大目、合四人各進㆓位一階㆒。

とあるように、摂津・難波にゆかりのある人物三名のほかに、山背国造も進階にあずかっている。藤原宮と難波を往復する際、山背国を経由することは通常ない。鎌田元一氏は、この行幸では遷都を視野に入れて平城の地を視察する目的もあって、南山背を経由することになり、山背国造も褒賞の対象になったと指摘している[28]。筆者もその可能性は極めて高いとみている。もし往路に平城の地を経由したとすれば、平城山丘陵を越えて南山背に入った後は、木津川→淀川を下って難波へ向かった可能性も考えられてよかろう。もっとも、このときの行幸には従駕の諸国騎兵が六六〇人いたので、陸路が主体ではないかという意見も出るかもしれない。しかし、大宝元年紀伊行幸のところで述べたように、明らかに往路では海路が利用されたが、諸国騎士（騎兵）も徴発されている。
最後に、天平十七年に聖武天皇が紫香楽宮から恭仁宮へ還幸する際、『続日本紀』同年五月癸亥（六日）条に、

地震。車駕到二恭仁京泉橋一。于レ時、百姓遥望二車駕一、拝二謁道左一、共称二万歳一。是日、到二恭仁宮一。

とあるように、泉橋を通過している点に注目したい。紫香楽宮と恭仁宮を結ぶ陸路としては、「恭仁京東北道」（『続日本紀』天平十四年二月庚辰《（五日）》条）が存在するが、この道は恭仁京の東北隅のあたりにつながり、右京域にある泉橋まで大回りせずとも恭仁宮へ入ることができる。栄原永遠男氏は、大戸川→瀬田川→宇治川→木津川に沿って進むコースをとった（山中の東北道は地震による崖崩れなどで通行できなくなっていた可能性がある）とみる。[29] 栄原氏は河川交通を使ったとは明言していないが、その可能性も十分にあるのではないか。

おわりに

本稿では、行幸の運用実態に迫るため、『延喜式』の規定を確認した上で、行宮の造営・整備、行幸ルートについて検討をおこない、行宮使などが任命・派遣されてから行宮の造営・整備が始まること、通行ルートとしては海路や河川も使用されたことを指摘した。得られた結論は乏しく、多くの推論も交えたが、聊かなりとも行幸の実態解明に資する点があれば幸いである。なお、考察に際しては『万葉集』の活用に努めたが、初歩的な誤りを犯していないかと恐れる。今後、古代史研究者・万葉集研究者の学術交流が盛んになることを祈念して擱筆する。

注

（1）原秀三郎「古代国家形成期の東海地域と大和王権」（『地域と王権の古代史学』塙書房、二〇〇二年。初出一九八六年）、早川庄八「律令国家・王朝国家における天皇」（『天皇と古代国家』講談社、二〇〇〇年。初出一九八七年）、鈴木景二「日本古代の行幸」（『ヒストリア』一二五、一九八九年）、仁藤智子a「行幸における従駕形態をめぐって―鹵簿と律令官僚制―」、同b「行幸時における留守形態と王権」（ともに『平安初期の王権と官僚制』吉川弘文館、二〇〇〇年。初出は順に一九八九年、一九九一年）、仁藤敦史a「古代国家における都城と行幸―「動く王」から「動かない王」への変質―」（『古代王権と都城』吉川弘文館、一九九八年。初出一九九〇年）、同b「古代王権と行幸」、同c「行幸観の変遷」（ともに『古代王権と官僚制』臨川書店、二〇〇〇年。初出一九九〇年）など。

（2）仁藤敦史「古代の行幸と離宮」（『条里制・古代都市研究』一九、二〇〇三年）九～一〇頁の記述によった。その内容は、注（1）仁藤a～c論文の検討結果を踏まえたものである。

（3）吉川真司「律令官司制論」（『律令体制史研究』岩波書店、二〇二二年。初出一九九六年）一六九～一七一頁。

（4）近年の研究では、永田英明「天皇の行幸」（舘野和己・出田和久編『日本古代の交通・交流・情報2　旅と交易』吉川弘文館、二〇一六年）が全体を広く見渡していて有益である。

（5）注（1）（2）諸論文のほか、虎尾俊哉編『延喜式　中・下』（集英社、二〇〇七年、二〇一七年）など参照。

（6）加藤麻子「鈴印の保管・運用と皇権」（『史林』八四―六、二〇〇一年）。

（7）大崎哲人・中村智孝「推定禾津頓宮の発掘調査―滋賀県大津市膳所城下町遺跡―」（『条里制・古代都市研究』一九、二〇〇三年）。

（8）栄原永遠男『聖武天皇と紫香楽宮』（敬文舎、二〇一四年）四三～四九頁。

（9）東野治之「聖武天皇の伊勢国行幸―遷都と大仏造立への一階梯―」（『史料学散策』雄山閣、二〇二三年。初出二〇二〇年）五八頁。

（10）拙稿「御食国志摩の荷札と大伴家持の作歌」（『萬葉集研究』三三、二〇一二年）二四四～二四六頁の叙述を基本に、一部補訂して述べる。

（11）瀧浪貞子「聖武天皇「彷徨五年」の軌跡―大仏造立をめぐる政治情勢―」（『日本古代宮廷社会の研究』思文閣出版、一九九一年。初出一九九〇年）三八頁。

（12）注（2）仁藤論文、三八頁。

(13) 関東行幸における行宮について、『万葉集』はすべて「○○行宮」と表記するが(一〇二九〜一〇三六番歌題詞など)、『続日本紀』では「○○頓宮」、「○○郡」、「○○郡△△」という使い分けがみられる。長谷川昇平「伊勢国朝明郡家(評家)の再検討」(『三重県史研究』三八、二〇二三年)九〜一三頁は、注(2)仁藤論文なども参考にしながら検討を加え、「○○郡」は郡家の転用、「○○郡△△」は①造行官司によって一から新たに造営された行宮、ないし②郡家以来の施設の転用であったとみる。

(14) 北啓太『藤原広嗣』(吉川弘文館、二〇二三年)一八二〜一八三頁。

(15) 戊戌条の「造㆓離宮於岡東㆒」について、造営開始ではなく造営完了とする見方もあるかもしれない。その場合、『続日本紀』の離宮は恒常的な施設を指すことが多いこと(後述)、『万葉集』九一七番歌では「常宮」と表現することとあわせて、戊戌条の「離宮」をかなり本格的な施設とみる見解につながる。しかし、本格的な「離宮」が造営されたのであれば、聖武天皇はこの「離宮」を中心的な行宮としたはずであるが、実際には甲午条に「至㆓海部郡玉津嶋頓宮㆒、留十有余日」とあるように、玉津嶋頓宮が中心的な行宮として使用された。戊戌条は「離宮」の造営開始を伝えたもので、壬寅条との関係から約四日で完成したと理解すべきであろう。

(16) 「常宮」は『万葉集』一九六・一九九番歌にもみえ、殯宮か墓所か議論がある。稲田奈津子「殯宮の立地と葬地—艇止山遺跡の評価をめぐって—」(『東京大学日本史学研究室紀要』二一、二〇一七年)八〜一三頁は墓所説の妥当性を詳しく論じている。しかし、その場合であっても、すべての「常宮」を文字どおり理解すべきとは限らない。稲田氏は神亀三年の「離宮」について、①造離宮司を任命して造営されたこと、②壬寅条の詔で、守戸を置いて当地の荒穢を防ぐこと、春秋二時に遣使して土地の神を祭ることを命じていることなどを根拠に、今後も活用する意図であったとみる。しかしながら、①はおくとしても、「離宮」は守戸の設置場所でなく、遣使先でもないことから、②を根拠にすることはできない。

(17) 延暦二十二年(八〇三)近江行幸で発せられた詔に「近江行宮所乎御覧爾、山々毛麗久、野母平之弖、御意毛於太比爾志弖御坐之」とあるのが参考になる(『日本紀略』同年閏十月甲戌(二十七日)条)。行宮のある場所を御覧になると、山々は麗しく、野も平らかであって、気持ちが穏やかになると語られており、「行宮所」が褒め称えられている。同様の詔は、延暦二十三年和泉行幸でも発せられている（『日本後紀』同年十月辛亥《（十日）》条、同癸丑《（十二日）》条）。

(18) 中嶋宏子「大嘗祭における御禊行幸の成立と特徴」（『國學院大學大学院紀要』二一、一九九〇年）一二〇頁。

(19) 伊藤博「紀伊行幸歌群の論」（『萬葉集の歌群と配列　上』塙書房、一九九〇年。初出一九八八年）、村瀬憲夫「大宝元年紀伊国（牟婁温湯）行幸歌群をめぐって」（『紀伊万葉の研究』和泉書院、一九九五年。初出一九八六年）など参照。

(20) 数多くの研究があるが、基本的な理解については、遠藤慶太「持続太上天皇の三河行幸―三河と東国―」（『日本書紀の形成と諸資料』塙書房、二〇一五年。初出二〇〇九年）が参考になる。

(21) 木下武司『続和漢古典植物名精解　下』（和泉書院、二〇二一年）第四章第4節・付録1。

(22) 八世紀前半の内裏とその関連施設から、三河湾三島の「海部供奉」と書かれた贄の荷札木簡が多数出土している。渡辺晃宏『平城京一三〇〇年「全検証」―奈良の都を木簡からよみ解く―』（柏書房、二〇一〇年）二七五～二七九頁は、参河行幸を機に持統の意を受けた参河国から特別な書式にもとづいた贄の貢進が確立したとみる。一方、福岡猛志「三河湾海部の世界」（愛知県史編さん委員会編『愛知県史　通史編1　原始・古代』二〇一六年）は、参河行幸における服属儀礼を踏まえて、首皇子のために新たに三河湾の海部が設定されたとみて、首皇子＝聖武天皇一代の問題であると理解し、それを支持する山本崇「参河三嶋贄荷札の年代」（『奈文研論叢』一、二〇二〇年）一四～一六頁は、和銅七年（七一四）の首立太子を契機に始まったとする。いずれにせよ、参河行幸がなければ「海部供奉」荷札木簡が誕生することはなかったのではないか。

(23) 田島公・永井邦仁・加藤安信「律令国家の成立と参河国波豆郡（播豆郡）」（新編西尾市史編さん委員会編『新編西尾市史　通史編1　原始・古代・中世』、二〇二二年）二二一～二二四頁（当該部の執筆は田島公氏）。

(24) 久松潜一「引馬野・安礼乃崎考」（『萬葉集考説』栗田書店、一九三五年。初出一九三四年）など。

(25) このほかの事例として、拙稿「外国使節の来朝と駅家」（『日本古代の宮都と交通―日中比較研究の試み―』塙書房、二〇二四年。初出二〇二二年）六二〇頁では、神亀三年（七二六）播磨国印南野行幸に関わる『万葉集』所載歌において、「名寸隅の船瀬」（九三五・九三七番歌）、「藤井の浦」（九三八番歌）、「藤江の浦」（九三九番歌）、

「明石潟」（九四一番歌）などが詠まれていることから、海路での移動を考えた。しかし、「明石潟　潮干の道を明日よりは　下笑ましけむ　家近付けば」（九四一番歌）からは、陸路の使用が読み取れる。また、「名寸隅の船瀬ゆ見ゆる　淡路嶋　松帆の浦に（中略）海人娘女　ありとは聞けど　見に行かむ　よしのなければ（中略）たもとほり　我はそ恋ふる　船梶をなみ」（九三五番歌）も、播磨国の名寸隅の船瀬から淡路国の松帆の浦へ行く手段がないことを嘆いており、この行幸が海路を航行しなかったことを暗示している。本稿では拙稿での見解を撤回したい。

(26) 千田稔「日下直越道と難波京」（『古代日本の歴史地理学的研究』岩波書店、一九九一年。初出一九八三年）など。

(27) 足利健亮「生馬直道と日下直越―河内北部の東西横断「歴史の道」の原形―」（『考証・日本古代の空間』大明堂、一九九五年。初出一九八九年）、吉川真司「生駒山麓の初期行基寺院―石凝院と生馬院―」（30周年記念誌編集委員会編『ふるさと生駒30周年記念誌』生駒民俗会、二〇〇九年）など。

(28) 鎌田元一「平城遷都と慶雲三年格」（『律令公民制の研究』塙書房、二〇〇一年。初出一九八九年）四三一～四三四頁。

(29) 注（8）栄原著書、二七二～二七三頁。

『唐暦』と「日本」国号への変更期間について

姚　晶晶

はじめに

東アジアの視点から古代日本についての内容を討論する前に、中国正史などの書物における文献学的検討をすることは極めて重要である。特にその地理的記述や当時の東アジアの形勢との関連を紹介する必要があると考える。これについては、厖大な先行研究があってようやく関心が深まり始めている。ここでは基礎的史料を用いたものとして、なかでも唐代の柳芳『唐暦』を活用し、その前後の中国正史において倭と日本の記載を比較したい。

一方、唐代を詩史の上から四分したとき、(1)柳芳が史書『唐暦』を撰修した中唐は、その第三期に当たる。この時期は、第二期の盛唐から王朝が次第に衰えていく時代である。実際には、よく知られている「安史の乱」で唐が国運の転換期に入った時期であろう。(2)唐王朝の統治過程に激変があり、柳芳本人はその反乱に巻き込まれ、運命も変わってしまった。他方、この時代の国際的な背景を把握する点について、特に日本の遣唐使の派遣には二つの重要な画期がある。一つ目は七世紀後半の唐・新羅と倭・百済の白村江の戦いである。二つ目は九世紀末、菅原道真の建議「請令諸公卿議定遣唐使進止状」による遣唐使の停止である。

本論では日中の文献史料を参照して国際的視野から唐代の柳芳と『唐暦』について簡潔に論述し、また古代中国での倭・日本人像を考察したい。さらに、「倭」から「日本」への国号変更に関する検討を試みる。具体的には、遣唐使の時代背景を踏まえ、東アジアにおける歴史書を通して、特に「日本」という国号と柳芳撰『唐暦』の関係を明らかにしたいと考えている。

一　柳芳と『唐暦』について

周知のごとく、唐代は中国歴史上でもとりわけ絢爛たる文化の華開いた黄金期と称してよい時代である。しかし、隋唐時代には貴族制がまだ相当に残存している。その時、歴史に登場する人物も多かれ少なかれ門閥的な背景につらなる人々と考えるほうが自然である。一方、隋唐時代においての科挙制度は、受験者にとって、家柄ではなく公平な試験によって、才能がある個人を官吏に登用する制度であった。唐代の柳芳は、地方豪族の色彩が強い河東柳氏の出身であり、科挙制度を通じて官僚の世界に入り、詔勅で国史を編修する史官になり、晩年に史書『唐暦』を私撰した。

柳芳は唐代中期に歴史学と系譜学において有名な専門家であり、特に編年体史書の『唐暦』を私撰した。柳芳は字が仲敷といい、出身地が蒲州河東（現山西省蒲州）であった。『新唐書』の「宰相世系三上」には、柳芳の祖先及び経歴が記されている。(3)『新唐書』の柳芳伝によると、(4)彼の生涯には幾多の曲折があった。『新唐書宰相世系表集校』によると、(5)柳芳の父親柳彦昭（生没年不詳）は「太子文学」を務めた唐代前期の下級官員であった。柳芳は名門豪族の河東柳姓の子弟であったにもかかわらず、当時の家庭状況から見れば一般的な家庭出身といっても過言ではない。そのため、彼は貴族階層のように門蔭の制によって、仕官の世界に入ることはできなかったが、隋唐社会の科挙制度を通じて官職に就くことができたのである。

中国における科挙制度は隋の文帝によって始められ、秀才・明経・進士などの六科があった。受験生は郷試・省試の二段階を受ける必要があった。しかしながら、初唐に秀才科は廃止された。その代わりに進士科が重視された。古代中国における科挙の競争率は非常に高く、時代によって異なるが、最難関の試験は進士科であった。そして、多くの士族知識人の畢生の夢は進士及第であったといえよう。ちなみに、唐代中期における進士科は受験者千人に対し、合格者は僅かに数十人と実に少なかった[6]。

宋代の類書『太平広記』所引『定命録』には、「柳芳嘗応進士挙、累歳不及第。（中略）後二年果及第」という記録が残されていた[7]。柳芳はかつて科挙に応じ、進士科の試験を何回か受験したけれども、不及第の結果であった。しかし、これは上述した科挙時代であったため、柳芳の連続不及第はごくありふれたものであった。二年後、柳芳は科挙試験に合格した。さらに、『新唐書』の柳芳本伝と『登科記考』[8]によると、柳芳が開元二十三年（七三五）に進士科及第になったことが分かる。柳芳は開元末に進士に合格し、出世して地方官である永寧尉・直史館から拾遺に転じ、補闕（太常博士）になり、員外郎などを務めた。柳芳は生涯を譜学（系譜学）と歴史書の編纂に費やした。それと同時に、彼の職位もほとんど史官の任に当たり、柳芳の最終官位は右司郎中・集賢学士であった。『旧唐書』と『新唐書』には柳芳の生没年代は記されていない。

柳芳は唐玄宗朝の開元末期に出世し、天宝年間（七四二〜七五六）に名高かったが、「安史の乱」で人生の軌跡が激しく変わった。唐の姚汝能『安禄山事迹』には、柳芳は「偽官」として追放されたと記述されている[9]。ただし、柳芳は幸運にも唐粛宗の詔を承り、すぐに赦されて国史を編修するようになった。しかし、柳芳は唐粛宗の上元年間（七六〇～七六一）に再び左遷され、二度目の左遷途中、巫州（現中国湖南省内）に流された有名な宦官である高力士（六八四～七六二）に出会った。それを契機に、柳芳は史書『唐暦』を私撰した。以上のことから、柳芳が『唐暦』を執筆した年代はおよそ唐の粛宗上元以後もしくは代宗初年（七六二～七六三）の頃であると思われる。また、『旧唐書』の柳登伝には「乃別撰唐暦四十巻、以力士所伝、載於年暦之下」という『唐暦』の巻数と史料の出処と体裁などが見られる。(10) 加えて、先述の『新唐書』柳芳本伝には「乃推衍義類、倣編年法、為唐暦四十篇、頗有異聞。然不立褒貶義例、為諸儒譏訕」とあり、それに対して『新唐書』の芸文二には「柳芳唐暦四十巻」という記録が見られる。(11) 更に『日本国見在書目録』でも「唐暦四十巻　柳芳撰」とある。(12) 以上から、柳芳が編年体の史書『唐暦』四〇巻を私撰したことが確認できる。

さて、『唐暦』には異本があるため、柳芳の編纂が終わる前に、『唐暦』はすでに流出したという。元代の馬端臨（一二五四～一三二三）『文献通考』の経籍考によると、「按劉恕謂芳、始為此書、未成而先伝、故世多異本」とあり、(13) 劉恕（一〇三二～一〇七八）の話で『唐暦』は柳芳によって完成される前に流伝し、世に異本が多くあると伝えられている。ところで、柳芳が『唐暦』を完成した年代について、中国の歴史学界では意見が一致していない。それらの諸説は、①建中三年（七八二）、②大暦十三年（七七八）、③大暦元年以前という三つにまとめられる。

① 宋代の鄭樵（一一〇四～一一六二）『通志』の芸文略によれば、「起隋義寧元年（六一七）、訖建中三年」とあり、(14) 『唐暦』には建中三年までの年代が記述された。

② 宋代の『郡斎讀書志』(15) と『直斎書録解題』(16) によると、共に「起隋義寧元年、訖大暦十三年」と書かれている。よって、柳芳『唐暦』には大暦十三年までの年代が記された。

③『新唐書』の蔣偕伝では、「初、柳芳作『唐暦』、大暦以後闕而不録、宣宗詔崔亀従、韋澳、李荀、張彦遠及偕等分年撰次、尽元和以続云」とあり、(17)柳芳作の『唐暦』には大暦以後の記事は収録されていなかったという。

しかし、③の『新唐書』によれば、唐の宣宗が詔を出した後、崔亀従らは勅撰『続唐暦』を撰した。上記した『文献通考』の経籍考には、「按劉恕謂芳、始為此書（中略）今此篇首注起隋義寧元年、訖建中三年、凡百八十五年、而所載乃絶於大暦十三年、『資治通鑑』往々以『唐暦』弁証抵牾、見于『考異』者（後略）」と記録されている。(18)加えて、『資治通鑑』及び『資治通鑑考異』に伝存された『唐暦』逸文の記載年代が大暦十年までになっていることから、③の大暦元年以前という主張は信憑性が弱いと思われる。そのほか、前記の『直斎書録解題』には「『続唐暦』起大暦十三年春、尽元和十五年、以続柳芳之書也」という記述があった。(19)宋代の王応麟（一二二三〜一二九六）が私撰した類書『玉海』の「唐暦・続唐暦」条には、「『中興書目』、柳芳撰『唐暦』、起隋義寧元年尽大暦十三年八月」と記されており、(20)『唐暦』の記載年代は隋代の義寧元年から唐代の大暦十三年までと考えられる。以上のことから、柳芳が私撰して脱稿する前に、未完本としての『唐暦』は既に大暦元年から大暦十三年にかけての間に世に流伝されていたと判断できる。柳芳が完成した『唐暦』は唐の大暦十三年以降、あるいは建中三年頃になってから世に流布した可能性があると考えられる。

二　「倭」から「日本」への変更

柳芳は七六〇年代に『唐暦』を執筆しはじめ、十数年をかけてこの私撰の歴史書を完成させた。『唐暦』以前の中国正史の東夷伝において、「日本」という名称が公式に登場したことはない。いうまでもなく、「倭国伝」と「日本国伝」が並立したことで有名な『旧唐書』は後晋の開運二年（九四五）に成立した。中国正史の『旧唐書』より、一六〇数年前に柳芳の『唐暦』は存在していた。唐の前半期には遣唐使の派遣があったため、編年体の史書『唐暦』には唐と倭、あるいは唐と日本との間に行われた通交の記事があったと推測できる。それでは、「倭」と「日本」にはどのような区別があったのであろうか。

実は、中国における「倭」という名辞は、後漢の思想家王充（二七〜卒年不詳）が著した『論衡』でも見られた。[21]また、後漢永元十二年（一〇〇）に作られた『説文解字』[22]に記載されている人部の「倭」という字の説明には「順皃、人に从う委声」とある。池田温氏はこれを柔順・随従の意と指摘し、[23]この意と、『漢書』に「東夷天性柔順」とあることは合致するとした。ただし、『漢書』には倭との公式往来は述べられていない。

唐代直前に倭国の地理は百済・新羅の東南にあることが知られていた。倭奴国が後漢光武帝の時から中国に朝貢してきた史実は文献記載と実物証拠があったことから確認でき、[24]後漢安帝の時にも朝貢したことがある。漢桓帝と漢霊帝の間（二世紀の後半）に、大きな変乱を経た後、その国で卑弥呼が女王として立てられた。魏から南朝斉・梁まで、倭はずっと中国と通交した。特に、倭の五王が南朝に朝貢した時に、上表文による日本列島には多くの戦争があったから、当時の東アジア形勢に対応して新たな地位を求めた。それは大和王権の成立時期と想定され、後の律令制国家の形成を準備したことである。

隋文帝の開皇二十年（六〇〇）に倭王は遣使朝貢して隋の都に詣でた。大業三年（六〇七）に倭王も遣使朝貢したが、隋煬帝は倭の国書を無礼と批判した。翌年、隋から出使した裴世清は倭王に礼遇された。倭王は遣使して裴世清を送り届け、同時に朝貢した。その後、倭と隋の通交は断絶したという。これまで、唐代に成立した『唐暦』以前の正史においては倭（国）から「日本」への国号変化のことはいっさい見られない。

ちなみに、『唐暦』の完成した年代は七七八年以後、あるいは七八二年頃と考えられており、概ね古代日本の奈良時代末期に当たる。すなわち、唐代中期の史官柳芳が生きていた時代は古代日本の奈良時代に相当したことが分かる。奈良時代といえば、日本史上においては極めて重要な時期であり、元明天皇によって和銅三年（七一〇）に平城京に遷都したことを機に、律令制国家を目指し、天平文化が花開いた時代として知られている。しかし、奈良時代以前の飛鳥時代においては、まだ「日本」という国号が称されず、「倭」あるいは「倭国」という名称で中国の史書に記されていた。「倭（国）」から「日本」への国号変化については、一九六〇年代以前は孝徳朝（六四五～六五四）成立説が通説であったが、一九七〇年代には斉明朝（六五五～六六一）や天智朝（六六八～六七一）成立説が通説となった。一九八〇年代からは天武・持統朝（六七三～六八六・六八七～六九七）成立説や文武朝（六九七～七〇七）成立説が提唱され、現在になっても「日本」国号の成立期をめぐる議論が交わされている[25]。近年、中国の古都・西安での発掘調査の発展とともに、日本人「井真成」の墓誌[26]と百済人「祢軍」の墓誌[27]が相次いで発見され、それらの墓誌銘では「日本」という文字が見られる[28]。二〇〇四年に発見された井真成の「贈尚衣奉御井公墓誌文并序」という墓誌には[29]、「公姓井、字眞成。國號日本、（中略）以㆓開元廿二年正月□日㆒、乃終㆓於官弟㆒、春秋卅六。（後略）」とあり[30]、二〇一〇年に発掘された祢氏家族の古墳群で出土した祢軍の墓誌には[31]、「公諱軍、字温、熊津嵎夷人也。（中略）于時日本餘噍、（中略）以㆓儀鳳三年㆒歳在㆓戊寅二月朔戊子十九日景午㆒（中略）春秋六十有六。」と示されている[32]。それらの墓誌によって、祢（禰）軍（六一一～六七八）と井真成（六九九～七三四）が活躍していた時期は七世紀の後半から八世紀の前半であることが分かる。

「日本」という国号の成立時期は大化改新以後、大宝律令の頒布の頃までと言える。日本の文献史料において、『古事記』には「日本」という文字を使わず、「倭」や「倭国」という表現が多く見られる[33]。一方、日本に伝存する最古の正史である『日本書紀』では初めて「日本」という文字が使用されているが、本書の成立年代は養老四年（七二〇）である。『日本書紀』では六〜七世紀の記事にも「日本」という国号が使われているが、それらの中で実際にその年代の用語と証明できるものはない。国号「日本」の公式な制定は、ある意味で七世紀後半を遡らない可能性が強いと考えられる。一般的に、「日本」という国号の成立に関して、常に引き合いに出されるのは、推古天皇十五年（六〇七）に聖徳太子が隋の煬帝に送ったとされる国書の話である。他方、中国正史の『隋書』は初唐の魏徴（五八〇〜六四三）・長孫無忌（生年不詳〜六五九）らによって勅撰されたものである。『隋書』東夷伝の倭国について、大業三年倭王が隋に朝貢した時に、倭の国書に述べられる「日出処天子致レ書二日没処天子一」をもって「日本」という国号がその国書に使われたことは判断できない。『唐暦』以前の中国正史では国号「日本」は全く見られない。この観点から、国号が「倭」から「日本」へと変化したのは、前述した天武・持統朝や文武朝成立説のとおり、おそらく七世紀末から八世紀初までと考えてよいのであろう。

【史料1】『旧唐書』巻一九九上・列伝一四九の東夷・倭国と日本(34)

(1)　倭国者古倭奴国。去二京師一万四千里、在二新羅東南大海中一、依二山島一而居。（中略）世与二中国一通。其国、居無二城郭一、以レ木為レ柵、以レ草為レ屋。四面小島五十余国、皆附属焉。其王姓阿毎氏、置二一大率一、検察二諸国一、皆畏附レ之。設レ官有二十二等一。（中略）衣服之制、頗類二新羅一。

貞観五年、遣レ使献二方物一。太宗矜二其道遠一、勅二所司一無レ令二歳貢一、又遣二新州刺史高表仁一持レ節往撫レ之。表仁無二綏遠之才一、与二王子一争レ礼、不レ宣二朝命一而還。至二十二年又附二新羅一奉レ表、以通二起居一。

(2)　日本国者倭国之別種也。以三其国在二日辺一、故以二日本一為レ名。或曰「倭国自悪二其名不雅一、改為二日本一」。或云三日本旧小国、并二倭国之地一。（中略）

長安三年、其大臣朝臣真人来レ貢二方物一。朝臣真人者猶二中国戸部尚書一、冠二進徳冠一、其頂為レ花、分而四散、身服二紫袍一、以レ帛為二腰帯一。真人好読二経史一、解レ属レ文、容止温雅。則天宴二之於麟徳殿一、授二司膳卿一、放還二本国一。

開元初、又遣レ使来朝、因請二儒士一授レ経（中略）所得二錫賚一、尽市二文籍一、泛レ海而還。其偏使朝臣仲満、慕二中国之風一、因留不レ去、改姓名為二朝衡一、仕歴二左補闕、儀王友一。衡留二京師一五十年、好二書籍一、放帰レ郷、逗留不レ去。天宝十二年、又遣レ使貢。上元中、擢衡為二左散騎常侍、鎮南都護一。貞元二十年、遣レ使来朝、留学生橘逸勢、学問僧空海。元和元年、日本国使判官高階真人上言「前件学生芸業稍成、願帰二本国一、便請二与臣一同帰。」従レ之。開成四年、又遣レ使朝貢。

【史料1】によると、第一に、『旧唐書』では「倭国」は「古倭奴国」であり、「日本国」は「倭国」の別種であったという。第二に、倭国伝には唐太宗の貞観五年（六三一）と貞観二十二年に「倭国」と通交したことが明らかにされている。したがって、唐代の初頭、すくなくとも貞観年中の太宗朝では「日本」という国号が認知されていなかった。第三に、日本国伝には長安三年（七〇三）に朝賀の使臣（粟田）真人のことや、開元初、天宝十二年（七五三）、貞元二十年（八〇四）、元和元年（八〇六）と開成四年（八三九）などの日本国遣唐使についての記録があった。

以上のように、『旧唐書』には遣唐使の服飾に関した内容があり、倭人像から日本人像への変化も想像できる。他方、正史『新唐書』の東夷伝に倭国条はなく、日本条のみがあって、「日本古倭奴国也。（中略）咸亨元年（六七〇）、遣レ使賀レ平二高麗一。後稍習二夏音一、悪二倭名一、更号二日本一、使者自言、国近二日所出一以レ為レ名。或云二日本乃小国為レ倭所並一、故冒二其号一（後略）」といった記述がある。[35]『旧唐書』と『新唐書』の東夷伝を比べてみると、「日本（国）」

という国号の内容が酷似している。

　また、『三国史記』の「新羅本紀」の文武王十年（六七〇）十二月条にも「倭国更号二日本一、自言日所レ出、以レ為レ名」[36]という記載が見られる。本条文は『新唐書』とほとんど同じように書かれており、朝鮮半島の『三国史記』も中国の正史を参照していたことが推察できる。これらの東アジアにおける歴史書の記載によって、国号「日本」の誕生時期は七世紀の末期とみなしてもよいであろう。しかし、八世紀までは「日本」という国号に対して、唐王朝はまだ承認を与えなかったと考える。

　このように、中国と朝鮮半島の文献史料によると、倭国は白村江の戦い以後に国号を「日本」と改称したと考えられる。その後、大宝律令の成立で日本国家の律令制は大宝二年（七〇二）に完成した。同年に遣唐大使である粟田真人が中国に朝貢した際に、「日本」という国号を唐から承認してもらったと考えられる。このような「日本」という国号を唐から認められた出来事は、唐代前半期の歴史を記載した柳芳の『唐暦』に記されていたのではなかろうか。

三　『唐暦』と国号「日本」とのかかわり

　はじめて日本国伝を中国の正史に載せた史書は『旧唐書』である。『旧唐書』は古代中国五代十国時代の後晋（九三六～九四六）に官撰され、その完成年代が開運二年であった。しかし、柳芳の編年体史書『唐暦』はそれよりおよそ一六〇年前の唐代社会で流布していた。柳芳は盛唐時代の見聞を知って、安史の乱以後に国史を撰修した。彼はその国史を奏上した後、再び左遷されて偶然に高力士と会ったため、『問高力士』を書いた後に『唐暦』を私撰した。前節では柳芳が建中三年頃に『唐暦』を完成したと推定できると述べた。この「建中」という年号以後も日本国遣唐使はまだ続いていた。唐王朝は安史の乱で国力が衰えたため、日本は寛平六年（八九四）に遣唐使を停止した。平安時代に藤原佐世が撰した『日本国見在書目録』の雑史部には「唐暦四十巻　柳芳撰」という記載があった。それゆえに、九世紀末までに『唐暦』が日本に伝わってきたことは確実である。唐の最新の歴史書である『唐暦』は九世紀に遣唐使船で日本に伝来した可能性が高い。

平安時代において、『日本書紀』は養老五年、弘仁三年（八一二）、承和十年（八四三）、元慶二年（八七八）、延喜四年（九〇四）、承平六年（九三六）、康保二年（九六五）などに進講が行われた。『日本書紀私記』は講書として使われたもので、現存するのは四種甲・乙・丙・丁本である。また、『日本書紀』を講読した時に、『唐暦』はよく利用されていたようで、『日本書紀私記』（丁本）と『釈日本紀』に『唐暦』の逸文が残されている。

【史料2】『日本書紀私記』の丁本[37]

（前略）

問、考二読此書一、将以二何書一備二其調度一乎。

師説、『先代旧事本紀』、『上宮記』、『古事記』、『大倭本紀』、『仮名日本紀』等是也。

此時、参議紀淑光朝臣問曰、号二倭国一云二日本一、其意如何。又自二何代一始有二此号一乎。

尚複〔復〕答云、上代皆称二倭国、倭奴国一也。至二于『唐暦』一、始見二日本之号一。発題之始、師説如レ此。

師説、日本之号、雖レ見二晋恵帝之時一、義理不レ明。但『隋書・東夷伝』云、日出国天皇謹白二於日没国皇帝一者。然則、在二東夷日出之地一、故云二日本一歟。

参議又問云、倭国在二大唐東一、雖レ見二日出之方一。今在二此国一見レ之、日不レ出二於城〔域〕中一。而猶云二日出国一歟。

又訓㆓日本二字㆒云㆑倭、其故如何。

博士答云、文武天皇大宝二年者、当㆓大唐則天皇后久視三年㆒也。彼年遣使粟田真人等入㆓朝大唐㆒。即『唐暦』云、是年、日本国遣㆑使貢献。日本者、倭国之別名者。然則唐朝以㆑在㆓日出之方㆒、号云㆓日本国㆒、東夷之極、因得㆓此号㆒歟。

（後略）

【史料2】は、『日本書紀』を解読するため、『先代舊事本紀』、『上宮記』、『古事記』、『大倭本紀』、『假名日本紀』などを参考書として備えるべきであると述べる。また、「倭国」と「日本」という国号について討論して、明確に「至㆓于唐暦㆒、始見㆓日本之号㆒」と記しており、『唐暦』に至ってはじめて国号「日本」が見えるようになったという。さらに「博士」は、文武天皇の大宝二年は則天武后の久視三年に当たると答えている。則天武后の治世には頻繁に改元されていた。「久視」は則天武后の治世に使用された年号であり、聖暦三年（七〇〇）五月癸丑より改元し、久視二年（七〇一）正月丁丑まで使われていた。実は久視二年になると、間もなく則天武后が改元して「大足」を年号とし、大足元年（七〇一）十月辛酉に改元し、「長安」という年号になった。『唐暦』の逸文には「日本者、倭国之別名者。然則唐朝以在日出之方、号云日本国、東夷之極、因得此号歟」とあり、その内容も前記した『旧唐書』の日本国伝によく似ていると思われる。

【史料3】『釈日本紀』巻一・開題[38]

日本国

倭国

弘仁私記序曰、日本国、自㆓大唐㆒東去万余里。日出㆓東方㆒、昇㆓于扶桑㆒、故云㆓日本㆒。古者謂㆑之㆓倭国㆒。（中略）

問、号二日本一濫觴、見二大唐何時書一哉。

答、元慶説不レ詳。『公望私記』曰、大宝二年壬寅、当二唐則天皇后長安二年一。『続日本紀』云、此歳正四位上民部卿粟田朝臣真人為二遣唐持節使一。『唐暦』云、此歳、日本国遣二其大臣朝臣真人一貢二方物一。日本国者、倭国之別名也。朝臣真人者、猶二中国地官尚書一也。頗読二経史一、容止温雅。朝廷異レ之、拝二司膳員外郎一。云々。大唐称二日本一之濫觴見二於此一。又応神天皇御時、高麗上表云。日本国。云々。然則称二日本一之旨亦此時歟。

（後略）

鎌倉時代に成立した『釈日本紀』にも弘仁や元慶などの私記が引用されており、『公望私記』や『続日本紀』に依拠し、大宝二年が則天武后の長安二年に当たり、この年に「正四位上民部卿粟田朝臣真人」が「遣唐持節使」として派遣されたと書いている。その後に『唐暦』も引用している。『唐暦』の逸文には「此歳、日本国遣其大臣朝臣真人貢方物。日本国者、倭国之別名也。朝臣真人者、猶中国地官尚書也。頗読経史、容止温雅。朝廷異之、拝司膳員外郎」とあり、【史料2】『日本書紀私記』の記載よりさらに詳しく記されている。『公望私記』と『続日本紀』の記述を踏まえると、『唐暦』の逸文に「此歳」とあるのは「大宝二年壬寅」に当たり、粟田真人を押使とする遣唐使の発遣された年が、唐の「則天皇后長安二年」に当たることを明記している。以上、『日本書紀私記』（丁本）と『釈日本紀』の記事を比較し、当時の日本人にとっては、日本国の国号が最初に見られた唐王朝の史書は『唐暦』であったことを述べた。

おわりに

『唐暦』以前の古代中国正史において、日本列島の人々とその国が倭・倭人・倭国から日本・日本国に転変することを示した。倭国と日本の両伝を並記した書は『旧唐書』である。日中両国の文献史料によると、日本が大宝二年の遣唐使を派遣した時点で、唐王朝の則天武后が日本国の国号を承諾したと推定できる。『旧唐書』の「東夷伝」が完成する前に、唐代の史官柳芳は『唐暦』を私撰した。柳芳の『唐暦』は唐の社会によく流布したので、日本国の遣唐使が購入して持ち帰ったことも容易に想像できる。遅くとも九世紀までには『唐暦』が日本に伝わってきた一つの理由になると考える。また、『日本国見在書目録』には「唐暦四十巻　柳芳撰」と書かれており、『日本書紀私記』と『釈日本紀』にも『唐暦』の逸文が収録された。古代日本における平安時代の学者は柳芳の『唐暦』を唐の社会において「日本」という国号が初出する書として認識したことが確認できる。『唐暦』と日本国号との関係も次第に明らかになった。日本に伝わった『唐暦』の流布状況と利用状況については、今後の課題としておきたい。

注

（1）唐代詩史の四分説について、通常の文学史で唐代詩文の研究は、習慣上に初唐・盛唐・中唐・晩唐の四期に分けて論じられる。例えば『古詩海・唐五代詩概述』（上海古籍出版社、一九九二年）では、游国恩編『中国文学史』（人民文学出版社、一九六三年）に基づいて、初唐（六一八～七一二）、盛唐（七一二～七五六）、中唐（七五六～八二七）、晩唐（八二七～九〇七）に分けて概述された。唐詩の時代区分は中国明代の高棅（一三五〇～一四二三）による『唐詩品彙』（上海古籍出版社、一九八二年）に示した。（甲斐勝二・東英寿「『唐代中期の文学批判・緒論』訳注（上）」（『福岡大学人文論叢』四〇―三、二〇〇八年）七九一頁。

（2）注（1）の「唐代詩史の四分説」を参照すると、柳芳は盛唐と中唐の時期にずっと活躍していたため、彼の『唐暦』も初唐・盛唐・中唐にわたって唐の前半期の歴史を記したものといえる。

（3）（宋）欧陽脩・宋祁ら撰『新唐書』九（中華書局、一九八六年）二八三五～二八四六頁。

（4）（宋）欧陽脩・宋祁ら撰『新唐書』一五（中華書局、一九八六年）四五三六頁。

（5）趙超『新唐書宰相世系表集校』上（中華書局、一九九八年）四二七～四四〇頁。

（6）王瑞来『近世中国　从唐宋変革到宋元変革』（山西教育出版社、二〇一五）二一七頁。

（7）（宋）李昉ら撰『太平広記』五（中華書局、一九八六年）一七〇六頁。

（8）（清）徐松『登科記考』上（中華書局、一九八四年）二七六頁。

（9）（唐）姚汝能『安禄山事迹』（上海古籍出版社、一九八三年）三〇頁。

（10）（後晋）劉昫ら撰『旧唐書』六（中華書局、一九七五年）四〇三〇頁。

（11）（宋）欧陽脩・宋祁ら撰『新唐書』五（中華書局、一九七五年）一四六〇頁。

（12）藤原佐世撰『日本国見在書目録』（宮内庁書陵部蔵室生寺本、名著刊行会、一九九六年）を参照。

（13）（元）馬端臨『文献通考』九（中華書局、二〇一一年）五九九五頁。

（14）（宋）鄭樵撰『通志』一（浙江古籍出版社、二〇〇〇年）七七三頁。

（15）（宋）晁公武撰『衢本郡斎讀書志』一（商務印書館、一九八一年）一三九頁。

（16）（宋）陳振孫撰『直斎書録解題』（中華書局、一九八五年）一〇五頁。

（17）注（4）（宋）欧陽脩・宋祁ら撰書、四五三五頁。

（18）注（13）（元）馬端臨著書、五九九六頁。

（19）注（16）（宋）陳振孫撰書、一〇六頁。

（20）（宋）王応麟撰『玉海　中日合壁本再版』二（中文出版社、一九八六年）九三八頁。

(21) 北京大学歴史論衡注釋小組『論衡注釋』(中華書局、一九七九年)、「異虚篇」・二八四～二九九頁、「儒増篇」・四五七～四八一頁、「恢国篇」・一一〇九～一一三四頁。『論衡』は中国古代の思想書といわれ、後漢の王充によって撰された。彼は五九年から着手し、九〇年に『論衡』三〇巻・八五篇を完成した。『隋書』経籍志は本書を「雑家」に分類する。『論衡』では、前記した三篇の本文において「倭(人)」に言及している。

(22) 『説文解字』は中国の現存する最古の字書であり、撰者が後漢の許慎である。永元十二年(一〇〇)の自序があり、本文一四の全一五巻である。のちに、各巻は上下に分けられて三〇巻となった。小篆の字体によって、五四〇部を分類し、六書に従って形・音・義を説いたものである。「六書」とは、指事、象形、形声、会意、転注、仮借をいうことである。六書説による字形の説明は、漢字成立の根本にまで及んで、高い評価を受けている。『説文解字』は現在に至るまで中国文学のもっとも基本的な書として重んじられている。

(23) 池田温「東洋学からみた『魏志』倭人伝」(『東アジアの文化交流史』吉川弘文館、二〇〇二年)一六～一七頁。

(24) 井上薫「中国史書日本伝二題」(『日本歴史』二三八、一九六八年)七三～七八頁。

(25) 西本昌弘「祢軍墓誌の『日本』と『風谷』」(『日本歴史』七七九、二〇一三年)八八頁。

(26) 専修大学・西北大学共同プロジェクト編『遣唐使の見た中国と日本―新発見「井真成墓誌」から何がわかるか―』(朝日新聞社、二〇〇五年)を参照。

(27) 王連龍「百済人『祢軍墓誌』考論」(『社会科学戦線』吉林省社会科学院、二〇一一年第七期)一二三～一二九頁。

(28) 井上亘「禰軍墓誌「日本」考」(『古代官僚制と遣唐使の時代』同成社、二〇一六年。初出二〇一四年)一九九～二一二頁。

(29) 二〇〇四年十月に西安市で遣唐留学生・井真成の墓誌が公表され(『人民日報』及び海外版、二〇〇四年十月十二・三日)、中国と日本で大きな話題となった。王建新「西北大学博物館収蔵唐代日本留学生墓誌考釈」、「唐代的日本留学生与遣唐使」(『西北大学学報(哲学社会科学版)』三四、西北大学、二〇〇四年第六期)などを参照。

(30) 韓昇「『井真成墓誌』所反映的唐朝制度」(『復旦学報(社会科学版)』復旦大学、二〇〇九年第六期)六七～七五頁。

（31）張全民「新出唐百済移民祢氏家族墓志考略」（杜文玉『唐史論叢』一四―「新出土唐墓誌与唐史研究」国際学術研討会専集―、中国唐史学会・洛陽師範学院河洛文化研究中心、二〇一二年）、小林敏男「祢軍墓誌銘の「日本」と白村江戦前後」（『大東文化大学紀要・人文科学』五四、二〇一六年）などを参照。「祢軍墓誌」の全称は「大唐故右威衛将軍上柱国祢公墓誌銘〈幷序〉」といわれる。

（32）田中勝「日本国号の新史料「百済人『祢軍墓誌』」」（『季刊古代史の海』六八、二〇一二年）二～一二頁。また、注（27）王連龍氏の論文では、「祢軍墓誌」にみえる「日本」という語を国号として紹介した。王連龍氏説は、祢軍墓誌は井真成墓誌より早く「日本」という文字を記すもので、「日本」国号を石刻した最古の実物資料であるとして注目した。そこで、『朝日新聞』は二〇一一年十月二十三日の朝刊で王氏の論文を取り上げ、気賀澤保規氏の賛同するコメントを掲載した。これに対して、東野治之氏は異論を唱え、「祢軍墓誌」の「日本」は国号ではなく、百済を指す意味と解釈した（東野治之「百済人祢軍墓誌の「日本」」〔『図書』七五六、二〇一二年〕）。ただし、西本昌弘氏は東野説を検討し、祢軍墓誌に見える「日本」は百済を指すものではなく、倭国をあらわす別称であると述べた（注〔25〕西本論文）。さらに、葛継勇氏は祢軍墓誌に見える「日本」は東方の地（国）を意味しており、国名でも国号でもなく、比喩のように表象として用いられていると説いた（葛継勇「「風谷」と「盤桃」、「海左」と「瀛東」―祢軍墓誌の「日本」に寄せて（三）―」〔『東洋学報』九五―二、二〇一三年〕）。

（33）岩橋小弥太『日本の国号』（吉川弘文館、一九七〇年）、川崎晃「日本の国号の成立に関する覚書」（『学習院史学』一二、一九七六年）、石上英一「古代東アジア地域と日本」（『日本の社会史』一、岩波書店、一九八七年）、大和岩雄『「日本」国はいつできたか―日本国号の誕生―』（六興出版、一九八五年）、東野治之「日出処・日本・ワークワーク」（『遣唐使と正倉院』岩波書店、一九九二年）、新蔵正道「日本国号成立の外交的契機と使用開始期」（横田健一編『日本書紀研究』二五、塙書房、二〇〇三年）などを参照。

（34）（後晋）劉昫ら撰『旧唐書』八（中華書局、一九七五年）五三三九～五三四一頁。

（35）（宋）欧陽脩・宋祁等撰『新唐書』二〇（中華書局、一九八六年）六二〇七～六二〇九頁。

（36）金富軾撰、井上秀雄訳注『三国史記』一（平凡社、一九八〇年）一九七頁。

（37）『日本書紀私記』（黒板勝美編『新訂増補国史大系』八、吉川弘文館、一九六五年）一九〇～一九一頁。
（38）卜部兼方『釈日本紀』（黒板勝美編『新訂増補国史大系』八、吉川弘文館、一九六五年）七～九頁。

〔付記〕

本稿は、「二〇二〇年度中国国家社会科学基金・青年項目（20CTQ017）中日典籍『唐暦』文本の発掘整理と比較研究」による研究成果の一部である。
〔中国語：本文是2020年度中国国家社会科学基金青年项目（20CTQ017）中日典籍《唐历》文本的发掘整理和比较研究的阶段性研究成果〕

荷前別貢幣と諸王発遣の意義

二星祐哉

はじめに

毎年十二月、大神祭と立春の間の吉日を選び、諸山陵と外戚などの墓に、当年の調の初物を奉献する行事を荷前という。荷前には常幣と別貢幣とがある。

常幣は(1)、治部省諸陵寮が管轄する全陵墓に使者を発遣するもので、参議ら上卿の監督の下、大蔵省正倉院庭において行われた。幣物は儀式前日に大蔵省官人が当年の調を裹み備えたものが用いられ、その使者には陵預が割りあてられた。

別貢幣は(2)、当代天皇の近親祖先を対象とする一定数の陵墓に、内蔵寮から高価で膨大な量の幣物を奉献するもので、常幣と同日に内裏建礼門前にて挙行された。天皇が出御し、幣物に拝礼した後、荷前使が幣物をもって各陵墓へ向かった。

別貢幣の成立時期については、弘仁初年成立説とそれ以前に成立していたとする説とに大別される。旧稿(3)においいて、別貢幣の前身である特定山陵祭祀が浄御原令施行期に国忌と連動する形で成立し、以後、八世紀において国忌が増加するに伴い、特定山陵も増えていったとした。延暦十年（七九一）に国忌省除令が発布されると、国忌とともに別貢幣対象陵墓が桓武の直系祖先にほぼ限定されたことから、別貢幣が桓武の皇統意識と深く関わる儀式として発展したとの見解を示した。

その後、西本昌弘氏(4)により、藤原行成撰『新撰年中行事』にみえる別貢幣に関わる二つの推定弘仁太政官式逸文が取り上げられ、八、九世紀における別貢幣使の変遷についての新知見が得られた。荷前陵墓祭祀に関わる史料が極めて少ない中で、こうした史料が紹介されたことの意義は大きく、荷前使の具体相を知る上で重要な指摘がなされていたものの、これまで触れることができなかった。

そこで、本稿では、別貢幣についての先行研究を概観し、『新撰年中行事』に引かれた推定弘仁式逸文を参照しつつ、八、九世紀における別貢幣の使者としてどのような人物が割りあてられ、そしてそれにどのような意義があったのかを検証していきたい。

一　荷前別貢幣の使者点定規定と研究史

本節では、先行研究を取り上げる前に、別貢幣の成立時期を検討する上で、基本的史料として位置づけられてきた史料をあげておきたい。

【史料1】『類聚符宣抄』巻四帝皇（荷前）弘仁四年（八一三）十二月十五日宣

参議秋篠朝臣安人宣、承前之例、供奉荷前使五位已上、外記所レ定。今被二右大臣宣一、自今以後、中務省点定、

永為二恒例一者。〈但三位已上、外記申上可レ点者。〉

弘仁四年十二月十五日

【史料2】『小野宮年中行事』十二月十三日点荷前使参議已上奏聞事所引「弘仁式」

弘仁同式《（中務式）》云、其使三位、太政官定レ之。自余省点。大舎人者寮差。

【史料1】によると、別貢幣の五位以上使者を、弘仁四年以前は外記が定めていたところ、以後は中務省が点定するよう改められた。ただし、三位以上の使者を外記が点定するのは従来通りとしている。少なくとも弘仁四年には別貢幣の使者として五位以上官人が派遣されていたと言える。この方式は弘仁式（【史料2】）に受け継がれた。

【史料3】『類聚符宣抄』巻四帝皇（荷前）天長元年（八二四）十二月十六日宣

右大臣《（冬嗣）》宣、奉レ勅、山階《（天智）》、後田原《（光仁）》、大枝《（高野新笠）》、柏原《（桓武）》、長岡《（藤原乙牟漏）》、後大枝《（藤原旅子）》、楊梅《（平城）》、石作《（高志内親王）》等山陵献荷前使、宜レ差二参議以上一、若非二参議一、用二三位以上一、立為二恒例一。

天長元年十二月十六日

大外記宮原宿祢村継奉

【史料3】では、天長元年以降、山階陵以下の八陵には参議以上を発遣し、参議でなければ三位以上を用いるよう規定されている。この八陵は淳和朝における別貢幣対象山陵であり、そうした特定山陵には公卿を発遣することが定められた。

これらの史料を中心に、これまで別貢幣の成立時期について議論が展開されてきた。続いて別貢幣の成立をめぐる研究史を概観していきたい。

鎌田正憲氏(5)は、『類聚符宣抄』巻四にみえる弘仁四年正月七日宣・同年十二月十五日宣（【史料1】）・天長元年十二月十六日宣（【史料3】）など、別貢幣使について記載した諸史料をもとに、別貢幣は弘仁年間には成立していたと述べた。陵墓近遠制度は遠く奈良朝に濫觴するとも指摘している。

　これをうけて服藤早苗氏は、[6]中村一郎氏の[7]「国忌と別貢幣対象陵墓はほぼ一致する」との見解に依拠しつつ、天平宝字四年（七六〇）以降、荷前挙行月の十二月に藤原宮子・光明子・紀橡姫らの国忌を設置するとともに三者の墳墓が山陵へ格上げされていることや、天平初年ころから当時の国忌に対応する特定の山陵に奉幣する記事が見える[8]ことなどを根拠に、別貢幣は少なくとも聖武朝ころに成立したと論じた。

　この服藤説に対して疑義を呈し、弘仁初年成立説を唱えたのが北康宏氏である。[9]氏は、弘仁四年十二月十五日宣（【史料1】）の検証から、外記が五位以上使者を定めるという方式が弘仁初年に規定されたとし、次いで、弘仁式（【史料2】）で三位以上発遣制が規定され、さらに天長元年十二月十六日宣（【史料3】）で参議発遣制が開始されたとみて、別貢幣の使者制度が弘仁年間以降に整備されたと説いた。また、弘仁初年に臨時奉幣の使者が諸王から官人へと変化することなどを論拠に、弘仁初年に別貢幣使に関する制度的な画期が見出せるとして別貢幣の国家的儀式としての成立は弘仁初年であったとみた。

　北氏と同様に弘仁初年成立説をとる吉江崇氏は、[10]弘仁四年十二月十五日宣（【史料1】）は、四位・五位の使者を中務省管轄下の侍従・次侍従に限定することを定めたものと捉えた。四位の参議点定については問題が残るとしつつも、五位以上使者を三位以上の公卿と四位・五位の侍従・次侍従とに分け、両者を派遣するという制度が弘仁初年に成立したと結論した。

　こうした弘仁初年成立説に対し、私は、[11]①弘仁四年正月七日宣ですでに別貢幣使の闕怠が見受けられること、②弘仁式にはある程度整備された別貢幣が定められていること、③奈良時代の儀式を多く残す『内裏儀式』に「十二月別貢諸陵幣式」の編目が存在すること、④延暦年間に五位以上官人が臨時奉幣の使者となっている点から、外記による使者点定方式が弘仁年間以前に遡る可能性が高いこと、⑤延暦十六年四月二十三日付太政官符にみえる「年終幣使者」は、常幣・別貢幣の両方に関わる下級使者を定めたものであることなどから、別貢幣は延暦年間にはすでに成立していたと結論づけた。また、別稿(12)において、こうした別貢幣の前身である特定山陵祭祀は、国忌と連動する形で、持統朝ころに成立し、大宝令施行期に確立したと説いた。

次いで、西本昌弘氏は(13)、『新撰年中行事』に引かれた二つの推定弘仁太政官式逸文を紹介して検討を加えた。本稿にとって極めて重要な指摘がなされているので、詳細に西本説を紹介しておきたい。

【史料4】『新撰年中行事』十二月、荷前事

延官式云、凡季冬献二幣於諸〔山脱〕陵及墓一、比〔皆〕日用二当年闕〔調〕物一、中務省預〔択脱〕二大神祭後立春前之吉日一、十二月五日以前申二送弁官一、前五日小〔少〕納言奏聞、弁及史等向二別貢幣所及□〔大〕蔵省一行事、其別貢幣者、内蔵寮供擬、色数見二彼寮式一、至二時尅一、天皇御二便殿一、礼拝奉レ班、儀〔参議〕以上侍二殿傍幄一、検二察事一、事見二儀式一、云々、但常〔幣脱〕者、参議以上一人、向二大蔵省一奉レ班云々、事見二儀式一、

【史料5】『新撰年中行事』十二月十三日、点荷前使参議事

延喜官式云、季冬献二幣於諸〔山脱〕陵及墓一、皆用二当年調〔物脱〕一、中務省預択二大神祭後立春前之吉日一、十二月五日以前申送、差文進二太政官一、又式部点二散位五位已上一、進二其夾名一、為レ輔〔補〕二侍従不参之闕一、云々、又云、其使者、大臣預簡二五位以上一奏聞、参議以上及非侍従五位者、太政官点之、次侍従者、中務省差之、陵〔別脱カ〕或三位及四位王各一人、或四位及五位王各一人、或五位王臣各一人、

この二つの逸文は延喜太政官式として掲載されているが、延喜式文と異なる部分がみられ、そのなかには『年中行事秘抄』十二月荷前事に引用される弘仁式逸文と合致する記載がみえることなどから、『新撰年中行事』十二月、荷前条には、荷前に関する弘仁太政官式の逸文が引用されていると説いた。推定弘仁太政官式逸文A（【史料4】）

では、太政官の弁・史らが別貢幣所と大蔵省に向かい、荷前を執行することが規定されており、別貢幣と常幣がともに太政官主掌の行事であったことが読み取れるとした。

また、推定弘仁太政官式逸文B（【史料5】）には、荷前使のうち参議以上と非侍従五位は太政官が点定し、次侍従は中務省が点定するとの規定がみえることから、【史料1】の弘仁四年宣は五位以上官人のうち次侍従以上の荷前使点定について、従来の外記点定方式から中務省点定方式に改めたものであり、次侍従ではない五位以上官人が荷前使に任命されることはありえたと指摘した。同様に参議点定についての規定も見られるので、参議発遣制は弘仁式制定時はもとより弘仁四年以前に遡るとして、この制度の成立を天長元年とみた北氏[14]を批判した。【史料3】の天長元年宣は、それまでの参議発遣制を一部改訂して、非参議三位以上も参議並みの荷前使長官として派遣しうることを定めたものとみている。

さらに、この逸文には各山陵に派遣する荷前使の構成について、㋐三位及び四位王各一人、㋑あるいは四位及び五位王各一人、㋒あるいは五位王臣各一人とすることが定められており、荷前使の上級官人の一人に諸王の派遣が明記されている点を指摘した。

以上、西本氏[15]により弘仁式段階における別貢幣使の点定規定が明らかにされ、弘仁初年成立説に対する反証が提出された。この論考は荷前別貢幣に関する研究を進める上で極めて重要な意義をもつ。ただし、弘仁式の使者点定規定が実際の山陵祭祀にいかに反映されていたか、天長元年宣および諸王発遣の意義などはまだ検討の余地があるように思われる。以下、これらの点について考察し、八、九世紀における荷前別貢幣の使者制度の変遷について検討していきたい。なお、諸王発遣の意義については、別貢幣と類似する儀式構造をもつとされる神嘗祭との比較検討を通じて考察していきたい。

二　八、九世紀における荷前使

本節では、【史料5】『新撰年中行事』（点荷前使参議事）の規定が、八、九世紀の荷前使の実例にいかに反映されているのかを検証する。そのなかで、天長元年宣が出された意義についても考えたい。

【表1】（後掲一二八～一三五頁）は、主に六国史にみられる臨時奉幣使の官位・官職や人物名が明記されているものをまとめたものである。この表を一覧すると、「官位官職」欄より五位以上官人の派遣例は七世紀末よりみられること、「王」欄より諸王が発遣される事例が多いことの他、「天皇との関係」欄からは、選出された荷前使が当該期の天皇あるいは先帝といかなる関係をもっていたかを知ることができる。(16)

それでは、【史料5】に記された使者点定規定と、実際の臨時山陵祭祀の使者とを対照してみたい。当史料には荷前使の構成として、㋐三位及び四位王各一人、㋑あるいは四位及び五位王各一人、㋒あるいは五位王臣各一人と記載されているので、弘仁式段階には荷前使の上級官人として五位以上使者が二名揃って派遣されるのが通例であった。この表においても一つの山陵に対して二名の官人が派遣されている事例が頻出し、おおむね㋐・㋑・㋒と同様の官位をもつ人物が選定されていることが確認できる。これらのことから、定例の別貢幣儀に準じて臨時奉幣の使者が定められた可能性は十分にある。ただし、【表1】において、一山陵に対し、一名の官人しか記載していない例も散見される。その場合、記載されている官人が長官であったとみなして、㋐・㋑・㋒いずれの規定に該当するかを判断した。例えば、【表1】48では、真原（文徳）山陵に外従五位下行陰陽助兼陰陽権博士の笠朝臣名高が派遣されているが、仮に、公卿がともに発遣されていたとすると、その公卿のデータを記載せずに次官のみを記載するとは考えにくい。したがって、こうした場合は五位の人物が長官であったとみなし、ⓤの規定に対応すると想定した。

ちなみに、『儀式』巻一〇奉山陵幣儀には次のように荷前使の構成が定められている。

ⓐ山階陵（中納言以上）

ⓑ柏原・深草・田邑・後山階の五陵[17]（参議以上もしくは非参議三位以上各一人、四位もしくは五位一人）

ⓒ楊梅陵（四位一人、五位一人）

ⓓ田原・後田原・八嶋の三陵（四位もしくは五位二人）

西本氏[18]は【史料5】と『儀式』にみえる荷前使の構成を対照し、【史料5】のⓐはⓐとⓑに、ⓘはⓒに、ⓤはⓓにほぼ対応すると指摘した。また、ⓐにいう「三位及び四位王各一人」の「三位」は中納言もしくは参議の派遣を意味するが、同様にⓘにいう「四位及び五位王各一人」の「四位」もおおむね参議の派遣を含意するとみてよいと述べた。『儀式』に記載される荷前使の構成の前段階として【史料5】を位置づけることができるが、弘仁式段階には、諸王点定規定が存在したことが大きな相違点となる。

それでは【史料5】の荷前使の点定規定が臨時奉幣使といかに対応するか具体的に確認してみたい。参議に随行する次官として四位・五位官人が派遣されている事例は、【表1】に数多く見受けられる。そのうち、次官に四位官人が派遣されている例としては、【表1】17、19、25、30、35〜37などがあげられる。これらはⓘの規定には適合しないので、西本氏が述べるように、確かにⓐの「三位」に参議を含めるべきである。逆に、次官に五位官人が割りあてられている例【表1】31、33、39（柏原陵）も散見される。官位に着目すれば、確かにⓘの規定に対応はするものの、参議を公卿とみなしていたと考えられる以上、これらの事例はⓐの規定に準ずるものと言える。したがって、㋑の規定は参議を除いた四位の使者を示していた可能性がある。

以上のように、参議を含む公卿を長官として、五位の次官が派遣されている事例も見られるので、㋐の規定は、「参議を含む公卿と四位王もしくは五位王」という形式で運用されていたと考えられる。

一方で、㋑や㋒の規定に対応する例も僅かながら散見されるが、とりわけ弘仁式の施行後は減少傾向にあるように思われる。周知の通り、『弘仁格式』は、大宝元年（七〇一）から弘仁十年までに出された格式を集成して弘仁十一年に撰進し、若干の改定を経て天長七年になって施行された。表をみる限り、弘仁式に基づきつつ、公卿を長官とし、四位・五位の使者を次官としている例が天長四年以降に頻出する。『儀式』に記載される荷前使構成ⓐ・ⓑによると、大半の山陵に公卿を発遣する制度が存在していたことが知られる。また先述の通り、【史料3】の天長元年宣では、八陵に公卿を派遣することが定められた。こうした公卿発遣制はいつ頃成立したのであろうか。

吉江氏(19)は、公卿を長官に、四位・五位以上官人を次官とする使者制度が成立したのが弘仁初年であったとの見解を示した。北氏(20)は【史料3】をもとに、参議を発遣する制は天長元年に成立したと説いている。

一方、西本氏(21)は、【史料5】に参議発遣の規定がある点や、『儀式』の荷前使の構成とも対応する点からみて、参議発遣制は弘仁初年以前に遡るとして、北・吉江両説を批判している。

改めて【表1】にみえる臨時山陵使の実例をもとに確認してみよう。まずは、弘仁元年に薬子の変について桓武陵へ奉告（【表1】12）するために、参議の藤原緒嗣が派遣されている点が注目される。前稿(22)ではこれを例外とみて関説せず、北説に依拠して天長元年宣で参議発遣制が成立したと述べたが、【史料5】をふまえると、これは弘仁式制定以前の実例として着目される。また、延暦四年には早良親王を廃太子する旨を山科陵へ奉告（【表1】6）するため、中納言正三位の藤原小黒麻呂と大膳大夫従五位上の笠王が派遣されている。長官の官職が参議ではないものの、三位の公卿と五位王が派遣されているので、㋐の規定のような使者点定方式にもとづいて使者が選定された可能性が高い。したがって、㋐の点定方式は少なくとも延暦年間には成立していたと考えられる。また、この時、田原山陵（施基）や後佐保山陵（光仁）[23]には、四位王・五位王が派遣されている。これらは『儀式』の荷前使構成のⓒ・ⓓに相当するので、㋑の規定に対応すると思われる。このことから、㋑の規定の方式も延暦年間には存在していたと考えられる。

さらに、天平十四年（七四二）の斉明陵の修繕に、知太政官事正三位の鈴鹿王が差遣されている（【表1】4）が、知太政官事は参議と同様の議政官であった[24]。これをうけて西本氏[25]は、参議クラスの官人を山陵へ派遣することは古くから行われていたと指摘しているが、首肯すべきであろう。五位以上使者の派遣は文武朝における斉明・天智陵の修造[26]の際にも見られるので、当然㋒の規定は、㋐や㋑の方式よりも古くから存在したと推定される。諸王の派遣についてもすでに七世紀末より見られ、以後の臨時山陵祭祀の使者となっていることから、おそらく荷前別貢幣が成立した当初より諸王が特定山陵に派遣されていたと考えられる。ただし、臨時奉幣では必ずしも全ての奉幣使に王が選出されているわけではなかった。

以上、公卿を使者の長官とする選定方式は、少なくとも八世紀半ばには成立していたと考えられるので、前稿[27]で天長元年に参議発遣制が成立するとした点をここで修正しておきたい。

ただし、西本氏[28]は【史料3】の意義として、それまでの参議発遣制を一部改訂して、非参議三位以上も参議並みの荷前使長官として派遣しうることを定めたものと説いた。しかし、延暦四年奉幣使の藤原小黒麻呂や、弘仁十四年奉幣使の良岑安世のように、非参議三位以上の派遣例が天長元年宣が出される以前にもみられるので、【史料3】の意義については再考する必要があろう。

【史料3】の天長元年宣には、天智、光仁、高野新笠、桓武、藤原乙牟漏、藤原旅子、平城、高志内親王の八陵に参議あるいは非参議三位以上を派遣すると記載されている。施基陵や崇道陵も別貢幣対象陵となる一〇陵のうちに含まれていたはずであるが、記載がない点をふまえると、この宣は一〇陵のうちの八陵を対象に、参議を含めた三位以上の公卿を選定するように定められたと考えられる。言い換えれば、天長元年以前に公卿を派遣するのは、天智陵や桓武陵などごく限られた山陵のみであって、公卿発遣枠が定められていなかったのであろう。例えば、この八陵に含まれる光仁や藤原乙牟漏の山陵には、延暦四年・弘仁元年の臨時奉幣時に、公卿は発遣されていない。この宣により、公卿発遣枠が定められ、以後それが踏襲されて、『儀式』の荷前使構成にみえるような使者選定方式として定められるに至ったと想定される。ちなみに、天長元年宣および『儀式』記載の公卿発遣対象は、天智陵を筆頭に桓武以後の天皇とその生母やキサキの山陵となっている一方で、一〇陵に含まれているはずの崇道・施基など追尊天皇の山陵は、その対象外となっている。加えて、『儀式』では光仁陵や平城陵も対象外となった。これら公卿発遣の対象外となったのは、いずれも大和国に存在する遠方の山陵であった。天長元年宣は一〇陵のうち崇道陵や施基陵など大和国所在陵を除く山陵への公卿発遣を定めたものと言える。

以上、『新撰年中行事』にみられる推定弘仁式逸文【史料5】の検討から、弘仁式段階の荷前使の点定規定は、八世紀における荷前使点定制度を受け継ぐものであったことを指摘した。臨時奉幣という限られた材料からではあるが、諸王や五位以上官人の派遣は七世紀末から、参議クラスの公卿の派遣は少なくとも八世紀半ばから見られる。特に、延暦四年の奉幣使は、【史料5】の使者点定規定にかなり近似した方式にもとづいて選定された可能性が極めて高い。旧稿で、七世紀末に特定山陵祭祀が成立し、桓武朝に直系祖先を重視する別貢幣へと発展したと説いたが、荷前の使者点定方式も同様に、八世紀において順次、整備されていったことがうかがえる。

三　荷前別貢幣と伊勢神嘗祭

荷前別貢幣は神嘗祭と儀式構造が類似することが従来から指摘されてきた。伊勢神宮に使者を派遣して奉幣する恒例祭祀には、祈年祭、六月と十二月両度の月次祭、神嘗祭の四種がある。これ以外に特別な祈願の際には、朝廷から臨時に使者が差遣されることがあった。

神宮奉幣使について詳細に検討した藤森馨氏(31)によると、神宮への奉幣使は祈年祭・両度月次祭系と神嘗祭系との二種に大別できる。五位以上使者の任用規定が養老令によって定められたとする通説に依拠しつつ(32)、神嘗祭の成立自体は八世紀以前に遡ると推測した。神祇官中臣氏のみが派遣される祈年祭・両度月次祭が全国の神社を対象とする班幣祭祀である一方、神嘗祭は皇祖神を祀る年中一度の奉幣祭祀であると位置づけた。前者と異なり、後者には天皇の出御や、内蔵寮から供進された幣物に対し天皇が拝礼するなどの次第が見られることから、天皇親祭の形式がとられた。その奉幣使には、祭祀の成立当初より、皇親である諸王が任命され、中臣・忌部らがともに差遣されたと推定している。

以下、氏の指摘を参照しつつ、神嘗祭と別貢幣の儀式次第を照らし合わせてみたい。【表2】は、両儀式次第を項目ごとにまとめたものである。儀式次第については延喜式や『儀式』・『西宮記』などをもとに作成した。両儀式に類似する項目については「●」を、異なる項目については「○」を付して区別した。一覧すると、両儀式には、①五位以上の使者の点定、②内蔵寮から幣物が供進される、③内侍が内裏より退出して幣物を包む、④天皇が出御して幣物に対して両段再拝する、などの共通点が数多く見出せる。

次いで、両儀式の相違点としては、すでに吉江氏(33)が詳細に分析を行っている。氏は、神嘗祭と異なる別貢幣独自の特徴として、五位以上使者が周囲を幔幕で囲われた天皇の御前に幣物を運び入れることで可視的に奉仕をする点と、天皇は運び込まれた幣物に対し、言葉を発さないまま両段再拝する点をあげた。別貢幣使の発遣儀は閉じられた空間で天皇が幣物に対して拝礼を行うという儀式で、侍従的要素をもつ公卿らが奉仕したとも述べている。

吉江氏の指摘の通り、両儀式の細かい部分については一部相違点があるものの、これらは類似点から抽出されたものなので、おおむね両祭儀は似通ったものであったと評価できる。

また、前節で、八世紀段階から別貢幣・臨時山陵祭祀ともに、諸王が派遣されていたと説いたが、神嘗祭や神宮への臨時奉幣にはどのような使者が割りあてられていただろうか。伊勢神宮奉幣使表【表3】を参照しつつ、使者派遣の実態を確認してみたい。この表によると、和銅元年（七〇八）を初例として王が派遣されていたことが確認できる。神嘗祭における使者点定規定について記載する延喜式の該当規定を掲げておく。

【史料6】『延喜太政官式』76伊勢使条

凡九月十一日、行二幸八省院一、奉二幣於伊勢太神宮一、其使者、太政官預点二五位以上王四人一卜定、用二卜食者一人一、大臣奏聞、宣命授二使王一、共二神祇官中臣忌部一発遣、事見二儀式一、

【史料7】『延喜伊勢太神宮式』46幣帛使禄条

凡神嘗幣帛使者、給レ禄、四位王絹十二疋、従者八疋、五位王十疋、従者六疋、中臣忌部並准レ此、六位以下中臣・忌部各八疋、従者各四疋、六位已下卜部四疋、従者二疋、若卜部帯二職事一者加二一疋一、初位已下三疋、従者一疋。（後略）

神嘗祭には卜定で選抜された五位以上の王を用いるとあるので、別貢幣使と同様に神嘗祭の使者にも四位あるいは五位の王の差点が規定されていることが分かる。【表3】において例幣（神嘗祭）で諸王が派遣されている事例

【表2】別貢幣と神嘗祭の儀式次第対照表

	別貢幣	神嘗祭
日次選定	○十二月上旬に諸陵寮が幣物数を録し、日次を選ぶべき状を治部省に送る。治部省はこの状の旨を太政官に申上する。 ○中務省は陰陽寮に仰せ、日次を選ばせる。	
使者選定	○前十日、中務省は次侍従以上・大舎人・内舎人等の使者を差定し、名簿を録して太政官に進る。 ○式部省は非侍従の五位以上の十人を点定する。侍従の補闕）	○前四日、外記が五位以上の王四人を歴名に録し、封じて神祇官に卜定させる。 ○神祇官が卜し終わると、合否が注され外記に返却される。
使者選定	○十二月十三日に大臣が参議以上の使者を定めて、少納言に奏上させる。	○外記は大臣の前で封を開き、結果を報告する。 ○その後、卜食された王が召喚され、奉幣使としての使命を命じられる。
会場・幣物準備	○前日、大蔵省・木工寮が建礼門前に当儀式に必要な設備を整える。 ●内蔵寮が史生に幣物を縫殿寮の南庭に運ばせる。 ●内侍以下が内裏より退出し夜通しかけて幣物をつつむ。	○前四日の夜明け、掃部寮が八省院小安殿に御座・幣を置く薦・内侍座など諸官人の座を設ける。 ●夜明け、内蔵寮官人一人が蔵部二人を率いて幣物を運ぶ。 ●内侍以下四人が内裏より出でて幣物をつつみ備える。 ○官人が幣物を受けとり薦の上に置く。 ○中務録が省掌を率いて、小安殿東南庭に版を置く。

儀式当日の動き

○儀式当日、上卿・使の公卿以下が建礼門前の座に着く。 ●天皇が出御する。主水司が御手水を供する。	●夜明け、天皇は御湯を供され潔斎してから、八省院小安殿へ行幸する。まず御幣に両段再拝する。 ○天皇が舎人を召し、代わりに少納言が入り、後版につく。 ○天皇が中臣・忌部を召せ、との勅を降す。 ○少納言が中臣・忌部を召喚し、後執者が会場に参入し、所定の座に就く。
○中務丞・内舎人等が幣物所から幣物を舁き南幄に運び移す。	○忌部に「参来」との勅が下ると、忌部が昇殿して跪く。拍手四段して、まず豊受宮幣をとり、後執者に授ける。再び拍手四段し、大神宮幣をとり、自ら持って、版に戻る。
○使の公卿以下が起座して南幄に渡り、次官・内舎人等を率いて幣案を舁き、北へ進み御在所に入る。天皇の前にあたり、公卿と次官は薦の上に案を置いて退出する。 ○次に、内舎人が参入し、幣をその案の上に置き退出する。十陵の幣物が天皇の御前に置かれる。	
●御手水ののち天皇は両段再拝の御拝を行う。	○中臣に「参来」との勅が下ると、中臣が昇殿して跪く。「好く申して奉れ」との勅をうけて称唯の後、版に戻る。 ○その後、忌部・後執者・中臣の順に式場を退出する。 ○大臣が王を八省殿東福門に召喚して、宣命を授ける。
○御拝が終わったことを内侍が蔵人に告げ、蔵人が使等にその旨を告げる。 ○使等が幣案を舁き出し、南幄に退還する。 ●天皇が還御する。	●天皇が還御する。

凡例、荷前別貢幣と神嘗祭の両儀式の儀式次第で、共通する項目には「●」を、異なる項目には「○」を付した。

忌　部	その他の従者	事由	出典
忌部子首（従五位上）		臨時	『続紀』
		臨時	〃
忌部呰麻呂（大初位）	中臣古麻呂（無位）	例幣	『要略』
	紀宇美（右少弁従五位下）・高麦太（陰陽頭外従五位下）	臨時	『続紀』
		例幣	〃
忌部		臨時	〃
		臨時	〃
忌部鳥麻呂（少副従五位下）		臨時	〃
		臨時	〃
		臨時	〃
忌部		臨時	〃
忌部人成（大初位上）		臨時	〃
忌部呰麻呂（少副従五位下）		臨時	〃
忌部呰麻呂（少副従五位下）		臨時	〃
	鴨田島人（神部）	例幣	〃
		臨時	〃
		臨時	〃
忌部人上（少副外従五位下）		臨時	〃
		臨時	『紀略』
		臨時	〃
		臨時	『類史』
		造営	『後紀』
		監送	〃
		奉迎	〃
		斎王交替	『類史』
		臨時	〃
忌部雲梯（大祐正六位上）		臨時	〃
		斎王交替	〃
忌部		斎王交替	〃
斎部友主（少史正八位上）		斎王交替	〃
		斎王交替	『続後紀』
		例幣	〃
		臨時	〃
		臨時	〃
		臨時	〃
		臨時	〃
		例幣	〃
		臨時	〃
		遷宮神宝	〃
	百済王忠岑（中務少丞正六位上）・八多湊（内舎人正六位上） 清瀧岑成（従八位上）	奉迎	『文実』
		臨時	〃
		臨時	〃
		例幣	〃
		臨時	〃
		臨時	〃
		監送	〃
		臨時	〃
		斎王帰京	『三実』

【表3】伊勢神宮奉幣使表（文武朝～宇多朝）

番号	年（西暦）	月日	奉幣使勤仕者名（官位官職）		
			諸　王	王以外の長官	中　臣
1	慶雲元（704）	11/8			
2	和銅元（708）	10/2	犬上王（宮内卿正四位下）		
3	養老5（721）	9/11			中臣東人（従五位下）
4	天平10（738）	5/24		橘諸兄（右大臣正三位）	中臣名代（伯従四位下）
5	天平12（740）	9/11	三原王（治部卿従四位上）		
6	〃	11/3	大井王（少納言従五位下）		中臣
7	天平17（745）	6/4		佐伯浄麻呂（左衛士督従四位下）	
8	天平勝宝元(749)	4/5		紀麻呂（民部卿正四位上）	中臣益人（大副従五位上）
9	天平勝宝3(751)	4/4		石川年足（参議左中弁従四位上）	
10	天平勝宝7(755)	11/2	厚見王（少納言従五位下）		
11	天平勝宝8(756)	5/2		大伴古麻呂（左大弁正四位下）	中臣
12	天平宝字2(758)	8/19	池田王（摂津大夫従三位） 河内王（左大舎人頭従五位下		中臣池守（従八位下）
13	天平宝字3(759)	10/15		巨勢関麻呂（式部卿従三位）	中臣毛人（大副従五位下）
14	天平宝字6(762)	11/3		文室浄三（御史大夫正三位） 藤原黒麻呂（左勇士佐従五位下）	中臣毛人（大副従五位下）
15	天平宝字8(764)	9/13	茨田王（正親正従五位下）		中臣竹成（少主鈴）
16	神護景雲3(769)	2/16	掃守王（大炊頭従五位下）	藤原雄田麻呂（左中弁従四位下）	
17	宝亀元（770）	8/1		藤原継縄（参議従四位下）	大中臣宿奈麻呂（左京少進正六位上）
18	延暦10（791）	8/14		紀古佐美（参議左大弁正四位上）	大中臣諸魚（参議伯従四位下）
19	延暦12（793）	3/10	壱志濃王（参議従三位）		
20	延暦13（794）	1/17			大中臣諸魚（参議伯従四位上）
21	〃	3/18	石淵王（大監物従五位上）		大中臣諸魚（参議伯従四位上）
22	延暦18（799）	5/28			大中臣弟牧（大祐正六位上）
23	〃	9/3	中臣王（侍従従四位下）	藤原乙叡（参議正四位下）	
24	大同元（806）	4/15	佐伯王（右兵庫頭従五位下）	百済王教俊（左衛士佐従五位下）	
25	〃	11/20		藤原真夏（近衛権中将従四位下）	
26	弘仁元（810）	7/30		藤原藤嗣（右大弁従四位上）	
27	天長元（824）	4/6	継野王（少納言従五位上）		大中臣淵魚（大副正五位下）
28	天長4（827）	2/26		清原夏野（中納言従三位） 藤原浄本（大舎人頭従四位上）	
29	〃	4/2	直世王（参議左大弁正四位下）		大中臣笠作（従五位下）
30	天長5（828）	2/25	三継王（従五位下）		中臣天品（大祐正六位上）
31	天長10（833）	4/7	楠野王（内匠頭正五位下）		
32	承和3（836）	9/11	岡野王（左兵庫頭従五位上）		
33	承和4（837）	3/22	楠野王（内匠頭正五位下）		
34	承和5（839）	10/4	岡野王（左兵庫頭従五位上）		
35	承和6（840）	4/21	高原王（従五位下）		
36	〃	12/2		文室秋津（参議従四位上）	
37	承和9（843）	9/11	雄豊王（従五位下）		大中臣礒守（少副従五位下）
38	承和12（846）	7/27	長田王（民部大輔正五位下）		
39	嘉祥2（849）	9/7		文室助雄（左少弁従五位上）	
40	嘉祥3（850）	5/2	島江王（侍従従五位上）	文室助雄（左少弁従五位下）	
41	〃	6/21	利見王（従五位下）		中臣薭守（少副正六位上）
42	〃	8/8	楠野王（正五位下）		中臣薭守（少副正六位上）
43	〃	9/11	鎌蔵王（少納言従五位上）		中臣壱志（内蔵頭従五位下）
44	〃	9/26	島江王（侍従従五位上）		
45	仁寿2（852）	8/1	鎌蔵王（少納言従五位上）		
46	〃	9/7		安倍安仁（中納言正三位） 橘海雄（右中弁従五位上）	
47	仁寿3（853）	4/10	島江王（侍従従五位上）		中臣逸志（大副兼内蔵頭従五位上）
48	天安2（858）	9/20			大中臣良人（正六位上）

		事由	出典
忌　部	その他の従者		
		奉迎	〃
		臨時	〃
		斎王交替	〃
		例幣	〃
		臨時	〃
斎部木上（従五位下）		臨時	〃
		例幣停止	〃
斎部高善（大祐正六位上）		臨時	〃
	刑部真鯨（左大史正六位上）	遷宮	〃
		例幣遷宮	〃
斎部伯江（少祐従六位下）		臨時	〃
斎部伯江（少祐従六位下）		臨時	〃
	広階八釣（右大史正六位上）	遷宮神宝	〃
		例幣延引	〃
		臨時	〃
斎部高善（権大祐正六位上）		例幣	〃
		臨時	〃
		臨時	〃
		臨時	〃
		臨時	〃
		臨時	〃
		臨時	〃
		臨時	〃
斎部良岑（従八位上）		即位	〃
		奉迎	〃
		臨時	〃
		例幣延引	〃
		臨時	〃
		臨時	〃
		奉迎	〃
		例幣	〃
		臨時	〃
斎部季長（正七位上）		元服	〃
		斎王交替	〃
		例幣	〃
		臨時	〃
		即位	〃
		斎王交替	〃
		例幣	〃
		臨時	〃
		臨時	〃
		造宮使	〃
		斎王交替	〃
	善世有友（左大史正六位上）	遷宮神宝	〃
		例幣	〃
		臨時	〃
忌部祐雄（少祐）		臨時	『太神宮』
		月次	〃
		臨時	〃
		例幣	『西宮記』

番号	年（西暦）	月日	奉幣使勤仕者名（官位官職）		
			諸　王	王以外の長官	中　臣
49	〃	10/8	内宗王（従五位下）	丹墀比貞岑（左少弁従五位下）	
50	〃	11/1	房世王（越中権守従四位下）		中臣逸志（大副兼内蔵頭従五位上）
51	貞観元（859）	10/28	並山王（従五位上）		
52	貞観2（860）	9/11	島江王（大舎人頭従五位上）		大中臣豊雄（大祐正六位上）
53	貞観4（862）	11/11	末良王（従五位下）		
54	貞観5（863）	12/6	内宗王（従五位上）		大中臣直主（従五位上）
55	貞観7（865）	9/11	岑行王（従五位下）		中臣逸志（伯従四位下）
56	貞観8（866）	7/6	礒江王（大舎人頭従五位上）		大中臣豊雄（大副従五位下）
57	貞観10（868）	9/7		藤原千乗（右少弁従五位下）	
58	〃	9/11	久須継王（少納言従五位上）		大中臣豊雄（大副従五位下）
59	貞観11（869）	6/17	礒江王（大舎人頭従五位上）		大中臣国雄（主殿権助従五位下）
60	〃	12/14	弘道王（従五位下）		大中臣冬名（雅楽少允従六位上）
61	貞観12（870）	9/8		源直（左中弁正五位下）	
62	〃	9/11	礒江王（大舎人頭従五位上）		大中臣国雄（大副従五位下）
63	〃	11/8	礒江王（大舎人頭従五位上）		
64	貞観13（871）	9/11	興我王（大監物従五位上）		大中臣常道（大祐正六位上）
65	貞観15（873）	7/19	好風王（従五位下）		大中臣常道（大祐正六位上）
66	貞観16（874）	8/13	弘道王（玄蕃頭従五位下）		
67	〃	12/5	真宗王（従五位下）		
68	貞観17（875）	6/9	有佐王（大舎人頭従四位下）		
69	貞観18（876）	5/3	棟貞王（伯従四位上）		
70	〃	10/3	基棟王（従四位上）		大中臣有本（大副従五位下）
71	〃	12/17	忠範王（従四位上）		大中臣是直（従五位下）
72	元慶元（877）	2/23	実世王（従四位下）		大中臣常道（少副正六位上）
73	〃	3/1	弘道王（刑部大輔従五位上）	藤原保則（右中弁従五位上）	
74	元慶2（878）	8/24	棟貞王（伯従四位下）		大中臣伊度人（木工助従五位下）
75	〃	11/3	恒基王（従四位下）		
76	〃	12/11	弘道王（刑部大輔従五位上）		
77	元慶4（880）	8/16	弘道王（武蔵権守従五位上）		
78	元慶5（881）	1/28	恒基王（従四位下）	巨勢文雄（左少弁正五位下）	
79	〃	9/11	興我王（従五位上）		大中臣有本（大副従五位上）
80	〃	11/11			大中臣有本（従五位上）
81	〃	12/11	弘道王（武蔵権守従五位上）		大中臣常道（少副従五位下）
82	元慶6（882）	5/15	時景王（従五位下）		
83	〃	9/13	弘道王（武蔵権守従五位上）		
84	元慶7（883）	7/13	棟貞王（伯従四位上）		
85	元慶8（884）	2/19	興我王（従五位上）		
86	〃	4/10	棟貞王（伯従四位上）		大中臣常道（少副従五位下）
87	〃	9/11	棟貞王（伯従四位上）		大中臣有本（大副従五位上）
88	〃	11/10	良末王（従四位下）		
89	〃	11/11	棟貞王（伯従四位上）		大中臣有本（大副従五位上）
90	仁和元（885）	11/21			大中臣守雄（従六位上）
91	仁和2（886）	8/20	四友王（兵部大輔従四位上） 雅望王（弾正大弼従四位上）	源載有（従四位上） 源有（従四位下）	
92	〃	9/5			
93	〃	9/12	幸世王（従五位下）		
94	仁和3（887）	4/6		源是忠（参議正四位下）	
95	仁和4（888）	12/23	雅望王（伯）		大中臣時常（大祐）
96	寛平3（891）	6/15			大中臣時常
97	〃	8/5	王		大中臣安則（大祐）
98	〃	9/4			大中臣時常（少副）

凡例（1）本表は藤森馨氏論文掲載の「伊勢神宮奉幣使表」をもとに作成した。
（2）六国史・『類聚国史』・『政事要略』・『日本紀略』・『太神宮諸雑事記』・『西宮記』をもとに作成した。

としては、5、15、32、37などがみられ、八世紀前半以降、規定通りに諸王が差点されている。

一方、神宮への臨時奉幣使について記載する延喜式の規定もあげておこう。

【史料8】『延喜伊勢太神宮式』47臨時奉幣使禄条

凡臨時幣帛使者給レ禄、四位絹十二疋、従者八疋、五位十疋、従者六疋、六位已下中臣・忌部各六疋、従者並絹二疋、六位已下卜部准二神嘗祭一、祇承国司同レ上。

例祭とは違って、臨時奉幣の使者は延喜式段階では王の点定が規定されていない。それにもかかわらず、八世紀前半より臨時奉幣でも王が度々差し遣わされているのをみると、例祭の使者点定規定に準じて使者が選出された可能性がある。

以上、神宮への奉幣使は、八世紀前半より五位以上の諸王が点定されていたことが確認できた。藤森氏(34)によると、神嘗祭の起源は、朝廷との関係からみて四箇度祭祀中最も古いと考えられるが、成立した当初から王が派遣されていた。この儀式はいつころ成立したのだろうか。『養老神祇令』7季秋条に神嘗祭の項目が存在するので、『大宝令』にも該当条はあったと思われる。四箇度祭祀の一つである祈年祭について岡田精司氏(35)は、『日本書紀』天智九年（六七〇）三月壬午条にみえる「於二山御位傍一、敷二諸神座一、而班二幣帛一。中臣金連宣二祝詞一。」との記載をその初見記事とみて、天武—文武朝の祈年祭は正月から三月の間に不定期に行われたと論じた。加藤優氏(36)もこの記事を祈年祭に関わる記事とみなしつつ、古くは宮外で祭祀が行われていたという可能性を示した。井上光貞氏(37)はこれらの説を支持した上で、祈年祭の原形は近江令に規定されていたと論じた。また、伊勢神宮で催される月次祭や神衣祭が持統朝には実施されていたと述べた。さらに、祈年祭などの祭儀を規定する神祇令の成立について考察する中で、その基本は近江令で定まり、天武朝と浄御原令で具体化したと述べている。

以上、祈年祭や月次祭、その他の諸祭儀とともに神嘗祭が神祇令に規定されていたと考えられるので、この祭儀は少なくとも持統朝には成立していたとみて大過ないであろう。特定山陵祭祀が浄御原令施行期に成立し、大宝令施行期に確立した点を考え合わせると、持統朝には伊勢神宮に奉幣する神嘗祭と特定山陵に奉幣する特定山陵祭祀（後の別貢幣）の両祭儀が成立していたことになる。

続いて、この両儀式で①諸王が発遣された意義と、②諸王発遣規定が神嘗祭では残存したが、別貢幣では削除された理由について検討しよう。

まずは、①両儀式における諸王発遣の意義について考察する。留意すべきは、両祭儀で天皇が幣物に対して拝礼をしている点で、本来は天皇自らが山陵に赴き参拝するのが建前であったと思われる。例えば、『日本書紀』天武八年（六七九）三月丁亥条に、「天皇幸二於越智一。拝二後岡本天皇（斉明）陵一。」とあるように、天武が直々に生母陵を拝している。これ以外にも、『日本書紀』天武十二年七月己丑条に、「天皇幸二鏡姫王之家一訊レ病。」とあるので、天皇が直接見舞に出向く場合があったことが知られる。

一方で、皇子や王など皇親が使者にたてられた例もある。『日本書紀』天武四年四月癸未条に、「遣二小紫美濃王。小錦下佐伯連広足一祠二風神于龍田立野一。（後略）」とあり、また、『同』天武九年七月癸巳条に、「飛鳥寺弘聡僧終。遣二大津皇子・高市皇子一弔レ之。」とある。いずれも天武が皇親の使者[38]をたてている。これらのことから、天武朝においては天皇が自ら現地に赴く場合と、使者をたてる場合とがあったことが確認できる。

定例祭祀の別貢幣や神嘗祭では、天皇が幣物に拝礼し、その幣物をもって使者が現地に赴いた。その際、奉幣使はいわば天皇の代理を担ったのである。藤森氏[39]も、皇祖を奉祀する年中一度の祭祀であるから、奉幣使には皇親である王が任命されたことを強調している。別貢幣もまた近代先帝陵に奉幣する年中一度の祭祀である。こうした天皇親祭の両儀式には、天皇の名代として諸王が使者となった。両儀式における諸王選定には、こうした意義があったものと思われる。

次いで、②の点について考えたい。『儀式』に記載される荷前使の構造や、延喜式における別貢幣の使者点定規定を見る限り、諸王の遣使規定は存在しない。おそらく貞観式段階にはこの規定は削除されたと考えられる。したがって、【表1】に記載されている貞観十三年（八七一）以降の臨時山陵祭祀（【表1】57）における諸王の派遣は、これまでの慣習に依ったものと捉えられる。

再び【表1】に着目し、九世紀にどのような使者が派遣されていたのかを確認してみよう。「王」欄をみると、仁明朝から二世王、特に桓武の皇孫が選出されていることが分かる。延暦四年には施基陵に壱志濃王が派遣されている点が注目される。この人物は施基の子息湯原王の第二子で、光仁が即位したことによって二世王扱いとなった人物であり、桓武とはともに施基の孫にあたる。山陵の被葬者や現天皇、あるいは先帝に血縁的に近い諸王を荷前使とする事例は桓武朝よりうかがえる。

また、淳和朝からの特徴として臣籍降下した人物を使者とした例も頻出する。臣籍降下については、藤木邦彦氏[40]が詳細に検討している。八世紀にかけて諸王は増加の一途をたどっており、国家財政の負担が増えたため、諸王への給与が減少したことから、諸王の中には困窮する者も多数出てきていた。桓武朝には皇親制を律令当初の規定に戻すとともに、財政緊縮のために皇子の賜姓が実施されるようになり、これを先例に、嵯峨朝においても臣籍降下が行われた。以後、このシステムが踏襲されていき、源氏が増加したため、その家系を区別するために出自の天皇名とあわせて嵯峨源氏・清和源氏などと後世、呼ばれるようになったと説いた。桓武・嵯峨朝には一挙に一〇〇名ほどが臣籍降下したことを明らかにしている。

臣籍降下した人物が臨時山陵祭祀の使者となった例としては、淳和の受譲・定皇太子の奉告時（【表1】14）に派遣された良岑安世を初例にあげることができる。この人物は桓武の皇子であったが、延暦二十一年に臣籍降下した人物であり、かつ立太子した正良親王（仁明）の春宮大夫でもあった。王ではないが、血縁的にも官職からみても天皇に近しい人物が諸王に準じて割りあてられていることが知られる。また、文徳朝における賀瑞の奉告では、源定・源弘など嵯峨源氏が差遣されている。以後の例を通覧してみても、二世王か臣籍降下した人物が選出されていることが分かる。

これを八世紀と比較すると、当該期の天皇との血縁的な近さはそこまで求められていないように思われる。例えば、文武三年（六九九）における山陵修造の際は、衣縫王・大石王が派遣されているが、衣縫王は用明の皇孫、大石王は不明である。また、天武皇孫の鈴鹿王のように聖武と血縁的にそこまで遠くはない例もあるが、笠王や当麻王・調使王などを含めると、八世紀においては、現天皇との血縁関係を問わず、諸王の派遣規定が遵守されたのである。

王の使者点定規定が貞観年間に削除された理由としては、仁明朝から二世王を選出している点をふまえると、決して諸王の人数が減ったからではないことは容易に想像がつく。『日本三代実録』貞観七年二月甲寅条によれば、貞観四年の時点で二世から四世に至る諸王の数は五〇〇～六〇〇人とのことである。五世王を含めると、さらに人数は確保できたはずである。にもかかわらず、諸王の点定規定を削除したのは、九世紀以降、血縁的に遠くなった諸王よりも、天皇の代理を担う使者には、現天皇や先帝の他、山陵の被葬者と血縁的に近しい二世王や臣籍降下した人物などが優先的に選出されるようになったことが要因であったと言えよう。平安初期以降の別貢幣対象山陵は、桓武の直系祖先である天智を祖とする桓武の父系直系祖先陵と、桓武朝以後の天皇・キサキなどの山陵であった。

そうした近代の直系祖先陵に奉幣する使者は、天武系の血を引く諸王よりも、桓武以後の諸天皇に血縁的に近い人物が相応しいと考えられたのではないだろうか。

逆に、神嘗祭で王の使者点定規定を削除しなかったのは、神嘗祭における王の役割が長官としての立場であったからだと想定される。神嘗祭における王は天皇の名代として、かつ使者の長官として中臣氏・忌部氏らを率いながら、幣物を携えて神宮へ向かうという重要な責務を負っていた。また、奉幣の対象は皇祖神であるので、当該期の天皇や先帝との血縁関係を問わず、天皇家の血を引く者が奉幣使の条件となったのだろう。

おわりに

以上、三節にわたって述べてきたことをまとめると、以下の三点となる。
一、『新撰年中行事』十二月条の荷前事や十三日点荷前使参議事には、荷前に関する推定弘仁太政官式の逸文が引用されているとする西本説をうけて、八、九世紀における臨時山陵祭祀の使者の変遷について検証した。その結果、定例の別貢幣使の点定方式に基づいて、臨時山陵祭祀では、諸王が発遣されていたことが確認できた。公卿を長官に、四位・五位王を次官とする方式は延暦四年の山陵祭祀より見られ、公卿発遣制は八世紀半ばには成立していた。七世紀末の山陵修造の使者に諸王が差遣されている事例から、特定山陵祭祀（後の別貢幣）が持統朝に成立した頃より五位以上の諸王が使者として派遣されていたと想定した。
二、別貢幣と伊勢例幣の神嘗祭とは、五位以上の使者点定、内蔵寮から幣物が供進される、内侍が内裏より出て幣物を包む、天皇が出御の上、幣物に対して拝礼する、などの共通点が多々みられる。皇祖を祀る年中一度の奉幣祭祀である神嘗祭は、持統朝には成立しており、諸王・中臣・忌部が当初より派遣されていた。天皇親祭という共通した特徴をもつ両祭儀には、天皇の代理として皇親である諸王が使者に選定されたことを論じた。

三、桓武朝以後は、山陵の被葬者や、当該期の天皇および先帝と血縁的に近い人物が山陵祭祀の使者に選ばれるようになり、王の点定規定よりも優先されるようになった。とりわけ、淳和朝には臣籍降下した人物が使者となった。平安初期以降の別貢幣対象山陵は、天智・施基・光仁などの桓武の直系祖先陵と、桓武以後の天皇およびキサキ陵であり、そうした山陵への奉幣使者には、血縁的に遠い諸王よりも、山陵の被葬者や現天皇・先帝と血縁的に近い人物が選ばれるようになったと考えられる。

本稿では、定例の荷前別貢幣の使者制度の変遷を跡づけるために、臨時山陵祭祀の事例を検討の俎上にあげて考察した。多岐にわたり推測を重ねた点も少なくない。また、諸王が派遣される事例として神嘗祭のみを取り上げたが、大忌・風神祭などでも諸王が使者として派遣されたことが分かっている[41]。これらの祭祀を含めた上で、包括的に諸王発遣の意義について検討すべきであったが、紙幅の関係上考察できなかった。この点については、今後の課題としたい。

注

（1）荷前常幣については以下の研究がある。①大化前代成立説—新井喜久夫「古代陵墓制雑考」（『日本歴史』二二二、一九六六年）、②浄御原令成立説—北康宏「律令陵墓祭祀の研究」（『日本古代君主制成立史の研究』塙書房、二〇一七年。初出一九九九年）、③大宝令成立説—鎌田正憲「荷前奉幣制度の研究」（『国学院雑誌』二九—一・二、一九二三年）、④天平年間成立説—伊藤循「東人荷前と東国の調—東国の調の転回過程—」（千葉歴史学会編『古代国家と東国社会』高科書店、一九九四年）。私見では浄御原令施行期に常幣が成立し、大宝令施行期に確立したものとみるが、北説とはこの時期に理念が成立したとし、墓は常幣の対象ではなかったとする点で見解が異なる（拙稿「大宝令施行と荷前常幣」（『古代王権の正統性と国忌・荷前』塙書房、二〇二三年。初出二〇〇九年）。

（2）荷前別貢幣については以下の研究がある。①天平年間成立説―服藤早苗「山陵祭祀より見た家の成立過程―天皇家の成立をめぐって―」（『家成立史の研究―祖先祭祀・女・子ども―』校倉書房、一九九一年。初出一九八七年）、②弘仁年間成立説―注（1）③鎌田論文、注（1）②北論文、吉江崇「荷前別貢幣の成立―平安初期律令天皇制の考察―」（『日本古代宮廷社会の儀礼と天皇』塙書房、二〇一八年。初出二〇〇一年）。

（3）拙稿①「桓武朝における荷前別貢幣の発展とその史的意義」（『古代王権の正統性と国忌・荷前』塙書房、二〇二三年。初出二〇一〇年）、拙稿②「七、八世紀における山陵奉幣と荷前別貢幣の成立」（『古代王権の正統性と国忌・荷前』塙書房、二〇二三年。初出二〇一一年）。

（4）西本昌弘「『新撰年中行事』所引の荷前別貢幣に関わる推定「弘仁式」逸文」（『関西大学文学論集』六三―四、二〇一四年）

（5）注（1）・（2）鎌田論文。

（6）注（2）①服藤論文、四八～五〇頁。

（7）中村一郎「国忌の廃置について」（『書陵部紀要』二、一九五二年）、一頁。

（8）『続日本紀』天平元年（七二九）八月己未条、『同』天平二年九月丙子条、『同』天平勝宝七歳十月丙午条。

（9）注（2）②北論文、一五九～一六四頁。

（10）注（2）吉江論文、一三四～一四二頁。

（11）注（3）①拙稿、一〇六～一一八頁。

（12）注（3）②拙稿、一四五～一五〇頁。

（13）注（4）西本論文。

（14）注（1）②北論文、一三五～一三六頁。

（15）注（4）西本論文。

(16) 臨時山陵祭祀については、田中聡「「陵墓」にみる「天皇」の形成と変質―古代から中世へ―」（日本史研究会・京都民科歴史部会編『「陵墓」からみた日本史』青木書店、一九九五年）などがあり、田中氏は別貢幣対象陵墓が固定してくるのに伴って、臨時奉幣に重要性が移行することを指摘している。他にも、佐藤亮介「即位山陵使の成立と展開」（『国史学』二二八、二〇一九年）は、即位に特化して考察している。

(17)『儀式』に記載されるこの五陵に、長岡陵（藤原乙牟漏）が欠落している。藤原乙牟漏は桓武の皇后で、当山陵は柏原陵と同等の使者が奉幣したはずである。

(18) 注（4）西本論文、五九～六五頁。

(19) 注（2）吉江論文、一三七～一四二頁。

(20) 注（1）②北論文、一三五～一三六頁。

(21) 注（4）西本論文、五九～六五頁。

(22) 注（3）①拙稿、一〇六～一一三頁。

(23) 吉川真司「後佐保山陵」（『律令体制史研究』岩波書店、二〇〇一年。初出二〇〇一年）に詳しい。

(24) 虎尾達哉「知太政官事小考」（『日本古代の参議制』吉川弘文館、一九九八年。初出一九九一年）。

(25) 注（4）西本論文、六四頁。

(26) 西本昌弘「斉明天皇陵の造営・修造と牽牛子塚古墳　建王・間人皇女・大田皇女の合葬墓域として」（『古代史の研究』一七、二〇一一年）に詳しい。

(27) 注（3）①拙稿、一〇六～一一三頁。

(28) 注（4）西本論文、六四頁。

(29) 拙稿「平安前期における国忌再編と古代王権」（『古代王権の正統性と国忌・荷前』塙書房、二〇二三年）で、天長元年時点において、別貢幣対象山陵は十陵であったことを指摘した。

(30) 注（3）②拙稿。

(31) 藤森馨「神宮奉幣使考」（『平安時代の宮廷祭祀と神祇官人』大明堂、二〇〇〇年）。

（32）直木孝次郎「奈良時代の伊勢神宮」（『日本古代の氏族と天皇』塙書房、一九六四年。初出一九五五年）、三〇〇頁。梅田義彦『神祇制度史の基礎的研究』吉川弘文館、一九六四年、一九一～一九二頁。
（33）注（2）吉江論文、一二三～一二九頁。
（34）注（31）藤森論文。
（35）岡田精司「律令的祭祀形態の成立」（『古代王権の祭祀と神話』塙書房、一九七〇年）、一六五～一七〇頁。
（36）加藤優「律令制祭祀と天神地祇の惣祭」（『奈良国立文化財研究所研究論集』四、一九七八年）六五頁、八三頁。
（37）井上光貞『日本古代の王権と祭祀』〈歴史学選書七〉（東京大学出版会、一九八四年）三四頁～四四頁。
（38）虎尾達哉「律令国家と皇親」（『律令官人社会の研究』塙書房、二〇〇六年。初出一九八八年）。氏は、皇子が天皇の私的行事の代行を担い、諸王が諸官人らとともに公的行事の代行を行ったとして、こうした皇親は王権を囲繞・擁護する役割を担ったと論じた。
（39）注（31）藤森論文、二一一頁。
（40）藤木邦彦「皇親賜姓」（『平安王朝の政治と制度』吉川弘文館、一九九一年）。他にも、賜姓源氏について、林陸朗「淳和・仁明天皇と賜姓源氏」（『国学院雑誌』八九―一一、一九八八年）の論考がある。嵯峨より始まった賜姓源氏を仁明が踏襲したことを論じている。
（41）西宮秀紀「律令国家と奉幣の使」（『律令国家と神祇祭祀制度の研究』塙書房、二〇〇四年。初出二〇〇一年）。氏は、諸社への奉幣の意義について考察した。律令制神祇祭祀の大忌祭・風神祭と伊勢神宮の神嘗祭、また班幣である祈年祭・月次祭のおり伊勢神宮に対しては、奉幣の使が派遣されることを確認した。

王	臣籍降下	使者	天皇との関係	出典
		直広参(正五位下)　土師宿祢馬手	天武の舎人	『続紀』
●		浄広肆（従五位上・下）　衣縫王	用明孫、殖栗皇子の子	『続紀』
		直大壱（正四位上）　当麻真人国見	壬申の乱功臣,文武の東宮大傅	
		直広参（正五位下）　土師宿祢根麻呂		
		直大肆（従五位上）　田中朝臣法麻呂		
○		浄広肆（従五位上・下）　大石王		『続紀』
		直大弐（従四位上）　粟田朝臣真人		
		直広参（正五位下）　土師宿祢馬手		
		直広肆（従五位下）　小治田朝臣当麻		
○		諸王眞人		『続紀』
		土師宿祢一人		
○		知太政官事正三位　鈴鹿王	天武皇孫、高市皇子の子	『続紀』
		内蔵頭外従五位下　路真人宮守		『続紀』
		中納言正三位　藤原朝臣小黒麻呂		『続紀』
○		大膳大夫従五位上　笠王	舎人親王の孫、守部王の子	
●		治部卿従四位上　壱志濃王	天智孫の湯原王の第二子 光仁即位で二世王扱い 桓武と親交あり	
		散位従五位下　紀朝臣馬守		
○		中務大輔正五位上　当麻王		
		中務中将従四位下　紀朝臣古佐美		
○		諸陵頭（従五位下）　調使王		『紀略』
		僧二人		『類史』『紀略』
		従五位上守近衛少将兼春宮亮丹波守　大伴宿祢是成　陰陽師・衆僧		『類史』
○		少納言従五位下　称城王		『類史』
○		散位従五位下　葛井王		
		右大弁従四位上　藤原朝臣藤継	高丘親王の春宮大夫	『類史』『紀略』
		陰陽頭従五位下　安倍朝臣真勝		
		参議正四位下　藤原朝臣緒嗣	桓武の忠臣	『後紀』
		僧七口		『後紀』
		使		『紀略』
	▼	中納言従三位　良岑朝臣安世	桓武の皇子、嵯峨の蔵人頭 正良親王（仁明）の春宮大夫	
○		左大弁従四位上　直世王	天武４世王、嵯峨の蔵人頭	『類史』『紀略』
○		左大弁従四位上　直世王	天武４世王、嵯峨の蔵人頭	『類史』『紀略』
		大蔵大輔従四位下藤原朝臣浄本		
		参議式部大輔従四位上　南淵朝臣弘貞	淳和の東宮学士	『類史』
		右京大夫従四位下　藤原朝臣文山		
		参議大蔵卿従四位下　藤原朝臣愛発等	淳和の蔵人頭	『類史』『紀略』
○		参議正四位下　直世王	天武４世王、嵯峨の蔵人頭	『類史』『紀略』
		左京大夫正四位上　石川朝臣河主		
	▼	大納言正三位　良岑朝臣安世	桓武の皇子 正良親王（仁明）の春宮大夫	『類史』『紀略』
		左京大夫正四位上　石川朝臣河主		
		僧廿二口		『紀略』

【表1】八・九世紀の荷前使一覧

天皇	番号	年月日	内容	対象山陵	弘仁式使者規定	官位官職 参議or三位以上	四位	五位
文武	1	文武2(698)1/19	新羅貢物の献上	大内（天武）				○
	2	文武3(699)10/20	山陵の修造	越智（斉明）				○
							○	
								○
								○
				山科（天智）				○
							○	
								○
								○
聖武	3	天平6(734)4/17	地震に伴う山陵検看	諱所八処				
				有功王墓				
	4	天平14(742)5/13	斉明陵の修繕	越智（斉明）		○		
	5	天平14(742)5/17	斎種の献上	山陵				○
桓武	6	延暦4(785)10/8	廃皇太子(早良)の状を奉告	山科(天智)	ア 五位	○		
								○
				田原(施基)	イ		○	
								○
				後佐保(光仁)	イ			○
							○	
	7	延暦11(792)6/10	皇太子病。崇道天皇の祟り。	淡路国(崇道)	ウ			○
	8	延暦16(797)5/20	崇道天皇の霊に謝す為、転経悔過す。	淡路国(崇道)				
	9	延暦19(800)7/23	崇道天皇の山陵に陳謝。	崇道陵	ウ			○
	10	延暦19(800)7/28	追尊の奉告	崇道陵	ウ			○
			復位の奉告	皇后陵(井上)	ウ			○
嵯峨	11	弘仁元(810)7/18	聖体不予。祟。鎮祭。	高畠(乙牟漏)	イ		○	
								○
	12	弘仁元(810)9/10	薬子の変を奉告	柏原(桓武)	ア	○		
	13	弘仁元(810)12/18	僧七口を遣わし説経	吉野(井上)				
淳和	14	弘仁14(823)4/25	即位の由を奉告	諸山陵				
			受譲・定皇太子の事を奉告	柏原(桓武)	ア	○		
	15	天長元(824)12/20	石作陵の地を翌年に遷すことを奉告	石作(高志内親王)	イ		○	
	16	天長2(825)10/26	石作陵の地を翌年に遷すことを奉告	石作(高志内親王)	イ ともに四位		○	
							○	
	17	天長4(827)2/29	伊勢斎内親王帰京の状を申す。	石作(高志内親王)	ア	○		
							○	
	18	天長4(827)8/15	東大寺盧舎那大仏の補修を奉告	佐保(聖武)	ア	○		
	19	天長4(827)11/25	御在所の上に木が生えたので切り出し奉る。	柏原(桓武)	ア	○		
							○	
	20	天長5(828)8/18	天地災変による奉幣祈請。	柏原(桓武)	ア	○		
							○	
	21	天長8(831)6/26	物怪を防ぐため読経。	柏原(桓武)				
				石作(高志内親王)				

王	臣籍降下	使者	天皇との関係	出典
		中納言従三位兼行民部卿　藤原朝臣愛発	淳和の蔵人頭	『続後紀』
		権中納言従三位　藤原朝臣吉野	淳和の蔵人頭	
●		従四位下因幡守　高枝王	桓武孫、伊予親王の第二子	
		従四位下式部大輔　安倍朝臣吉人		
	▼	参議従四位上　文室朝臣秋津	淳和の蔵人頭、恒貞の春宮大夫	『続後紀』
○		常陸権介正五位下　永野王		
	▼	内舎人正六位上　良岑朝臣清風	良岑安世の三男	
		僧・沙弥各七口		『続後紀』
		参議従四位下守刑部卿　安倍朝臣安仁	道康親王（文徳）の春宮大夫	『続後紀』
		従四位下中務大輔兼備前守　紀朝臣名虎	娘静子が仁明の更衣	
		中使		『続後紀』
		中納言正三位　藤原朝臣愛発	淳和の蔵人頭	『続後紀』
●		参議大和守従四位下　正躬王	桓武孫、万多親王の子	『続後紀』
		宣命使		
		参議従四位上　和気朝臣真綱	大伴親王（淳和）の春宮大進	『続後紀』
		専使		
●		参議従四位下大和守　正躬王	桓武孫、万多親王の子	『続後紀』
		右近衛中将従四位上　藤原朝臣助	正良親王（仁明）の春宮少進	
		参議従三位兼越中守　朝野宿祢鹿取	神野親王（嵯峨）の侍講	『続後紀』
○		散位頭正五位下　楠野王		
		参議従四位上式部大輔兼讃岐守　滋野朝臣貞主	正良親王（仁明）の東宮学士	『続後紀』
		参議従四位上　藤原朝臣助	正良親王（仁明）の春宮少進	『続後紀』
		掃部頭従五位下　坂上宿祢正野		
		公卿等		『続後紀』
		参議左兵衛督従四位上　藤原朝臣助	正良親王（仁明）の春宮少進	『続後紀』
		従四位下右馬頭　藤原朝臣春津		
		参議従四位上行左兵衛督　藤原朝臣助	正良親王（仁明）の春宮少進	『続後紀』
●		従四位下行宮内大輔　房世王	桓武孫、仲野親王の子	
		参議従四位上行左兵衛督　藤原朝臣助	正良親王（仁明）の春宮少進	『続後紀』
●		民部大輔従四位下　基兄王	桓武孫、葛井親王の第一子	
		権中納言　橘朝臣岑継	仁明と従兄弟	『文実』
	▼	中納言正三位　源朝臣定	嵯峨皇子、淳和猶子	『文実』
●		左京大夫従四位上　正行王	桓武孫、万多親王の第二子	
	▼	散位従五位下　春原朝臣末継		
		内舎人従六位下　安倍朝臣弘行		
		右京大夫従四位下　藤原朝臣諸成		
		参議正四位下　滋野朝臣貞主	正良親王（仁明）の東宮学士	
		掃部頭従五位下　滋野朝臣善蔭		
	▼	中納言従三位　源朝臣弘	嵯峨源氏	
		弾正大弼従四位上　藤原朝臣衛	仁明の蔵人頭	
		中納言正三位　安倍朝臣安仁	道康親王（文徳）の春宮大夫	
●		従四位下宮内大輔　房世王	桓武孫、仲野親王の子	
	▼	従三位大蔵卿　平朝臣高棟	桓武孫、葛原親王の第一子	
		散位従四位下　藤原朝臣輔嗣		
		参議従四位上　伴宿祢善男		
		侍従従五位下　藤原朝臣諸葛		

天皇	番号	年月日	内容	対象山陵	弘仁式使者規定	官位官職		
						参議or三位以上	四位	五位
仁明	22	天長10(833)3/5	預め即位すべきの状を奉告	柏原(桓武)	ア	○		
				長岡(乙牟漏)	ア	○		
							○	
							○	
	23	承和3(836)5/22	遣唐使の安全のため奉幣	山階(天智)	ア	○		
				田原(光仁)				○
				柏原(桓武)				
				神功皇后等陵				
	24	承和5(838)7/11	物怪あり。読経。	柏原(桓武)				
	25	承和6(839)4/25	旱災。勅使を遣わし、御陵の伐木を謝す。	神功皇后陵	ア	○		
							○	
	26	承和6(839)9/5	伊予親王に贈一品、藤原吉子に贈従三位を奉告	伊予親王墓				
	27	承和7(840)6/5	物恠内裏に見ゆ。柏原山陵の祟。祈請。	柏原(桓武)	ア	○		
	28	承和8(841)5/3	肥後国阿蘇郡神霊池涸滅。伊豆国地震。旱疫の災。物恠多し。護助を願う。	神功皇后陵	ア	○		
				山科(天智)				
				柏原(桓武)				
	29	承和8(841)5/12	山陵に奉遣すべき例貢物闕怠の祟を謝す香椎廟も祟る。	神功皇后	ア	○		
				香椎廟				
	30	承和8(841)10/29	天皇不予。山陵木伐の祟。	柏原(桓武)	ア	○		
							○	
	31	承和9(842)8/4	伴健岑・橘逸勢の変により恒貞廃太子。道康（文徳）の立太子を奉告。	柏原(桓武)	ア	○		
					五位			○
	32	承和9(842)12/20	神宝の献上。国家の護矜を祈請。	楯列(神功)	ア	○		
	33	承和10(843)4/21	楯列山陵は二つあり。誤った相伝に従い、神功陵に祟りあるごとに成務陵に謝していたことを二山陵に謝す。	楯列北南(神功・成務)	ア	○		
								○
	34	嘉祥元(848)7/19	白亀の瑞を告ぐ。	十二諸陵	ア	○		
	35	嘉祥3(850)2/7	天皇の病状を告げ、御体平安を願う。	柏原(桓武)	ア	○		
							○	
	36	嘉祥3(850)3/14	山陵に穢れあり祟。巡察の奉告	柏原(桓武)	ア	○		
							○	
	37	嘉祥3(850)3/16	陵内を巡察すると伐木があったことが判明。御陵司を勘じ、陵守の替退を申して謝す。	柏原(桓武)	ア	○		
							○	
文徳	38	嘉祥3(850)4/16	文徳即位の奉告。	深草（仁明）	ア	○		
	39	嘉祥3(850)10/5	賀瑞の奉告	山科（天智）	ア	○		
							○	
				前田原（施基）	ウ			○
				後田原（光仁）	イ		○	
				柏原（桓武）	ア	○		
								○
				楊梅（平城）	ア	○		
							○	
				嵯峨（嵯峨）	ア	○		
							○	
				大原（淳和）	ア	○		
							○	
				深草（仁明）	ア	○		
								○

王	臣籍降下	使者	天皇との関係	出典
		中納言正三位　安倍朝臣安仁	道康親王（文徳）の春宮大夫	『文実』
●		宮内大輔従四位下　房世王	桓武孫、仲野親王の子	
		参議左兵衛督正四位下　藤原朝臣助	正良親王（仁明）の春宮少進	
●		正四位下大舎人頭　高枝王	桓武孫、伊予親王の第二子	
	▼	中納言正三位兼行左兵衛督　源朝臣定	嵯峨皇子、淳和猶子	『文実』
	▼	従四位下安芸守　清原真人滝雄	仁明の蔵人頭	
	▼	参議宮内卿従四位上　源朝臣多	仁明源氏	『文実』
	▼	安芸守従四位上　清原真人滝雄	仁明の蔵人頭	
	▼	右大弁従四位上　清原眞人岑成	天武五世王	『文実』
		権大納言正三位　安倍朝臣安仁	道康親王（文徳）の春宮大夫	『文実』
●		侍従従四位下　輔世王	桓武孫、仲野親王の子	
		雅楽頭従五位上　藤原朝臣貞敏		『文実』
		参議従三位兼中宮大夫　伴宿祢善男		
	▼	侍従従五位下　源朝臣至	嵯峨源氏	
		権大納言正三位兼行民部卿陸奥出羽按察使　安倍朝臣安仁	道康親王（文徳）の春宮大夫	
		木工頭従五位下　大和真人吉直		
	▼	参議従三位兼春宮大夫　平朝臣高棟	桓武孫、葛原親王の第一子	
		右兵衛佐従五位下　藤原朝臣有貞		
		中納言正三位　橘朝臣岑継	仁明と従兄弟	
		散位従五位下　橘朝臣岑雄	仁明と従兄弟	
		参議左大弁従四位上　藤原朝臣氏宗	道康親王（文徳）の春宮亮	『文実』
		右大弁従四位下　藤原朝臣良縄	惟仁親王（清和）の春宮亮	
		大納言　安倍朝臣安仁	道康親王（文徳）の春宮大夫	『三実』
		中納言　橘朝臣岑継	仁明と従兄弟	
	▼	参議（従三位）　平朝臣高棟	桓武孫、葛原親王の第一子	
		伴宿祢善男		
		従四位下行文章博士兼備前権守　菅原朝臣是善	道康親王の東宮学士	
	▼	大蔵大輔正五位下兼守左中弁　高階朝臣岑緒		
		従五位上行大学博士　大春日朝臣雄継		
		外従五位下行陰陽権助兼陰陽博士　滋岳朝臣川人		
		外従五位下行陰陽助兼権博士　笠朝臣名高		
		外記史内記各一人		
		外従五位下行陰陽助兼陰陽権博士　笠朝臣名高		『三実』
	▼	正三位行中納言　源朝臣定	嵯峨皇子、淳和猶子	『三実』
	▼	従四位下行左馬頭　在原朝臣行平	阿保親王の第二子	
		参議左大弁従四位上兼行左衛門督伊予権守　藤原朝臣氏宗	道康親王（文徳）の春宮亮	
	▼	従四位上行中務大輔　清原真人滝雄	仁明の蔵人頭	
		大納言正三位兼行右近衛大将民部卿陸奥出羽按察使　安倍朝臣安仁	道康親王（文徳）の春宮大夫	
	▼	中務少輔従五位下　源朝臣包		
		参議従三位行中宮大夫　伴宿祢善男		
○		大舎人頭従五位上　島江王	光仁の三世王	
		参議勘解由長官兼左近衛中将従四位下守右大弁行讃岐守　藤原朝臣良縄	惟仁親王（清和）の春宮亮	
		従四位下行文章博士兼播磨権守　菅原朝臣是善	道康親王の東宮学士	
	▼	従四位上行右兵衛督　源朝臣勤	嵯峨皇子	

天皇	番号	年月日	内容	対象山陵	弘仁式使者規定	官位官職		
						参議or三位以上	四位	五位
	40	嘉祥3(850)11/30	惟仁（清和）の立太子	嵯峨（嵯峨）	ア	○		
							○	
				深草（仁明）	ア	○		
							○	
	41	斉衡元(854)12/3	改元	嵯峨（嵯峨）	ア	○		
							○	
	42	斉衡2(855)7/2	盧舎那仏補修	佐保(聖武)	ア	○		
							○	
	43	斉衡3(856)5/25	盧舎那仏補修	佐保(聖武)	イ		○	
文徳	44	斉衡3(856)11/22	昊天祭祀	後田原（光仁）	ア	○		
							○	
	45	天安元(857)2/21	改元	諸山陵				○
					ア	○		
								○
					ア	○		
					五位			○
					ア	○		
					五位			○
					ア	○		
					五位			○
	46	天安2(858)3/12	山陵近地の穢を潔めたことを奉告	深草（仁明）	ア	○		
							○	
	47	天安2(858)9/2	山城国葛野郡田邑郷真原岡を山陵之地に決定	真原（文徳）	ア	○		
					ア	○		
					ア	○		
					ア	○		
							○	
					五位			○
								○
								○
								○
	48	天安2(858)10/23	真原山陵に鎮謝	真原（文徳）	ウ			○
	49	天安2(858)11/5	清和即位	山階（天智）	ア	○		
							○	
				柏原（桓武）	ア	○		
							○	
				嵯峨（嵯峨）	ア	○		
					五位			○
				深草（仁明）	ア	○		
					五位			○
				真原（文徳）	ア	○		
							○	
				愛宕墓（源潔姫）	イ		○	

王	臣籍降下	使者	天皇との関係	出典
		参議従四位下守右大弁　大枝朝臣音人	惟仁親王の東宮学士	『三実』
●		従四位下行中務大輔　忠範王	桓武孫、賀陽親王の子	
		参議正四位下行右衛門督兼讃岐守　藤原朝臣良縄	惟仁親王（清和）の春宮亮	
	▼	従五位上行兵部少輔　源朝臣直	嵯峨源氏	
		従三位守権大納言兼右近衛大将　藤原朝臣氏宗	道康親王（文徳）の春宮亮	
	▼	従五位上行民部少輔　源朝臣頴		
		大納言正三位兼行民部卿太皇大后宮大夫　伴宿祢善男		
●		散位従四位上　茂世王	桓武孫、仲野親王の子	
		参議正四位下行左大弁兼勘解由長官　南淵朝臣年名	惟仁親王（清和）の春宮権亮	
●		従四位上行侍従　利基王	桓武孫、賀陽親王の子	
		参議正四位下行右衛門督兼讃岐守　藤原朝臣良縄	惟仁親王（清和）の春宮亮	『三実』
●		散位従四位下　秀世王	桓武孫、仲野親王の子	
	▼	中納言正三位兼行陸奥出羽按察使　源朝臣融	貞明親王（陽成）の東宮傅	『三実』
	▼	少納言従五位上　良岑朝臣経世		
		参議正四位下行右大弁兼播磨権守　大枝朝臣音人	惟仁親王の東宮学士	『三実』
		従三位守権大納言兼右近衛大将　藤原氏宗	道康親王の春宮亮	
		従三位守権大納言兼右近衛大将　藤原氏宗	道康親王の春宮亮	『三実』
		参議正四位下行左大弁兼勘解由長官　南淵朝臣年名	惟仁親王（清和）の春宮権亮	
		大納言正三位兼行左近衛大将　藤原朝臣氏宗	道康親王（文徳）の春宮亮	『三実』
●		従四位下行大学頭　潔世王	桓武孫、仲野親王の子	
		参議民部卿正四位下兼行春宮大夫伊予守　南淵朝臣年名	惟仁親王（清和）の春宮権亮	『三実』
●		従四位上行中務大輔　棟貞王	桓武孫、葛井親王の子	
	▼	参議従四位上行左兵衛督　源朝臣能有	文徳源氏	『三実』
●		従四位上行伊勢守　基棟王	桓武孫、葛井親王の子	
		参議正四位下行勘解由長官兼式部大輔播磨権守　菅原朝臣是善	道康親王の東宮学士	『三実』
●		従四位上行左京大夫　輔世王	桓武孫、仲野親王の子	
●		従四位上行民部大輔　潔世王	桓武孫、仲野親王の子	『三実』
○		散位従五位下　有能王		
	▼	参議正四位下行左近衛中将兼中権守　源朝臣能有	文徳皇子	『三実』
		従五位上行少納言　橘朝臣茂生		
		参議従三位行右衛門督　大江朝臣音人	惟仁親王の東宮学士	『三実』
	▼	従四位下行右馬頭　在原朝臣業平	平城孫、阿保親王の子	
	▼	参議正四位下行左近衛中將　源朝臣能有	文徳源氏	『三実』
		従五位上守治部大輔　橘朝臣休蔭		
	▼	従五位上行左兵衛佐　源朝臣湛	嵯峨孫、源融の子	『三実』
		正三位行中納言兼右近衛大将皇太后宮大夫陸奥出羽按察使　藤原朝臣良世		『三実』
●		侍従従四位下　雅望王	仁明孫、本康親王の子	
		参議左大弁従四位上兼行播磨守　藤原朝臣山蔭	惟仁親王の春宮大進	
	▼	内蔵権頭従四位上　良岑朝臣晨直		
	▼	中納言従三位兼行左衛門督　源朝臣能有	文徳皇子	『三実』
●		参議正四位下刑部卿兼行近江守　忠貞王	桓武孫、賀陽親王の子	
		参議正四位下行皇太后宮大夫兼備中守　藤原朝臣国経	陽成の外伯父	
		参議正四位下行左大弁兼播磨守　藤原朝臣山蔭	惟仁親王の春宮大進	
		参議左大弁橘広相	貞明親王（陽成）の東宮学士	『紀略』
		公卿		『紀略』

天皇	番号	年月日	内容	対象山陵	弘仁式使者規定	官位官職		
						参議or三位以上	四位	五位
清和	50	貞観7(865)2/17	神霊池（肥後国阿蘇郡）の水の沸騰の奉告	山階（天智）	ア	○		
							○	
				柏原（桓武）	ア	○		
								○
				嵯峨（嵯峨）	ア	○		
					五位			○
				深草（仁明）	ア	○		
							○	
				田邑（文徳）	ア	○		
							○	
	51	貞観8(866)6/29	楯列山陵の陵守の伐木を謝す	楯列（神功皇后）	ア	○		
							○	
	52	貞観8(866)8/18	応天門の変の奉告	田邑（文徳）	ア	○		
				含む諸山陵	五位			○
	53	貞観8(866)9/25	伴善男の配流を奉告	柏原（桓武）	ア	○		
				深草（仁明）				
	54	貞観8(866)10/14	陵内の伐木を謝す	山階（天智）	ア	○		
				田邑（文徳）など				
	55	貞観10(868)2/25	山陵失火を奉告	田邑（文徳）	ア	○		
							○	
	56	貞観11(869)3/27	立太子（陽成）	深草（仁明）	ア	○		
				田邑（文徳）			○	
	57	貞観16(874)9/5	京中洪水により止風雨を祈請	柏原（桓武）	ア	○		
							○	
	58	貞観17(875)6/15	山陵伐木による不雨のため祈雨	深草（仁明）	ア	○		
							○	
	59	貞観17(875)7/3	山陵伐木による不雨のため祈雨	楯列（神功皇后）	イ		○	
								○
	60	貞観18(876)5/8	大極殿火災の原因究明のため山陵の加護祈願	柏原（桓武）	ア	○		
								○
陽成	61	貞観18(876)12/29	陽成即位	田邑（文徳）	ア	○		
							○	
	62	元慶1(877)4/8	大極殿再建開始の奉告	柏原（桓武）	ア	○		
								○
	63	元慶4(880)2/5	大極殿完成の奉告	柏原（桓武）	ウ			○
	64	元慶5(881)12/27	陽成天皇の元服	山階（天智）	ア	○		
							○	
				深草（仁明）				
				田邑（文徳）				
				水尾山（清和）	ア	○		
							○	
光孝	65	元慶8(884)2/21	光孝即位	山階（天智）	ア	○		
				柏原（桓武）	ア	○		
				嵯峨（嵯峨）	ア	○		
				深草（仁明）	ア	○		
宇多	66	仁和3(887)9/8	小松山陵（光孝）の兆域四至を定める	小松（光孝）	ア	○		
	67	寛平3(891)6/16	祈雨	諸陵	ア	○		

凡例

1、弘仁式使者規定欄では、「三位＋四位王」はア、「四位＋五位王」はイ、「五位王臣」はウで示した。
　アについて次官の官位が五位の場合、「五位」を記した。イについて、長官次官の官位が四位の場合、「ともに四位」を記した。

2、王欄では、二世王（孫王）を●、三世以下を○で示した。

3、臣籍降下欄では、臣籍降下した人物およびその子孫には▼を付した。

斎院の交替制

笹田遥子

はじめに

飛鳥時代から南北朝時代まで存続した斎王は、天皇の代理者として伊勢神宮に奉仕し、また天皇制の荘厳装置として、政治的な性格を有していたことが明らかにされている。(1) 一方、弘仁年間に新たに創設された斎王である賀茂斎院は、伊勢の斎王（以下、斎宮とする）と類似する制度とはされるものの、相違する点は少なくない。とりわけ『延喜式』斎院司式の第一条で、斎宮式とも共通する斎王卜定条が遵守されていないことについては、すでに多くの指摘がある。

斎王は天皇が即位すると、未婚の内親王（不在の場合は女王）から卜定することになっていたが、斎院は必ずしも連動していない。斎院のみが「留任」すること——天皇が譲位しても退下せず、二代、場合によってはそれ以上務め続けること——については、様々な説が出されているが、伊勢と賀茂の斎王の相違点、ひいては斎院の特質についても、別の視点で考えることもできると思われる。そこで本稿では、賀茂祭における斎院に注目して考えてみたい。

一　斎院交替制のあり方をめぐって

（1）先行研究について

『延喜式』斎院司式は、第一条で斎王卜定を定める。

凡天皇即レ位。定二賀茂大神斎王一。仍簡二内親王未レ嫁者一卜之。〈若無二内親王一者。依二世次一簡二諸女王一卜之。〉

斎宮式とは「賀茂大神斎王」部分を除いて同文である。ここに、伊勢・賀茂の両斎王は、天皇即位とともに卜定されるものとして規定されているが、現実には斎院は異なった運用がなされていた。【表1】は、嵯峨から円融天皇までの斎王の卜定・退下を一覧にしたものである。なお、対象を冷泉朝の尊子までとしたのは、次の選子が、円融から後一条天皇までという前例のない長期間の留任をしているため、別の考察が必要だと考えたためである。

斎院が留任した例は、嵯峨・淳和朝の有智子、陽成・光孝朝の穆子、宇多・醍醐朝の君子、朱雀・村上朝の婉子、冷泉・円融朝の尊子、円融から後一条朝の選子で、天皇が譲位したにも拘らず、継続して務めている。譲位によって斎院を交替しているのは淳和朝の時子のみで、その他は天皇の崩御、肉親の服喪、自身の薨去か病などで退下している。卜定に目を移すと、仁明・文徳・清和・陽成・朱雀・冷泉の六例で、伊勢・賀茂の斎王が同日に卜定されている。陽成を除き、前代の天皇が崩御したことが共通する。

『狭衣物語』を分析する視角で斎院の交替制を検討した堀口悟氏は、仁明から陽成天皇までは、天皇の即位後に

【表1】嵯峨～円融朝の斎宮・斎院一覧

天皇			斎王	出自	卜定	退下	退下理由
嵯峨	斎宮		仁子	嵯峨皇女	大同4年8月11日	弘仁14年4月16日	当帝譲位
	斎院		有智子	嵯峨皇女	～弘仁9年		
淳和	斎宮	①	氏子	淳和皇女	天長元年6月から8月14日以前	天長4年2月26日	病
		②	宜子	仲野親王女	天長5年2月12日	天長10年2月28日	当帝譲位
	斎院	①	有智子	嵯峨皇女	（天長元年12月29日以降）	天長8年12月8日	病
		②	時子	正良親王女	天長8年12月8日	天長10年2月28日	当帝譲位
仁明	斎宮		久子	仁明皇女	天長10年3月26日	嘉祥3年3月21日	当帝崩御
	斎院		高子	仁明皇女			
文徳	斎宮		晏子	文徳皇女	嘉祥3年7月9日	天安2年8月27日	当帝崩御
	斎院	①	慧子	文徳皇女		天安元年年2月28日	母の過失
		②	述子	文徳皇女	天安元年2月28日	天安2年8月27日	当帝崩御
清和	斎宮		恬子	文徳皇女	貞観元年10月5日	貞観18年11月29日	当帝譲位
	斎院		儀子	文徳皇女		貞観18年10月5日	病
陽成	斎宮	①	識子	清和皇女	元慶元年2月17日	元慶4年12月4日	父上皇の喪
		②	掲子	清和皇女	元慶6年4月7日	元慶8年2月4日	当帝譲位
	斎院	①	敦子	清和皇女	元慶元年2月17日	元慶4年12月4日	父上皇の喪
		②	穆子	時康親王女	元慶6年4月9日	※光孝朝まで継続	―
光孝	斎宮		繁子	光孝皇女	元慶8年3月22日	仁和3年8月26日	当帝崩御
	斎院		穆子	光孝皇女	※陽成朝から継続		当帝崩御
宇多	斎宮		元子	故本康親王女	寛平元年2月16日	寛平9年3月	当帝譲位か
	斎院	①	直子	惟彦親王女	寛平元年2月27日	寛平4年12月1日	薨去
		②	君子	宇多皇女	寛平5年3月14日	※醍醐朝まで継続	―
醍醐	斎宮		柔子	醍醐皇女	寛平9年8月13日	延長8年9月22日	当帝譲位
	斎院	①	君子	宇多皇女	※宇多朝から継続	延喜2年10月9日	薨去
		②	恭子	醍醐皇女	延喜3年2月19日	延喜15年5月4日	母の喪
		③	宣子	醍醐皇女	延喜15年7月19日	延喜20年6月8日	病
		④	韶子	醍醐皇女	延喜21年2月25日	延長8年9月29日	父上皇の喪
朱雀	斎宮	①	雅子	醍醐皇女	承平元年12月25日	承平6年3月7日	母の喪
		②	斉子	醍醐皇女	承平6年3月7日以降	承平6年5月11日	薨去
		③	徽子	重明親王女	承平6年9月12日	天慶8年1月18日	母の喪
	斎院		婉子	醍醐皇女	承平元年12月25日	※村上朝まで継続	―
村上	斎宮	①	英子	醍醐皇女	天慶9年5月27日	天慶9年9月16日	薨去
		②	悦子	重明親王女	天暦2年2月26日	天暦8年9月14日	父親王の喪
		③	楽子	村上皇女	天暦9年7月17日	康保4年5月25日	当帝崩御
	斎院		婉子	醍醐皇女	※朱雀朝から継続		当帝崩御か
冷泉	斎宮		輔子	村上皇女	安和元年7月1日	安和2年8月13日	当帝譲位
	斎院		尊子	冷泉皇女		※円融朝まで継続	―
円融	斎宮	①	隆子	章明親王女	安和2年11月16日	天延2年閏10月17日	薨去
		②	規子	村上皇女	天延3年2月27日	永観2年8月23日	当帝譲位
	斎院	①	尊子	冷泉皇女	※冷泉朝から継続	天延3年4月3日	母の喪
		②	選子	村上皇女	天延3年6月25日	※後一条朝まで継続 長元4年9月22日	病

伊勢・賀茂の斎王が同日卜定されていることから、九世紀は斎院司式の建前を維持するために努力した形跡があるが、時代の経過とともに形骸化したと評価した。[2]さらにこのように「留任」が常態化した理由は、斎院制度の脆弱性に原因があるとして、そもそも斎院が嵯峨一代の戦勝祈願（薬子の変）によって始まったため、斎院の存在意義は斎宮より軽いものとなり、初代から天皇二代の留任を許したと指摘する。

対して星野利幸氏は、陽成朝の斎王である識子と敦子の卜定記事を比較して、九世紀において斎院の交替ルールは未確立であったことを指摘した。加えて、朱雀・村上朝の斎院である婉子の不改替状に[3]「方今天祚改仁依天旧例能随尓択替弖可令斎仕之、而件内親王波無物妨依弖奈利、更不改替弖、如旧仁令奉仕波支」とあり、天祚が改まったにも拘らず、斎院自身に「物妨無きに依り」、交替させないとあることから、むしろ留任を前提にした制度であったことを指摘し、制度の弛緩のため留任したとする堀口説を批判した。[4]

薬子の変については、近年の分析によって、嵯峨・淳和にとっては皇統に関わる重大な政変であったことが明らかにされており、[5]そのような経緯で斎院制度が発足したとするならば、むしろ斎院の存在意義は重いものとなるだろう。また、堀口説は斎院が成立した時点で未成立である斎院司式を金科玉条にしているのも問題である。星野説が指摘するように、斎院の交替制は段階的な整備を想定するべきであろう。ただし、当初から留任が前提であったかは疑問が残る。九世紀を通して交替のあり方を模索しているようにも見えるのである。

（2）九世紀の斎院卜定

嵯峨皇女の有智子は、嵯峨・淳和天皇の二代にわたって斎院を務めた。有智子が留任した経緯についてはかつて述べたので、[6]ここに結論だけを示すと、嵯峨の譲位と淳和が即位した弘仁十四年（八二三）・天長元年（八二四）の二年で、斎院司は廃止と再設置を経た。淳和には自分の娘を斎院にする選択肢もあったが、嵯峨系皇女を尊重する姿勢を見せ、有智子が留任することとなった。有智子が病で退下したあと、嵯峨皇子で皇太子である正良親王の娘・時子女王が斎院となったのも、その延長と考えることができる。薬子の変で皇統の危機を乗り越えた二人は、互いの皇統を正統とみなして、尊重・譲歩する関係を構築していたのである。

天長十年、淳和天皇の譲位によって斎宮の宜子は退下したが、斎院については、嵯峨が譲位しても有智子が交替しなかったことを踏まえれば、時子を据え置くことも選択肢としてはあっただろう。しかし、時子を退下させて新たに高子を卜定したことは、斎院の交替制は未だ確立されておらず、流動的であったことを示していよう。ここでは、斎宮の卜定と足並みを揃えることが選択されたのである。

仁明・文徳・清和・陽成の四代は、天皇の崩御・譲位等によって斎宮と斎院が交替し、新天皇の即位とともに同日に卜定されている。式の斎王卜定条にもっとも準じていることから、斎院が当初は斎宮と同様に式を遵守していたという印象を与える。

しかし、詳細にみていくと、斎院の不自然な交替と、不在の時期があった。天安元年（八五八）二月丙申（二十八日）、文徳天皇の即位によって選ばれていた慧子が廃され、述子が立てられた。『文徳天皇実録』には「廃二鴨斎内親王慧子一。更立二无品述子内親王一。遣下二右大臣正三位藤原朝臣良相於神社一告中事由上。其事秘者。世無レ知レ之也」(7)とあり、慧子は何らかの理由で斎院を廃され、このことは世に秘匿されたとしている。「退」ではなく「廃」とする点、斎院交替を報告する使として、通常は参議で四位程度の官人が選ばれることが多いなかで、右大臣正三位という高位高官が派遣された点は異例といってよく、事の重大さが推察される。

なお、慧子が廃された理由を『文徳実録』は語らないが、『古今和歌集』一七雑八八五番歌詞書によれば、母の過ちであった。「田村帝御時に、斎院に侍ける慧子皇女を、母過ちありと言ひて、斎院替へられむとしけるを、そのこと止みにければ、よめる」とあるように、斎院の交替は沙汰止みになったような書きぶりだが、現実には慧子は廃されている。さらに、母の過失が同母姉妹で斎宮の晏子には及んでいないことから、慧子の退下のみが目的であったと考えられる。

新しく斎院となった述子は、文徳と更衣紀静子の娘で、文徳が即位を望んでいたといわれる惟喬親王の同母妹である。三月二日には、述子と静子の親戚と思われる紀冬雄が斎院司長官に任官されており、紀氏の縁者が選ばれていることが注目される(8)。さらに四月には、惟喬親王が十四歳で帯剣を許され、十二月に元服を迎えて四品を叙された。文徳は幼年の惟仁親王が即位する前に、中継ぎとして惟喬親王を即位させることを望んでいたというが(9)、斎院への異例の措置は、惟喬親王即位への布石ともとれるのではないだろうか。しかし、翌年に文徳は没し、述子も退下することとなった。

前天皇の崩御によって斎王が交替した文徳と清和はともかくとして、仁明と陽成については、即位後に斎王の同日卜定を意識的に行っているといえる。仁明については先に触れたとおりだが、陽成について見ていこう。

清和朝の末期には、短いが斎院不在の期間があった。貞観十八年（八七六）五月二十三日、儀子は病により紫野斎院を出て、母の皇太后明子がいる染殿宮に移った(10)。しかし病は快復しなかったようで、十月五日には斎院を退くことを懇切に願い、詔により許されている。儀子は元慶三年（八七九）に薨去していることから、その後も病がちであったのだろう。通常ならば二人目の斎院が卜定されるはずだが、翌月の十一月二十九日に清和天皇が九歳になった皇子の貞明に譲位したため、清和の治世は斎院不在のまま終わりを迎えた。譲位の詔では、病や頻発する災異を理由として挙げているが、貞明が自身が即位した年齢に達したことが直接の契機と考えられている(11)。二人目の斎院を選ぶまでの期間は、慧子・述子の即日という例は異例にしても、数ヶ月か半年以内が通例であるが、儀子が退いた時点で、清和には譲位の意向があったのだろう。貞明の姉妹を選んでおき、譲位を経ても交替しないという選択肢もあったが、ここでも即位後の卜定が選択されている。

貞観十九年正月九日、貞明は即位し陽成天皇となった。二月十七日、伊勢・賀茂の斎王が同日に卜定され、斎宮には藤原良近女を母とする識子が、斎院には陽成と同じ藤原高子所生の敦子が卜定された。ともに陽成の姉妹である。

伊勢神宮には、即位の報告とともに、「今侍恬子内親王波。太上天皇乃大神乃御杖代止之天奉入賜倍流奈利。今旧例乃随尓相替天可令奉仕岐物奈利止爲天奈毛。識子内親王乎卜定天進入流[12]」とあり、太上天皇（清和）の「御杖代」として選ばれていた恬子を、「旧例」によって相替え、識子を卜定したことを告げた。一方賀茂社には「前尓侍之儀子内親王波。身乃安美重有岐尓依天。太上天皇乃御時尓令二退出一天岐。今新尓嗣レ位天波。相替天可レ令二奉仕一岐物奈利止。敦子内親王乎卜定天。阿礼乎度売進尓進状乎[13]」とあり、儀子が病によって清和上皇の時に退出したこと、今新たな天皇が即位したため、相替えて敦子を卜定し、「阿礼乎度売（アレヲトメ）」として奉る、と報告された。病で退下した斎院の前例には有智子が該当するはずだが、斎院にのみ「旧例」がないことは、交替ルールが定まっていないことを彷彿とさせる[14]。

識子と敦子は、清和上皇の崩御により元慶四年に退下した。次の斎王が選ばれたのは、諒闇が明けた元慶六年である。四月七日、斎宮には文徳皇女の掲子が選ばれた。陽成からみれば祖父の娘であり、血縁関係の遠い斎宮である。斎院については「諸内親王不二卜食一。故今日無レ定」とあり、卜食に適う内親王がいなかったため、この日に決することはなかった。結局斎院が卜定されたのは二日後の九日で、選ばれたのは当時式部卿であった時康親王の娘、穆子女王であった。

（3）留任という選択

穆子の卜定について、彦由三枝子氏は、仁明皇子である時康の娘を選ぶことによって、当時廟堂の一大勢力であった仁明系皇統への配慮を行ったこと、時康の経済的な豊かさ、時康と藤原基経の血縁的親密さなどの複合的な理由を挙げる。とりわけ斎院が皇位継承に強い影響力を持つという立場から、時康の即位を見越した人選であると指摘した[15]。また、佐藤早樹子氏は彦由氏の説を支持したうえで、穆子の卜定が遅れたのは、斎院には内親王を優先するという意識があったため、当時存命していた文徳・清和皇女を差し置いて穆子を選ぶことに抵抗があり、基経を筆頭とする臣下のなかで総意が得られなかったと指摘する[16]。それまでの慣例を破った斎院選びであったため、難航したという。

淳和朝二人目の時子や、文徳朝の末期に斎院となった惟喬親王の姉妹である述子のように、斎院の卜定には、次の天皇が即位する布石という側面があったといえる。斎院制度の創始が、平城系皇統への皇位継承を断ち、嵯峨・淳和系皇統が継いでいくことを確かなものにした薬子の変が契機であるという特徴が、あらわれているといえよう。元慶八年二月二十三日、陽成天皇の譲位を受けて、光孝天皇が即位した。斎王卜定はその一ヶ月後で、斎宮には皇女の繁子が選ばれ、斎院には同じく皇女の穆子が、陽成朝からその任を続けることとなった。有智子以来の留任である。

同年三月二十二日の斎王卜定の記事には、以下のようにある。

喚二神祇官於左仗頭一。卜二定斎王一。其伊勢斎者皇女繁子卜食。賀茂斎者皇女穆子。太上天皇在祚。卜定入二初斎院一。今依レ旧不レ変。

斎宮には繁子が卜食されたが、穆子については太上天皇が天皇として在位していた時分に卜定され、初斎院に入っているため、「旧」に依り交代しないという。穆子が卜定されたのは元慶六年四月九日なので、ちょうどこの年は三年斎を終える頃であった。

この「太上天皇」は、当時唯一の太上天皇である陽成上皇を指すとみて疑いはない。そしてこれ以前に太上天皇が在位中に卜定され、交替しなかった斎院の前例は、有智子が該当するため、「旧」とは嵯峨・淳和の二代に斎院を務めた有智子の例を指すと考えたい。穆子の留任について、星野氏は、光孝の脆弱な王権の強化をはかるため、初斎院にいる穆子が現天皇の娘であることを、好都合かつ重視するむきがあったと指摘する。(17)

ここで斎院の交替は、天皇の譲位と切り離されることが明言されたといえる。穆子以降、斎院が交替しない場合は、賀茂社に斎院不改替を報告するようになり、慣例となっていくのである。寛平五年（八九三）に宇多天皇二人目の斎院として選ばれた君子は、同九年に宇多天皇が譲位しても交替しなかった。同年八月十七日の記事に「奉レ遣二使者於賀茂神社一。令レ告下不レ改二斎内親王一之由上」とあるように、賀茂社へ「不改」を告げている。(18) 冷泉・円融朝に斎院を務めた尊子も同様に、天禄元年（九七〇）二月二十九日に賀茂社へ「不改由」を告げている。(19)

朱雀・村上朝の二代の斎院を務めた婉子の場合は、詳細な記録が残る。先にも少し触れたが、今少し詳しく見ていくことにしよう。天慶九年（九四六）四月二十日、村上天皇が即位した。「村上天皇御即位部類記」が引く外記日記には、

賀茂［　　］告以斎内親王不替〈案先例天皇受禅之後、賀茂斎王若不替時、卜定伊勢春宮〔斎〕之次同定件斎王事、令告其由、而此般賀茂祭当廿五日、斎王行禊立在明日、仍今日被申此由歟、〉

とあり、天皇が受禅したのち、賀茂斎王を交替しない場合は、伊勢斎宮を卜定したあとに、賀茂斎王のことを定めるとしている。しかし、今回は賀茂祭が二五日に予定されており、明日斎院の禊を行わなければならないため、今日（二十二日）これを行うとしている。斎宮の卜定は五月二十七日に行われたが、原則は伊勢斎宮の卜定が斎院に先行することが、ここから知られる。

賀茂社への報告には、以下のようにある。

申賀茂宣命文云、天皇我詔旨止、掛畏岐賀茂皇大神能広前仁申賜倍止申久、婉子内親王、太上天皇能去承平元年十二月廿五日仁阿礼乎止如御杖代仁斎定弖奉給倍留内親王奈利、方今天祚改仁依天旧例能随尓択替弖可令斎仕之、而件内親王波無物妨依弖奈利、更不改替弖、如旧仁令奉仕波支、此状乎為令申仁、官位姓名差使弖、礼代乃大幣乎令捧持弖奉出賜布、掛畏岐皇大神平久聞食弖、咎祟不致給弖、天皇朝庭乎宝位無動久、常磐尓夜守日守仁護賜比幸賜弖、天下康寧久万民安楽久、風雨順時弖、万穀豊登世之女賜止、恐美恐美母申賜久止申、

婉子は承平元年（九三一）十二月二十五日に、太上天皇（朱雀）の「阿礼乎止如御杖代」に選ばれた。今天皇が即位したことにより、旧例によって替えるべきであるが、婉子に妨げがないことから、交替しないという。ここで、斎院が交替しない理由として、斎院自身に「妨げ」がないことが明記された。「妨げ」とは病や服喪を指すと考えられる。

なお、婉子には退下の記事がなく、村上の崩御によって退下したと考えられている。醍醐皇女である婉子にとって村上は異母兄弟であり、これまでの斎院退下の例からすれば、兄弟の服喪による退下は前例がない。そのため、ここでは婉子の年齢も一因となったと考えたい。『一代要記』によれば、婉子は延喜四年（九〇四）生まれで、承平元年の卜定時はすでに二十七歳であった。退下時の康保四年（九六七）は六十三歳の高齢であり、村上の崩御も

契機となって退下したと考えられる。

婉子の在任期間は三十六年に及んだが、円融朝二人目の斎院である選子は、さらに上回る五十六年であった。二人は卜定の時点で両親を喪っていたため喪にあたることがなく、不改替状のいう「妨げ」が生じないため、長期間の在任に及んだのだろう。

以上、九世紀を中心に、斎宮・斎院の卜定と退下について概観したが、斎院は、初代の有智子から譲位による交替をしていない。このことはのちに先例とされたが、すぐに常態化したわけではなかった。前天皇の斎院が、新天皇が即位したのちも継続し得る機会は、たとえば淳和・仁明朝にかけてがそうであり、また、清和朝から陽成朝にかけても、病で退下した儀子の後任となる斎院を卜定して、清和が譲位しても留任させておくことも可能であった。先例として存在している以上、留任は選択肢の一つであったが、結果としてはいずれも斎宮との同日卜定が選択された。このことは、新天皇の即位後に、伊勢・賀茂の斎王が卜定されることが、相応しいと判断されたためであろう。ところが、光孝の即位後、有智子の先例が持ち出され、穆子が陽成・光孝朝の二代に留任することとなった。穆子の卜定は、淳和朝の時子、文徳朝の述子のように、新天皇即位の布石といえるもので、天皇権威の保証という斎王の特質をよく表しているといえよう。

二　斎院と天皇の一体性

（1）天皇の代行者としての斎王

これまで確認してきたところによって、斎院の交替制は九世紀を通して模索され、天皇の譲位とは連動しない方針が確立したことが明らかとなった。斎院が退下するのは、専ら両親の服喪か、病など自身に斎院を務められない事情が生じた場合である。それでは、斎宮と同じ天皇権威を保証する存在でありながら、なぜ斎院は留任することが可能なのだろうか。

このことについては、皇祖神である伊勢大神と、山城国の土地神である賀茂大神という神の性質に由来するという指摘[20]があり、宣命で斎宮は「御杖代」、斎院は「アレヲトメ」とされることは、両者の性質が異なることを示すといわれている[21]。そこで本節では、語句に注目しながら、両者の違いを検討してみたい。

斎宮が天皇の代理とされる理由は、①天皇の「御杖」として伊勢神宮を祀ること、②発遣儀礼において、伊勢神宮の祭祀権を分与されることが[22]挙げられよう。

斎宮を「御杖代」と表記するのは『日本書紀』垂仁天皇二十五年三月丙申条の一書に「天皇以二倭姫命一為二御杖一、貢二奉於天照大神一。是以倭姫命以二天照大神一、鎮二坐於磯城厳橿之本一而祠之」とあるように、天皇が倭姫命をもって「御杖」とし、天照大神が鎮座すべき場所を導かせたことに由来する。祝詞式「斎内親王奉入時」に「今進流斎内親王波、（中略）御杖代止定弖進給事波、」とあることをはじめ、卜定を報告する宣命にも散見される。

斎宮は潔斎三年目の九月、神嘗祭に合わせて伊勢国へと下向する。下向の当日、斎宮は斎居していた嵯峨野の野宮を出発し、桂川で禊を行ったあと、大極殿において天皇と対面し、発遣儀式を行うことになっていた。

以下に『西宮記』から、天皇と斎宮が対面して行う部分を抜粋した。

> 天皇行二八省一、主水供二御手水一、次御二大極殿一、〈御二高座一、東面、〉中臣自二北東戸一奉レ麻、内侍伝レ之、斎王参入、〈蔵人催レ輿入レ自二嘉喜門一倚二北東戸一、女房一両候、闈司候二戸内一、斎王着二南面座一、王幼乳母抱レ之、着二唐衣玉縵一、以不レ上レ髪為レ童、〉天皇召二少納言一如レ例、氏々参進、立レ版召如レ常、〈詞在二内裏式一、氏々昇

レ自二東福門前北階一、入レ自二殿東戸一、執レ幣奉二仰旨一〉天皇以二小櫛一加二王額一〈蔵人仰二作物所一令レ作、入二小櫛筥一、内侍取伝、奉レ加レ櫛之間、天皇示三不二向レ京由一云々、承平摂政加レ櫛、貞観例、依二御物忌一云々、〉

主要な部分だけを述べると、天皇は大極殿に出御し、続いて斎宮が参入する。天皇は櫛を斎宮の額髪に挿し、「京の方へ赴きたまふな」と斎宮に告げる。(23) その後斎宮は退出し、大極殿に付けてある輿に乗って京を旅立った。割注の「承平摂政加レ櫛」の例は、朱雀天皇が物忌で出御しなかったため、摂政の藤原忠平が代役を務めた先例(24)を、「貞観例」は、清和朝の恬子を指すと考えられる。

榎村氏の分析によれば、発遣儀礼には九~十一世紀の間で変遷があるものの、その本質は、天皇が都を離れる斎宮に、伊勢神宮の祭祀権を分与することであった。斎宮は年齢に拘らず、成人装である唐衣を身に着けることになっており、天皇の手で髪上げと櫛を挿されることによって擬制的に童女から成人となり、「聖別」される。櫛は天皇権力の庇護下から離れた者に天皇の大権を分与する物実であり、畿外へ旅立つ斎宮が天皇に代わって祭祀を行うために、祭祀権を分与するために必要な象徴物であった。

それでは天皇の代行者として伊勢神宮を祀る斎宮は、伊勢で行われる神宮祭祀において、どのような役割を持っていたのだろうか。

斎宮が参向する伊勢神宮の祭祀は、六・十二月の月次祭と、九月の神嘗祭である。これらは三節祭とよばれ、神宮の恒例祭祀のなかでは最重要視された祭祀である。いずれの祭祀も、一日目に在地の祢宜・内人・大物忌らによる御饌供進があり、二日目に大神宮司や斎宮が参入する奉幣祭が行われた。三節祭における斎宮の動きはほぼ共通しているので、以下に参考として『皇大神宮儀式帳』の神嘗祭を挙げる。

以二同日午時一、斎内親王参入坐、川原御殿尓御輿留弖、手輿坐弖、到二第四重東殿一就二御座一。即大神宮司御蘰木綿捧、向北跪侍。内侍罷出弖、受弖伝二親王一奉。即親王手拍受。宮司又太玉串捧持、向北跪侍。又内侍罷出弖、受弖伝二親王一奉、即親王手拍受弖、即内親王自発、内玉垣御門就二坐席一。〈命婦二人従之。〉即避レ席進前、再拝両段訖。即命婦一人進、受二太玉串一伝二授大物忌子一、即大物忌子受立、瑞垣御門西頭進置、即親王還二本席坐一畢。

祭の早旦、[25] 斎宮は離宮院から外宮に向かい、度会川の川原殿まで輿で来て、手輿に乗り換えて斎王候殿に参入する。斎宮は内侍（月次祭では命婦）を介して大神宮司から太玉串を受け取り、玉垣御門から参入して伊勢大神に両段再拝した。その後、太玉串は命婦から神宮の巫女である大物忌に預けられ、瑞垣御門の西に立てられる。斎宮は斎王候殿に戻り、その後幣帛と祝詞の奏上があった。翌日には内宮で同様の儀式が行われた。

天皇の皇祖神を祀る伊勢神宮においても、多くの地方祭祀と同様に在地の生産共同体を背景とした奉仕集団が祭祀を行うため、[26] 太玉串を大神に直接奉るのはあくまで在地奉仕者である大物忌だが、斎宮は奉幣祭において最初に参入し、神への捧げ物である太玉串を運ぶ重要な位置を占めている。

（2）賀茂祭における斎院の役割

斎宮は、天皇の代行者として天照大神を導いた倭姫命に淵源を持つ「御杖代」として伊勢神宮を祀るため、発遣儀式において天皇から祭祀権を分与され、伊勢神宮の三節祭に奉仕した。それでは、斎院はいかなる役割を与えられているであろうか。

斎宮の①「御杖代」に相当するのは、「阿礼乎止女（アレヲトメ）」である。詳細は後述するが、先に結論を示せば「アレヲトメ」には天皇の代行者という意味はない。しかし、斎院もまた「御杖代」と称されていた。既出の婉子不改替状に「婉子内親王、太上天皇能去承平元年十二月廿五日仁阿礼乎止如御杖代仁斎定弖奉給倍留内親王奈利」とあり、『朝野群載』の斎院卜定に「某内親王波前太上天皇乃皇太神乃阿礼乎止女止御杖代仁令侍内親王奈利」とあることは、書式として定着していたことを示すものである。「御杖代」は、「神の杖となって神に奉仕する者」[27]、あるいは「神の依代」[28]とされ、斎院も神に仕える者として、「御杖代」と称されたのだろう。よって、「御杖代」と「アレヲトメ」の語によって、斎宮と斎院の性質を区別することはできない。だが、斎院が「御杖代」とされることはあっても、その逆に斎宮が「アレヲトメ」と言われることはないのであり、ここに斎院の特質があるように思われる。

また、賀茂社が都と同じ山城国内にあるためか、斎院は天皇と対面して発遣儀礼を行った形跡がない。よって、②の祭祀権の分与も、なされていない可能性がある。斎院への祭祀権の分与について、榎村氏は、国外に出ない斎院は天皇の影響下にあることから、祭祀権を付与される必要がないとするが[29]、天皇と対面する儀礼自体に意味があると思われ、それを経ない斎院と天皇の一体性は、希薄であると言わざるを得ない。

卜定を経た斎院は、斎院司式によれば、宮中に設けた初斎院に入り、潔斎三年目の四月に鴨川で禊を行ったのち、野宮（史料上は紫野斎院などと表記される）に入ることになっていた。

清和朝の儀子を例に見ていくと、儀子は貞観元年十月に卜定され、十二月に鴨川で禊を行って初斎院に入った。卜定から三年目の貞観三年四月に、「臨二鴨水一修レ禊。是日便入二紫野斎院一」とあるように、鴨川の禊のあと紫野斎院に入っている。この禊は、勅使以下、大納言・中納言各一名、参議、四位および五位官人各四人のほか、多くの官人が動員される大規模な儀式ではあったが、鴨川に敷設された禊場で行われるため、天皇の出御はない。斎院は、卜定されて紫野斎院に入るまでの間、一度も天皇と対面する儀式がないのである。

斎王が伊勢神宮の三節祭に赴くように、斎院にも参向すべき祭があった。四月に行われる賀茂祭である。

賀茂祭は、賀茂社を奉斎するカモ県主によって行われてきた祭で、山背国内外から人々が大勢集まり、騎射や走馬を伴うことから、七世紀末から八世紀にかけて度々禁制が出されてきた[30]。元正上皇・聖武天皇の不予で奉幣・祈禱の対象となったことを契機に、抑圧の方針は転換し[31]、賀茂社が長岡・平安京への遷都によってその地位を引き上げられたことにより、賀茂祭は弘仁十年の勅で中祀に准ずる扱いを受けることとなった[32]。これ以降、斎院・勅使の発遣が行われるようになる。

『延喜式』太政官式には以下のようにあり、『本朝月令』が引用する弘仁神祇式とほぼ同内容である[33]。

凡賀茂二社。四月中申酉祭。〈斎内親王向レ社。史一人。左右史生各一人。官掌一人。向二祭所一検二校諸事一。〉山城国司預録二祭日一申レ官。差二勅使一令レ奉レ幣。并有二走馬一。〈事見二内蔵及左右馬寮式一。〉前一日大臣侍二殿上一。召二諸衛府次官已上一。於二殿前庭一而仰二警固事一。後日解亦准レ此。〈並事見二儀式一。〉

賀茂祭の祭日は、四月中申日と中酉日の二日間であった。申日は『続日本紀』に散見される、度々禁制を受けてきた祭日で、山城国司の監察があったことから「国祭」とも呼ばれる。この日は貴賤の参拝日であったようで、摂関の賀茂詣も行われていた。斎院・勅使の発遣があるのは酉日で[34]、幣帛と走馬が奉られた。

なお、申日以前には、賀茂上社の背後にある神山に、祭神の賀茂別雷命を迎える神事が行われていた[35]。ミアレ祭と呼ばれるこの神事では、神迎えのために走馬と葵の飾りと、奥山の賢木を取り、種々の色布を付けた「阿礼」が立てられた[36]。かつては斎院がカモ県主の女性神職である斎祝子に代わってミアレ祭に奉仕し、神婚儀礼を行っていたとされていたが[37]、義江明子氏と、義江説を批判的に継承した三宅和朗氏の分析によって否定されている[38]。首肯すべき見解で、賀茂祭においても、伊勢神宮の三節祭と同様に、在地の祭祀を前提にして朝廷の関与があったことがうかがえる。

酉日の式次第は『儀式』賀茂祭儀に詳しい。ここでは、斎院が社頭に到着してからの流れを確認し、賀茂祭における役割をみていきたい。

紫野斎院を出発した斎院は、途中で勅使の行列と合流して、まず賀茂下社に向かった。斎院は社頭に設けられた幄で清服に着替え、腰輿に乗り換えて社殿に向かう。行列を先導するのは山城国司と騎兵で、その後ろに内蔵寮幣帛、中宮幣帛、春宮幣帛、斎院幣帛が続き、内蔵頭、近衛少将、馬寮頭、中宮亮、春宮亮、斎院長官、斎院に近侍する女官と考えられる蔵人・命婦・内侍が続く。

未レ到レ社十許丈、斎王下二腰輿一歩行、〈以二両面一布レ道、〉就二社前左殿座一、其内蔵寮幣到二社中門一、史生二人相二代舎人一、捧持入レ社、使就レ座、寿詞了後、付二祢宜・祝一退出、訖斎王還レ幄、此時少将・馬寮頭向二馬場一、令レ走二御馬一、訖還レ府也、上社次第行事如二此前一、但斎王就二社前右殿座一

社殿の十丈ほど前で斎院は輿を降り、歩行して社前左殿の座に就いた。内蔵寮の幣帛が社の中門に到着すると、史生から舎人に持ち替えて運び、参入する。内蔵寮頭以下の使は座に就き、寿詞を読み上げたのち、幣帛を下社の祢宜と祝に付す。斎院は社頭の幄に還り、近衛少将・馬寮頭は馬場に向かって走馬を奉納した。その後上社でも同様の儀式を行うが、社前右殿の座に就く点が異なる。

以上は勅使が奉幣を行う賀茂祭の中心的な儀式であるが、諸書をみてもその記述は簡潔である。文字通りに受け取れば、斎院に社殿に設けられた座に就く以上の動きはなく、太玉串を捧げ持つ斎宮のような所作は見出すことができない。

ここで、社前で読み上げられる宣命に注目したい。(39)

天皇我御命仁坐。掛畏支皇太神尓申給波久。太神乃助気給比。護賜仁依弖。天皇朝廷者平久大座弖。食国乃天下。無レ事可レ有止為天奈牟。常毛進留宇都乃大幣乎。内蔵頭若助位姓名尓令二捧持一天。阿礼乎止己阿礼乎止女走馬。進良留止申。

某年四月〈中酉日〉

まず皇太神（賀茂大神）の助けによって無事平穏であることへの謝礼を述べる。後半部分に注目すると、内蔵寮頭が大幣を捧げ持ち、「阿礼乎止己（アレヲトコ）」と「阿礼乎止女（アレヲトメ）」、「走馬」を奉る、とある。これらは大神への奉献物で、それは大幣、アレヲトコ、アレヲトメ、そして走馬の四つである。

「アレヲトコ」が何を指すかは議論があるが[40]、「アレヲトメ」は斎院を指すと考えて間違いなかろう。斎院を「アレヲトメ」と称するのは、有智子が退下する記事に[41]「皇大神乃阿礼乎止売進礼留内親王」とあることからも明らかであり、賀茂社への告文のなかにもたびたび現れていることは、前節で確認した通りである。

さて、「アレヲトメ」が斎院を指すことが確認できたところで、「アレヲトメ」が意味するものを考えてみたい。一般書や辞書類では、「アレ」は発生・誕生と解されている。賀茂別雷命を降臨させる祭祀に「阿礼（アレ）」を立てたこと、この祭祀がミアレ祭と呼ばれたことから、「アレヲトメ」とは、この祭祀に奉仕したカモ県主の女性（斎祝子）に淵源を持つと考えられている。

対して、「アレ」の語義を検討した土橋寛氏は、正月の射礼で立てられる阿礼幡や松尾祭に立てられる阿礼木にも注目し、通説を批判して、「アレ」とは木綿や幡が揺れるさまを表した神聖な形状を示す「アル」の名詞形だと解し、そのうえで「アレ」は本来賀茂祭に限った言葉ではなかったという鋭い指摘をしている[42]。土橋説に従うなら、「アレヲトメ」とは、単に祭祀に携わる「神聖な女性（巫女）」を意味することになる。

「アレ」が賀茂祭に固有の語ではないという認識は改めて持つべきであり、その上で意義を慎重に検討していく必要があるが、ここでは「アレヲトメ」とは、ひとまず通説の通りに理解しておきたい。十世紀の歌人である源順や曽祢好忠が四月中申日に「みあれ日」の歌を詠んでいたように、(43)「みあれ日」といえば申日の祭日のことで、「アレ」の語が賀茂祭と関わり深いものであるという認識は、当時にもあったと思われるからである。

しかし、先に確認したように、斎院は賀茂祭において、社前に座す以外の所作を行わない。「アレヲトメ」の名は斎祝子に淵源があるとしても、賀茂大神と関連がある程度の意味だったのではないだろうか。

このことから三宅氏は、斎院を祈願達成のために大幣、アレヲトコ、走馬とともに神前に奉納された存在だと位置づけた。(44)天皇の代行者として祭祀を行うのであれば、当然その天皇との対応がなされなければならない。しかし、天皇の意を受けて神前に奉られるものであれば、極論を言えば同じ人物でも務まるといえよう。ここに、斎院が譲位では交替しない要因があり、これが斎宮にはない斎院の特質といえるのではないだろうか。

結びにかえて

嵯峨天皇によって創始された賀茂斎院は、先に成立していた伊勢斎王の制度に類似しているものの、一人が数代の天皇にわたって務めることがあった。これは制度が弛緩して生じたものではなく、九世紀を通して模索された斎院の交替のあり方であった。留任は初代の有智子を嚆矢としながらも、光孝天皇の穆子の代になるまで出現しなかった。光孝の代で有智子の先例をもって天皇の譲位と斎院の交替が切り離されることが明言され、以後は賀茂社に「不改替状」を報告するようになる。斎院の交替は、父母の喪か自身の病など、斎院自身に差し障る事情がある場合に限られた。

斎院にのみ留任が許容されたのは、斎院と天皇個人との結びつきが、斎宮ほど強く意識されなかったためである。このことを、本稿では祭祀における斎王の位置づけから探った。「御杖代」という語は、斎宮に限定された語ではなく、斎王全般を指す語として斎院に対しても使われることがあり、それは神を祀る者、神の依り代という意味をもっていた。斎宮は天皇の「御杖代」として、発遣儀礼において天皇から祭祀権を分与され、天皇の代行者として神宮の三節祭に奉仕する。祭の二日目、天皇からの幣帛を奉る奉幣祭において、斎宮は最初に参入し、神の依代とされる太玉串を捧げて大神に両段再拝する、重要な役目を担った。

一方斎院は卜定の宣命などにおいて「アレヲトメ」と称された。「アレ」は賀茂祭と密接な関係を持つ語ではあるが、賀茂祭における斎院の位置は、大幣・走馬・アレヲトコと並列に扱われるものであり、突出した存在感を持ってはいない。さらに斎院には、斎宮と異なり国外へ出ることがないためか、発遣儀礼にあたる儀式がない。天皇と対面しないまま、卜定・初斎院を経て紫野斎院に入るため、天皇から祭祀権を分与される機会がないのである。ただし、先述のように斎院も「御杖代」と称されることから、天皇の代行者として神に仕える者という認識はされていた。とはいえ、斎宮ほど天皇個人と結びつくものとはされていなかったであろう。

ここで改めて、『延喜式』斎院司式が天皇即位にともない斎王を卜定することを定めていることが問題となろう。最後にこの点に触れておきたい。結論からいえば、これは新天皇即位後に、斎宮と斎院が両輪のようにそろっている理念を示しているにすぎない。

『延喜式』は、延喜五年に醍醐天皇の命によって編纂が始まり、延長五年（九二七）に完成した。ただしその後も改訂が加えられ、康保四年に施行されるまで四十年を要している。[45]『延喜式』が一旦奉進されるも、改訂が繰り返された四十年の間に、天皇は醍醐から朱雀、そして村上へと変わっていったが、斎院は醍醐・朱雀で交替、朱雀・村上は継続という形をとった。斎院司式の定斎王条は、施行の前段階で既に順守されていないということになる。

斎宮・斎院司式には、『延喜式』第三次草案に対する醍醐天皇からの意見に対して、編纂最高責任者である藤原忠平が、覆奏のために作成した原稿の断簡である「延喜式覆奏短尺」がある。(46)斎院司式の短尺は禊祭人給料条、行具条、三年一請条にあり、現存するのは春宮坊と勘解由使の式のみだが、醍醐天皇は式編纂に熱心であり、その関心は春宮と斎宮・斎院に向けられていたという指摘もある。(47)

醍醐天皇の代、斎院は薨去や喪によって四度交替していた。(48)斎院司式の短尺は、卜定と直接関わる部分ではないが、数度の斎院交替を経験した醍醐朝において、実務上生じた修正と考えることができるだろう。斎宮式の定斎王条の「凡斎王」に「依御短尺、准斎院司式改作」と注があることから、斎院司式が斎宮式の単なる縮小版ではないことも明らかとなる。さらにその他に修正を加えていないことから、この条は意図的に残されたものと考えることができる。

『日本書紀』には、斎王は天皇の娘であることが理念として表されている。(49)実在の可能性が高い推古朝の酢香手姫皇女は除き、それ以前の斎王は、みな天皇の娘とされていた。しかし、奈良時代の斎王は、天皇の娘を理想とする理念がありつつも、現実には遵守されていなかった。天武朝の大来皇女以降は、元正・聖武朝の井上まで天皇の娘が斎王を務めることはなく、一代につき一人であったわけでもない。その後も斎王が不在、もしくは系譜が不明の斎王が続いた。(50)天皇の娘を、即位後に斎王に選んでいるのは、奈良時代も後半になってからで、光仁・桓武朝にかけてのことであった。

『延喜式』編纂段階においても、さらにその数代前からも斎院の留任は続いていたが、理念上は、天皇の娘であることが掲げられたのである。斎宮と斎院は、ともに天皇の代替わりごとに選ばれる斎王という論理で、斎院については実態とは違ったとしても、冒頭に定斎王条を置くことによって、二つの斎王を同じ論理で説明しているのではないだろうか。

本稿では、斎院の交替制が九世紀を通して模索されたことを明らかにし、斎院のみが留任した理由を、祭祀における位置付けから検討した。斎院と天皇の一体性は、斎宮に比して希薄であるとの結論に至ったが、これは斎院が持つ一つの側面にすぎない。成就することはなかったが、惟喬親王の即位を見越して卜定された文徳朝の述子や、光孝天皇の娘であることが重視されて留任した穆子など、時には皇位に関わり、天皇権威を保証する役割が求められることもあった。二代続けて幼帝であった清和・陽成朝において、斎宮ではなく斎院に同母姉妹を立てていることからも、その意識がうかがえよう。

同様の意識は、冷泉朝の尊子にも垣間見える。斎宮は村上皇女の輔子だが、斎院には冷泉皇女の尊子が立てられた。冷泉は、父の村上が兄朱雀との対抗関係から、自身の皇統に皇位を継承させるために、誕生直後に立太子したという事情がある[51]。斎院となる皇女の出自と、時の天皇（あるいは、皇太子）との関係については、さらなる検討が必要と思われるが、この問題については別稿を期することとして、筆をおきたい。

注

（1）榎村寛之「斎王制と天皇制の関係について」（『律令天皇制祭祀の研究』塙書房、一九九六年。初出一九九一年）。
（2）堀口悟「斎院交替制と平安朝後期文芸作品―『狭衣物語』を中心として―」（『古代文化』三一―一〇、一九七九年）。

（3）「村上天皇御即位部類記」所引の外記日記（天慶九年四月二十二日条）。閲覧は東京大学史料編纂所データベース（https://clioapi.hi.u-tokyo.ac.jp/mirador/?manifest=https://clioapi.hi.u-tokyo.ac.jp/iiif/81/tdata/kujo/kujo00001-00105/69/manifest）。

（4）星野利幸「賀茂斎王の特質について—ト定奉幣を中心として—」（『斎宮歴史博物館研究紀要』二一、二〇一二年）。

（5）西本昌弘「承和の変と嵯峨派・淳和派官人」（『平安時代前期の政変と皇位継承』吉川弘文館、二〇二二年）。

（6）拙稿「賀茂斎院制度の成立」（『ヒストリア』二九五、二〇二二年）。

（7）『日本文徳天皇実録』天安元年（八五七）二月丙申条。

（8）拙稿「成立期の斎院司長官」（西本昌弘編『日本古代の儀礼と神祇・仏教』塙書房、二〇二〇年）。

（9）河内祥輔『古代政治史における天皇制の論理』（吉川弘文館、一九八六年）。『大鏡裏書』所引「吏部王記」逸文、承平元年（九三一）九月四日条。

（10）『日本三代実録』貞観十八年（八七六）五月二十三日己亥条。

（11）吉江崇「平安前期の王権と政治」（『岩波講座　日本歴史』古代四、岩波書店、二〇一五年）。

（12）『日本三代実録』貞観十九年（八七七）二月二十三日条。

（13）『日本三代実録』貞観十九年（八七七）二月二十四日条。

（14）注（4）星野論文。

（15）彦由三枝子「九世紀の賀茂斎院と皇位継承問題（Ⅳ）」（『政治経済史学』一四一、一九七八年）。

（16）佐藤早樹子「陽成・光孝・宇多をめぐる皇位継承問題」（『日本歴史』八〇六、二〇一五年）。

（17）注（4）星野論文。

（18）『日本紀略』寛平九年（八九七）八月十七日条。

（19）『日本紀略』天禄元年（九七〇）二月二十九日条。

（20）榎村寛之「都城と神社の関係について」（『律令天皇制祭祀の研究』塙書房、一九九六年。初出一九九三年）。

（21）「斎院司式」（『訳注日本史料　延喜式』上、集英社、二〇〇〇年（執筆者・丸山裕美子））。
（22）榎村寛之「斎王発遣儀礼の本質について」（『律令天皇制祭祀の研究』塙書房、一九九六年）。以下、発遣儀礼についての見解は、当論文に従っている。
（23）『西宮記』には「天皇示三不二向レ京由一云々、」とあるが、恭子女王の発遣儀式の記録である『小右記』永延二年（九八八）九月二十日条には「天皇以櫛刺斎王額、〈勅曰、京方ニ赴給フナ、〉」とあり、斎王に都のほうを振り返ってはならないことを告げる言葉である。注（22）榎村論文の注13および16を参照されたい。
（24）『本朝世紀』天慶元年（九三八）九月十五日条。朱雀朝三人目の斎宮、徽子女王の発遣儀礼である。
（25）塩川哲朗「古代伊勢神宮祭祀の基本構造」注23（『古代の祭祀構造と伊勢神宮』、吉川弘文館、二〇一八年。初出二〇一七年）。斎王が参入する時刻について、『大神宮式』は平旦としている。また、『延喜式祝詞』では朝を表現する言葉がみえ、『皇大神宮儀式帳』神嘗祭奉幣祭において「辰時」に準備が始まった記述があることから、基本は朝に行われる祭祀だったと考えられる。
（26）注（25）塩川論文。
（27）堀一郎「御杖代について」（『瑞垣』一九、一九五四年）。
（28）矢野憲一『杖』（法政大学出版局、一九九八年）。
（29）注（22）榎村論文。
（30）史料上の初見は『続日本紀』文武二年（六九八）三月辛巳条。奈良時代の賀茂祭については、以下を参照されたい。西村さとみ「平安京の祭礼」（『平安京の空間と文学』吉川弘文館、二〇〇五年。初出一九九四年）、三宅和朗「賀茂斎院の再検討」（佐伯有清先生古稀記念会編『日本古代の祭祀と仏教』吉川弘文館、一九九五年）、岡田精司「奈良時代の賀茂神社」（同編『古代祭祀の歴史と文学』塙書房、一九九七年）。
（31）岡田精司「奈良時代の賀茂神社」（同編『古代祭祀の歴史と文学』塙書房、一九九七年）。
（32）『類聚国史』巻五、神祇五　賀茂大神、弘仁十年三月甲午条。
（33）ほぼ同文であることから、「弘仁神式」は弘仁太政官式の誤りだと考えられる（虎尾俊哉編『弘仁式貞観式逸文集成』国書刊行会、一九九二年）。

(34)『北山抄』、『小野宮年中行事』は「西日廃務」とする。

(35)座田司氏「御阿礼神事」（『神道史研究』八—二、一九六〇年）、注（30）三宅論文。

(36)『天暦神祇官勘文』（『平安遺文』一〇　四九〇五）所引「賀茂旧記」。

(37)注（35）座田論文、井上光貞「カモ県主の研究」（『井上光貞著作集』一、一九八五年。初出一九六一年）、坂本和子「賀茂社御阿礼祭の構造」（『國學院大學紀要』三、一九七二年）。

(38)義江明子「玉依ヒメの実像」（『日本古代の祭祀と女性』、吉川弘文館、一九九六年。旧題「〈玉依ヒメ〉再考—『妹の力』批判」、一九八九年）、注（30）三宅論文。

(39)『朝野群載』一二、内記「賀茂祭宣命書様」。

(40)義江氏はこの宣命をミアレ祭のものと解して、アレヲトコとアレヲトメをカモ県主一族の男女、祝と斎祝子だとしたが、三宅氏は日付が「四月〈中酉日〉」となっていることから、賀茂祭で読まれるものであり、その上でアレヲトコを賀茂祭の中心的な使である近衛使であると指摘した。アレヲトコは、アレヲトメ（斎院）と対となることからみて、詳細な検討が必要かと思われるが、ここでは三宅説に従っておきたい。

(41)『類聚国史』五、神祇五　賀茂斎院、天長八年十二月壬申条。

(42)土橋寛「賀茂のミアレ考」（『日本古代の呪禱と説話』塙書房、一九八九年）。

(43)「わが引かむみあれにつけて祈ることとなるなる鈴もまず聞こゆなり」（『源順集』）、「みあれ引く神の御戸代ひき植ゑつ今は年のみ祈るばかりぞ」（『好忠集』夏、中）などが挙げられる。

(44)注（30）三宅論文。

(45)虎尾俊哉『延喜式』（吉川弘文館、一九六四年）。

(46)注（45）虎尾著書。小倉慈司「延喜式—平安時代篇—」（佐藤信・小口雅史編『古代史料を読む』下、平安王朝編、同成社、二〇一八年）。

(47)黒須利夫「『延喜式覆奏短尺草写』の基礎的考察」（『延喜式研究』二六、二〇一〇年）。

(48)　一人目の斎院である君子は宇多朝からの留任であり、延喜二年（九〇二）に薨去した。君子のあとを継いだ恭子は、母の更衣藤原鮮子の服喪により延喜十五年に退下、次の宣子は病で延喜二十年に退下し、ほどなく薨去した。短尺が作成されたと考えられる延長四〜八年は、醍醐の崩御まで務めることになる韶子が斎院であった。

(49)　注（1）榎村論文。

(50)　持統朝に斎宮がいた形跡はなく、文武朝には天皇に娘がいないという事情もあって、天智・天武の皇女が斎宮となったが、同時期に複数人が派遣されている。井上が退下したあと、聖武朝二人目の斎宮となった県女王は系譜が不明で、孝謙朝の斎王は三原王の娘、小宅女王である。淳仁朝の斎王については、『続日本紀』には名が記されておらず、『斎宮記』は安倍内親王、『一代要記』は山於女王とするが、淳仁との血縁関係は不詳である。

(51)　神谷正昌『皇位継承と藤原氏』（吉川弘文館、二〇二二年）。樋口健太郎「冷泉天皇―数々の虚説に彩られた「物狂い」の実像」（樋口健太郎・栗山圭子編『平安時代天皇列伝』戎光祥出版、二〇二三年）。

第二部　仏教と社会

『伊勢物語』第九段　東下り「都どり」の歌と「豊嶋ミヤケ」・「浅草寺縁起」

―在原業平の「事問ひ」の和歌と「特牛」・「檜前」氏―

田島　公

はじめに

今から三十八年前の一九八六年三月下旬に、私は宮内庁書陵部に勤務するため、九年間過ごした京都の地を離れ、以後、思いもかけず、ずっと東京に住むことになった。京都市内で印象深く思い出に残ることの一つは、最後に僅か十ヶ月程であったが、住まわせていただいた、二階に能舞台があり、庭には倉や井戸があった京都市中京区高倉通竹屋町の大きな邸宅の下宿で、倉や井戸がある庭を隔てた向かい側にあった勉強部屋から京都大学吉田キャンパスに向かう際に、自転車で京都御苑を通り抜け、荒神口《こうじんぐち》から鴨川に架かる荒神橋を渡り、川端通りを横断し、比叡山を目指すほぼ東北に向かう途中の道筋から見える古都らしい風景である。この道は、吉田キャンパスによって、一時的に途切れているが、京都御所から北白川の仕伏町《しぶせちょう》を経て滋賀へと続く志賀越の道で、山中越とも呼ばれる古道の一部である。特に最も美しいと思うのは、荒神橋からの眺めである。直下には、渇水時には飛び石伝いに渡れるほどの鴨川の緩やかな流れ、真北には、賀茂川と高野川とが合流して鴨川となる付近の糺《ただす》の森《もり》、その奥には更に低山ながらずっと限り無く続くかのように見える北山の奥深い山並みが見える。また、御所の鬼門である東北方面から、更に真東に目を転ずると、江戸前・中期の俳諧師・服部嵐雪（一六五四～一七〇七）の名句「蒲団着て寝たる姿や東山」と詠われたような、比叡山からの東山連峰のなだらかな姿である。東京に行くことが決まった冬に、荒神橋を渡ると、欄干付近に乱舞するユリカモメ（都鳥）に囲まれる時もあり、思わず『伊勢物語』第九段　東下りの「名にし負はば　いざ言問はむ　都鳥　わが思ふ人は　ありやなしやと」という在原業平の名歌を想い出し、橋の中ほどで歩道の欄干に自転車を停めて、一瞬、感慨に耽ったこともあった（因みに、実際に京都の鴨川でユリカモメが見られるようになったのは、一九七〇年代からであるという）〔「追記」参照〕。

その後、皇居内での十一年間の勤務を経て、思いもかけず、一九九七年四月から東京大学本郷キャンパス内の赤門近くの史料編纂所で二十七年間勤務することになったが、暫くして本郷キャンパスと農学部がある弥生キャンパスとの間を「言問《こととい》通り」と称する道路が通っていることを知った。この「言問通り」とは、東京都文京区の本郷・弥生交差点（「言問通り」とクロスするのは「本郷通り」〔国道一七号〕）から、隅田川に架かる台東区の「言問橋」に至る道路（東京都道三一九号環状三号線の一部）の通称であり、橋の東側は向島《むこうじま》まで国道六号線（水戸街道）と重複して繋がると言う。もう少し詳しく述べると、「言問通り」を跨ぎ、本郷キャンパスにある工学部側と弥生キャンパスにある農学部側とを繋ぐ歩道橋が架かっていて、徒歩約一分弱で横断できるが、この陸橋周辺が「ドーバー海峡」と学生を中心に呼ばれてきている。歩道橋の上からほぼ東側（本郷キャンパス〔工学部側〕から上った場合は右側）に、弥生時代の名称の由来となった「弥生式土器発掘ゆかりの地記念碑」付近が臨める。その付近から北東に

「弥生坂」という結構急な下り坂があり、そのまま根津方面に向かい、寛永寺の付近を経て、「寛永寺陸橋」でＪＲ東日本の複数の線路（東北・上越新幹線、山手線、京浜東北線、高崎線、宇都宮線〔東北本線〕、上野東京ライン、常磐線）を跨いだ後、鶯谷《うぐいすだに》駅方面に大きく南東に曲り、暫く線路と並行して進み、台東区入谷《いりや》を経て、東南東に直進し、浅草寺《せんそうじ》の北（裏手）を過ぎ、台東区の隅田川に架かる、台東区浅草《あさくさ》六丁目と墨田区向島《むこうじま》一丁目・二丁目とを繋ぐ「言問橋」までの総延長四㎞が「言問通り」である。このように「言問通り」という通称は「言問橋」を起点にしていることによるので、「ドーバー海峡」と呼ばれている部分は「言問通り」の終着点に近い部分である。

さて、「言問通り」の「言問」が『伊勢物語』第九段「東下り」の業平の和歌に由来することは直ぐに気付くが、何故、業平が「言問（こととふ）」という表現を使ったのか、遡って、業平の「東下り」の後で、この「故事」が人口に膾炙し、知られるようになって、当地が「言問」と呼ばれるようになったとしても、それ以前に当地はどう呼ばれていたのか、従来の『伊勢物語』の注釈では説明がなく、ずっと気になっていた。

但し、実際にこの業平の「故事」があったとされている場所は、現在の「言問橋」近辺には地名として存在していたわけではないため、その比定地は多くの説があるという。因みに、現在、隅田川に架かる橋のうち、浅草寺の雷門《かみなりもん》の前の浅草通《あさくさどおり》に近い、浅草寺の西側の橋は「吾妻橋《あづまばし》」で、在原業平の名が付けられた「業平橋《なりひらばし》」は、「吾妻橋」から浅草通を更に約一二〇〇ｍ西に行った地点にある大横川《おおよこがわ》（現・墨田区立大横川親水公園《しんすいこうえん》）に架かる橋であり、「業平橋」付近にある東武伊勢崎線（東武スカイツリーライン）の「とうきょうスカイツリー駅」の旧称は「業平橋駅」であり、その駅名の由来となっている。従って、「言問橋」・「業平橋」など『伊勢物語』第九段の「東下り」に因む現在の位置は、近代における比定によっていることになり、実は、在原業平が有名な「都鳥」の歌を詠んだ隅田川の渡し場は、浅草寺の北東、現在の台東区橋場と墨田区堤通とをつなぐ、現在の「白鬚橋《しらひげはし》」（「言問橋」の北約一六九〇ｍ）付近にあった「橋場の渡し」（『義経記』や『源平盛衰記』に「浮橋」を架けたとの記載に由来）のことであるという(1)。

前置きが長くなってしまったが、「言問《こととひ》」とは、久松潜一監修、山田俊雄・築島裕・小林芳規編修『新装改訂新潮国語辞典現代語・古語』（新潮社、一九八二年）によれば、「ものを言いかわすこと、話をすること」「尋ね問うこと」と記され、上代語の辞典（『時代別国語大辞典』上代編、三省堂、一九六七年）を引くと、東京都墨田区向島、隅田川東岸地域の旧称で、『伊勢物語』の「名にし負はば　いざ言問はむ　都鳥　わが思ふ人は　ありやなしやと」の歌に由来すると記されている。この歌は『古今和歌集』では在原業平（八二五〜八八〇）の作とされて（後述）、一般に、「言問」地名の説明はここで終わって、それ以上のことは記されていない。

しかし、よくよく考えてみると、在原業平の「東下り」当時やそれより前は、この渡し場付近は何と呼ばれていたのだろうか。そうした説明は一切なされていない。「言問」と呼ばれるようになった地は、『伊勢物語』の東下りの話や『古今和歌集』の在原業平の歌が巷間に流布されるようになる以前は何と呼ばれていたのか、従来、誰も考えたことがなかったようである。しかし、この地が、もともと「こととひ」或いはそれに近い名称で地元の人に呼ばれていたからこそ、この地名を「言問」と言う意味に掛けて業平によって詠まれたという可能性はないだろうか。

この地が遅くとも九世紀後半の頃には、既に「こととひ」或いはそれに似た地名で呼ばれていた可能性はないのかと思っていたところ、下総国と武蔵国との境を流れる「すみだ河」の渡河点付近に豊島の「ミヤケ《屯倉》」が存在していたことを指摘された川尻秋生氏の研究を知り(2)、約三十八年間の疑問が晴れる思いがした。それは「こととひ《言問》」が倭（ヤマト）王権による地方支配の拠点で、国造領域に置いた倭王権の直轄地・「ミヤケ」（屯倉）の枕詞「ことい・こっとい（特牛）」と関係があるのではないか。「都鳥《みやこどり》」の「みやこ」は「ミヤケ」を掛けているのではないか。そのように「思い付い」たからである。そして豊島の「ミヤケ」の推定地の近くに推古朝創建と伝える浅草寺が存在し、その縁起が、かつて検討したことのある信濃国水内郡の善光寺の縁起とも類似することがあることから、一見、荒唐無稽と思われる古代に創建の由来を語る寺院の縁起の内容を古代史研究に生かす試みとして、以下、自説を述べることにする。

一　『伊勢物語』第九段　東下り・『古今和歌集』巻九　羇旅哥に見える在原業平の歌とその修辞法

先ずは、有名な文章である『伊勢物語』を引用する。

【史料1】『伊勢物語』第九段　東下り(3)

むかし、お《を》とこありけり。そのお《を》とこ、身をえう《要》なき物に思（ひ）なして、「京にはあらじ。あづま《東》の方にす《住》むべきくに《國》にもと《求》めに」とてゆ《往》きけり。もとより《自元》友とする人、ひとり《一人》・ふたり《二人》していき《往》けり。みちしれる《道知》人もな《無》くて、まど《惑》ひい《行》きけり。みかはのくに《參河國》やつはし《八橋》といふ《言》所にいたり《到》ぬ。そこをやつはし《八橋》といひ《言》けるは、水ゆく河のくもで《蜘蛛手》なれば、はし《橋》をやつ《八》わたせ《渡》るによ《依》りてなむやつはし《八橋》といひ《言》ける。そのさは《澤》のほとり《邊》の木のかげ《蔭》にお《下》りゐ《居》て、かれいひ《餉》く《食》ひけり。そのさは《澤》に、かきつばた《燕子花》いとおもしろく《面白》さ《咲》きたり。それを見て、ある《或》人のいは《曰》く、「か・き・つ・ば・たといふいつもじ《五文字》をく《句》のかみ《上》にす《据》ゑ《ゐ》て、たび《旅》の心をよ《詠》め」といひ《言》ければ、よ《詠》める。

から《唐》衣《ころも》　きつゝな《馴》れにし　つましあれば　はるばるきぬる　たび《旅》をしぞ思ふ

とよめ《詠》りければ、みな《皆》人かれいひ《餉》のうへ《上》になみだ《涙》おとし《落》て、ほとび《潤》にけり。

行き行きて、するがのくに《駿河國》、いたり《到》ぬ。（中略）

猶《なお》ゆき《行》ゆき《行》て、**武蔵のくに《國》としもつふさのくに《下総國》**との中に、**いとおほき《大》なる河あり。それをすみだ《角田》河といふ。その河のほとり《邊》に**むれ《群》ゐて、「おもひ《思》やれ《遣》ば、かぎり《限》なく《無》とを《遠》《ほ》くもき《來》にけるかな」とわび《侘》あへ《合》るに、わたしもり《渡守》、「はや《早》、ふね《舟》にのれ《乘》。日もくれ《暮》ぬ」といふ《言》に、のり《乘》てわたら《渡》むとするに、みな《皆》人、物わび《侘》しくて、京に思ふ人なき《無》にしもあら《非》ず。さる《去》お《を》りしも、しろき《白》とり《鳥》の、はし《嘴》とあし《脚》とあかき《赤》、しぎ《鴫》のおほき《大》さなる、みづ《水》のうへ《上》にあそび《遊》つゝ、いを《魚》をくふ《食》。京には見えぬとり《鳥》なれば、みな《皆》人、見知らず。わたしもり《渡守》にとひ《問》ければ、「これなむ宮こどり《都鳥》」といふ《言》をきゝ《聞》て、

名にしおは《負》ゞ　いざ事とは《問》む　宮こどり《都鳥》　わが《我》おもふ《思》人は　あり《有》やなし《無》やと

とよめ《詠》りければ、舟こぞり《擧》てなき《泣》にけり。

同様の和歌は、『古今和歌集』にも収録されている。

【史料2】『古今和歌集』巻九　羈旅哥（底本は二条家相伝本〈梅沢彦太郎氏蔵、貞應二年《一二二三》本〉）(4)

あづま《東國》の方へ《にイ》、とも《友》とする人ひとり《一人》・ふたり《二人》いさなひ《誘》ていき《行》けり。みかはのくに《參河國》やつはし《八橋》といふ所にいたれ《至》りけるに、その河のほとり《邊》に、かきつはた《燕子花・杜若》いとおもしろく《面白》さけ《咲》りけるをみ《見》て、木のかけ《蔭》におり《下》ゐ《居》て、「か・き・つ・は・た」といふいつもじ《五文字》をく《句》のかしら《頭》にすへ《ゑイ》て、たび《旅》の心をよま《詠》むとてよめ《詠》る。　在原業平朝臣

410　**唐衣　きつゝなれにし　つましあれは　はるはるきぬる　たひ《旅》をしそおもふ《思》**

むさしのくに《武蔵國》としもつふさのくに《下総國》との中にある、**すみたかは《角田・隅田》《河》**のほとり《邊》にいたり《到》て、みやこ《京》のいとこひ《戀》しうおほえ《覺》ければ、しはし《暫》河のほとり《邊》におり《降》ゐ《居》て、「思《おもひ》やれは、かきり《限》なく《無》、とを《ほイ》くもき《來》にける哉《かな》」と思《おもひ》わひ《侘》て、

なかめ《眺》を《居》るに、わたしもり《渡守》、「はや《早》舟にのれ《乗》。日くれ《暮》ぬ」といひ《言》ければ、舟にのり《乗》てわたら《渡》むとするに、みな人もの《物》わひ《侘》しくて、京《みやこィ》におも《想》ふ人なくしもあらず。さる《然》をり《折》に、しろ《白》きとり《鳥》のはし《嘴》とあし《脚》とあか《赤》き、川のほとり《邊》にあそ《遊》ひけり。京にはみ《見》えぬとり《鳥》なりければ、みな人見し《知》らず。わたしもり《渡守》に、「これはなに《何》とり《鳥》そ」ととひ《問》ければ、「これなむ宮《みや》ことり《鳥》」といひ《言》けるをきゝ《聞》てよ《詠》める。

411　名にしおは《負》ゝ　いさことゝ《事問》はむ　宮ことり《都鳥》　わか思ふ人は　有《あり》やな《無》しやと

「名にし負はば」の和歌の作者とされる在原業平について、その出自や経歴を示す確実な史料としては、以下の史料がある。

【史料3】『日本三代実録』元慶四年（八八〇）五月二十八日辛巳条（在原業平の卒伝）

廿八日辛巳、従四位上行右近衞權中將兼美濃權守在原朝臣業平卒。業平者、故四品阿保親王第五子。正三位行中納言行平之弟也。阿保親王娶二桓武天皇女伊登内親王一、生二業平一。天長三年《八二六》、親王《阿保》上表曰、「无品高岳親王之男女、先停二王號一、賜二朝臣姓一。臣《阿保親王》之子息、未レ預二改姓一。既爲二昆弟之子一、寧《むしろ》異二齒列之差一」。於レ是、詔二仲平・行平・守平等一、賜二姓在原朝臣一。**業平、體貌閑麗、放縱不レ拘。略無二才學一、善作二倭歌一。**貞觀四年《八六二》三月、授二従五位上一。五年《貞観》二月、拜二左兵衞佐一。數年、遷二左近衞權少將一。尋遷二右馬頭一。累加至二従四位下一。元慶元年《八七七》、遷爲二右近衞權中將一。明年《元慶二年》、兼二相摸權守一、後遷二美濃權守一。卒時年五十六。

「卒伝」に見えるように、在原業平は阿保親王の五男で、右近衛中將のため、在五中將ともよばれたが、業平の出自を系図で示すと以下の通りである。

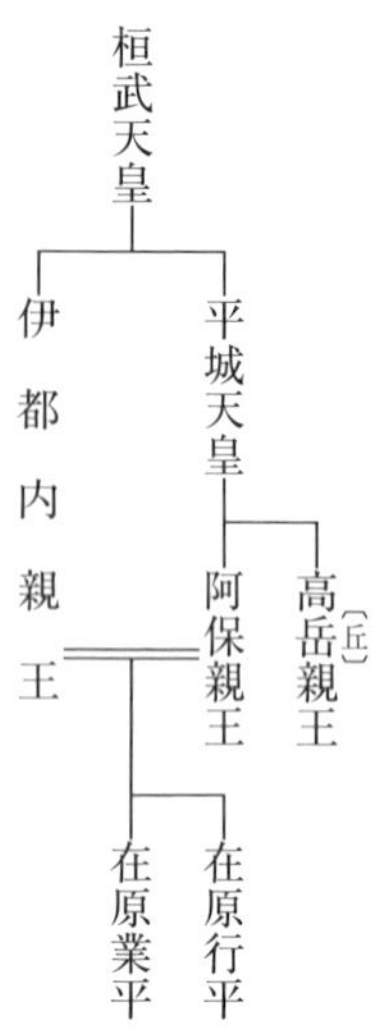

「卒伝」には、「**業平、體貌閑麗、放縦不レ拘。略無二才學一、善作二倭歌一。**」とあるが、「體貌」とは、からだとかお（顔）のことで、「閑麗」とは、上品で美しいこと、みやびやかでうるわしいさまである。「放縦」とは、「ほうしょう」または「ほうじゅう」と読み、遠慮や気がねをせずに自分の思うままに行動すること、またそのさまであり、「**不レ拘**」は「かかわらず」と読み、こだわらないこと、拘泥しないことである。最後に「才學」とは才能と学識のことで、「倭歌」とは、漢詩に対して、日本固有の歌（和歌）を示す。業平は、今風に言えば、イケメンで、（男女関係に）自由奔放で、学識はないが、和歌を創作するのは上手であったと評された人物であった。

さて、『伊勢物語』第九段　東下りの前半部分の、「からころも」の歌の舞台である「参河國八橋」は、十世紀前半に作られた源順撰『倭名類聚抄』によれば、参河国碧海《あおみ》郡智立《ちりふ》郷に位置し、現在の愛知県知立《ちりゅう》市八橋に比定されている。そして、この歌に用いられている和歌修辞は、以下の五つが指摘されている。

①**枕詞**《まくらことば》　「からころも」は「着る」など衣服に関する語にかかる**枕詞**。

②**序詞**《じょことば》　「唐衣きつつ」は「なれ」を導く**序詞**。

③**掛詞**《かけことば》**・懸詞**　「なれ」は衣服がよれよれになる意となれ親しむ意の「馴《な》れ」の、「つま」は着物の「褄《つま》」と「妻」の、「はるばる」は「遥々《はるばる》」と「張る張る」の、「き」は「来」と「着」の、それぞれ**掛詞**（懸詞）。

④縁語《えんご》　「なれ」（馴れ）・「つま」（褄）・「はる」（張る）・「き」（着）は、「ころも」（衣）という意味上関連する語を連想的に持たせる縁語。

⑤折句《おりく》　各句の冒頭に「か」・「き」・「つ」・「は」・「た」を一字ずつ置いて詠み込んだ折句。

このような五つの技法を用いた「からころも」の歌は、妻への愛情と旅の心（旅情）を巧みに詠み込んでおり、その「修辞技巧」は見事と評されている。[5]

ところで、滝澤貞夫氏によれば、『古今和歌集』では、質量共に枕詞・序詞がその生命を失い、代わりに懸詞や縁語などの修辞技巧が勢力をもつような大きな変化がみられるという。[6] 上野英二氏は、滝澤氏の見解を踏まえ、「枕詞・序詞」の退潮と、「懸詞や縁語」の隆盛、これらは『萬葉集』と『古今和歌集』との間に起きた大きな変化であったと指摘される。[7] そのような見方からすると、『伊勢物語』第九段の「東下り」の参河国八橋での「唐衣」の和歌＝『古今和歌集』巻九　410番「唐衣」の和歌は、『萬葉集』で盛んだった①枕詞・②序詞も、『古今和歌集』で隆盛を極める③掛詞・懸詞、④縁語も、共に使用され、ちょうど過渡期の様相を示していると言えよう。それに対して、同じ『伊勢物語』第九段「東下り」の後半で、参河国から更に東に進んだ武蔵国と上総国との境の「すみだ河」（隅田川）での和歌＝『古今和歌集』巻九の411番「名にしおはば」の歌は、上記の①～⑤の五つの修辞技巧が全く存在していない和歌となり、410番の「唐衣」の歌とは全く対照的な和歌が『古今和歌集』に連続して収められたことになるが、411番の「名にしおはば」の歌は本当に修辞技巧のない和歌なのだろうか。この問題は後ほど検討する。

二　古代の「すみだ」川の渡河点

武蔵国と下総国との間に「角田《すみだ》河」（住田河・隅田川）があり、その渡（角田渡・住田渡）には渡船が設けられ、渡守が置かれていたことは『類聚三代格』巻一六所収承和二年（八三五）六月二十九日太政官符から知られる。(8)

【史料4】『類聚三代格』巻一六　船瀬幷浮橋・布施屋事

太政官符

「貞十二臨下」

應㆘造㆓浮橋・布施屋㆒幷置㆗渡船㆖事

一、浮橋二處、

駿河國富士河　相摸國鮎《アユ》河

右二河、流水甚速、渡船多㆑艱。往還人馬、損没不㆑少。仍造㆓件橋㆒。

一、加㆓増渡船十六艘㆒

尾張・美濃兩國堺墨俣《スノマタ》河四艘、（元二艘。今加㆓二艘㆒。）尾張國草津《カヤツノ》渡三艘、（元一艘。今加㆓二艘㆒。）參河國飽海《アクミ》・矢作《ヤハキノ》兩河各四艘、（元各二艘。今加㆓各二艘㆒。）遠江・駿河兩國堺大井河四艘、（元二艘。今加㆓二艘㆒。）駿河國阿倍河三艘、（元一艘。今加㆓二艘㆒。）**下総國太日《フトヒ》河四艘**、（元二艘。今加㆓二艘㆒。）武藏國**石瀬河**三艘、（元一艘。今加㆓二艘㆒。）**武藏・下總兩國等**（ママ）**堺住田河四艘**、（元二艘、今加㆓二艘㆒。）

右河等、崖岸廣遠、不㆑得㆑造㆑橋。仍増㆓件船㆒。

一、布施屋二處、

右、造二立美濃・尾張兩國堺墨俣河左右邊一。

以前、被二從二位行大納言兼皇太子傅藤原朝臣三守宣一偁、「奉レ勅、如レ聞、件等河、東海・東山兩道之要路也。或**渡船少**レ**數**、或橋梁不レ備。因レ茲、貢調担夫等、來二集河邉一、累レ日經レ旬、不レ得二渡達《トホル》一。彼此相爭、常事二闘亂一。身命破（被イ）レ害、官物流失。宜下下二知諸國一、預《アツカリ》大安寺僧傳燈住位僧**忠**一、依レ件令二修造一、講讀師・國司、相共撿挍上。但**渡船者**、**以**二**正税**一**買**二**備之**一、浮橋幷布施屋料、以二救急稻一充レ之。一作之後、講讀師・國司、以二同色稻一、相續修理、不レ得レ令二損失一」。

承和二年（八三五）六月廿九日

この太政官符(9)に見える「**下総國太日《フトヒ》河**」とは**古利根川**、すなわち**現在の江戸川下流**のことであり、「武藏國石瀬河」とは**多摩川**のことで、「**武藏・下總兩國等（ママ）堺住田河**」が**荒川下流**を、それぞれ示すという。

律令国家では、こうした川に橋がなく、津に舟が少ない場合に、調庸を諸国から都に運ぶ際に妨げにならないように、渡し場に舟や浮橋を設けており、九世紀初頭に以下のような勅が出されていた。

【史料5】『日本紀略』延暦二十五年（大同元年・八〇六）五月甲戌（十三日）条

勅、諸國調庸入貢、而或川無レ橋、或津乏レ舟。民憂不レ少、令下二路次諸國一、貢調之時、津濟《しんさい》之處、設中舟檝《しゅうしゅう》・浮橋等上、長爲二恒例一。

さて武蔵国と下総国との間の「角田河」（住田河・隅田川）の渡し場（角田渡・住田渡）の近辺は、下総国井上駅から武蔵国豊嶋駅を経て武蔵国府に向かう官道も通過していたらしいことは、次に示す『延喜式』から知られる。

【史料6】『延喜式』巻二八　兵部省式　諸國驛傳馬条

諸國驛傳馬

（中略）

東海道

（中略）

武藏國驛馬、店屋・小高・大井・**豊嶋**、各十疋。傳馬、都築・橘樹・荏原・**豊嶋郡**、各五疋。

（中略）

下總國驛馬、**井上**十疋、**浮嶋**・河曲各五疋、茜津・於賦各十疋。傳馬、葛餝郡十疋、千葉・相馬郡各五疋。

律令制下、下総国府内に置かれた井上駅に対して、隅田川畔にあった浮嶋駅は「水陸兼送」の駅で、馬一〇疋と渡船四隻とを備えていた「大駅」と考える説もある。(10)

一方、天平神護二年（七六六）に全国に派遣された巡察使の内、東海道に遣わされた紀廣名《きのひろな》の復命が見えるので以下引用する。

【史料7】『続日本紀』神護景雲二年（七六八）三月乙巳朔（一日）条

（中略）先レ是、東海道巡察使式部大輔従五位下紀朝臣廣名等言、「得二本道（東海道）寺・神封戸百姓款一曰、『（中略）』。使（巡察使）等商量、所レ申道理」。至レ是、官議奏聞。奏可。餘道諸國、亦准二於此一」。又同前（紀朝臣廣名）言、「運二舂米一者、元来差レ徭、人別給レ糧。而今徭分輸レ馬、獨給二牽丁之糧一。窮弊百姓、無二馬可一レ輸。望請、依レ舊運、人別給レ糧」。又「**下総國井上・浮嶋・河曲驛**、**武藏國乘潴・豊嶋二驛**、**承二山海兩路**（東山道・東海道）**一**、**使命繁多**。**乞准二中路一**、**置二馬十疋一**」。奉レ勅、依レ奏。其餘道舂米、諸國糧料、亦准二東海道一施行」。（後略）

それによれば、下総国井《い》上《かみ》・浮嶋・河曲《かわわ》の三驛と武蔵国乘潴《あまぬま》・豊嶋の二駅が、東山道と東海道の両路に関係しているため、そこを通過する（多数の）使者への応対に忙しく、中路なみに馬一〇疋を置くことを奏言し、そのまま許可されたという。それまでは小路なみの扱いで、各駅馬五疋の配置だったのであろう。東海・東山両道は、もともと中路であって、各駅には馬一〇疋が置かれていたわけであるから、この段階で武蔵国乗豬駅から下総国井上駅へ抜ける支道としてのルートがそれまでの東海道本道と同格になったというよりは、むしろそれまでの東海道本道に代わる新しい東海道ルートとなったとみることができるという。なお、井上駅の所在地については、千葉県市川市の市営総合運動場遺跡、同市の下総国分僧寺跡から「井上」と記された墨書土器が出土しているので、現在の江戸川の東岸で下総国府に近接または附属していた可能性が高いという。(11)

こうした下総国と武蔵国との境の川の渡し場を舞台にした『伊勢物語』の話は、菅原孝標《すがわらのたかすえ》の女《むすめ》（孝標の次女だが、本名未詳。一〇〇八～?）が、父の菅原孝標（九七二～?）が寛仁元年（一〇一七）に上総介として上総国府（千葉県市川市国府台）に赴任したあと、任期を終え、寛仁四年に共に帰京した十三歳の頃から始まり、五十歳代までの約四十年間を書き綴った回想録である『更級日記』にも見える。

【史料8】『更級日記』（底本は皇居三の丸尚蔵館所蔵藤原定家書写御物本）(12)

四　乳母との別れ

そのつとめて《（翌朝）》、そこをたち《（立）》て、しもつさのくに《（下総國）》と、むさし《（武蔵）》とのさかひ《（境）》にてある ふとゐがは《（太日川）》といふがかみ《（上）》のせ《（瀬）》、まつさと《（葛飾郡松戸ヵ）》の わたり《（渡）》のつ《（津）》にとまり《（泊）》て、夜ひとよ《（一夜）》、舟 にてかつ《（且）》がつ《（且）》物などわたす《（渡）》。（後略）

七　あすだ川

野山蘆荻《あしおぎ》の中をわくるよりほか《（他）》のこと《（事）》なくて、武蔵と相模との中にゐて、あすだ川といふ。在五中将《（在原業平）》の「いざこと問はむ」と詠みける渡《わた》りなり。中將の集にはすみだ《（隅田）》川とあり。舟にて渡りぬれば、相模の國になりぬ。（後略）めのと《（乳母）》なる 人は、おとこ《（男）》などもなくなして、さかひ《（境）》にてこ《（子）》うみ《（産）》たりしかば、はなれ《（離）》てべち《（別）》にのぼ《（上）》る。

なお、『更級日記』は菅原孝標の女が約四十年間を書き綴った回想録であるため、記憶違いによる不確かな部分・不正確な部分もあるので、注意する必要はある。

なお、「隅田川」の初見は『義經記』治承四年（一一八〇）九月十一日条（「武蔵と下野の境なる松戸庄市河と云とところに」）であり、次いで、以下の『吾妻鏡』に見える「隅田河」であるという。[13]

【史料9】『吾妻鏡』治承四年十月二日条

武衛（源頼朝）相二乗于常胤・廣常等之舟楫《しゅうしゅう》一、濟《わたり》二**太井・隅田兩河**一、精兵及二三万餘騎一、赴二武藏國一。

この史料で「太井」河とは現在の江戸川のことであるという。

それでは、『伊勢物語』以前に、下総国府から武蔵国府に向かうルートで、この渡し付近が何と呼ばれていたのであろうか。次に「ミヤケ」を手掛かりに検討する。

三　「豊嶋のミヤケ」の存在をめぐって

武蔵国豊島郡、かつての无邪志《むさし》（武射・武蔵）国造領域に、倭王権の屯倉が存在したことは、埼玉県比企郡鳩山町金沢窯跡《こんたくようせき》出土の武蔵国豊島郡荒墓郷が発注した瓦に「戸主若田《わかた》部直《べのあたひ》金行《かねゆき》」と篦《へら》書きされたものがあることから推定されている。[14]その論を更に進めて、川尻秋生氏は、河川交通と陸上交通との結節点である隅田川の右岸、関屋のあたりに「豊島のミヤケ」を想定され、その根拠として、武蔵国豊島庄の「犬食名」（『吾妻鏡』仁治二年〔一二四一〕四月条）を「イヌク（グ）ヒ」「イヌク（グ）ヘ」と読み、もともとは「イヌカヒ」と呼ばれ、「犬養」または「犬飼」地名で、ミヤケに付随する「犬養部」・「犬飼部」に由来するという。[15]そして、当地へのミヤケ設置の理由を、川尻氏は、豊島郡は太日川（江戸川）・隅田川・入間川・元荒川など、河川交通が盛んで、下総国と武蔵国との官道の渡河点付近は、淡水と海水が混じり合う汽水《きすい》域で（舟底が異なる川舟から海舟へ、海舟から川舟への積載物の積み替え地点）、河川交通と陸上交通の要衝の地であると指摘されている。更に当地に関して注目されるのは、付近に中州を利用した牧（馬牧や牛牧）の存在が瀧川政次郎氏によって既に指摘されていることである。(16)

【史料10】『延喜式』巻二八　兵部式　諸國馬牛牧条

諸國馬牛牧

（前略）武藏國、檜前馬牧、神崎牛牧、（中略）下總國、高津馬牧、（中略）浮嶋牛牧、（後略）

即ち、武蔵国の「**檜前《ひのくま》馬牧**」・「**神崎牛牧**」と下総国の「**浮嶋牛牧**」の存在である。比定地に関しては、「檜前馬牧」については、①埼玉県児玉郡上里町勅使河原、②同美里町駒衣、③東京都台東区浅草の三箇所が、「神崎牛牧」については、①東京都新宿区旧牛込、②埼玉県春日部市内牧の二箇所が、それぞれ想定されている。(17)一方、「浮嶋牛牧」については、河口付近の中洲を利用して牛を放ち飼育した牧で、東京都墨田区から葛飾区の一帯、現在の向島から両国辺にかけての「牛島」といわれた地域に比定する説が有力であり、『続日本紀』文武天皇二年（六九八）十一月乙酉（二十九日）条に「下総國獻二牛黄一」とある、下総国から牛の肝にできる結石である牛黄《ごおう》が献上されている記事に関して、これを浮嶋牛牧の存在と関連づける説もある。(18)更に「浮嶋牛牧」に関しては、墨田区向島の牛嶋神社（牛御前宮）の存在も注目される。「檜前馬牧」の比定地が③東京都台東区浅草であるとすれば、「檜前馬牧」と「浮嶋牛牧」とは、現在の隅田川を挟んで対岸にあったことになる。

更に「檜前馬牧」に関連して、武蔵国に檜前氏または檜前舎人氏の居住との関係が注目される。

【史料11】『萬葉集』巻二〇　目録（井手至・毛利正守校注『新校注　萬葉集』和泉書院、二〇〇八年。以下同じ）

(七五五)天平勝寳七歳乙未二月、相替遣二筑紫一諸國防人等歌、

(中略)

4413〜4437 同(二月)廿日　武藏國部領防人使掾正六位上安曇宿禰三國進歌十二首

【史料12】『萬葉集』巻二〇

天平勝寳七歳乙未二月、相替遣二筑紫一諸國**防人等歌**、

(中略)

4413 麻久良多之《まくらたし》　己志爾等里波伎《こしにとりはき》　麻可奈之伎《まかなしき》　西呂我馬伎己無《せろがめきこむ》　都久乃之良奈久《つくのしらなく》

(枕太刀《まくらたし》　腰に取り佩《は》き　真愛《かな》しき　夫《せ》ろが罷來《まき》こむ　月《つく》の知ら無く)

右一首、上丁那珂郡(武藏國)**檜前　舍人**《ひのくまのとねり》**石前**《いわさき》之妻《め》**大伴部真足女**。

(三首中略)

4417 阿加胡麻乎《あかごまを》　夜麻努爾波賀志《やまのにはがし》　刀里加爾弖《とりかにて》　多麻能余許夜麻《たまのよこやま》　加志由加也良牟《かしゆかやらむ》

(赤駒を　山野に放《はが》し　捕《と》りかにて　多摩の横山　徒歩《かし》ゆ遣《か》らむ)

右一首、豊嶋郡(武藏國)上丁**椋椅部**《くらはしべ》**荒虫**之妻**宇遅部**《うぢべ》**黒女**。

(八首中略)

二月廿九日、武藏國部領防人使掾正六位上安曇宿禰三國、進歌數廿首。但拙劣歌者不レ取二載之一。

【史料13】『続日本後紀』承和七年十二月己巳(二十七日)条

己巳、武藏國加美《かみ》郡人散位正七位上勳七等**檜前舍人直由加麿**男女十八人、貫二附左京六條一。與二土師氏一同レ祖也。

以上から、武蔵国那珂《なか》郡(今の埼玉県美里町のあたり)に檜前舍人氏と大伴部氏とが、豊島郡に椋椅部氏と宇遅部

氏とが、それぞれ居住していたことが知られ、埼玉県児玉郡上里町に比定される武蔵国加美郡（賀美郡）には檜前舎人直氏が居住していたことが知られる。更に『**武藏國淺草寺縁起**』（『続群書類従』第二七輯下　釈家部九〇）（後述）によれば、推古天皇三十六年に浅草寺の創建の元となる聖観音菩薩像を檜前濱成・竹成が、「宮戸河《みやこ》」（隅田川）の河口近くの海で魚を捕っていた時に、網に引っかかった一体の仏像を引き上げ、それを土師眞〔直カ〕仲知（または土師真人仲知）によって、観世音菩薩像だと分かったので、草堂をつくって祀ったのが浅草寺の起源というが、浅草寺の創建伝承に檜前氏と土師氏関与していたとの言い伝えが残っている。また、【史料10】の「檜前牧」の比定地に、①埼玉県児玉郡（武蔵国加美《かみ》郡）、②同県美里町（同国那珂《なか》郡）、③東京都台東区浅草（同国豊嶋郡）が比定されるのは、武蔵国の北部、上野国と接するところに位置する「カミ」郡・「ナカ」郡は隅田川水系に位置し、浅草から児玉郡上里町までは約八〇㎞ある。『倭名類聚抄』や『延喜式』などによれば、武蔵国に「シモ」郡と呼ばれる郡名はないが、隅田川（宮戸河）下流に存在するのが豊嶋郡であり、『武藏國淺草寺縁起』から、豊嶋郡にも檜前氏の痕跡が想定され（後述）、現在の足立郡の「足立区舎人」の地名は「檜前舎人」に因む可能性が高いという。

一方、東京湾を挟んで対岸の上総国海上《うなかみ》郡にも檜前舎人直氏が存在したことが、以下の史料から知られる。

【史料14】『続日本紀』天平神護元年（天平宝字九年）**正月己亥**（七日）**条**

「正六位上檜前舎人直建麻呂」は「外従五位下」に昇進している。

【史料15】『続日本紀』神護景雲元年九月己巳（二十二日）**条**

己巳、河内國志紀郡人正六位上山口臣犬養等三人、賜㆓姓山口朝臣㆒。**上総國海上《うなかみ》郡人外従五位下檜前舎人直建麻呂**、上総宿禰。右京人正七位下山田造吉繼、山田連。

上総國海上郡（上海上郡）は、現在の千葉県市原市のうちの養老川左岸に比定されており、当地にも檜前舎人直氏がおり、神護景雲元年九月、「上総宿禰」に改賜姓されたことが知られる。

さて、檜前（舎人）氏は、[19]宣化天皇（在位：五三五？〜五三九。武小《たけお》廣國押盾《ひろくにおしたて》天皇〔大王〕）の檜隈廬《ひのくまのいほり》入野《の》宮《みや》（比定地は奈良県高市郡明日香村檜前）に地方の国造の子弟が上番し、王宮で奉仕したことによって「檜前《ひのくま》舎人」のウジ名を給わった宮号舎人や、彼らに生活費を送るために国造領を割いて設定された部民（檜前舎人部）及び、王宮を維持するため設定された御名代・子代の部（檜前部）に由来すると考えられており、『日本書紀』安閑天皇紀には、同元年（五三四）四月癸丑朔条・七月辛巳朔条・十月甲子条、十二月壬午条、十二月是月条、二年五月甲寅条・九月丙午条など、屯倉の経営に関連する記事が多く、无邪志《むさし》（武射・武蔵）国造の一族の子弟で、ヤマトの王宮での奉仕を終え、地元に戻ってから、ミヤケの管理にあたったとも考えられている。

そのため、隅田川の旧名「宮戸河」の名は屯倉の「ミヤ」に由来かとする説もある。こうしたことから川尻論文が記したように、「豊嶋のミヤケ」は隅田川の河口に想定され、「角田（隅田）川」の渡河点でもあり、水上交通から陸上交通への結節点、海上交通から河川交通への乗り換え地点の関の役割を果たし、後の「檜前馬牧」や「浮嶋牛牧」をも包括する「ミヤケ」で、六世紀前半の安閑天皇の時代に置かれた可能性が高い。まさに豊かな中州（嶋）があった場所で、この屯倉は、東京湾に注ぐ隅田川の河口の両岸、現在の言問橋辺りから白鬚橋辺りを含む地域に置かれ、「豊嶋ミヤケ」または「檜前ミヤケ」と呼ばれていたと想定される。律令制下の兵部省管轄下の「檜前馬牧」は、もとは屯倉に付随した「馬牧」がその前身で、東海道武蔵国の「豊嶋驛家」は現・谷中霊園（東京都台東区谷中七丁目）辺りと推定されているが、「驛家」は「ミヤケ」の経営方式に非常に似ていることが指摘されており、[20]「豊嶋ミヤケ」は後世の「豊嶋驛家」の機能も有していた可能性がある。

以上をまとめ、再説すれば、「豊嶋ミヤケ」は倭王権の農業経営の拠点と言うよりは、現在の隅田川の河口近辺に位置した、牧や厩・津を[21]中心とした経済的機能・交通機能を中心としたミヤケで、檜前馬牧との関係や檜前氏の居住から「檜前ミヤケ」と呼ばれていた可能性もあり、无邪志（武射・武蔵）国造領域に倭王権がミヤケを設置し、その管理を後の豊嶋郡の郡司（郡領）になった氏族に委ね、その氏族の子弟が安閑天皇の頃に、安閑天皇の王宮の警護などに当たる「舎人」として、勤務した際に、彼らの生活費をミヤコに送るための農業集団が「檜前部」または「檜前舎人部」と呼ばれ、「舎人」たちは、帰郷する際に「檜前舎人」という姓を賜り地元でその姓を名乗った。また、「檜前部」「檜前舎人部」を現地で支配したものも「檜前」氏または「檜前舎人」氏と呼ばれたと推定される。なお、【史料12】の4417の歌から、豊島郡には崇峻天皇の御名代の部である「椋椅《くらはし》部」（倉橋部）のウジ名を持った氏族がいたことが知られるが、これは、崇峻天皇の王宮である「倉梯《くらはしの》　柴垣宮《しばがきみや》」（伝承地、奈良県桜井市倉橋）を維持するための物資や王宮で奉仕する人物を派遣したり、派遣された人の生活を支えたりするために指定された農業集団であろう。

四　「特牛」「牡牛」と「ミヤケ」（三宅・屯倉）

ところで、『山口県史』史料編（二〇〇一年）・『同』通史編　原始・古代（二〇〇八年）の編纂に関与していた際に、平城宮内裏北方官衙地区で出土した荷札木簡「長門國豊浦郡都濃嶋所出穉海藻《わかめ》天平十八年三月廿九日」や『萬葉集』巻一六　3871番「角嶋之《つのしまの》　迫門乃稚海藻者《せとのわかめは》　人之共《ひとのむた》　荒有之可杼《あらかりしかど》　吾共者和海藻《われとはにきめ》」の故地である角島《つのしま》に現地踏査で行く途中、山口県下関市豊北町大字神田字大場ヶ迫に所在するＪＲ西日本の山陰本線の「特牛駅」を通った。この駅は難読駅名で知られるが、「こっとい」駅と読む。当地は、伊能忠敬が作製した「伊能大図」（「大日本沿海輿地全図」米国議会図書館所蔵）177長門　長府には「神田郷村《かんだごうむら》／特牛浦《こっというら》」（／は改行を示す）と見える（国土地理院「古地図コレクション」https://kochizu.gsi.go.jp/items/470?from=category,10,index-map）。

『日本国語大辞典』（小学館）で「ことい［ことひ］【特牛】」を引くと以下のように記されている。

解説・用例　〔名〕「ことい うし（特牛）」に同じ。／＊新撰字鏡〔八九八～九〇一頃〕「牃　特牛也　己止比」＊十巻本和名類聚抄〔九三四頃〕七「特牛　弁色立成云、牛〈俗語云、土比〉頭大牛也」、＊梁塵秘抄〔一一七九頃〕二・四句神歌「淡路の門渡ることいこそ、角を並べて渡るなれ」、＊名語記〔一二七五〕八「こといは男牛也、事負とかける心をえす、きも、つよ、うしを反せばこといとなる」、＊夫木和歌抄〔一三一〇頃〕三三「われを君あはぬ恋とやから車やまとことゐのかけすまひする〈源仲正〉」

そこで、同じく、「ことい‐うし［ことひ‥］【特牛】」を引くと以下のように記されている。

解説・用例　〔名〕（古く「ことい うじ」とも）強健で大きな牡牛。頭の大きい牛。また、単に牡牛のこと。こって。こってい。こってうし。こっていうし。こっとい。ことい。ことい のうし。

更に、参考までに藤堂明保編『学研　漢和大辞典』（学習研究社、一九九八年）で「特」を引くと、「〔名〕おうし。一群の中で特に目立つ種牛。牡牛」とあり、戸川芳郎監修、佐藤進・濱口富士雄編『全訳漢辞海』第三版（三省堂二〇一一年）によれば、「❶雄牛。また、牛。」とある。

このように、「特牛」・「牡牛」は「こっとひ」「ことひ」などと読み、古くは「ことい うじ」。頭が大きく、強健で、重荷を負うことのできる牡牛で、「特牛《こというし》の」は「屯倉」にかかる枕詞であることが知られる（久松潜一監修、山田俊雄・築島裕・小林芳規編修『新装改訂新潮国語辞典　現代語・古語』新潮社、一九八二年も参照）。そこで、辞典に引用される平安時代の古辞書類に当たってみると、以下のようである。

【史料16】天治本『新撰字鏡』巻五　牛部（京都大学文学部国語学国文学研究室編『新撰字鏡　増補版』臨川書店一九六七年）

犢、文玉反、入、特牛也。己止比《ことひ》。

【史料17】二十巻本**『倭名類聚抄』牛馬部・牛馬類**

特牛、弁色立成云、「特牛」。俗語云、「古度比。頭大牛也」。

【史料18】観智院本『類聚名義抄』佛下末（2ウ）31牛牛（天理大学附属天理図書館編『類聚名義抄　観智院本』佛〈新天理図書館善本叢書九〉天理大学出版部、二〇一八年）

特、徒得反。コトヒ、タ、、マコト、ヒトシ、ヒトリ、タクヒ、オコナフ、禾土ク、（二字略）｜〔特〕牛、コトヒ、

【史料19】橘忠兼編・二巻本『色葉字類抄』巻下上　**古　動物**（前田育徳会尊経閣文庫編『色葉字類抄』二〈尊経閣善本影印集成一九〉二〇〇〇年）

特牛《コツトイ》、牡牛、同、（後略）

【史料20】十巻本『伊呂波字類抄』古　動物付動物躰

特牛、コトヒ、牡牛、（後略）

以上のように、平安時代の主要な古辞書には「特牛」は全て載っていて、「コトヒ」「コトヒ」「コツトイ」と読まれていたことが知られる。実際に平安時代末期（治承年間前後頃か）に後白河法皇によって編まれた今様歌謡の集成である『梁塵秘抄』には次のような歌が収録されている。

【史料21】『梁塵秘抄』巻三

390　淡路《あはぢ》の門《と》　渡《わた》る特牛《ことひ》こそ　角《つの》を並べて渡るなれ　後《しり》なる女牛〔牝イ〕の産《う》む特牛　背斑《せまだら》小女牛〔牝イ〕は今ぞ行く

冒頭に見える「淡路の門」の「淡路」は、淡路国ではなく、摂関家領の摂津国西成郡の「淡路荘」（神崎川と安威川の合流点から西、神崎川と淀川との間の沖積地）付近の淀川の「川門」を、典薬寮の牛牧である「味原牧《あじふのまき》」の「特牛」（牝牛）が渡って行く光景を歌ったものであるという。(22) そして、こうした読みが、更に奈良時代まで遡ることは、以下の『萬葉集』から窺える。

【史料22】『萬葉集』巻九　相聞

鹿嶋郡（常陸国）苅野橋《かりの》、別㆓大伴卿（旅人カ）㆒歌一首、幷短歌、

1780
牡牛乃《ことひうしの》　三宅之潟尓《みやけのかたに》　指向《さしむかふ》　鹿嶋之埼尓《かしまのさきに》　狭丹塗之《さにぬりの》　小船儲《をぶね》　玉纒之《たままき》　小梶繁貫《をかぢしじぬく》　夕塩之《ゆふしほ》　満乃登等美尓《みちのとどみに》　三船子呼《みふねこを》
阿騰母比立而《あどもひたちて》　喚立而《よびたてて》　三船出者《みふねでなば》　濱毛勢尓《はまもせに》　後《おくれな》　奈美居而《みいて》　反側《こいまろび》　戀香裳将居足垂之《こひかもをらんあしすりし》　泣耳八将哭《ねのみやなかむ》　海上之《うなかみ》　其津乎指
而　君之己藝歸《きみがこぎゆかば》　者
（牡牛《ことひうし》の　三宅《みやけ》の潟《かた》に　さし向ふ　**鹿嶋の崎**に　さ丹《に》塗りの　小船を設け　玉纏《たままき》の　小楫繁《し》じ貫き　夕潮の　満ちの
湛《とど》みに　**御船子《みふなこ》**を　率《あども》ひ立て　喚《よ》び立てて　御船出でなば　濱も狭《せ》に　後並《おくれな》み居て　こい（臥）まろび（轉）　恋ひかもをらむ
足摺すりし　音のみや泣かむ　海上（下総国海上郡）の　その津を指さして　君が漕ぎゆかば）

反歌

1781
海津路乃　名木名六時毛《なぎ》　渡七六《なむ》　加九多都波二《かくたつなみに》　船出可㆑為八
（うみつぢの　凪なむときも　渡たらなむ　かくたつなみに　ふなですべしや）

右二首、高橋連蟲麻呂之歌集中出。

長歌（1780）の大意を述べると以下の通りである。

「ことひ牛」のいる屯倉《みやけ》という名のついた三宅の潟に向かい合う「鹿島の崎」に、**赤く塗られた小舟**を準備し、

握り手を美しく飾った楫をたくさん両舷に貫き、夕方の満潮が満ちきったところで、「官船」を操る船頭達に号令をかけて、呼び立てて御船（「官船」）が出ていってしまうと、浜も狭いほどにいっぱいに後に残った人たちが並んでいて、恋いしくてひっくり返り、恋しくているであろう。足をこすりあわせ、大声をあげて泣くであろう。海上《うなかみ》のその港を指してあなたが漕いで行くと。

一方、反歌（1781）の大意は以下の通りである。

海の道が静かな時にでも渡って欲しい。このように立っている波の中で船出をしてよいものだろうか。

簡単に注解を加えると、「さ丹塗りの」とは赤く塗った船であるが、当時、朱塗りの船は「官船」であったので、(23) 個人が私有する船ではない。「御船」も同じ。「特牛」は、租米を屯倉に運ぶ力の強い牡牛であるところから、地名の「みやけ（三宅）」にかかる枕詞である。「三宅の潟」は、利根川の右岸、千葉県銚子市三宅町一帯を指すという。「さし向かう」は、真向かいの、対岸の意味。「鹿嶋の崎」は、茨城県鹿島郡波崎町（現在、神栖市波崎）のことであり、題詞見える「苅野橋」と長歌で詠われた「鹿嶋の崎」とは一〇km位離れている。

こうしたことから、この長歌は、下総国海上郡（下海上郡。現在の銚子市と旭市のほかを中心とした地域）にあった屯倉を歌ったものとされている。(24) 既に万葉仮名で「特牛」が用いられていることは重要である。一方、「特牛」ではなく、「事負乃牛」が「ことひのうし」と読まれていたことは、同じく『萬葉集』の和歌から知られる。

【史料23】『萬葉集』巻一六

無㆓心所㆑著歌二首(25)

3838　吾妹兒之《わぎもこが》　額爾生流《ひたひにおふる》　雙六乃《すごろく》　事負乃牛之《ことひのうしの》　倉上くらの　うえ之瘡《かさ》

（我妹子が　額に生ふる　雙六の　牡牛《ことひのうし》の　鞍上の瘡）

3839　吾兄子之《わがせこが》　犢鼻爾為流《たふさきにする》　都夫禮石之《つぶれいしの》　吉野乃山爾　氷魚曾懸有《ひをそさがれる》　懸、有反云、佐我禮流。

（我背子が　犢鼻《たふさき》にする　圓石《つぶれいし》の　吉野山の山に　氷魚《ひを》そ懸《さがれ》る　懸有《さがれる》反《かへしていふ》　云、佐我禮流《さがれる》。）

右歌者、舎人親王令二侍座一曰、「或有下作二無レ所レ由《よル》之歌一人上者、賜以二銭帛《せんはく（ぜにきぬ）》一」。于レ時、大舎人安倍朝臣子祖父《こおほぢ》、乃《すなはチ》作二斯歌一献上。登時《すなはち》、以二所レ募物銭二千文一給レ之也。

最初の和歌に見える「事負乃牛《ことひのうし》」は「牡牛《ことひのうし》」（特牛）で、「倉上」は「ミヤケの倉」と「牛の鞍」とを掛ける掛詞である。更に、「特牛」は古代の人名にも見えるので、以下に紹介する。

【史料24】『日本書紀』雄略天皇三年四月条

阿閉《あへ》臣國見、更名、磯特牛、譖三栲幡《たくはた》皇女與二湯人《ゆゑ》廬城部連《いほきべのむらじ》武彦一曰、「武彦、姧二皇女《（栲幡）》一而使二任身一」。湯人、此云二臾衞一。武彦之父枳莒喩《きこゆ》、聞二此流言一、恐二禍及一レ身、誘二率武彦於廬城河一、偽使下二鸕鷀一沒レ水捕上レ魚、因其不意、而打殺之。天皇《（雄略）》聞、遣二使者一案二問皇女《（栲幡）》一、皇女對言、「妾不レ識也」。俄而皇女、齎二持神鏡一、詣二於五十鈴河上一、伺人不行、埋レ鏡經死。天皇《（雄略）》、疑皇女不レ在、恆使闇夜、東西求覓。乃於二河上一虹見如二蛇四五丈者、掘二虹起處一、而獲二神鏡一。移行未遠、得二皇女屍一、割而觀之、腹中、有レ物如レ水、水中有レ石。枳莒喩《（廬城部）》、由レ斯、得レ雪二子《（武彦）》罪一、還悔レ殺レ子、報二殺國見《（阿閉）》一。逃二匿石上神宮一。

雄略天皇と葛城円大臣の娘・葛城韓媛との間の娘で、斎王であった栲幡皇女と湯人の廬城部連武彦との関係について、皇女が湯人の為に妊娠したとの嘘の情報を流し、二人を死に追いやったため、武彦の父の廬城部枳莒喩に殺害された阿閉臣國見は別名を「磯特牛」と言ったが、「磯特牛」は「しことひ」と読んだことが知られるので、「特牛」は「ことひ」と読まれていたことが知られる（因みに、「磯」は儀泊の「儀」に同じで、「之者津《しはつ》」である。

次に大神（三輪）特牛なる人物が系図史料に見える。

【史料25】高宮信房（一七六九～一八二三）編『大神朝臣本系牒略』[26]

身狹——**特牛**——**逆**

特牛：一名、宇志。或大人。同訓。（類聚國史）類史。
母、物部榎井連盾女。

逆：仕二顯宗・仁賢・武烈・継体・安閑・宣化・欽明七朝一。

欽明天皇元年（五四〇カ）四月辛卯、令二大神祭一之（也カ）。四月祭、始乎。字類抄。

父の身狹《むさ》が『日本書紀』雄略天皇即位前紀に「三輪君身狭」と見え、子の逆《さかう》が『同』敏達天皇十四年（五八五）六月条・同年八月己亥条、用明天皇元年（五八六）五月条に「大三輪君逆」・「三輪君逆」、敏達の「寵臣」などとして見えるのに対して、特牛は、『古事記』・『日本書紀』には見えず、『大神朝臣本系牒略』にのみ見える。[27]右側の傍書によれば、特牛は、別名「宇志《うし》」と言い、或いは「大人」とも言ったが、「宇志」と「大人」は同じ訓《よみ》で、「うし」であった。このことは「類史」すなわち『類聚國史』に見えると注記する。そこで『類聚國史』を調べると、同書巻二　神祇二　神代下に見え、[28]そのもとの『日本書紀』神代下に「仍遣二其子大背飯三熊之大人一。大人、此云、于志。亦名、武三熊之大人。」と見えるので、この注記は正しい。次に左側の傍書によれば、特牛の母は物部榎井連盾の女で、特牛は、顯宗・仁賢・武烈・継体・安閑・宣化・欽明の七朝に仕えたという。そして、欽明天皇元年四月辛卯に特牛に大神祭を行わせたが、これが四月の上卯の日に大神神社で行われる「四月祭」（『延喜式』内蔵寮式に規定された大神祭）の始まりだとする。[29]そして、このことは「字類抄」、すなわち二巻本『色葉字類抄』か十巻本『伊呂波字類抄』に見えるというが、鈴木正信氏は、『世俗字類抄』も含め、現在のところ当該の文章を見出していないとのことである。[30]しかし、この注記は、特牛の名の訓みを示し、【史料19】二巻本『色葉字類抄』に見える「特牛」の訓（「コットイ」）を示す注記の可能性もあるので、この注記も正しい。

以上を踏まえ、『伊勢物語』第九段　東下りや『古今和歌集』巻九　羇旅に見える「こととひ《（事問）》」の解釈の問題に戻ると、それはミヤケ《（屯倉）》の枕詞の「特牛」「牡牛」によって称されていた「こととひ」「こつとひ」のことでないかと憶測される。即ち、何の技法もないように見える「東下り」の歌に詠み込まれた「事問はむ」の「こととひ」や「宮《み》古《こ》とり」の「みやこ」は、无邪志（武射・武蔵）国造領域内の「住田・角田」河の右岸（西岸）に置かれた屯倉（「豊嶋ミヤケ」）に由来するのではないか。少なくとも、それらを連想させるものではないか。このミヤケは河川交通と海上交通の結節点であり、かつそうした水上交通とのちの官道につながる陸上交通の結節点、すなわち水陸交通の結節点に位置し、物資積み替えや保管のための倉が立ち並ぶ他、牛牧も含んだミヤケであったことに由来するか。このように『伊勢物語』・『古今和歌集』の「宮古どり」（都鳥）の歌に見える「こと問」という言葉は屯倉の枕詞である「こととひ」を掛けているとすると、更に住田川の渡しにおける「なにしおはば、いざこと問はむ」は、「名」を「負」っているのでお尋ねしようという意味と、「塩《しほ》」を「負《お》ふ」（塩を背負って運ぶ）「特牛《こつとい》」を掛けているとは考えられないだろうか。その「塩」とは確かな証拠はないが、行徳のような江戸湾の浜で生産された塩が運ばれたとは考えられないだろうか。また、近接した馬や牛の牧には、塩が必要であった。その当否はともかく、古代の隅田川河口付近にヤマト王権の交通・情報・経済の拠点となった屯倉が六世紀後半から七世紀前半には存在していた可能性を、最後に「浅草寺縁起」から探ってみたい。(31)

五　浅草寺の創建と「浅草寺縁起」

【史料26】 浅草寺所蔵『淺草寺縁起繪巻（伝應永縁起）(32)』

武藏國浅草寺縁起

（中略）

右、當寺《浅草寺》は、是觀音の靈像鎮護の道場也。むかし、**武藏國宮戸河《みやと》の邊**に、兄弟の漁父有。名付て、**檜熊《ひくま》の濱成・竹成**といふ。則礒邊に出て、浦わニさすらひ《流離》、世を渡るよすが《縁》となんしけり。

推古天皇《人王卅四代》三十六《六二八》年戊子**三月十八日**癸丑、碧落に雲きへ《消》て、蒼暝に風しづ《静》かなる朝、**江戸浦**にして、鈎をたれ《垂》、網を引業《ひくわさ》をなしけるに、おほえ《覺》す、觀音の像のミ網にかゝり《掛》給ひて、いとさらに遊魚の類ハ鈎をもしつめさりけり。爰《こゝ》にあまの《海女》たく《栲》縄くり《繰》返し、又こと浦にうらつたふ《浦傳》といへども《雖》、七浦の浦ごとに、さながら《宛》おなじ《同》さま《様》なる佛像のみかゝり《掛》給へり。此鼇海《ごうかい》の化佛を見奉るも、彼巫山の神女にあへ《逢》りしがごと《如》し。かれ《彼》は雨となり、雲と成にけり。是は海にうか《浮》び、浪に浮たまへり。寶冠瓔珞《ようらく》、蕩々《とうとう》として、金色荘嚴、篤々たり。左手蓮花を持しめ。右に無畏をほどこし《施》給ふ。又五色の雲なびけ《靡》。四花の臺かふば《香》し。是によりて、獵師さらに機縁のあさ《浅》からざる事を思ふに、信心ふか《深》く催《うながさ》れて、一たび《度》靈容を拜し奉るに、數行の涙におぼ《溺》る。いよいよ《弥》掌《てのひら》を合、頭を低て、海人《あま》のかりそめ《假初》臥《ぶし》の蘆《あし》のまろや《丸屋》をあらため《改》て、觀音の濁《にごり》にしま《染》ぬ蓮華の臺とぞなせりける。

同十九日、濱成等、靈像にむかひ奉り、掌を合て、游漁をのぞみ、其祈の詞にいはく、「我らすで《既》に昨日は、いたづら《徒》に手をむなしく《虚》して歸りぬ。けふ《今日》は、觀音よく靈驗をたれ《垂》て、魚をとら《捕》しめ給へ」と祈念して、網をおろ《下》すに、大小の魚、すなはち《則》網の目に餘る。長短のうろくづ《鱗》、忽に船中にみち《満》〳〵たり。舎屋に男女貴賤、同じく觀音の威驗をあふ《仰》ぎけり。是によりて、舊居のすみ《棲》家をあらため《改》て、永く新搆の寺とす。彼時の土師の直《あたひ》の中知、濱成《檜熊》・竹成《檜熊》は、今の三所權現、是也。内には妙覺高貴の尊體をかくし《隠》、外には惣地下位の漁父とあらは《現》れ給ふ。

舒明天皇御宇《（六二九～六四一）》正月十八日、神火の餘焔、天にあがりて、練若《れんにゃ》の一寺地を拂ふ。本佛ほのほ《（炎）》の底より飛出て相好變じ給はず。諸人《もろびと》花のかほばせ《（顔）》を拜し奉るに、感涙をさへ《（抑）》がたし《（難）》。かやうの炎上七度に及といへども《（雖）》。度毎に飛出給へり。にごれる《（濁）》末の世に、かゝるめづらか《（珍）》成事あらめやとて、たつとびあへりけり。されば炎上の後、いよ々々靈驗をまし給へるに。本尊示現し給けるは、此地は多年殺生の所なるがゆへ《（故）》に。七度燒除て清浄の砌となさん爲なりとぞ。いとやむ事なかるべし。

又三ケ月をへて後《（復カ）》、先のごとく《（如）》炎上す。かやうの回禄七度の《（に及カ）》ことい へども《（雖）》、毎度飛出給へり。本尊示現したまはく、此地は累年殺生汚穢の所成るが故に七度燒除きし《（てカ）》、清浄堅固の靈地となさんがためなり。されど炎上の後、いよ々々靈驗をまし《（益）》給へり。

孝徳天皇御宇。勝海上人と云ふ聖有けり。大化元年《（六四五）》に東行の次、此靈場に參籠して、薫修をつみ《（積）》、練行をかさ《（重）》ぬるのみにあらず。破壊の蓮宮を修造し、靈驗の花容を拜見して、片時も身をさらずたもち《（保）》ける三衣一鉢を失へり。悲泣して祈念をこらす所に、本尊示現したまはく、「汝、ほし（欲）ひまゝに我聖容を拜見する。實に歸依の志有といへども《（雖）》、爭《いかでか》冥顯の恐なからむ。罸せんとにはあらず。こらさしめん《（懲）》が爲なり」とぞ。其後、此寺をさる《（去）》事、五六町の間にはからず三衣一鉢を求得たり。それよりこのかた《（方）》、于レ今、輙《たやすく》靈像を拜見する人なかるべし。（後略）

推古天皇三十六年（六二八）三月中旬に、宮戸川（現・隅田川）で漁をしていた檜前《ひのくまの》濱成《はまなり》・竹成《たけなり》兄弟の網にかかった仏像があったが、これが浅草寺本尊・聖観音像である。この像を拝した兄弟の主人・土師中知《はじのなかとも》は出家し、自宅を寺に改めて供養した。これが浅草寺の始まりという。台東区浅草の浅草寺本堂の東側にある浅草神社の祭神で、浅草寺本尊の発見者である、檜前濱成・竹成兄弟の説話から、浅草寺は、无邪志國造が経営を委ねられていた「豊嶋ミヤケ」に近接し、「豊嶋ミヤケ」は牛牧が発展したものであり、海船と川船の積み替え拠点で、そこに属する漁民もいた。それが檜前氏で、網にかかって自宅に持ち帰っていた仏像に霊験があったので、自宅を「堂」に替えたというストーリー、屯倉内で信仰されていた観音菩薩をもとに推古朝の「堂」が、七世紀後半に瓦葺の寺院（白鳳寺院）として創建されたという可能性は大いにありうることである。(33)

武蔵国の「檜前馬牧」は、浅草付近であったと『東京市史稿』では推定しており、更に下総国の「浮嶋牛牧」は本所《ほんじょ》（現在：墨田区）に、武蔵国の「神崎牛牧」は牛込（現在：新宿区）に置かれたとし、「浮嶋牛牧」は牛御前《うしごぜん》社（現在：牛嶋神社（墨田区向島））の近くかとする説が有力で、隅田川の中州（浮嶋）を利用した牛牧が想定されている。(34)現在の言問橋を西から東に、浅草側から向島側に渡ると、墨田区の隅田公園内に牛嶋神社が鎮座するが、牛嶋神社は『新編武蔵風土記稿』に記された社伝によれば、貞観年間（八五九〜七九）に慈覚大師円仁が当地に来た際に、須佐之男命の化身の老翁から託宣を受けて創建したと伝え、明治以前は「牛御前社《うしのごぜんしゃ》」と呼ばれており、牛御前社は「牛のおん前の社」の意味で、本所の総鎮守であったといい、現在、狛犬ならぬ狛牛《こまうし》が守っている。神社でありながら、円仁の創建というのは、平安時代以降の附会で、もともとは「豊嶋ミヤケ」にいた「特牛」「牡牛」に因んだ社、「豊嶋ミヤケ」が包括していた「檜前牧」に深く関係したミヤケの社だったのかもしれない。

さて、浅草寺所蔵『淺草寺緣起繪巻（伝應永緣起）』（【史料26】）は、「人王卅四代（六二八）**推古天皇三十六年**戊子**三月十八日**癸丑、碧落に雲き《（消）》へて、蒼暝に風しづ《（静）》かなる朝」と創建縁起が始まっているが、これは『日本書紀』など正史には全く見えず、推古天皇三十六年という年紀はにわかには信じがたいことであるが、ちょうどその頃、『日本書紀』には、推古天皇の崩御関連の記事や天文現象が記されている。そうしたことから、『淺草寺緣起繪巻（伝應永緣起）』が浅草寺の創建の発端を、推古朝ではなく、推古天皇三十六年という具体的な年次に書けたのか、憶測を述べておきたい。

【史料27】『日本書紀』推古天皇三十六年（六二八）

春二月戊寅朔甲辰、天皇（推古）臥レ病。

三月丁未朔戊申（二日）**、日有二蝕盡一之。**

壬子（六日）、天皇、痛甚之不レ可レ諱、則召二田村皇子（舒明天皇）一謂レ之曰、「昇二天位一而經二綸鴻基一、馭二萬機一、以亭二育黎元一、本非二輙言一、恆之所レ重。故、汝愼以察レ之、不レ可二輕言一」。卽日、召二山背大兄一教レ之曰（推古天皇）、「汝肝稚之。若雖二心望一、而勿二諠言一。必待二群言一、以宜レ從」。

癸丑（七日）、天皇崩之。時年七十五。卽殯二於南庭一。

このうち、推古天皇が、病の床に就き、遺詔や崩御・殯の記事は、特に疑う余地がないので、ほぼ日付けも含め史実かと思われる。また、三月二日の日食記事は、『日本書紀』の最初の日食記事で、この記事に関しては、誇張表現とする説が通説でもあったが、近年、必ずしも誇張表現ではなく、西日本で皆既日食があったはずであるという[35]。従って、推古朝の創建という言い伝えを「縁起」として著す際に、人々の記憶に残る印象深い年であった推古天皇三十六年を選んだのではないかと思われる。

結　び

従来、「ミヤケ」の史料としては全く検討の対象にはなっていない、『伊勢物語』第九段　東下りや『古今和歌集』に見える、在原業平が隅田川の渡河の際に渡し場で詠んだ和歌「都鳥」の歌に見える「こととひ」は、渡し場の付近「豊嶋」の地にかつて存在した「ミヤケ」の枕詞の「特牛」「牡牛」（「ことひ」「こっとひ」）や「ミヤケ」に由来する「宮古」を念頭に置いた表現である可能性が高いと考える。「おはば」の「負ふ」とは、「都鳥」だけでなく、「**事負乃牛**《ことひのうし》」の「負ふ」、津と倉との間を往復し、重い米などを背負って運ぶ頭の大きい強靭なオス牛がいたミヤケのあった地名も掛けている。そして、「ミヤケ」に隣接した浅草寺の創建は、推古朝や皇極朝（大化元年より前）まで遡り、「豊嶋のミヤケ」の経営をしていた檜前氏（无邪志国造のうち）の氏寺である可能性がある。

〔追記〕

日本野鳥の会京都支部のＨＰの「ユリカモメ」（https://wbsj-kyoto.net/yachoulist/ ユリカモメ／）によれば、以下のようにみえる。

都鳥

日本の古典文学に「都鳥」という鳥が登場しますが、チドリ目に属するミヤコドリではなく、ユリカモメであると推測されています。その根拠は、『伊勢物語』の中で主人公が都から東国へ下る際の次の記述。「武蔵の国と下総の国の境に隅田川という大きな川がある。そこに、白くて嘴と脚が赤い、シギくらいの大きさの鳥が、水面で遊びながら魚を食べている」。ミヤコドリも嘴と脚が赤いですが、英名Oystercatcherのとおりカキなどの貝類を食べるものの魚は食べません。この描写に最も適合するのはユリカモメであるというわけです。

その一方で、上の記述の後に「京都では見かけない鳥なので、渡し守に尋ねると都鳥だと言う」と続きます。当時の京都にはユリカモメはいなかったわけです。実際、現在鴨川の冬の風物詩になっているユリカモメは1970年代になってから集まり始めたもの。

しかし、なぜ東国の人々がユリカモメを「都鳥」と名づけたのかという疑問はまだ残ります。

最後の疑問に関して「豊嶋ミヤケ」にいる鳥と言う意味で「ミヤケドリ」であった可能性も一案として挙げておく。

注

（1）齋藤長秋著・長谷川雪旦画『江戸名所圖繪』巻之六第一七冊　石濱神明宮其二「恩河橋場渡」（国立国会図書館所蔵）。
（2）川尻秋生「1章　国造の世界」（川尻秋生他編『シリーズ　地域の日本古代』東国と信越、ＫＡＤＯＫＡＷＡ、二〇二二年）の「2　ミヤケを探す」。
（3）竹岡正夫『伊勢物語全評釈』（右文書院、一九八七年）。
（4）西下経一・滝澤貞夫編『古今集校本』新装ワイド版（笠間書院、二〇〇七年。初版一九七七年）。
（5）西一夫「『伊勢物語』の教材研究―第9段「東下り」の和歌解釈を中心に―」（『人文科教育研究』三三、二〇〇六年）。
（6）滝澤貞夫「解説」（『古今和歌集』〈日本古典文学大系〉岩波書店、一九六二年）。
（7）上野英二「仮名成立の意義　覚書―言葉の獲得―」（『成城国文学』三七、二〇二一年）。
（8）瀧川政次郎「律令時代の隅田川界隈」（『國學院大學　政經論叢』三―四、一九五五年）。
（9）参考までに承和二年六月二十九日付太政官符に関連する『続日本後紀』や『袖中抄』の記事を引用する。

『続日本後紀』承和二年六月癸卯（二十九日）条

癸卯、勅、（中略）勅、如レ聞、東海・東山兩道、河津之處、或渡舟數少、或橋梁不レ備。由レ是、貢調擔夫、來集二河邊一、累レ日經レ旬、不レ得二利涉一。宜三毎レ河加二増渡舟二艘一。其價直者、須レ用二正税一。又造二浮橋一、令レ得二通行一。及建二布施屋一、備レ橋造作料者、用二救急稻一。

顕昭著『袖中抄』巻一九　ハ、キヾ（帚木）

今勘二**國史**一云、仁明天皇承和二年〔癸卯（二十九日）〕六月、勅、如レ聞、東海・東山兩道、河津之處、或渡舟數少、或橋梁不レ備。由レ是、真〔貢カ〕調擔夫、來集二河邊一、累レ日經レ旬、不レ得二和〔渡カ〕涉一云々。宜三毎レ河加二増渡舟二艘一。其價重〔直カ〕者、須〔用脱カ〕正税一。又造二浮橋一、令レ得二通行一。及建二布施屋一、備レ橋寄〔ママ〕造作料吉〔者カ〕、用二救急稲一云々。

（10）注（8）瀧川論文参照。

（11）木下良「Ⅱ　東海道　14　下總国」（『事典　日本古代の道と駅』吉川弘文館、二〇〇九年）。

（12）福家俊幸著・角川学芸出版編『更級日記全注釈』日本古典評釈・全注釈叢書（ＫＡＤＯＫＡＷＡ、二〇一五年）。

（13）台東区史編纂専門委員会編『台東区史』通史編１（台東区、一九九七年、のち文庫本二〇〇二年）。

（14）國士舘大學考古学研究室編『金沢窯跡《こんたくようせき》』埼玉県比企郡鳩山町金沢窯跡〈國士舘大學考古学研究室報告16〉二〇一四年）。川尻秋生氏のご教示、提供による。

（15）注（2）川尻論文。

（16）注（8）瀧川論文、瀧川政次郎「上代の隅田川両岸地帯」（『國學院雑誌』五六―五、一九五六年）。

（17）港区総務部総務課編『港区史』１　通史編　原始・古代・中世（港区、二〇二一年）のうち、古代「第三章　律令体制の整備と古代武蔵国の諸相・景観」／「第四節　古代の物産と自然」牧。

（18）葛飾区総務部総務課編『葛飾区史』（葛飾区、二〇一七年）のうち、「第２章 葛飾の成り立ち　第１節　古代の葛飾　古代葛飾の人々の暮らし：牛馬の飼育と貢納」参照。

（19）一方、武蔵国の檜前舍人を、『日本書紀』応神天皇二十年九月条に「倭漢《やまとのあや》直祖阿《あ》知使主《ちのおみ》・其子都加《つか》使主、並率㆓己之黨類十七縣㆒而來歸焉」と見える記事や、『続日本紀』宝亀三年（七七二）四月庚午（二十日）条の坂上大忌寸苅田麻呂らの言上に「以㆓**檜前忌寸**㆒、任㆓大和國高市郡司㆒、元由者、先祖阿智使主、軽嶋豊明宮（應神）馭宇天皇御世、率㆓十七縣人夫㆒歸㆑化。詔賜㆓**高市郡檜前村**㆒而居焉。凡高市郡内者、**檜前忌寸**及十七縣人夫、滿㆑地而居。他姓者十而一二焉」と見える記事、更に『新撰姓氏録』に「檜前忌寸、阿智王之後也」と見えることなどから、應神朝（五世紀初め頃か）に大陸から半島を経て列島に渡り来て、後の大和国高市郡檜前郷の地に居住させられることになった倭漢氏の始祖である阿智使主（阿智王）の子孫の一族で、檜隈氏を名乗る人々が分れて移住し、彼らは『日本書紀』欽明天皇七年七月条に「倭國今來郡言、「於㆓五年春㆒、川原民直《たみのあたひ》宮、宮名、登㆑樓《たかや》騁望。乃見㆓良駒㆒、紀伊國漁者負㆑贄草馬之子也。睨《みテ》㆑影高鳴《たかクなキ》、輕超㆓母脊㆒。就而買取、襲養《うけかふコトへヌ》兼㆑年。及㆑壯、鴻《おおとりノ》驚龍翥《（りゅうノゴトクかけル）》、別㆑輩越㆑群。服㆑御隨㆑心、馳驟合㆑度。超㆓渡大内丘（後の高市郡檜隈郷）之壑㆒十八丈焉」。川原民直宮、檜隈邑（後の高市郡檜隈郷）人也」と見えるように、馬を飼養する技術に長けていたために「檜前馬牧」は浅草であったと推定する説も指摘されている。中島利一郎「浅草と檜前（浅草文化

の一瞥）」（『武蔵野』三—二、一九二〇年）。

（20）永田英明「駅家と駅戸」（奈良文化財研究所編・刊『駅家と在地社会』（二〇〇四年）、永田英明『古代駅伝馬制度の研究』（吉川弘文館、二〇〇四年）。

（21）「津」に関しては、『萬葉集』巻一四　東歌に、武蔵国内の「津」が見える。

3380　佐吉多萬能《さきたまの》　津尓乎流布祢乃《つにをるふねの》　可是乎伊多美《かぜをいたみ》　都奈波多由登毛《つなはたゆとも》　許登奈多延曽祢《ことなたえそね》

（埼玉の　津に居る船の　風をいたみ　綱は絶ゆとも　言な絶えそね）

右九首、武蔵國歌。

歌の意味は、武蔵国埼玉郡埼玉郷《さきたまごう》（東京湾に注いでいた旧利根川本流とその支流である旧荒川本流に挟まれた地域。行田市埼玉周辺か）の「津」（船着き場）に繋がれている船が激しい風を受けて、綱が切れるようなことがあっても、あなたの言葉（便り）は絶やさないようにしてくださいね、である。「佐吉多萬能津《さきたまのつ》」（埼玉津）の存在が知られる。

（22）五味文彦「今様から河川を考える」（『歴史・風土に根ざした郷土の川懇談会—日本文学に見る河川—』第三回議事録　国土交通省HP、二〇〇一年）。

（23）吉川真司「天皇と赤幡」（稲岡耕二監修、神野志隆光・芳賀紀雄編『萬葉集研究』三〇、塙書房、二〇〇九年）。

（24）瀧川政次郎「検税使大伴卿」（『國學院法学』七—四、一九六〇年。のち『万葉律令考』〈東京堂出版、一九七四年〉）。「特牛」に関しては、谷川健一「第四章　内陸の道—瀬戸内・上方・東国　136　特牛—力の強い牡牛」（『列島縦断地名逍遥』冨山房インターナショナル、二〇一〇年）も参照。

（25）「無㆓心所㆑著歌」（「心の著くところ無き歌」）は意味の取れない歌。句ごとに全く関連のない事をいい、全体として纏まった意味をなさない歌。訳が分からに歌。田中真理「無心所著歌二首」（奈良女子大学古代学・聖地学研究センター編『第18回若手研究者支援プログラム「萬葉集巻十六を読むⅡ」報告集』二〇二三年）も参照。

（26）鈴木正信「校訂『大神朝臣本系牒略』」（『日本古代氏族系譜の基礎的研究』東京堂出版、二〇一二年）。『大神朝臣本系牒略』の史料的性格に関しては、髙宮澄子氏所蔵本をもとに校訂・翻刻した鈴木正信氏は、「第一系図」（素佐能雄命から大神朝臣成主までの古代の人物を記した系図）が他史料に見える大神朝臣氏の人物を網羅的にピックアップし、続柄を考証・推測してそれぞれを系線で結ぶという単純作業によって作成されたものではなく、八世紀中頃から十世紀初頭にかけて諸氏族が作成した本系帳との関係、すなわち平安時代前期に大神朝臣氏が作成した本系帳と『大神朝臣本系牒略』第一系図との間には何らかの関連が想定されると指摘され、大神朝臣氏も本系帳を提出した際にその写しを保管しており、その内容が別の文献に部分的に引用されるなどして後世にまで伝えられていたのではなかろうか。そして、そうした本系帳に由来する情報を基礎としつつ、前掲の引用史料により考証を加えながら、信房は『本系牒略』第一系図を作成したと推測され、本系図の古代部分に関しても、古代史の史料としての有用性、を指摘されている（鈴木正信「『大神朝臣本系牒略』の原資料と引用史料」〈『纏向学研究　纏向学研究センター研究紀要』三、桜井市纏向学研究センター、二〇一五年〉）。

(27) 鈴木正信「五～八世紀における大神氏の氏族的展開」（『滋賀大学経済学部研究年報』一九、二〇一二年）。

(28) 注（26）鈴木論文の「【表1】『大神朝臣本系牒略』と引用史料の比較」。

(29) 注（27）鈴木論文。

(30) 注（27）鈴木論文。

(31) 網野宥俊『浅草観音の話』観音叢書（神宮館、一九五一年）。

(32) 東京都台東区教育委員会生涯学習課編『浅草寺縁起絵巻』台東区文化財調査報告書五六〈台東区の絵巻3〉（東京都台東区教育委員会、二〇一七年）所収の釈文に基づき、『続群書類従』第二七輯下　釈家部九〇所収の『武蔵國浅草寺縁起』も参照した。なお、林道春（羅山）『神社考詳節』（『本朝神社考・神社考詳節：附林文敏公伝』〈續日本古典全集〉（現代思潮社、一九八〇年）には、以下のような漢文の縁起が見える。

武州淺草寺觀音

昔武藏國豐嶋郡宮戸河者、（宮戸河者、今淺草河也。）漁舟之所レ泊。此故、漁家鱗差二于北南一、以二雜處一。于レ茲、宮戸河邊、有二兄弟三人一、曰二檜熊一。曰二濱成一。曰二竹成一。（一説曰、三人者土師氏。曰眞中知。曰濱成。曰竹成。）素以二垂釣一、爲二常業一。推古天皇三十六年（六二八）戊子、三月十八日朝、天霽。三子携レ網、出二棹小舟一、赴二宮戸河沖一、擲二網于海中一、三子擧レ網不レ得レ魚、忽得二觀音像一。三子大驚、合レ掌礼拜、自爲二希有之思一矣。三子亦携レ網遶《めぐり》二七浦一、皆看二觀音像一。於レ是、益驚、卽歸二于家一。舉レ家親戚大驚。人皆爲二奇妙一也。時人謂二三子一曰、「汝等非二凡人一。早建二小宮一、可レ安二置觀音像一」。同十九日、三子拜二謁靈像一曰、「昨日、掛二靈像於汚穢之網一。可レ蒙二恩免一焉。然吾平生舉レ網販レ魚養二生涯一。今日、亦入二網于海中一、請レ得レ魚」。言訖、携レ網赴二七浦一、擲二于海中一、舉レ網、巨口細頭之遊漁滿レ網。三子售《ウル》レ魚、直得二萬貫一。時人皆奇レ之曰、「是必靈像之助也」。遂改二小宮一、相修新創、建二觀音堂一。三子卒後、子孫建二三社一、爲二三神一。今之三所護法、是也。

舒明天皇御宇、正月十八日、觀音堂、罹二鬱修之變一、爲二烏有一。于レ時、靈像忽飛二出於火煙裡一。（後略）

（33）内陸ではあるが、善光寺縁起が同じような経緯をたどっている可能性がある。田島公「十巻本『伊呂波字類抄』所引「善光寺（奈良）古縁起」の構造・伝来と信憑性」（田島公企画・監修『新発見史料・新解釈による古代・中世前期の信濃―「『信濃史料』古代編（2・3巻）に係る未収史料の収集に関する基礎的研究」の成果』研究報告書〈東京大学史料編纂所研究成果報告2023―5〉、東京大学史料編纂所、二〇二四年）。

（34）『東京市史稿』宗教篇1（一九三二年）。

（35）谷川清隆・相馬充「推古天皇36年の皆既日食記事の信憑性」（『天文月報』二〇〇二年一月号）。因みに当時は『元嘉暦』を使用していた。

〔付記〕本稿は二〇二四年三月二日に金鶏会館（県立長野高校同窓会館）で行った東京大学史料編纂所主催（担当「天皇家・公家の「知」の体系としての文庫・宝蔵研究拠点創設」プロジェクト）の「金鶏会館連続講座　古典から読み解く歴史学・文学―「いま明かされる古代50&中世・近世」第7回で「「言問《こととい》橋」・「言問通り」の地名の由来と『武蔵国浅草寺縁起』―「こととひ」地名と武射《むさし》国造領域の「豊島屯倉《としまのみやけ》」―」と題して行った講演に基づく。

行基にかんするいくつかの問題

若井敏明

はじめに

奈良時代の僧、行基はこの時代を研究する者の心をとらえつづけている。私も遠い日に卒業論文でこの人物を取り上げた。卒論自体は失敗作に終わってしまったけれど、それ以来、おりにふれて考えるところがあった。そんなことを繰り返して、今にいたるもまだ全貌を把握することには程遠いが、近年思いついたこともあるので、ここにいささか記してみることとしたい。浅学ゆえ、すでに周知のことや、たんなる思い付きに終わっていることもあろうかと思うが、多少なりとも諸賢の関心を得ることができれば幸いと考えている。

一　初期の行基と寺院政策

養老元年（七一七）四月壬辰（二十三日）の元正天皇の詔の中で、行基と弟子らは、凡そ僧尼は寺家に寂居して、教を受け道を伝う。令に准るに云わく『其れ乞食する者あらば三綱連署せよ。午前に鉢を捧げて告げ乞え。此に因りてさらに余の物を乞うことを得じ』という。まさに今、小僧行基あわせて弟子ら、街衢に零畳して妄に罪福を説き、朋党を合わせ構えて、指臂を焚き剝ぎ、門を歴て仮説して、強いて余物を乞い、詐りて聖道と称して百姓を妖惑す。道俗擾乱して四民業を棄つ。進みては釈教に違い、退きては法令を犯す。（『続日本紀』。原漢文の読み下し。以下同）

と厳しく非難されているのは周知のことであろう。

ここで問題となっているのは、行基とその弟子らによる寺院外での活動である。律令国家は『僧尼令』によって僧尼に保護と統制を加えていたが、その第五条に、「凡そ僧尼、寺院に在るに非ずして、別に道場を立てて、衆を聚めて教化し、あわせて罪福を説き、及び長宿を殴ち撃たば皆還俗」とあるように、僧尼の寺院外での活動を禁じていた。行基の活動はまさにそれに抵触するものであって、さらにその内容も、違法な托鉢やあやしげな教説など、社会不安をあおるようなものだったのである。

しかし、その活動は止むことなく、藤原不比等が亡くなった翌年の養老五年には、行基は平城京右京三条三坊に寺史乙丸の宅を菅原寺とし、いよいよ都のなかに進出することとなった。

これを受けて、政府はよりつよい対策に乗り出すこととなる。養老六年七月己卯（十日）、長屋王を首班とする太政官は平城京にいる僧尼について禁圧の強化を天皇に奏上した。

近ごろ在京の僧尼、浅識軽智を以て、罪福の因果を巧に説き、戒律を練らずして、都裏の衆庶を詐り誘う。内に聖教を黷し、外に皇猷を虧けり。遂に人の妻子をして剃髪刻膚せしめ、動れば仏法と称して、輒く室家を離れしむ。綱紀に懲ること無く、親夫を顧みず。或は経を負い鉢を捧げて、街衢の間に乞食し、或は偽りて邪説を誦して、村邑の中に寄落し、聚宿を常として、妖訛群を成せり。初めは脩道に似て、終には擾乱を挟めり。永くその弊を言うに、特に禁断すべし。（『類聚三代格』）

ここに行基の名前は見えないが、先にみた行基に対する非難の言葉と同様な表現にあふれていて、明記はされないが行基と弟子らが対象となっていることはまちがいないであろう。

このような行基の活動の背景としては、平城遷都とそれに続く都城造営などがすでに指摘されているが、[1]私はそれらに加えて、当時の寺院をめぐる状況があると考えている。

日本で初めて造営された寺院は飛鳥の法興寺（飛鳥寺）だが、豪族が寺院を競って建てるようになったのは推古天皇の時代で、その末年には四六寺を数えたという（『日本書紀』推古三十二年〔六二四〕九月丙子条）。その造営は氏族（豪族）がおこなっていたが、出来上がったあとは、寺院自体が財源をもち、それによって運営されたらしい。寺院はいわゆる寺院財産を所有する、一種の経営体だったのである。法隆寺が聖徳太子から播磨国にある水田百町を寄進されたのはその例である（『日本書紀』推古十四年是歳条）。

さて、大化改新で豪族はその所有する人民と土地を国家に没収され、かわりに封戸を与えられることになったが、それは寺院にも適応された（『法隆寺伽藍縁起幷流記資財帳』には大化三年〔六四七〕に三〇〇戸の封戸施入がみえる）。封戸とは決められた戸が負担する税を封主に支給する制度で、国庫からの財政援助といっていいだろう。個人の場合は土地と人民を没収するかわりに与えられたのだが、寺院はそれまで所有していた土地などはそのままで（『法隆寺伽藍縁起幷流記資財帳』によれば、法隆寺の場合、先に施入された播磨の田地百町はそのままで、さらに天平十九年〔七四七〕までに二一九町余に増加している）、さらに封戸を支給されたのだから、その優遇のほどがうかがえよう。

改新政府はその発足の初期に、経営が苦しい寺院には援助を与えるという寺院援助を名目にして、役人を派遣して寺院の経済状態を調査している（『日本書紀』大化元年八月）。その改新政府による寺院助成の具体的な方法が、寺院への封戸施入であったわけである。

ただし、これは、寺院援助を目的とするとともに、寺院の所有する土地や奴婢を把握するのも目的のひとつで、全国的な土地と人民の把握において、寺院財産も漏らすまいとした、改新政府の方針を踏まえたものでもあった点を忘れてはいけない。

このような優遇政策を背景にして、寺院は全国的に造営されていった。『扶桑略記』には、それより半世紀近くあとの持統六年（六九二）九月に、天下の諸寺五四五か寺に稲を施したとみえるので、その増加のほどがわかろうというものである。ただし、このような寺院の増加は、たんに仏教の普及という側面だけで説明がつくものではない。そこには、改新以降も公地公民制のもとで、土地と人民の私有を禁じられた豪族らが、寺院を造営して、そこに土地と人民を寄進するというかたちで、それらの温存をはかったという可能性があるからである。

そしてさらに豪族たちは彼らが創建した寺院を通じて、寺田のみならず、国家から封戸というかたちで財政援助を受けることができたわけである。このようにみると、寺院への国家補助のうち少なからぬ部分が、豪族の私的流用に回されていたことも十分に考えられるのである。

ただし、寺院優遇策はそれより十年ほど前の天武天皇の時代に見直される。『日本書紀』天武九年（六八〇）四月是月条に、寺院は今後、国大寺たる二、三以外は政府の支援をなくし、食封つまり封戸は三十年で停止するとみえるのがそれである。ここに、全国の寺院は国家が経営する国大寺と、一時的に国家から支援を受ける有食封寺、その他の寺院に分けられたのである。実際、法隆寺の場合は、大化三年に給付された三〇〇戸の封戸が、己卯年つまり六七九年に停止されており（『法隆寺伽藍縁起幷流記資財帳』）、封戸に期限をつける政策は前年から実施されていたらしい。この期限は七〇一年の大宝令になるとさらに五年に短縮されてしまう。

たしかに、天武天皇の時代にかりに全国で寺院が五〇〇か所あったとして、それぞれに五〇戸の封戸を与えていたら、それだけで五〇〇里分の租税が寺院にまわされたこととなる。見直されて当然といえるのであるが、あるいは寺院を通してそれが豪族の収入となっていたのを見越しての処置だったのかもしれない。

このように六八〇年以降、特別な寺院が一定期間、国家からの援助を受けることはあっても、多くの寺院はもっぱら寺田による独立採算を余儀なくされたわけで、これまで国家からの補助で潤っていたと思われる寺院の経営が悪化していったことは想像にかたくない。

それでも、寺院の土地、寺田は租税負担を免除されていたから、封戸は期待できなくても、非課税制度を利用した財産隠しはその後も行われたであろう。国家からの補助が期待できなくなったあとも、寺院財産はあからさまに施主の豪族（檀越）の食い物になっていき、それは必然的に寺院の財政を悪化させていったのである。

それらの問題が顕在化したのが、八世紀の初頭である。和銅六年（七一三）、近江国守藤原武智麻呂が、当地では寺院の財産を檀越が流用し、寺院の建物の修理もせず、僧尼は寺院を離れて村里で生活する有様だと報告したのは（『藤氏家伝』及び『続日本紀』）、まさにそうようなことを背景とした寺院の困窮だったのである。政府はおそらく諸国の状況をも調査したうえで、霊亀二年（七一六）五月に、寺院財産を檀越に加えて、僧と国司さらに現地の僧官の国師の共同管理に置くこととした（『続日本紀』）。

つまり、豪族たちは寺院経済の悪化にもかかわらず、その私的流用を改めなかったので、当然寺院の修理や寺僧への布施・供養はおろそかになり、困窮した僧尼たちは寺を離れて生活の糧を求めるようになっていたのである。そのような僧侶たちが目指したのは、人口の集中する都市、つまり平城京であって、そこでの托鉢で糊口をしのいでいたのだと思われる。行基に付き従う僧のなかには、そのような失業僧尼が相当数いたのではなかろうか。養老期の行基の活動は、彼ら困窮した僧尼の生活を維持する側面もあったのである。

しかし、時の政府は、この問題の根本的な解決を図ろうとはせず、一方的に行基らの行動を禁圧するだけであった。この方針は政府首班が藤原不比等から長屋王に遷ったあとも共通して行われている。とくに長屋王が、初期行基のような活動をする民間僧にたいして批判的な考えを有していたことは『日本霊異記』中巻第一話の「己が高徳を恃み、賤形の沙弥を刑ちて、現に悪死を得し縁」と題する説話から明らかである。

ただし、彼はいわゆるエリート僧に対しては好意的な態度をとっていたことは、彼と道慈との交流からうかがえるし、かれの仏教政策に道慈がどのように影響したかなども興味深い問題だが、今は触れない。

ところで、このような困窮した僧尼の問題はいつ解決するのだろうか。寺院財産の共同管理を打ち出したとき、政府はあわせて、経営困難な寺院の併合を進めることを決定した。寺院数を整理しようというこの併合政策は天平七年（七三五）に撤回されるが、その間は当然、新たな寺院の建立も抑えられたと思われ、僧尼を受け入れる体制が整ったとは考えられない。そのようななか行基は、院とよばれるいわば非合法な宗教施設を建立することで、困窮した僧尼の収用問題を解決しようとしたと考えられる。しかし、そのためには非合法な施設を容認、すくなくとも黙認させねばならない。当局が態度を改めないかぎり、行基側が新たな手を打たねば、事態は好転しないであろう。

なおついでに述べておけば、結局この問題の解決は僧尼の生活を安定させるしか法はない。それは帰するところは寺院の増加と寺院への財政援助の復活だが、その課題が果されるのは、天平十年代になってから、聖武天皇による国分寺や東大寺の造営、さらに永年封戸を施入される寺院数が緩和されるのを待たねばならないのである。

二　行基の転身と国家

政府が抜本的な改革を行わないで禁圧に狂奔するかぎり、事態を打開するには、行基の側で活動を改めるしかない。その行基の活動の転機は、『行基菩薩伝』によれば山崎橋の架橋であった。

神亀二年（七二五）九月一日に弟子らを将いて山崎川に到った行基は、渡舟を待つ間に、河中に一大柱があるのを見て、それをたずね問うと、或る人が「往昔、耆旧尊船大徳渡すところの橋柱」といったので、行基は発願して山崎橋を渡したという。

ここで船大徳とあるのは船氏出身の道昭（六二九〜七〇〇）のことで、六五三年から六六〇年に唐に留学、帰国後各地で架橋などの社会事業をおこなった。行基はその先例にしたがって新しい活動を模索し始めたのである。ちなみに、道昭を行基の師とする説もあるが、かつて私はそれを疑問視し、(2)同様の見解は吉田靖雄氏によっても主張されている。(3)そもそも行基が道昭の弟子であったとしたら、当然師匠が山崎橋を架けたことくらいは知っていたはずで、『菩薩伝』にみえるような問答はなかったであろう。

ところで山崎橋はたんなる橋ではない。平城遷都にともなって政府は、和銅四年正月丁未（二日）には、山背国綴喜郡に山本駅、河内国交野郡に楠葉駅、摂津国嶋上郡に大原駅、嶋下郡に殖村駅を設置して、木津川左岸を北上し、北摂を通過する山陽道を整備した。このルートで山崎は淀川を渡河する重要地点であって、それには道昭によって架けられた橋が利用されたようだが、神亀二年には流失していたらしく、当然公権力によって行われるべき架橋を、行基が代行したことになるのである。

このように、道昭の先例にならって活動方針を改めた行基は、やがて郷里の和泉地方で、院の建設とともに溜池の造営や修築を行うようになる。その最初が、神亀三年の檜尾池院（和泉国大鳥郡和田郷）の建設である。池の造営や修築も、当然ながら公権力によっておこなわれるべき事業である。つまり行基は、公権力によるべきいわば公共事業を請け負うような事業形態であらたな活動を再開したのである。それはやがて、聖武天皇が神亀三年から始めた難波京建設の事業にかかわっていく(4)。

ところで、ここで注目すべきが、彼のおこなった事業には、院つまり道場の設置が伴っていることである。これは決して偶然ではない。

前節で述べたように、行基の活動が集団性をおびており、それは当時の国家の寺院優遇政策の転換と豪族層の寺院経済への寄生という構造的要因によるものだったとすれば、その集団の生活を維持することが行基のまず成さねばならない課題であったろうことは想像にかたくない。とすれば、その集団の拠点となる場所が当然必要とされるであろう。初期の活動では、その中心となったのが平城京内の喜光寺（ただし当初はたんなる道場であったろう）であったかもしれないが、養老六年の弾圧後にはそれは望めない。そのためにこの時期に行基が建設したのが、道場あるいは院と呼ばれた施設なのである。

行基が建立した道場、つまり院については、『続日本紀』天平勝宝元年（七四九）二月丁酉（二日）条に、「留止する所には皆道場を建つ。その畿内には凡そ四十九処、諸道にもまた往々に在り。弟子相継ぎて皆違法を守り、今まで住持せり」とみえ、同書が編纂された平安時代初期には、四九か所にまとめられていたらしい。ただし、行基が建立した当初、これらの院は違法施設だった。前節でも引用したが、僧尼を取り締まる『僧尼令』の非在寺院条には、「凡そ僧尼、寺院に居るあらずして、別に道場を立て（中略）るは、皆還俗」とあり、奈良時代、天平十年ころのものという大宝令の注釈書『古記』（『令集解』に引用）が「別に道場を立て、衆を聚め教化す」いう文言について「行基大徳の行事の類、是なり」と記しているように、これは違法な行為だとみなされていたのである。したがって、院は違法建築物として強制撤去されてもいいものだったはずだが、行基の事業が認められてくるにしたがって、黙認状態におかれていたものと思われる。ここに行基が公共事業の請け負いをおこなう、もっともおおきな理由があったと私は考える。

その院は各地に設けられたが、その中核ともいうべき施設が当然あったと思われ、その点で重要なのが、土塔という特異な建造物で知られている大野寺である。

大野寺は『行基年譜』には尼院とともに神亀四年の建立で、和泉国大鳥郡大野村にあるとみえるが、そこは土師郷に属したと思われ、同じ郷には野中布施屋、土室池、長土池も設けられていた。大野寺が建立された前年の神亀三年に設立されたという檜尾池院が、その名称からみて檜尾池と組み合わさっていたように、大野寺の場合も池と連動していたであろう。土室池と長土池はすくなくともそのうちひとつは大野寺と組み合わさるものだったのであろう。いずれにせよ、土師郷は院、尼院、布施屋、池が複合的に設けられていたのである。

鎌倉時代末にできた『行基菩薩行状絵伝』は、大野寺について、

神亀四年〈丁卯〉大野寺を建立す。大鳥郡大野村に在り。阿弥陀有縁の道場、四方は平原、縦横は荒野なり。地を築きて塔と為せば、草露は自然の珠を懸け、樹を繞りて閻と為せば、松影は不断の蓋を垂れる。野寺の鐘の響きは雲底に咽び、草刈りひとの笛の音は霧中に幽かなり。寂莫無人の地は、必ずしも深山に求むべからず。観心修行の棲はこれまた閑居にするに足るべし。

と述べ、後世の史料ながら、その地がずいぶん寂しいところだったように伝えている。たしかにこの場所は条里制

の遺構も確認しがたく、周りにくらべて開発がおくれていたようである。大野寺や野中布施屋という名称からもそのことはうかがえよう。

またこの地は、竹内街道のやや南にあったと思われる石原布施屋の比定地と、のちの熊野街道沿いの草部郷とを結ぶ道路に面している。草部は日下部のことで、その近くには行基が造営したという鶴田池があって、その築造年代は不明だが、その地にはまた神亀元年に尼院が建てられたともいう（『行基年譜』）。のちの熊野街道は和泉国府への道でもあったことを考え合せると、大野寺が面していた道路は、竹内街道からのちの熊野街道へのバイパス的存在で、養老元年や三年の元正天皇の和泉行幸や、それにつづく霊亀二年の和泉監の分置、さらには神亀元年の聖武天皇の紀伊行幸などに用いられた新しい道路であった可能性があるように思われる。もしそれが、神亀元年の行幸路であったとすれば、行基はいち早く、新しい交通路に着目して、それに沿った場所を開発して、みずからの集団の根拠地を作ろうとしたのではなかろうか。

なお、大野寺周辺にみられるような複合的な施設のあり方は、その後伊丹の昆陽野でも確認され、そこでは、昆陽上・昆陽下・院前・中布施屋・長江の五つの池に、昆陽施院、昆陽布施屋が組み合わさるという、大野寺界隈と同じような複合的様相を呈していた。ここでの開発は、昆陽施院が天平三年の建立とあるので、おそらくはそのころからのもので、大野寺より遅れて着手されたと思われる。この地は後で触れるように、行基が天平十三年に聖武天皇と会見したさいに、給孤独園として認められたいと申請した土地である。給孤独園とは祇園精舎のことであって、(5)行基は昆陽野を釈尊の祇園精舎のように、みずからの教団の根拠地となそうと考えていたのである。

このようにみれば、行基はその活動形態を変化させた神亀年間には、大野寺とその周辺、土師郷を集団の拠点としようとしていたのであろう。土塔という建造物が建てられたのも、いわばそのモニュメントを立てるという意味があったのかもしれない。そして、後年、それをいっそう充実させたのが昆陽寺を中心とした昆陽野地帯であったと思われる。それは行基が北摂での活動を活発化させたことと関連があるのであろう。

三　行基と聖武天皇

行基と聖武天皇との関係については、『続日本紀』の行基伝に「豊桜彦天皇、甚だ敬重」とみえ、また行基の「舎利瓶記」にも「遂に聖朝の崇敬を得て」、さらに『日本霊異記』中巻第七話にも智光の言葉として「行基はこれ沙弥なり。何の故にか、天皇、吾が智を歯へたまはずして、唯沙弥をのみ誉めて用ゐたまふ」とみえるから、天皇が行基を崇敬していたことは、おそらく間違いない。また、聖武天皇がはじめた盧舎那大仏の造顕では、行基が協力して「弟子を率いて衆庶を勧誘す」るという重要な働きをしたこと（『続日本紀』天平十五年十月乙酉条）は周知のことである。そして、すくなくとも『行基年譜』（安元元年〔一一七五〕泉高父編纂）や『行基菩薩伝』にみえる天平十三年の行基と聖武天皇との会見記事などから、天平十三年ころには、両者の関係は親密であったと思われるが、それはいつのころまでさかのぼるのであろうか。

まず考えられるのが、行基が聖武天皇の難波京復興事業にかかわっていたことから、このころすでに二人の間になんらかの関係があったとみる見解である。たしかに、行基が架けたという難波の三つの橋、長柄橋・中河橋・堀江橋は比定地がむつかしい点もあるが、堀江は難波の堀江であり、長柄はその北方の長柄川であろうから、難波宮・京から北へ向かう道路の整備に関係するもの（おそらくは物資の搬入）であり、摂津国茨田郡の堤防の樋の建設も、淀川治水の茨田堤の整備にかかわるもので、難波京建設に伴う淀川水系の治水にかかわるものであろう。

ただ、ここで問題なのは、行基が関与した事業は、北摂に限定されているのであって、難波京にかかわるもう一つの水系である、大和川についてはまったく手を付けていないことである。つまり、聖武天皇の難波京復興事業の段階では、まだ行基の活動はその周辺部分のさらに一部に過ぎず、とくに天皇の信頼を一心に勝ち得るといった性質のものではなかったとみられるのである。

では、大和川水系で難波京復興事業にかかわったのは誰であろうか。もちろん、その地域では民間僧の協力を仰がなかった可能性も否定はできないが、注目されるのは、天平前期に大和川流域で活動した民間僧の存在である。このことを伝える史料はとぼしいが、今わずかに、天平勝宝六年九月二十九日の日付を持つ、いわゆる家原寺知識経の奥書(6)によって、我々はそれを知ることができる。

ひそかにおもんみれば、昔河東の化主、諱は万福法師。行事繁多、但、略し陳ぶるのみ。それ橋構の匠を曠河に啓き、般若の願を後身に発す。ここに天平十一年より派し始め、来る十二年冬にいたる迄、志いまだ究竟せずして、迹を松嶺にふす。是れを以て、洪橋を改造する花影禅師、四弘の願を宝橋に発し、一乗の行を般若に継ぐ。汎く導き、汎く教え、まことに父なり、まことに母なり。ここに吾が家原邑の男女長幼、幸いにその化に預かり、心を本主に託し、つつしみ敬って大般若経二帙二十巻を加え写し、繕餝すでに畢んぬ。

ここにみえる万福法師は「河東の化主」といわれていて、旧大和川の東を中心に活動していたらしく、天平十一年から十二年冬にかけては架橋事業に従事していたという。この橋は旧大和川に架けられた河内大橋のこととみられているが、さらに興味ぶかいのが、大和川の地域には、いわゆる河内六寺と呼ばれる古代寺院群（三宅寺・大里寺・山下寺・智識寺・家原寺・鳥坂寺）が、東高野街道に沿う形で建てられていたことである。これらの寺院は、出土瓦から「七世紀中ごろから後半にかけてのごく短期間に次々と創建された」と考えられていて(7)、時期は万福法師が活躍したころよりも早いが、その営繕や仏像、経典の拡充に、彼が関与した可能性もまた比定しきれないと思われる。そして、そのなかのひとつ、智識寺の大仏を見て、聖武天皇は盧舎那大仏造顕を思い立ったのである。知識による事業の伝統が、この地域で根深いものとすれば、万福法師以前からこの地域で知識による宗教活動をおこなう僧が存在し、万福法師はその系列に属するのかもしれない。あるいは、智識寺の盧舎那仏は、万福を中心とする知識集団によって造顕された可能性すら考えられるであろう。

知識とは、『呂氏春秋』や『荘子』『文選』に知人、友人の意味で用いられているのが原義で[8]、それが仏典漢訳の際にも使用され、「僧尼にとっての知人であり、時に安居の食供をなしてくれたり、時には草庵の材料を提供してくれる者」の意味をもち、「更に仏典の善知識と関係を生じて、僧尼の勧化に応じて、結縁の為に財物を浄捨し、それによって現世安穏往生浄土を冀うものを指す様になった」。この知識が団体を結成することを知識結といい、それによって、造寺・写経・造像・悔過法会・建築・義橋の事業がなされた[9]。さらに中井真孝氏は、その知識集団を（1）集団の人数が相対的に少なく、成員が家族や親族という族縁的関係によって結ばれているものと、（2）相対的に人数が多く、成員相互が地縁的関係や組織力によって結ばれているものの二類型に分類している[10]。とくに（2）は、願主や檀越、知識頭主と一般の知識との分化が明確であり、主や檀越、知識頭主が多くの場合、僧であって、僧の主導によって知識の目的が達成されるという。行基や万福の事業はまさにそれであった。

ちなみに、現在知られているもっとも古い知識による写経は、丙戌年（六八六）に宝林という教化僧が中心となって書写されたと思われる金剛場陀羅尼経（『寧楽遺文』中巻、六一〇頁）で、そこには「川内国志貴評内知識」という句が見える。志貴（志紀）は石川と旧大和川の西側の地域だが、万福法師の活動舞台とは川を挟んで近接しており、また道昭の出身氏族である船氏の本貫地とも近い。道昭は六六〇年ころに唐での留学から帰国したと考えられているが、その留学中に師とした玄奘から示唆をうけた社会事業を本貫の地においてもおこなったとすれば、あるいは宝林は道昭の系統を引く僧だったのかもしれない。

このように河内においては、行基よりもずっと早くに、知識による社会事業をおこなう民間仏教が根付いていたとも考えられるのであって、そうとすれば万福法師はその伝統に立った僧侶であったであろう。

また先にみた家原寺知識経の奥書には、万福の事業を継承して河内大橋の架橋を成し遂げた花影禅師を敬っておこなわれたこの写経事業に参加した人々は、河内国の古市郡、安宿郡、志紀郡、高安郡、大県郡に分布しており、花影の行動範囲をうかがうことができるが、彼の先輩である万福の活動もまたこの範囲に近かったのではなかろうか。この地域は行基の活動した和泉国大鳥郡と和泉郡よりも広範囲であって、万福の活動はあるいは行基のそれを一時期凌駕していた可能性すらあるように思う。

このようにみると、最初に聖武天皇がみずからの事業の協力者として起用しようとしたのは、森明彦氏が指摘したように[11]、行基ではなく万福であった可能性がたかいと思われる。これは想像の域を出ないが、万福が行基のように一時は政府から指弾されるような「前科」をもっていなかったとすればなおさらであったろう。しかし万福法師は天平十二年の冬に他界してしまった。そこで二番手として起用されたのが、行基だったのではあるまいか。

しかし、たとえ二番手だったとはいえ、行基はこのチャンスを逃すようなことはなかった。具体的にいえば、先にみたように本来違法な施設であった院が、行基が聖武天皇の事業に協力することへの見返りとして、天皇によって合法化されたらしいのである。

『行基年譜』には、天平十三年三月に行基が恭仁京内の泉橋院に逗留し、十七日　聖武天皇が行幸して行基と対談したという。そのときに行基は、摂津国の為奈野（猪名野）をたまわって給孤独園にすることを求めるとともに、院の建立の由緒を天皇に述べ、天皇はそれにこたえて、「建立の院々の堺地は、世々絶えず、官司に摂録せず」と述べたという。つまりは院の土地を没収することはしないと約束したのである。ちなみに同書には、翌年の天平十四年二月二十九日に、秦堀河君足なる人に「大菩薩遊化行事」一巻を記録させたとあり、それまでの行基の活動をまとめた文書が作成されて朝廷に提出されたのであろう。

ただ、この時点で行基の院はその存在を認められはしたが、正式の寺院として認定されたかについては問題がある。第一節で述べたように、奈良時代初期に諸国の寺院に荒廃したものが多いことが問題となったが、そのことを記した『続日本紀』霊亀二年五月己丑（十四日）条の元正天皇の詔のなかに「草堂始めて闢きて、争いて額題を求め、幢幡僅かに施して、即ち田畝を訴う」という一節がある。簡素な仏堂を造って「題額」をおそらくは政府に要求して正式な寺院と認定され、田畝つまり寺田の所有を求めたのである。ここでいう題額とは「〇〇寺」という寺号を記した額のことで、それを掲示できるのが正式の寺院ということなのである。行基の建立した院のなかで、そのような認可を得たおそらく最初が、喜光寺（菅原寺）であった。『行基年譜』には、天平二十年十一月二十六日に、聖武天皇が菅原に行幸し、「菅原を改め喜光寺と云ふ額を給ふ」という記事がある。おそらくそれまでは菅原院とでもいっていたこの施設を、正式に寺院と認定して喜光寺という寺号を与えたのである。その結果、喜光寺は寺田をはじめとする資財の所有も当然認められたはずである。

翌年の二月に行基は亡くなってしまうから、喜光寺の認可は彼の最晩年のこととなるが、おそらくそれ以降、行基の死後にその他の院も認可されて寺田の所有を許されていったと思われる。そのことは、『続日本紀』宝亀四年（七七三）十一月辛卯（二十日）条の光仁天皇の勅に、行基の造った院について「その修行の院、惣て四十余処。或いは先の朝の日、施入の田あり。或いは本より田園ありて、供養済すことを得たり」とあって、すでに寺田を所有していたことからうかがえる。ただそこには、そのうちの六つの院については寺田を持っていないために荒廃しているとして、「大和国の菩提・登美・生馬、河内国の石凝、和泉国の高渚の五院に、各当郡の田三町を捨すべし。河内国の山崎院には二町」を施すように述べている。これらの諸院になぜ寺田がなかったのかはよくわからないが、その創建年代は、登美院が養老二年、生馬院（吉田靖雄氏によると恩光寺と同一という）[12]が霊亀二年、石凝院が養老四年、高渚院が神亀元年、山崎院が神亀二年で、比較的初期のものなので、そのことと関連するのかもしれない。ただ、菩提院は天平九年にくだるので一概には決められないといわざるをえないのである。

四　行基と仏教界

このように聖武天皇の事業に協力して、大きな功績をあげた行基だが、仏教界における地位が高かったとは思えない。当時、仏教に求められたのは、その呪術的な護国機能であって、それはおもに経典読誦などの儀礼を通じて実修されるものであった。そして、唐に留学して、経典読解の能力を収めた者が、仏教界の頂点、具体的には僧綱に任じられたのである。その代表が、奈良時代初期には道慈であり、中期には玄昉であった。かれらはともに唐での留学中から頭角をあらわし、道慈の場合は、「義学の高僧一百人を簡び、宮中に請入して、仁王般若を講ぜし」めた時に、「学業頴秀、選中に預かり入る。唐王、その遠学を憐み、特に優賞を加」えられたといい、玄昉もまた、唐の皇帝から紫の袈裟の着用を許されるという待遇をうけ、当然のように帰国後仏教界の中心となったのである。とくに玄昉は、五千余巻の経論と諸の仏像などを持って帰国したのみならず、聖武天皇の生母、皇太夫人藤原宮子の長年にわたる病憂を「一看」で治癒したこともあって、聖武天皇、光明皇后の信任を得て、疫病大流行の余燼冷めやらぬ天平九年八月二十六日に仏教界のトップである僧正に昇り詰めた。

そのようなエリート僧が占める僧綱に、僧正のさらにその上に大僧正という特別職を設けて、それに行基を任命するということは破格の人事であることは言うをまたないであろう。じじつ、行基の大僧正任命にたいして、仏教界に反発があったらしいことは、『日本霊異記』の説話からうかがうことができる。同書中巻第七話には「智者、変化の聖人を誹り妬みて、現に閻魔の闕に至り、地獄の苦を受けし縁」と題して、智光という僧が「吾はこれ智人なり。行基はこれ沙弥なり。何の故にか、天皇、吾が智を歯えたまわずして、唯沙弥をのみ誉めて用いたまう」と反発し、いったん死去して地獄の苦しみを味わった挙句、蘇生するという説話を伝えている。

ただし、智光は実在の僧だが、これが説話の語るように智光によるものであったかは、疑問がある。天平勝宝四年に彼が著した『般若心経述義』序文によると、この年より三十年前が十五歳だったというので、生年は慶雲四年（七〇七）ころとなる。行基より四十年近くの後輩で、彼を妬むには年が開きすぎている。また、そこには、

智光、生れてより九歳、両処を避け、伽藍に遊止す、然るに志学より、天平勝宝四年中に至る三十箇年中、専ら松林に憩い、身を縛し神を研ぎ、礼読の堪ゆるに随いて、聖教を周覧す。其の最要の者は、唯此経なり。

と記されていて、智光は天平勝宝四年までもっぱら「松林に憩」って修行に励んでいたのであって、『霊異記』の伝えるような振る舞いができたとは思えないのである。

そこで私は、行基大僧正任命という人事に「吾はこれ智人」と言い放って反発するのにもっともふさわしい人物は、華々しい経歴をもつ時の僧正玄昉を措いてほかにはないと考えている。玄昉は天平十七年十一月に筑紫・観世音寺に左遷されるが、翌年六月十八日のその死について『続日本紀』は「徙所に死す」と記していて、事実上流罪であったらしい。これはおそらく聖武天皇の決定した人事に反発をあらわにしたからであろう。ちなみに、『日本

霊異記』は、行基の大僧正任命を天平十六年十一月のこととしていて、『続日本紀』より三か月ほど早い。おそらくこれはいわば内定で、正式の発令が遅れたのは、玄昉などの既存の仏教界からの反発が強かったからではなかろうか。

なお、玄昉の死について『続日本紀』は、「世、相い伝えて云く、藤原広嗣の霊の害するところと」と記す。あえて藤原広嗣に因縁のある地に玄昉を遷したのは、広嗣の霊に害されることを狙った処置だったと思えてならない。それは考えすぎかもしれないが、すくなくとも玄昉の死が、早い段階から広嗣怨霊の所為と考えられるようになっていたことはいえると思われる。

ちなみにその「成功体験」が、後年、吉備真備を玄昉と同様に、広嗣が赴任していた大宰府のある筑前国の国守に左遷した処遇につながってくると、私は考えている。真備もまた広嗣の怨霊の餌食にしようというわけである。真備がさらに筑前国守から肥前国守に転職させられたのも、そこが広嗣の処刑地であって、一層その怨念が強いとみなされたからであり、またさらにその後真備が遣唐使に任じられたのは、その往復での遭難を期待したとともに、遣唐使の出発地である五島列島の値賀島が広嗣の捕縛された場所であることとも無縁ではないと思われてくるのである。そのようにみてくれば、無事に帰国した真備をさらに大宰大弐として筑前国にとどめた理由もおのずと明らかになろう。結局真備は広嗣の怨霊に害されることなく、中央に戻り、造東大寺司長官という当時としては閑職に追いやられながら、藤原仲麻呂の反乱に機敏に対応して、ついに彼とその一族を滅亡に追いやるのは周知の事実だが、その裏事情を推定すれば、そこにやや皮肉な結末を感じるのは私ひとりではなかろう。

おわりに

以上、行基にかんして私が関心をもっているいくつかの事柄について論じてきた。論旨は散漫であって、今さら論じるに及ばないことや的外れの議論、あるいはすでに指摘のある事柄もあったかもしれない。浅学を恥じるとともに、諸賢のご寛恕を乞う次第である。

本稿で論じなかった行基をめぐる問題は多く残っている。いささかでも彼の実像に迫ることができればと、今さらながらだが、ひそかに思っている。

ちなみに、本稿で論じた内容は、堺行基の会において、講演会ないしは学習会での発表で公開したことのあることを記しておきたい。

注

（1）石母田正「行基と国家と人民」（『日本古代国家論』第一部　官僚制と法の問題、岩波書店、一九七三年）など。
（2）拙稿「行基二考」（『横田健一先生古稀記念文化史論叢』上、創元社、一九八七年）。
（3）吉田靖雄『行基』（ミネルヴァ書房、二〇一三年）二八頁。
（4）拙稿「行基と知識結」（速水侑編『民衆の導者　行基』吉川弘文館、二〇〇四年）。
（5）井上薫編『行基事典』付論（森明彦氏執筆）（国書刊行会、一九九七年）五三四～五三五頁。
（6）五来重「紀州花園村大般若経の書写と流伝」（『大谷史学』五、一九五六年）。
（7）柏原市歴史資料館編『河内六寺の輝き』（安村俊史氏執筆）（柏原市歴史資料館、二〇〇七年）。
（8）多田伊織「法社から知識へ―民間仏教組織の日中比較―」（『日本霊異記と仏教東漸』法藏館、二〇〇一年）。

（9）竹内理三「上代の知識について」（『竹内理三著作集』一、角川書店、一九九八年）。
（10）中井真孝「共同体と仏教」（『日本古代仏教制度史の研究』法蔵館、一九九一年）。
（11）森明彦「寧楽平安掌攷肆揪」（続日本紀研究会編『続日本紀と古代社会』塙書房、二〇一四年）。
（12）注（3）吉田著書、四六～四八頁。

行基と池溝開発

家村光博

はじめに

『日本書紀』崇神天皇六十二年七月乙卯朔丙辰条の詔に、「農は天下の大きなる本なり。民の恃みて生くる所なり。今、河内の狭山の植田水少し。是を以て、其の国の百姓、農の事に怠る。其れ多に池溝を開きて、以て民業を寛にせよ」とあり、続いて垂仁天皇三十五年是歳条に、「諸国に令して、多に池溝を開かしむ。数八百。農を以って事とす。是に因り、百姓富み寛にして、天下太平なり」とある（原漢文を読み下したものもある。以下同じ）。稲作を国家運営の根幹とする朝廷にとって、池溝開発は奈良時代以前からの課題であったことが知れる。その後、養老七年（七二三）に発布された「三世一身法」は池溝開発なくして稲の増産はありえないことを明文化している。すなわち、溝や池を新しく造って開墾した場合には三世代の間、もとからある溝や池を利用して開墾した場合には一身（本人）の間、開墾者の権利を認めることにした。[1]

行基は「三世一身法」の施行を受けて、乾いた洪積台地を水田に変えるべく多くの池溝開発をおこなった。『行基年譜』によると造営したのは池一五所、溝六所である。[2]行基は畿内各地に寺院を建立しているが、これら池溝開発は二地域に集中している。一つは本貫地の和泉国大鳥郡周辺（大鳥郡、泉南郡、近隣の河内国丹比郡狭山里）の池九所、溝二所である。もう一つは摂津国河辺郡山本里の池五所、溝二所である。僧侶とは無縁と思われる池溝開発に行基は何故に乗り出したのか。それも何故に二地域に注力したのか。当時の古代国家の地方支配は、郡司層を構成する地方の豪族たちに依存していたといわれている。池溝開発には人的・物的に負担が必要だが、その負担を負うことは一般の農民層には難しい。また、池や溝を造営すれば、土地を供出しなければならないことや、用水路をどのように引くかの調整が必要となる。池溝開発は豪族や農民の利害が絡み合う事業であり、人を集める力がある行基でも地方に乗り込んでたやすくできるものではない。

そこには二地域に特殊な事情があったと考えられる。行基が開発した溜池は数ヶ所ではあるが現存しており、それらは歴史地理学及び考古学の面から検証されている。古代の灌漑の実態を踏まえて行基の池溝開発の歴史的な意義を今一度考えてみたい。

一　古代の灌漑

我が国の稲作は、低湿地における小規模な水田造成から、灌漑技術の発達に伴い逐次比高の高い地区の水田開発へ、さらに大規模な水田開発へと発展していったとされる。[3]灌漑技術について、都出比呂志氏は文献史料の研究及び発掘調査から次のように語っている。弥生時代終末期から古墳時代前期には沖積平野部において大規模な水路が掘削され、古墳時代中後期には洪積台地を開発するための溝が掘削されるようになった。溜池の築造と普及はそれよりも遅れ、七世紀に存在することは確かであるが、さらにこれより遡るのかどうか、上限を確定しうる明確な考古資料が存在しないとする。(4)初期の灌漑技術は簡易なもので、発掘調査事例も多くみられる。市川秀之氏は、稲作が始まった弥生時代の遺跡からは十数例の木樋の検出例があり、大阪府山賀遺跡で検出された弥生時代前期の木樋は、河川の自然堤防を掘削して設置されたものである。木樋の多くは自然河川から水路への引き水、あるいは水路から水田への引水の機能をもって設置されているという。(5)木樋以外では自然河川に多量の木杭を打ち込んで水を堰き止めて導水する井堰もみられる。(6)初期の稲作灌漑は、木樋や堰を設けて中小河川から周囲の水田に水を引き込んでいたと想定される。それでは現代もみられる広域を灌漑する池溝の造営はいつごろからはじまったのであろうか。

『日本書紀』には実に多くの造池造溝の記事がみられる。それらは崇神紀から履中紀までの六世紀以前と推古紀の時代に集中している。数でみると、池は二二、溝は四である。それらの所在地は、神功皇后摂政前紀に記された裂田溝以外はすべて後の畿内に当たる地域内に比定されている。(7)これら造池の記事は二度出てくるものもある。一つは依網池で、崇神天皇六十二年十月条と推古天皇十五年是歳条にみえる。もう一つは和珥池で、仁徳天皇十三年十月条と推古天皇二十一年十一月条に同じく重複している。これを新造と修築と見ることもできるが、舘野和己氏は、推古朝の事実を倭政権の歴史にとって重要な天皇とされている崇神・仁徳朝まで遡らせて、その開発工事を古くからのものと見せるための潤色の結果であり、『日本書紀』の一連の池溝開発は実際には推古朝に推進され、開墾地系の屯倉の成立と密接な関係があったと主張している。(8)一方、亀田隆之氏は、古墳造営と造池灌漑は同質の土木工事であり、古墳造営技術、それへの労働力の集中が溜池の造営に引き継がれていると説いている。(9)

古代の史料にみえる池溝で、近現代まで存在していたことを確認できるものは少ない。その中で池については、大阪狭山市に現存する狭山池は考古学調査によりその造営時期が明らかにされた。南河内地域には多くの溜池が点在するが、狭山池はその中でも最大であり、奈良時代に行基が、鎌倉時代には重源が改修したことにより、歴史上著名な溜池の一つにあげられている。崇神紀に「河内の狭山に池溝を開き」とあり、『古事記』垂仁記に「狭山池を作り」と記されていることから、狭山池はわが国最古の現存する溜池といわれ、その築造時期について議論がなされてきた。

森浩一氏は、狭山池で発掘された複数の須恵器の窯は六世紀後半のもので、それがその後一斉になくなる。狭山池の水を受ける下流地域の丘陵斜面にも点々と須恵器の窯があり、それも同じころから一気に須恵器を焼かなくなり、窯は廃絶している。須恵器窯の廃絶を踏まえ、狭山池の築造は六世紀後半から七世紀初頭が一つの目安になると推定した(10)。そのことを裏付けたのが、一九九〇年から七年にわたり、本格的に実施された発掘調査である。狭山池築造時に造られたと考えられている北堤の最下層から検出された樋管は、コウヤマキで作られており、年輪年代測定で、六一六年に切り倒された木材であることが判明した。この年代が明らかになったことにより、狭山池の築造は七世紀初頭の推古朝にほぼ断定されている(11)。

狭山池は中位段丘に挟まれた谷底低地の北側に堤を築き、南から北に流れる西除川を堤防でせき止めたいわゆるダム型式の溜池である。築造当初の狭山池の堤は現在の三分一程度の約五mの高さで、それでも現在の溜池の中でも大きな部類に属するといわれている。そこに用いられた築堤技術は、大陸から伝来したとされる水圧に強い敷葉工法である(12)。敷葉工法は版築状の積土を行うときに、土層の間に樹木の葉や小枝類を敷きつめて堤防の強度を高める土木技術である。大阪府八尾市の亀井遺跡や、白村江での敗戦後における唐・新羅軍の攻撃に対する防衛策として築いた大宰府の水城跡（福岡県太宰府市・大野城市）の遺構からも検出されている。亀井遺跡は集落遺跡であるが、灌漑のために自然流路を堰き止めた堤防に敷葉工法が用いられている。この堤の構築は五世紀末から六世紀初頭に

かけての頃とみられ、敷葉工法のもっとも古い年代を示すものとされる。(13)
敷葉工法の版築技術はかなり古くから伝わっていたことが知れるが、須恵器窯の消滅時期と、北堤の最下層の木樋の年代測定を踏まえると、狭山池の築造は七世紀初頭と考えられる。ただし、狭山池の前身となる灌漑施設はあったかもしれない。考古学調査によると、狭山池周辺の谷底平野の開発は古墳時代前～中期まで遡り、狭山池北堤のすぐ北側の池尻遺跡からは、古墳時代後期の小区画の水田跡や須恵器窯などの遺構が検出されている。(14)狭山池周辺の谷底平野は、河川灌漑によって細々と水田耕作が営まれていたと推定され、狭山池築造によって段丘面まで一挙に墾田が拡大したことが知れる。

もう一つ、狭山池以外で近世まで存在したことが確認できるのは、依網屯倉との関連が想定される依網池である。依網池は、宝永元年（一七〇四）の大和川付け替えによって姿をけしたが、大依羅神社所蔵の「依羅池古図」や小字名の検証などから具体的な位置が特定され、大阪市住吉区庭井二丁目に鎮座する大依羅神社の南側一体に広がっていたとされる。地形をみると、半島状をなす上町台地南辺（我孫子台地）の中位段丘面と東の氾濫原沖積地の境のところに位置し、自然流路の水を滞留させた水深の浅い溜池であったことが判明している。狭山池のように開析谷を流れる一つの河川を堰き止めて造るというダム型式の堤と違い、ゆるく傾斜する段丘面を半囲いするような堤であるので、工事は比較的容易であったとみられている。(15)築造時期は不明であるが、菱田哲郎氏は、集落遺跡の消長と巨大な群集墳の形成時期を踏まえ、六世紀後半～七世紀前半に各地で屯倉を核とする開発がおこなわれたことを考証している。(16)推古天皇十五年是歳条に、「倭国に高市池（中略）且、河内国に戸苅池・依網池を作る。亦国毎に屯倉を置く」と、池の造営と屯倉の設置が初めてセットで記されたことは、依網池を含め、この時期に大開発があったと考えられる。

ここで、朝鮮半島に目を向けてみると、一例ではあるが、考古学として比較資料に使える造池の碑文がみつかっている。菁提という池であるが、朝鮮では池を提と呼称しているようである。場所は新羅の領域内で、山の間の谷口に堤をこしらえて、谷全体を池にしたという構造の池である。堤の長さはおよそ五〇〇〜六〇〇mで、狭山池によく似た構造である。碑文に刻まれた干支から六世紀代の池であることが判明している。(17)『日本書紀』応神天皇七年九月条に、「高麗人・百済人・任那人・新羅人、並びに来朝す。時に武内宿禰に命じて、諸の韓人等を領して池を作らしむ。因りて、池を名づけて韓人池と号す」とある。年代はそのまま信じることはできないが、溜池灌漑及び造池工事は朝鮮半島から伝わったものとも解せる。

次に溝についてである。現代は水路を、大小関係なく溝と呼んでいるが、古代は広域を灌漑するために、中大河川から分水した水路を溝と呼んでいたと考えられる。そのことは『日本書紀』から窺える。一つは、前掲の崇神紀に「池溝を開きて」、垂仁紀に「池溝を開かしむ」とあり、水田を拡大するための灌漑手段は池か溝であったことを示している。二つは、神功皇后摂政前紀にみえる裂田溝である。その記事には、「爰に神田を定めて佃る。時に儺の河の水を引かせ、神田を潤さんと欲して、溝を掘る」とあり、溝の開削の目的は新たな水田の開墾にあったことが知れる。裂田溝の現地比定はほぼ定説となっており、福岡県筑紫郡那珂川町で、那珂川から取水する水路に比定されている。那珂川は博多湾に注ぐ延長三五㎞の二級河川である。古代の様相はわからないが、那珂川右岸には、同じ名の水路「裂田水路」が二㎞以上にわたって流れており、総延長は合計約五・六㎞で、一四五町歩を灌漑している。(18)三つは、仁徳天皇十四年是歳条にみえる感玖大溝で、「又大溝を感玖に掘る。乃ち石河の水を引き、上鈴鹿・下鈴鹿・上豊浦・下豊浦、四処の郊原を潤して、墾て四万余頃の田を得たり」とあり、大阪府南東部を流れる大和川水系の一級河川の石川から取水した灌漑用の溝で、それによって広大な墾田を得たことを伝えている。(19)古代の溝の字義は、中大河川から分水した広域を潤す灌漑用の水路と解せる。これらの開削時期は特定できないが、別の史料から古墳時代に広域を潤した河川灌漑が一件確認できる。

薗田香融氏は平安時代の史料に、紀伊国一宮の日前宮は「名草溝口神」あるいは「名草上下溝口神」と称されていたことを見出した。これらの呼称からして、日前宮の本来の姿は「溝口」、すなわち用水の取り入れ口を管理して、水利を掌る神であったとする。紀ノ川の主要な旧河道の一つであった宮井川は、古くは「名草堰」と称した史料も見出すことができ、現代の宮井用水は名草溝の後身である。名草溝は紀ノ川の旧河道を利用した河川灌漑で、それによって日前宮周辺の耕地開発がすすめられた。開設時期は、文献的徴証及びこの溝が条里の阡陌を規制していることから、八世紀以前であることを明らかにした[20]。その後、宮井用水が所在する音浦遺跡の発掘調査で溝が検出され、宮井用水の原形は古墳時代前期まで遡るものと評価されている[21]。

古墳時代に洪積台地を潤した大規模な灌漑水路（溝）は関西や関東で検出されているが[22]、野上丈助氏は、掘削工事によって可能な大溝と、大量の水圧と波による浸食をくいとめる築堤技術は技術段階が異なり、和泉・南河内に残存する溜池の調査から、築堤技術は古墳時代には存在しなかったとする[23]。広瀬和雄氏は、同地域の集落遺跡は、低位段丘上の開析谷、段丘上の埋積浅谷、そして七世紀初頭には段丘へと移動していることから、同時期に溜池の築造により段丘が開発されたとみている[24]。なお、古墳造営との関連については両氏ともにほぼ同様な見解を示している。すなわち、古墳周濠の溜池利用は一般には古墳築造時まで遡らない。しかも常時の湛水量はごくわずかである。特にいくつかの天皇陵は、文久（一八六一～一八六三）の修陵の際に周濠の堤を盛り上げ、深く掘削され、その拡張工事により農業用水源として活用されるようになったという[25]。

二　行基の池溝開発

行基は神亀三年（七二六）の檜尾池を皮切りに池溝開発に乗り出した。和泉国大鳥郡周辺には、檜尾池・土室池・長土池・薦江池・茨城池・鶴田池（以上大鳥郡）、久米多池・物部田池・久米多池溝・物部田池溝（以上泉南郡）、狭山池（河内国丹比郡狭山里）の築造がみられる。それらの内、狭山池は大阪狭山市に現存している。狭山池は考古学調査によって七世紀初頭に築造されたことが判明しているので、行基の築造は修造ということになる。狭山池の修造は、狭山池院・同尼院を建立した天平三年（七三一）の頃であろう。

堤防の一断面調査によると、狭山池の北堤は一二層からなり、昭和の時代まで堤防を補強するために盛土がおこなわれてきたことが確認されている。その盛土の最上の第一層の高さは一五・四mで、それが現代の堤防の高さである。最下層の第一二層が狭山池築造時の堤防である。高さは五・四m、基底幅は二七・二mである。その次の第一一層が行基の修造とされ、〇・六mの小規模な嵩上げである。根拠は、『続日本紀』天平六年四月戊戌条に記された大地震による滑りの痕跡がみられることによる。その次の第一〇層は大規模で、三・五mの嵩上げだけでなく、基底幅も約二倍の五四mに拡張している。『続日本紀』天平宝字六年（七六二）四月丁巳条に、「河内国の狭山池の堤決す。単功八万三千人を以て修め造らしむ」とあり、狭山池が決壊したときに朝廷がおこなった修造と推定されている。これら下部の三層までは敷葉工法が用いられている。(26)ところで、行基は地元の豪族や農民の要請に応えるために、布教と土木工事の拠点となる狭山池院・同尼院を建立して池の修造に取り組んでいる。その結果が、〇・六mの堤防の嵩上げではあまりにも寂しく、墾田を拡大するほどの貯水量には達しえない。尾田栄章氏は第一〇層の三・五ｍの大規模な嵩上げこそ行基のものに相応しいと主張し、二つの面から断面調査の評価に反論している。一つは地震による滑りは大雨の後ならば小さな地震でも誘発される可能性は十分あり、天平六年以前にも地震の記事は数回みられる。二つは天平宝字六年の朝廷の改修事業は、池が決壊したための災害復旧工事で、一刻も早い現状への復旧が求められ、原形復旧が基本となる。「原形復旧の原則」は今に至るも続いている大原則とのことである。改修の単功八万三〇〇〇人は、同様の災害復旧工事、例えば宝亀十年（七七九）十一月（『続日本紀』）の駿河における堤防決壊時に使役された単功六万三〇〇〇余と比べて大差はないとする。(27)

行基の狭山池築造は後世まで伝わっていた。そのことは、鎌倉時代に東大寺を再建した重源が狭山池の改修をおこなったことを記した「重源狭山池改修碑文」から知れる。その碑は一九九三年の狭山池ダム化工事中に出土したものである。建仁二年（一二〇二）と刻まれた碑文には、「狭山池は、昔行基菩薩行年六十四歳の時、天平三年歳次辛未に、初めて堤を築いて樋を伏せた」と記している。(28)大勧進造東大寺大和尚であった重源が、何故に興福寺の荘園であった河内狭山荘の狭山池を修復する必要があったのか。井上薫氏は、その背景の一つは東大寺の再興に藤原氏及びその氏寺である興福寺の支援があった。二つは紫香楽宮における大仏造営の勧進の役をつとめた行基は、重源にとって崇敬すべき先輩にあたることを強く意識していたからだとする。(29)狭山池は行基の社会事業の代名詞の一つとして伝承されてきたことを碑文は示している。官に提出した公文書と評価されている『行基年譜』所引の「天平十三年記」(30)には、池一五所の冒頭に狭山池を掲げている。また、敷葉工法の土木技術を用いていることを踏まえると、行基の狭山池の修造は大事業であったと考えられる。もし行基の修造が第一一層なら、補足が必要である。天平宝字六年の大雨による堤の決壊による大改修を第一〇層とするならば、第一一層は決壊によって堤の土砂が多量に流出したはずである。堤防決壊の状況を考慮すれば、行基の修造は、〇・六ｍの嵩上げであったとはきめつけられない。天平宝字六年の修造が「原形復旧の原則」ならば、第一一層は第一〇層と同じぐらいの高さであったと推定できる。ただし、堤防が決壊するということは強度に問題があったはずであり、朝廷は基底幅を最下層の約二倍に拡張したのはそのためであったと考えられる。いずれにしても、堤の一断面から判断するのは危険と思われる。

その他に、大鳥郡周辺で現存しているのは久米多池（久米田池）と鶴田池である。久米田池の所在地は和泉国泉南郡（和泉郡）丹比部里と記され、現在の岸和田市池尻町・岡山町にまたがる周囲約二・六kmの大阪府下最大の溜池である。しかし、築造当時の久米田池は現代のような大きな池ではなく、鎌倉時代以降の改修・拡張工事によるとされる。(31) また、久米田池は小規模な溜池を統合する形でつくられたとも考えられている。その根拠は、池底に五～八世紀の遺物が散布している地点があることや、大小二つの池をつないで造った形跡がみられ、行基の功績は、池を大きく拡張した点にあったとする。(32)「天平十三年記」によると、同じところに物部田池を造営しているが現存していないので、後世に両池を合体した跡かもしれない。久米田池を地形的にみると、牛滝川と春木川に挟まれた段丘上に立地しており、集水域は東西の段丘斜面のみで無いに等しい。牛滝川は水量が多く池の水源とするには格好の川であるが、久米田池付近を流れる牛滝川は久米田池の水面よりかなり低い。現代は牛滝川の少し上流に井堰を設け、そこから水路を通して取水している。中世は春木川から取水していた記録があるとのことである。(33) 行基はこの時に、同じ池名を冠した久米多（久米田）池溝と物部田池溝を造営している。久米田池溝は、長さ二〇〇〇丈（約六km、一尺を二九・七cmで換算）と長大である。当時は水量の多い牛滝川のかなり上流から久米田池溝によって取水した可能性が高い。『日本書紀』は池と溝を個別の灌漑施設として記しているが、久米田池と久米田池溝は池と溝を組み合わせた全く新しいタイプの池溝事業である。(34) 自然河川を堰き止めて貯水した狭山池や、自然流路の水を

滞留させた依網池とは異なる。なお、確証は得られていないが、久米田池の底に須恵器窯跡の存在が指摘されている。(35)

久米田池及び久米田池溝の造営と管理にあたったのが天平六年に建てられた隆池院久米多である。西北の池畔に隆池院久米田寺として今も法灯を伝えている。宝亀三年三月（『続日本紀』）の詔で、終身供養を充てられた十禅師の内、首勇・清浄・法義・光信の四人は久米田寺の僧として「久米多寺領流記坪付帳」（『大日本古文書』三―三二八）に署名がみえ、行基の弟子であったとされる。(36)後に十禅師となる行基の弟子四名が久米田寺に在籍していたということは、久米田池の築造は地域に多大な水の恩恵をもたらしたと考えられる。

鶴田池は、所在地は和泉国大鳥郡日下部郷とあり、現在の堺市西区山田一丁目に現存している。標高五〇～八〇mの台地である信太山丘陵に所在し、高さ約一〇m、長さ約三〇〇mの堤を築いて丘陵の谷部を堰き止め、池の北西部に当たる地域（古代の大鳥郷・日下部郷）を灌漑している。池の東部には岩津川水系の和田川が流れるものの水量は十分ではなく、そこからは取水は望めない。(37)雨が降った時にしか流れない自然流路の水を滞留させた池である。久米田池のように河川から導水する溝を造営していないので、集水量から推察すると、築造時は依網池のような底の浅い池であったと思われる。池の造営と管理の拠点となったのが天平九年に建立された鶴田池院であるので、鶴田池はその頃に造営されたと推定される。現在のところ寺院跡らしきものは発見されていない。天平九年は天平七年に続いて疫病（豌豆瘡）が大流行し、国政を領導していた藤原四兄弟が亡くなり、国内が混乱していた時期である。天平九年の諸国の正税帳から推算された全国平均の疫病死亡率は二五～三五％で、なかでも和泉国は特に多く、四五％の公民が死亡している。(38)この年の「和泉監正税帳」（『大日本古文書』二―七五）には、三回にわたって賑給がおこなわれたことが記録されている。鶴田池の築造は疫病による飢饉対策として臨時に築造されたのであろう。多くの民衆が亡くなっているので動員力は少なく、依網池のように土木技術の低い段階の池の形態にしかできなかったと推察される。

行基が池溝開発に力を注いだもう一つの地域は摂津国河辺郡山本里である。河辺郡と行基の接点は、行基が平城京で活動していた和銅六年（七一三）から養老六年の頃である。当時、悲惨な状況にあった役夫や運脚夫を救済するために設置した崐陽布施屋（所在地は河辺郡崐陽里）と考えられる。その後、天平三年に崐陽施院（河辺郡山本村）を建立し、崐陽上池・崐陽下池・院前池・中布施尾池・長江池・崐陽上溝・崐陽下池溝（以上の所在地は河辺郡山本里）を造営した。崐陽施院は伊丹市寺本二丁目に昆陽寺という名称で現存し、国道一七一号線（旧西国街道、古代の山陽道に比定されている）に面したところにある。池で現存が確認できるのは崐陽上池とされる昆陽池だけである。その西方にあった崐陽下池は慶長十三年（一六〇八）まで存在したが、田地にするために埋め立てられたと伝えられている。[39]崐陽上池と崐陽下池は、東の猪名川と西の武庫川に挟まれた伊丹台地の中央部を東西に走る陥没地帯に位置している。伊丹台地はいったん洪水時になると、北摂山地から流下する水は野放し状態になり、陥没地帯に押し寄せ、そこから東西に向きを変えて、大部分は武庫川に、一部は猪名川に流出していた。崐陽上池と崐陽下池は伊丹台地の微妙な地形条件と水利的位置を見抜いた溜池とみられている。[40]溝二所の崐陽上溝（崐陽上池溝の誤記であろう）と崐陽下池溝の長さは各々一二〇〇丈（約三・六㎞）で、それぞれ北摂山地南麓から伊丹台地を流れる天神川と天王寺川に比定されている。[41]それらは崐陽上池と崐陽下池への取水路として造営されたのであろう。これら二つの川の長さは『行基年譜』に記された二つの溝の長さとほぼ一致しており、一八八六年測量の仮製地形図をみると、東西方向に微小な起伏をもつ伊丹台地を、北から南にほぼ真直ぐ並行して流れていることからも人工の川とみて間違いない。崐陽上池と崐陽下池も池と溝を組み合わせた灌漑施設である。

三　池溝開発の背景

それでは、行基は何故に仏道とは関係のないと思われる池溝開発を大鳥郡周辺と河辺郡山本里で取り組んだのであろうか。仏教と社会事業について、道端良秀氏は次のように語っている。中国仏教には社会福祉の指導理念ともいうべき福田の思想がある。福田の中に、園果、浴場、樹木を造ること、丈夫な船、橋、井戸を造ること、などの土木的な救済事業をあげている。唐代僧侶の土木救済事業には、道路の悪いところ、険阻なところをなおし、橋を架け、あるいは渡船を造ったことがみうけられる(42)。吉田靖雄氏は、行基の諸事業は、諸経論の説く福田思想を直接的な思想基盤としているが、経典や中国僧の実践例に全く見えない堀・池・溝・樋などの水防灌漑施設を造っている。これは行基の独自の運動形態であったと指摘する(43)。すなわち、僧侶は交通施設の整備には関与していたことが知れる。行基も街道に布施屋を設置し、橋を架け、直道を整備した。これらは悲惨な状況にあった都を往還する役夫・運脚夫を救済するための社会事業である。しかし、池溝開発は仏教の福田思想にはなく、中国の僧侶にその実践例はみられない。我が国では行基以外に、弘仁十二年（八二一）に空海が讃岐国の万濃池を修造しているが、これは難工事を克服するために国司・郡司からの要請を受けたものである(44)。その他に、前述の重源の狭山池の修造がみられるが、いずれも公的・私的な特別の事情による一過性の事業であり、本務として池溝開発に取り組んでいたわけではない。鎌倉時代に社会事業に積極的に取り組んだ忍性は、数多くの橋を架け、道を整備し、井戸を掘ったことが伝えられているが、そこには池溝開発はみえない(45)。残された史料からしか判断はできないが、仏教の福田思想にもない池溝開発を積極的に取り組んだ僧侶は行基以外にはいなかったと思われる。その功績は朝廷や国司も手に負えない規模である。それでは何故に行基は多くの池溝開発を、それも二地域に集中して取り組んだのであろうか。『続日本紀』天平勝宝元年（七四九）二月丁酉条の行基卒伝に、「又親率㆓弟子等㆒、於㆓諸要害処㆒、造㆑橋築㆑陂。聞見所㆑及、咸来加㆑功、不日而成。百姓至㆑今、蒙㆓其利㆒焉」と記されていることから、池溝開発も民衆救済に向けた事業と考えられ、そのような視点から池溝開発の背景を探ってみたい。なお、ここにみえる「陂」とは池のことと解せる。陂には堤の意味とともに池そのものを意味する場合がある(46)。

大鳥郡周辺における行基の池溝開発は、その恩恵を受ける地域の事情と、行基側の事情が重なり合ったために遂行できたと考えられる。地域の事情の一つは、人的・物的負担が伴う新たな耕地開発は一般の班田農民には難しい。こうした耕地開発を率先したのは郡司豪族層たちだったと想定できる。耕地開発には労働力として多くの人手を必要とする。また、灌漑設備として溜池を設けるとなれば、一定の土地が水に沈むことになり、用水路を設けるとなると、一定の土地を供出しなければならない。さらに、地方豪族らが耕地開発を進めるにあたっては、各勢力が影響をおよぼせる領域を超えた調整が必要となる(47)。特に和泉国の大鳥郡と和泉郡の二郡では、ほかに抜きんでた大氏族が存在せず、ほぼ同じような規模の多くの中小氏族が、それぞれの本拠地に割拠していたことが指摘されている(48)。そうした土地で大規模な池溝開発をおこなうと、氏族間の調整は避けられない。

行基は神亀四年に大鳥郡大野村に大野寺と共に土塔を建立した。大野寺土塔の発掘調査では建立に参画した人たちの人名瓦が出土している。その数は判読できないものも含め、一二二四点あり、僧尼関係、氏族、一般民衆の名が刻まれている。人名瓦の出土数からみると、地元の大鳥郡、和泉郡北部、南河内の氏族が多い。つまり、陶邑窯跡群（大阪南部窯跡群）の地域に本拠を置く氏族が目立つといわれている(49)。行基は既に地元の多くの氏族や一般民衆から崇敬され、信望の厚い僧侶であった。そのことは次の史料からも窺い知れる。『日本霊異記』（中巻第二縁）

によると、禅師信厳は俗名を血沼県主倭麻呂といい、和泉国泉（和泉）郡大領をつとめていたが、行基に従って出家したとみえる。天平九年の「和泉監正税帳」に署名を加えている郡司少領外従七位下珍県主倭麻呂は同一人物とされる。[50]また、井上光貞氏は、天平二年の「瑜伽師地論巻二六」（『寧楽遺文』六一二）は行基関係のもので、書写に加わった和泉監大鳥郡大領日下部首名麻呂は行基の信者の一人と推定している。[51]行基卒伝にも記されているように、行基は動員力があり、加えて大鳥郡周辺では豪族らを指導できる立場にいた。行基の池溝開発は大鳥郡周辺の民衆の強い願望であり、恐らく豪族たちからの強い要請があったのであろう。

地域の事情の二つは、地域経済の問題である。推古朝から続く須恵器生産の斜陽化である。古代における最大の須恵器生産地帯は、大阪南部窯跡群と称される地域で、現代の堺市を中心に和泉市、岸和田市から大坂狭山市域にわたる東西約一五㎞、南北約九㎞の広範囲に及んでいる。『和妙類聚抄』の国、郡でいえば、「和泉国大鳥郡、和泉郡」と「河内国丹比郡狭山郷」に相当する。窯跡は約五〇〇ヶ所が確認されているが、本来は一〇〇〇ヶ所以上あったのではないかと推定されている。[52]須恵器の生産の開始は古市・百舌鳥古墳群の形成がはじまったころと同時期と考えられている。生産のピークは五世紀後半から六世紀代にあり、古墳に副葬品として埋納される須恵器を大量に生産することを活動の中心としていた。しかし、古墳が築造されなくなるにつれて、日常容器へと姿を変えていった。[53]須恵器窯の本格的な地方への波及は七世紀初頭とされ、奈良時代には律令体制のもと、ほとんどの国に須恵器の生産がゆきわたるようになり、平安時代になると急速に衰退していった。[54]田辺昭三氏によると、大阪南部窯跡群でこれまで発見した窯を年代別にみると、五～六世紀の窯が三〇〇基以上あるのに対して、七世紀代の窯は八〇基に減り、八世紀以降の窯は、二百数十年間でわずか一一〇基あまりに激減している。しかも、七世紀以後の窯は一窯の操業期間が短くなっていることを考慮すれば、この年代別窯跡数の変遷が語る以上に、大阪南部の七世紀以後の衰退は著しかった。(55)衰退の要因の一つは、須恵器は多量の燃料を消費する産業であり、伐採により燃料としての雑木林の確保が難しくなったことによる。(56)奈良時代になると、律令国家の勧農政策もあり、伐採された丘陵地帯を耕作地に変えるべく池溝開発が余儀なくされ、行基への期待が高まったと考えられる。

次に、行基側の事情である。養老元年四月（『続日本紀』）に、行基は弟子等と共に律令国家から平城京での違法な乞食行（托鉢）などの活動に対して禁圧ともいうべき名指しで非難を受けた。続けて養老六年七月（『続日本紀』）に名指しこそないが、同様の活動に対して再度厳しい弾圧を受けて大鳥郡に帰郷したことが『行基年譜』から推察される。行基は街道沿いの九ヶ所に布施屋を設置しているが、その多くはこの時期に設置されたと考えられる。すなわち、当時、平城京を往還する役夫や運脚夫は酷使され、帰郷の際には食料が絶えて餓死さえあった（『続日本紀』和銅五年正月乙酉条、同年十月乙丑条などから知れる）。行基は彼らを救済すべく平城京で托鉢を行い、食料などを与えて介護・宿泊できる布施屋を街道沿いに設置した。しかし、多くの役夫や運脚夫を支援するための食料などを在家信者から集める活動は、官人など多くの人口を抱えていた平城京では効果はあるが、人口が希薄な地方では難しい。行基が農業関係施設の造営に取り組んだのは、布施屋を運営していくために自らの田地を獲得することにあったと考えられる。「天平十三年記」に布施屋九所が記載されているということは、天平十三年時点においても布施屋は放棄されていない。

もう一つの事情は、弟子の育成である。行基には多くの弟子がいたことは、人数はともかく延暦頃の記録とされる『大僧正記』(57)、及び『東大寺要録』巻第一本願章第一（『続々群書類従』一一）の行基卒伝から知れる。行基は畿内に多くの寺院を建立したが、その目的は民衆布教と共に多くいた弟子の育成の場であったと考えられる。そのためにも、寺院を維持していく田地が必要であった。行基は池の造営と共に寺田を獲得していたことは、前掲の「久米多寺領流記坪付帳」から窺い知れる。その奥書には天平勝宝元年十一月十三日の日付と共に行基の弟子八名が署名している。同坪付帳は平安時代末頃に作成された偽文書であるが、かなり忠実に史実を反映したものといわれている。

吉田靖雄氏は、中世の史料を踏まえて次のように推察している。寺領田は合わせて五六町三〇〇歩としているのは、私領として確保する為に作製されたものであるが、文治三年（一一八七）の「和泉国司庁宣」（『鎌倉遺文』二六〇）において、久米田寺免田は二六町四段一二〇歩とみえることから、同坪付帳の寺領田は文治三年以前の状態で、九世紀以降のことである。したがってこの面積は全く架空のものではなく、ある時期の久米田寺の実勢を反映したものとみる(58)。宝亀四年十一月に勅により、朝廷の施入に預からない、あるいは本より田園を持たない行基建立の六院にたいして、二乃至三町の田が与えられている（『続日本紀』）。これらの院には池溝開発との関連で建立された寺院は含まれていない。察するに池溝開発に伴って建立された寺院は多かれ少なかれ田園を有していたと考えられる。それは、弟子行基は池溝の造営及びその後の管理と引き換えに、地元の豪族や有力農民から田園を獲得していた。それは、弟子の育成のためだけでなく、役夫や運脚夫の救護施設である布施屋の維持運営にも必要であった。

次に河辺郡山本里の池溝開発であるが、その性格は大鳥郡周辺とは多少異なっていたと思われる。伊丹台地の周辺には古墳時代の遺跡が多くみられるが、台地上にはみられない(59)。伊丹台地は古代には為奈野（猪名野）と称され、猪名部とよばれた木工集団の居住地であったとされるが(60)、人口は乏しかったと推察される。伊丹台地の地形条件からみると、地元の豪族には灌漑池の開発など思いもつかなかったであろう。池に取水するために長大な二つの溝を掘り、陥没地帯に堤を築いて広大な池を造る発想自体、当時としてはとてつもない大事業であったはずである。おそらく、河辺郡における池溝開発は、大鳥郡周辺での池の築造の実績を踏まえて行基集団の主導で進められたのであろう。その根拠となるのは『日本後紀』弘仁三年八月癸丑条の勅に、「摂津国にある惸独田一五〇町は、国司に耕種させるべし。獲るところの苗子は、毎年官に申し、処分されるを待ち、然る後に用いよ。惸独田は、故大僧正行基法師、孤独を矜が為に置くところなり」とある。この規定は『延喜式』民部上に、「摂津国の惸独田、国司が営種し、獲るところの苗子、毎年官に申し、処分有りを待ち、然る後に充用せよ」とあり、同雑式に、「故僧正行基の混陽院の雑事は、摂津国司別当僧と共に検校を知れ」と継承されている。行基没後六十三年にして国司の管理下に入ったが、行基は河辺郡山本里に広大な惸独田を確保していたことが知れる。『行基年譜』行年七十四歳（天平十三年）条には、聖武天皇が行基の山城国泉橋院に行幸した際に、行基は孤児孤老を救済する給孤独園を猪名野に設置することを請うたところ、天皇はこれを許し、「建立院々堺地世々不レ絶、不レ被二官司摂録一」と宣したとあり、これは惸独田の史実を後に説話化したものであろう。崐陽施院を中心とする猪名野の開発は、身寄りのない子供や老人などの貧しい人々を助けるための惸独田の開発を目的に進められたが、それは行基集団の主体的な布教活動と土木事業によって成し遂げられたと考えられる。(61)

おわりに

『日本書紀』は古墳時代前期から池溝開発がおこなわれてきたことを記すが、溜池灌漑は早くても六世紀後半、考古学の知見を踏まえると推古朝に画期があった可能性が高い。それまでは河川灌漑に依存し、古墳時代には裂田溝や名草溝で知られるように、長大な溝が掘削されるようになった。土木技術においては、掘削よりも水圧に耐える築堤のほうが難しいようである。六世紀後半は百済から仏教が伝来し、朝鮮半島との交流が盛んになった時期である。溜池という灌漑手法はそのころに朝鮮半島からもたらされたかもしれない。『常陸風土記』行方郡の条に、継体天皇の世に郡の西谷の葦原を切り開いて新田となし、後の孝徳天皇の世に、国造は夜刀神によって妨害されながらもその谷に堤池を築造したという苦心談が記されている。堤池の築造は国造の権力をもってしても容易ではなかったことを物語っている(62)。

そのことは、奈良時代になっても変わらなかったことが、『続日本紀』養老二年四月乙亥条の道君首名の卒伝から推察される。卒伝には首名が国守として任地でおこなった肥後国の味生池などの造池を特筆すべき事業として採りあげている。その後、養老七年に発布された「三世一身法」、二十年後の「墾田永年私財法」は地方豪族や有力農民に対して池溝開発を後押しする勧農政策であった。それらの法整備によって各地で池溝開発が活発に行われたことが班田図や古文書から窺い知れるが、主流は河川灌漑の溝で、池は「近江国水沼村墾田地図」や「額田寺伽藍並条里図」に一～二表現されている程度である(63)。東大寺領越前国諸庄園に関する史料（『大日本古文書』東南院文書之二）も用水溝に関する内容で、溜池についてはみられない。

そうした時代に、行基の一五ヶ所の造池は驚くべき数であり、それも二地域に特化している。いずれも洪積台地、丘陵といった水の確保が難しい土地である。その対策として遠方の川から長い溝を敷設し、池に貯水するといった全く新しい灌漑技術を導入している。二地域の一つの大鳥郡周辺は行基の出身地であり、その信奉者が多い。行基集団と地元の豪族や農民が一体となって、斜陽化していく須恵器生産地帯の丘陵地を耕作地にすべく池溝開発をおこなったと推測できる。一方、人の営みが希薄であったと思われる猪名野と称された伊丹台地の河辺郡山本里の池溝開発は、行基集団が主体となって取り組んだと考えられる。その目的は孤児孤老を養うために広大な惸独田を確保することにあったことを前掲の『日本後紀』などの史料からいえる。

池溝開発は仏教の福田思想にもなく、中国僧の実践例にもみられない。大乗仏教の根本思想は民衆救済である。行基は活動初期に、餓死さえあった役夫・運脚夫を救済すべく街道沿いに布施屋を設置した。その財源を獲得するために、弟子と共に平城京で「強いて余物を乞う」(『続日本紀』養老元年四月壬辰条)違法な托鉢運動、すなわち限度を越えた衣服や財物の布施を在家信者に求めた(64)。その活動は養老六年七月に再度禁圧され、行基は生まれ故郷の大鳥郡に拠点を移した。しかし、行基卒伝などの史料から民衆救済の信念は一貫していたものとして読みとれる。在家信者に食料などを求める活動は人口が多い平城京では成果はあるが、地方ではさほど成果は望めない。行基が池溝開発に取り組んだ最大の目的は、民衆救済の新たな糧を田地に求めるためであったと考えられる。

注

(1) 栄原永遠男「行基と三世一身法」(『赤松俊秀教授退官記念　国史論集』赤松俊秀教授退官記念事業会、一九七二年)二三四〜二三七頁。
(2) 『行基年譜』は、鈴木景二校訂「行基年譜」(井上薫編『行基事典』国書刊行会、一九九七年)による。
(3) 松山良三『日本の農業史』(新風舎、二〇〇四年)六七〜六八頁。
(4) 都出比呂志『日本農耕社会の成立過程』(岩波書店、一九八九年)六四〜七五頁。
(5) 市川秀之「狭山池出土の樋の復元と系譜」(『狭山池埋蔵文化財編』狭山池調査事務所、一九九八年)四八九頁。
(6) 工楽善通『水田の考古学』(東京大学出版会、一九九一年)六六〜七四頁。
(7) 亀田隆之『日本古代用水史の研究』(吉川弘文館、一九七三年)二六〜二七頁。
(8) 舘野和己「屯倉制の成立—その本質と時期—」(『日本史研究』一九〇、一九七八年)。
(9) 注(7)亀田著書三一〜三四頁。
(10) 森浩一「溝・堰・濠の技術」(森浩一編『朝日カルチャーブックス二八　古代日本の知恵と技術』大阪書籍、一九八三年）三七八〜三七九頁。
(11) 泉森皎「考古学からみた大阪狭山市」（『大阪狭山市史』第一巻本文編通史、二〇一四年）五七頁。
(12) 市川秀之『歴史のなかの狭山池―最古の溜池と地域社会―』清文堂出版、二〇〇九年）三〜八、五七〜六一頁。
(13) 工楽善通「古代築堤における「敷葉工法」―日本古代の一土木技術に関しての予察―」（奈良国立文化財研究所創立四〇周年記念論文集刊行会編『文化財論叢Ⅱ』同朋舎出版、一九九五年）四九七〜五一一頁。
(14) 注（11）泉森論文三六〜三八、五七頁。
(15) 日下雅義『古代景観の復元』（中央公論社、一九九一年）一三六〜一四九頁、川内眷三『古墳と池溝の歴史地理学的研究』（和泉書院、二〇一七年）一六九〜二〇六頁。
(16) 菱田哲郎「考古学からみた六、七世紀の王権と地域社会」（『季刊考古学』別冊三〇、二〇一九年）一〇二〜一〇九頁。
(17) 注（10）森論文三八〇〜三八一頁。
(18) 日下雅義『地形からみた歴史　古代景観を復原する』（講談社、二〇一二年）一三二〜一三四頁、木下晴一『古代日本の河川灌漑』（同成社、二〇一四年）五九〜六〇頁。
(19) 注（18）木下著書、六九頁。
(20) 薗田香融「日前宮と紀国造」（末永雅雄・薗田香融・森浩一編『岩橋千塚』和歌山市教育委員会、一九六七年）五一〇〜五二〇頁。
(21) 『和歌山県史』考古資料（一九八三年）三八七〜三九二頁、大野嶺夫「古墳文化とその時代」（『和歌山市史』第一巻、一九九一年）三四六〜三四八頁。
(22) 注（4）都出著書
(23) 野上丈助「河内における池溝開発についての覚書」（『大阪府の歴史』九、一九七八年）二八、三二〜三三頁。
(24) 広瀬和雄「古代の開発」（『考古学研究』三〇―二、一九八三年）四七〜五〇頁。
(25) 注（23）野上論文、注（24）広瀬論文。

(26) 注（12）市川著書四九～六四頁。
(27) 尾田栄章『行基と長屋王の時代　行基集団の水資源開発と地域総合整備事業』（現代企画室、二〇一七年）四六～五一頁。
(28) 『特別展　狭山池と重源上人』（大阪狭山市立郷土資料館、一九九四年）三二～三四頁、「重源狭山池改修碑文」は『大阪狭山市史』第五巻史料編狭山池（二〇〇五年）一九頁を参照。
(29) 井上薫「重源の狭山池修理」（『狭山町史』第一巻本文編、一九六七年）一〇五～一一五頁。
(30) 井上光貞「行基年譜　特に天平十三年記の研究」（『井上光貞著作集第二巻　日本古代思想史の研究』岩波書店、一九八六年。初出一九六九年）。
(31) 永井啓一「歴史的土地改良施設　昔も今も、みんなの久米田池」（『水と土』一三二、二〇〇三年）六六～六七頁。
(32) 石部正志「茅渟県から和泉国へ」（『岸和田市史』第二巻古代・中世編、一九九六年）一五三～一五四頁。
(33) 注（18）木下著書四〇頁。
(34) 注（27）尾田著書一三九～一四五頁。
(35) 注（32）石部執筆九九頁、注（18）木下著書四二頁。
(36) 本郷真紹「内供奉十禅師の成立と天台宗」（『仏教史学研究』二八―一、一九八五年）、吉田靖雄『日本古代の菩薩と民衆』（吉川弘文館、一九八八年）二一頁。
(37) 吉田靖雄『行基』（ミネルヴァ書房、二〇一三年）一四二～一四五頁、磐下徹『郡司と天皇　地方豪族と古代国家』（吉川弘文館、二〇二二年）一七三～一七五頁。
(38) 吉川真司『聖武天皇と仏都平城京』（講談社、二〇一一年）一三〇～一三一頁、本庄総子『疫病の古代史　天災、人災、そして』（吉川弘文館、二〇二三年）四八～五四頁。
(39) 亀田隆之「行基の社会事業」（『伊丹市史』第一巻、一九七一年）三〇六～三一六頁。
(40) 藤田和夫・前田保夫「伊丹の地質構成」（『伊丹市史』第一巻、一九七一年）八～一九頁。
(41) 坂井秀弥「『行基年譜』にみえる摂津国河辺郡山本里の池と溝について―古代における伊丹台地の開発―」（『続

日本紀研究』二〇四、一九七九年）、同『古代地域社会の考古学』（同成社、二〇〇八年）三〇二～三三二頁。

(42) 道端良秀「中国仏教と社会福祉事業」（『道端良秀中国仏教史全集』第一一巻所収、書苑、一九八五年）二六～三一、二二〇～二二三、二七八～二八五頁。

(43) 注（36）吉田著書、七二～七八頁。

(44) 亀田隆之『日本古代治水史の研究』（吉川弘文館、二〇〇〇年）一七二～一八五頁。

(45) 吉田文夫「忍性の社会事業について」（中尾堯・今井雅晴編『日本名僧論集第五巻　重源　叡尊　忍性』吉川弘文館、一九八三年）三九二～四三三頁。

(46) 注（44）亀田著書六五頁。

(47) 注（37）磐下著書九三～九四頁。

(48) 吉田晶「和泉地方の氏族分布に関する予備的考察」（小葉田淳教授退官記念事業会編『小葉田淳教授退官記念国史論集』一九七〇年）一五九～一七七頁、栄原永遠男「王権と和泉」（『堺の歴史―都市自治の源流―』角川書店、一九九九年）二四～二七頁。

(49) 近藤康司『行基と知識集団の考古学』（清文堂出版、二〇一四年）一三五～一五〇頁。

(50) 注（37）磐下著書、一〇～一一頁。

(51) 注（30）井上論文三九一頁。

(52) 田辺昭三「陶邑の変貌」（坪井清足・岸俊男編『古代の日本』五巻近畿、角川書店、一九七〇年）一四五頁。

(53) 注（48）栄原論文一六～一七頁。

(54) 吉田恵二『日本古代の窯業と社会』（六一書房、二〇一九年）八七～八九頁。

(55) 注（52）田辺論文、一五六頁。

(56) 西田正規「和泉陶邑と木炭分析」（『大阪府文化財報告書第二八輯　陶邑Ⅰ』一九七六年）一七八～一八七頁、石部正志「大化以前の岸和田」（『岸和田市史』第二巻古代・中世編、一九九六年）九八～九九頁。

(57) 日下無倫「行基菩薩門弟雑考―大僧正記に就いて―」（根本誠二編『奈良時代の僧侶と社会』雄山閣出版、一九九四年）二五九～二六七頁。
(58) 吉田靖雄『行基と律令国家』（吉川弘文館、一九八七年）二二〇～二二二頁。
(59) 武藤誠「考古学からみた川西地方」（『川西市史』第一巻、一九七四年）一一二～一一三頁、川口宏海「猪名川流域における古墳時代の社会と朝鮮半島系文化」（米山俊直・辻一郎編『行基と渡来人文化　朝鮮半島から猪名川流域へ』たる出版、二〇〇三年）一一〇～一四二頁。
(60) 千田稔「行基の事業と地理的「場」」（上田正昭編『探訪　古代の道　第三巻』法蔵館、一九八八年）二一七～二二八。
(61) 西本昌弘「「崐陽寺鐘銘」の基礎的検討」（『地域研究いたみ』四七、二〇一八年）一八～二三頁。
(62) 古島敏雄『古島敏雄著作集第六巻　日本農業技術史』（東京大学出版会、一九七五年。初出一九四七年）九九～一〇〇頁。
(63) 金田章裕『古地図からみた古代日本』（中央公論社、一九九九年）を参照。
(64) 注（30）井上論文三九六頁。

長岡遷都・廃都と早良親王

鈴木拓也

はじめに

長岡遷都の翌年、延暦四年（七八五）九月に、長岡京造営の責任者であった藤原種継が暗殺される事件が発生した。その累が及んだ皇太子早良親王は、兄の桓武天皇によって廃太子され、乙訓寺に幽閉された上、淡路配流の途中に絶命する。その数年後から次々と起こる近親の不幸や洪水などの災害を、早良親王の祟りと認識した桓武天皇は、長岡京の造営が進まない中、ついにその廃都を決断し、延暦十三年の平安遷都に至る。

藤原種継暗殺事件の背景には、平城京から長岡京への遷都に反対する早良親王と、彼を支持する南都諸寺や大伴氏の存在があり、長岡廃都＝平安遷都の決断には、早良親王の怨霊問題が関わっているとみるのがかつての通説であった。しかし現在では、藤原種継暗殺事件に遷都問題は無関係であり、長岡廃都にも早良親王の祟りは関係ないか、関与が薄いとする見方が主流になっている。

西本昌弘氏の『人物叢書　早良親王』（吉川弘文館、二〇一九年）は、そのような新しい考え方に基づく優れた研究である。種継事件については、先行研究を丹念に調べ上げ、詳細な検討を加えた上で、事件に遷都問題は無関係であり、早良親王と安殿親王との皇位継承をめぐる対立が原因であったと結論付けている（『早良親王』一一一〜一三四頁）[1]。一方、長岡廃都については、長岡京の構造的欠陥が廃都の直接的原因であるという網伸也氏の研究[2]に基づき、早良の怨霊を過度に強調するのは適当ではないと指摘している（『早良親王』一三九頁）。

早良親王の怨霊問題は長岡廃都の原因にはなり得ないとする考え方は、仁藤敦史氏も表明しており、近年の研究動向として定着していると言ってよい。仁藤氏は、早良親王の怨霊が強く意識されるのは平安遷都以後であり、長岡京時代の怨霊対策は「極めて軽微」なので、怨霊忌避は長岡廃都の理由にならないと指摘している[3]。吉野武氏も、仁藤氏の新しい考え方に基づいて、桓武朝の征夷と造都を政治史に関連付けて論述している[4]。

筆者も桓武朝の征夷と造都を論じたことがあるが、長岡遷都・廃都については、早良親王とその怨霊に関連付ける旧来の説に一貫して依拠してきた[5]。それは今でも変わらないが、早良親王と長岡遷都・廃都との関係を否定する学説には、無視しがたい重要な論拠があり、それを検討しないことには、もはや旧来の説を維持することは難しいと考えるようになった。そこで本稿では、長岡遷都・廃都と早良親王とを無関係とみる近年の学説に導かれながら、早良親王とその怨霊問題について、旧説の立場から再検討してみたいと思う。

早良親王にとって、長岡遷都と種継事件は、自身の存命中のことであるのに対して、長岡廃都は没後のことであり、自身の祟りも当時生きていた人々の認識の問題であって、本人はあずかり知らぬところである。しかし桓武天皇にとっては、種継事件と早良廃太子は無論のこと、その後の怨霊問題も早良親王の事案であり、連続性が顕著であった。長岡遷都と廃都という、早良親王との関係で言えば方向性の異なる問題を、一括して論ずる所以である。

一　早良親王の経歴と藤原種継暗殺事件の概要

最初に早良親王の経歴と藤原種継暗殺事件の概要を、西本氏の研究（『早良親王』一～一一〇頁）に拠りつつ、行論に必要な範囲で確認しておく。早良親王は桓武天皇（山部親王）の同母弟で、父は光仁天皇、母は百済系渡来氏族出身の高野新笠である。兄の山部が大学頭・中務卿などの官職を歴任したのに対して、弟の早良は僧侶の道を歩んだ。『東大寺要録』巻第四 諸院章 羂索院条によれば、等定僧都を師として出家入道し、二十一歳で登壇受戒して東大寺羂索院に住持したが、神護景雲二年（七六九）に大安寺東院に移住したという。

宝亀元年（七七〇）十月一日に光仁天皇が即位すると、同年十一月六日に、その兄弟姉妹・諸王子とともに親王となった（『続日本紀』）。親王となっても彼は僧侶としての活動を継続しており、宝亀二年～同十年の五通の正倉院文書に「禅師親王」または「親王禅師」として見えている(6)。しかも早良親王は、大安寺東院にいながら、東大寺の良弁・実忠と連携して、東大寺の造営を推進していた。このことは『東大寺要録』巻第七 雑事章 東大寺権別当実忠二十九箇条事に詳しく記されている。実忠は「親王禅師」の教命により、宝亀二年に大仏殿の副柱四〇本を構え立て、宝亀十一年～延暦元年に僧房の瓦一九万枚を調達したという。天応元年（七八一）四月三日に、兄桓武天皇が即位すると、翌四日に早良親王は皇太子となった（『続日本紀』）。この時に還俗したと伝えられている（『東大寺具書』）。このような経歴から、早良親王は平城京の寺院と関係が深く、長岡遷都に反対する平城京の寺院や関係官人の代弁者的な立場にあり、ゆえに粛清されたと理解されてきた。しかし、西本氏によれば、種継事件の背景に長岡遷都への反対論を想定する意見は、二〇〇〇年代に入ると後背に退き、皇位継承問題対立説が有力視されるようになったという（『早良親王』一一七頁）。

続いて、種継事件の概要を確認する。周知の通り、『続日本紀』は延暦十六年に撰進された後、祟りを恐れた桓武天皇によって早良親王の記事が削除されているので、削除前の『続日本紀』を抄出した『日本紀略』の記述に拠る。延暦四年九月二十三日の夜、中納言兼式部卿の藤原種継が、長岡京の造営工事を監督中に二本の矢を受け、翌日死亡した。翌二十四日、桓武天皇が行幸先の平城京から長岡京に戻り、犯人の捜索と逮捕を命じた。まず大伴竹良と実行犯の近衛伯耆桴麻呂・中衛牡鹿木積麻呂が捕獲され、桴麻呂が関係者の名を挙げつつ犯行を自白した。大伴継人と佐伯高成を取り調べたところ、前月に没した中納言大伴家持が、大伴・佐伯の両氏を誘って種継を除こうと発案し、皇太子に申して実行したと自白、その他の関係者も皆承伏した。その結果、「首悪」とされた左少弁大伴継人、右衛門大尉大伴竹良、主税頭大伴真麻呂、（大伴ヵ）湊麻呂、春宮少進佐伯高成、春宮主書首多治比浜人と、射殺を実行した近衛伯耆桴麻呂・中衛牡鹿木積麻呂が斬首された（大和大掾大伴夫子も斬首と推定）。また右兵衛督五百枝王は死罪を減じて伊予配流、大蔵卿藤原雄依と春宮亮紀白麻呂、右京亮大伴永主は隠岐配流、東宮学士・造東大寺司次官林稲麻呂は伊豆配流となった。和気広世が禁錮、大伴国道が佐渡配流に処せられたことが他の史料から知られ、吉備泉の佐渡権守左降も連坐の可能性がある（『早良親王』一二三・一三〇頁）。

処刑・配流された人物には、早良親王の家政機関である春宮坊の官人と、大伴氏が多いことが特徴で、首謀者として死後に除名された大伴家持も、中納言のほか、春宮大夫・陸奥按察使・鎮守将軍を兼任していた。また、林稲麻呂は造東大寺司次官であったが、紀白麻呂も元造東大寺司次官、大伴夫子も元造東大寺司少判官、吉備泉も元造東大寺司長官であり、造東大寺司の関係者も多く含まれていた（『早良親王』一二二〜一二四頁）。

続いて九月二十八日には、桓武天皇が詔を発して、事件は大伴家持らが「式部卿藤原朝臣を殺し、朝庭を傾け奉り、早良王を君とせむ」と謀り、皇太子早良親王の許可を得て実行したものと断定した。この日、皇太子早良親王は内裏を出て東宮に帰り、即日戌の時に乙訓寺に出し置かれた。これが早良親王の廃太子で、現行『続日本紀』には九月二十八日条自体が存在しない。『日本紀略』の同日条は、「この後太子自ら飲食せず、十余日を積めり」として、船に乗せて淡路に移送する途中、高瀬橋のほとりで絶命したこと、そのまま遺体を淡路に運んで埋葬したことを記す。このうち「太子自ら飲食せず」は、あくまで朝廷の公式見解であって、西本氏が醍醐寺本『諸寺縁起集』所収「大安寺崇道天皇御院八嶋両所記文」によって推定したように、実際には小室に幽閉されて飲食を断たれ、十月十七日に衰弱死した可能性が高い。(7) 早良親王の忌日が十月十七日であること、その国忌を大安寺が行っていたことは、西本氏が東山御文庫から発見した藤原行成撰『新撰年中行事』によって確認できるので、(8)「両所記文」が記す大安寺の所伝には信憑性がある。事件から二ヵ月後の十一月二十五日には、廃太子された早良親王に代わって、桓武天皇と皇后藤原乙牟漏との長子・安殿親王（後の平城天皇）が皇太子に立てられた。

二　藤原種継暗殺事件の原因をめぐる諸説

種継事件の原因には多様な説があるが、西本氏が先行研究を的確に整理している（『早良親王』一一一～一一二頁）ので、それに導かれながら概観しておく。各説の名称とそれに付した番号は、西本氏の整理に倣ったものである。

(1) 大伴継人らの暴発説(9)

一族の長である大伴家持が、八月二十八日に陸奥で死亡したことをきっかけに、大伴継人らが暴走して種継を暗殺したという説で、早良は事件に関与していなかったが、桓武が事件を利用して廃太子したとみる。西本氏も、早良が暗殺計画を承認したという『日本紀略』の記述は拷問による誘導の結果とみられること、皇太子監国をしていた早良は、軍事動員によってクーデターを起こすことも可能であったのに、その形跡がないことから[10]、早良は事件に関与しておらず、桓武が事件を廃太子に利用したとの見方を支持している（『早良親王』一一八〜一二〇頁）。

(2) 早良親王および早良派の暴発説[11]

早良親王の事件への関与を認める説で、早良派は早良親王の意を体して種継を暗殺し、早良もあえて止めようとしなかったとする説から、早良が事件の主役であったとする説まで、幅はあるものの、早良と種継の政治的対立を重視する点で一致している。西本氏は引用していないが、春名宏昭氏も両者の政治的対立を指摘しており、瀧浪貞子氏は早良の事件への関与は不明としながらも、事件は早良派が起こしたとみているので、この説に含めることができる[12]。西本氏は早良親王本人が事件に直接関与した可能性はきわめて低いとみており、早良と種継の政治的対立よりも、早良と安殿の皇位継承をめぐる対立の方を本質的とみている（『早良親王』一二六〜一二七頁）。

(3) 長岡遷都反対派の暴発説[13]

「親王禅師」と呼ばれた早良親王は、大安寺・東大寺など平城京の寺院と親密な関係を持っており、早良親王の側近の多くは造東大寺司官人の横すべりであった。平城京の寺院や関係官人は、自分たちを置き去りにした長岡遷都に反対しており、守旧派の大伴氏も同様であった。そのため遷都反対派は長岡京造営の責任者であった藤原種継を暗殺し、早良親王は遷都反対派の代弁者的存在であるがゆえに粛清されたとみる説である。

山田英雄氏以来の有力説であるが、西本氏は明確に否定する。東大寺などの南都諸大寺が長岡遷都に反対したという明確な史料は存在しないこと、廃太子直前の早良親王は、南都諸寺に使者を派遣して白業を修せしめんとしたが、菅原寺以外の諸寺はこれを拒絶したこと（『扶桑略記』延暦十六年正月十六日条）が主な根拠である。後者については、早良親王と南都諸寺の間に深い連帯感があったならば、親王の求めを簡単に拒絶することはなかったと指摘して、事件の背景に長岡遷都反対論があることを否定している（『早良親王』一一五～一一六頁）。廃太子直前の早良親王の動向に着目した点は本稿も継承するが、後述のように、これに関連する史料が『類聚三代格』にあり、表面的には早良親王を拒絶した南都諸寺は、水面下では早良親王に強く連帯していたことが知られる。

長岡京造営と関わりの深い和気清麻呂の長子広世が事件に連坐したことも、早良派が長岡遷都に反対したとする見方への有力な反証とされている（『早良親王』一三〇頁）。これについては、広世は学問上の関係から早良親王に近侍した可能性があるとする鷺森浩幸氏の見解[14]に従っておきたい。親兄弟で都に対する考え方が一致するならば、薬子の変は起こり得ないのであり、それは桓武天皇と早良親王にも言えることであろう。

(4) a 皇位継承問題対立説

種継事件の背景に皇位継承をめぐる早良親王と安殿親王の対立があったとみる説で、西本氏が最も賛成している説である。笹山晴生氏は、早良親王の皇太弟としての地位は、藤原式家の台頭、なかんずく皇后乙牟漏の生んだ安殿親王の成長によって、このころには著しく脅かされていたと推測した[15]。また木本好信氏は、桓武と乙牟漏の意図を受けた種継が安殿親王の立太子を画策したため、早良親王を支持する大伴・佐伯両氏との間で皇嗣をめぐる政治権力闘争が起こったとみた[16]。西本氏はこうした見方に賛同した上で、事件の主謀者は早良の従者であった大伴竹良や大伴継人らであり、彼らは桓武天皇の意向を背景に安殿親王の立太子に向けて動きを強める種継の存在が、皇太弟早良親王の地位を脅かすものとみて、種継の暗殺を決行したと結論付けている（『早良親王』一二六頁）。

筆者は、皇位継承をめぐる対立の存在を否定しないが、それは長岡遷都をめぐる対立が前提となって発生しており、本質は遷都問題にあると考えている。まず、安殿親王の成長によって早良親王の地位が脅かされていた、あるいは桓武と乙牟漏の意を受けて種継が安殿親王の立太子を画策したという見方は、早良が桓武の弟であるのに対して、安殿が桓武と乙牟漏の子であることから導かれた推測である。史料に明記されていない点において、長岡遷都反対論と同じであり、この点において両説に優劣はない。一方、皇位継承問題対立説が成り立つためには、事件の四年前に早良親王を立太子したことが、桓武天皇にとって不本意であり、事あらば排斥しようと狙っていたという前提が必要である。桓武天皇が早良親王を排斥した事実から遡及して、早良立太子は桓武の意思ではなく、父光仁の意向であったとする説がかねてからあり[17]、木本氏もこの説を前提に立論している。

西本氏は、二〇一三年の『桓武天皇』では、早良立太子を光仁天皇の意向としていたが[18]、二〇一九年の『早良親王』では、中川久仁子氏・長谷部将司氏らの説[19]に従って、早良立太子は桓武自身の意向であると解釈を変更した（六八～七〇頁）。中川氏の説は、皇族でも藤原氏でもない高野新笠を、天皇と皇太子の母とすることによって権威づけ、桓武の皇統を確立する効果を期待したという説で、早良親王は僧籍にあったので子がなく、安殿親王に皇位を継がせることにも支障はなかったと指摘している。長谷部氏も、若くして出家した早良親王には配偶者や子息がいた形跡がないこと、桓武即位時に八歳であった安殿親王の立太子は不可能で、桓武自身に不測の事態があった場合には、異母弟の薭田親王などに皇位が移る可能性があることから、同母弟の早良親王を立太子したと説明している。筆者もこの説に与する立場であるが、その場合、皇位継承問題対立説は前提を失うことになる。

桓武天皇が自分の意思で早良親王を立太子したとすると、わずか四年の間に、一転して早良の廃太子を画策したことになるが、その理由は何であろうか。安殿親王の成長が皇太子早良親王を脅かしたとする説があるが、安殿は八歳から十二歳になったにすぎない。その政治的能力は白紙の状態であり、とても早良親王を抹殺してまで立太子する必然性はない。中川氏・長谷部氏が言うように、早良は妻子を持たないので、いずれ皇位は桓武の子供世代に戻ってくる。それは早良立太子の段階で織り込み済みであり、早良即位の暁には、安殿を立太子する予定だったのであろう。春名宏昭氏は、立太子を機に還俗した早良親王が、後宮を形成すれば王子誕生の可能性があり、安殿立太子は状況次第であったと説くが[20]、立太子後の四年間においてその形跡はない。そもそも親王になった後も十一年間にわたって僧籍にあり、「親王禅師」と呼ばれ続けてきた早良親王が、立太子を機に子孫を残そうとするとは思えない。彼がそのような人物ならば、親王になった時点で還俗したであろう。

桓武が自ら早良を立太子して以後、種継事件が起きるまでの四年間に、早良廃太子に大きく舵を切る理由が見出しがたいとすれば、立太子の段階で公表されていなかったことに、早良が強く反対したからと考えざるを得ない。それは立太子の三年後、延暦三年五月に公表された長岡遷都を措いて他にない。南都寺院と深く結び付き、それを支援してきた早良親王が即位すれば、都が長岡京から平城京に戻ることが予見される。長岡京が構造的欠陥を抱えており、平城京に比べて大きく見劣りする都であったならば、それは桓武にとって現実的な脅威であったであろう。即位した早良親王が、長年にわたって伽藍を整えてきた平城京の寺院を、完成の見通しが立たない長岡京に移すことも考えがたい。ゆえに桓武天皇にとって早良親王の即位は回避しなければならず、ここで初めて皇太子を安殿親王に換える必然性が出てくる。それを察知した春宮坊官人、造東大寺司関係者および大伴氏らが、長岡京造営の責任者で、乙牟漏と同じく藤原式家に属する種継を暗殺したのであろう。皇位継承をめぐる対立は、長岡遷都をめぐる対立が前提となって発生しており、本質は遷都問題にあると考える所以である。

(4) b皇太子監国責任説

中川氏は、早良が暗殺計画を知らなかったとしても、留守官として事件を防げなかったのは落ち度であり、春宮坊から罪人を出した以上、無罪ではありえないとする。[21] 関根淳氏は、当時皇太子監国をしていたとみられる早良には、高官の暗殺犯を検挙する役目があり、そのような案件を早良に無断で実行したとは考えられず、早良による種継暗殺の認可は事実とする。[22] 関根氏は、早良が南都寺院に使者を派遣して白業を修せしめんとしたことを保身行為と解釈したが、西本氏はこれを批判し、事件への早良の関与を否定する（『早良親王』一二〇～一二一頁）。

早良親王の種継事件への関与は、なかったと断言できる。なぜなら、早良親王に少しでも罪があるならば、桓武天皇が彼の怨霊を恐れる理由など、微塵もないからである。怨霊や祟りは生きている人の心の問題で、端的に言えば良心の呵責である。桓武天皇は、胆沢の蝦夷に対して三度の征討を行い、その族長である阿弖流為と母礼を処刑した（『日本紀略』延暦二十一年八月丁酉条）が、この両者をはじめとする蝦夷の祟りを恐れた形跡は全くない。蝦夷は征討されて当然、処刑されて当然と思っているからである。もし早良親王が少しでも事件に関わっていたならば、廃太子されて当然、絶命して当然と考えるはずで、その祟りなど認識されようがない。桓武天皇が早良親王の怨霊を恐れたということは、少なくとも桓武は早良の無罪を認めていたということなのである。

(4) c造営方針対立説

柴田博子氏は、早良親王には多くの造営事業に関係してきた実績と人脈があるので、長岡京の造営を指揮する藤原種継と造営方針をめぐって対立し、これに種継の安殿親王に対する期待も加わって、早良の側近が種継の排除に動いたと推定している。[23]この考え方は、先述した『東大寺要録』の実忠二十九箇条事に加えて、西本氏が長岡京の発掘調査の所見から、早良親王とその春宮坊が長岡宮の造営に積極的に関与したと推定したことが根拠となっている。すなわち、長岡宮における早良の春宮坊関連地（「春宮」墨書土器出土）から、長岡宮式軒瓦や鉄の鉱滓などが出土していることから、早良の春宮坊、特にその主工署が、造長岡宮使となった佐伯今毛人を通じて、長岡宮の造営に積極的に参画していることが想定できるという。[24]

造東大寺司長官・造西大寺司長官を務めた佐伯今毛人が長岡京の造営を推進したことは、長岡遷都反対論が存在しなかったという想定に一見すると有利であるが、天皇によって種継とともに造長岡宮使に任命された以上、今毛人はその職務に邁進するしかない（『続日本紀』延暦三年六月己酉条）。勅命による遷都事業には強制力が働くから、早良親王の春宮坊が長岡京の造営に関わっていたとしても、積極的かどうかはわからないし、気の進まない遷都事業に動員されるのは苦痛でしかない。そもそも早良親王は、自身に関係の深い平城京の寺院だからこそ積極的に造営を支援したのであって、造営工事であれば何でも積極的だったわけではなかろう。長岡遷都は平城京の否定であり、南都寺院の否定でもあるので、早良親王が賛同するとは思えない。しかも早良親王と南都寺院は連携して長岡遷都に反対していたとみるべき証拠が『類聚三代格』にある。それを次節で見ていくこととしよう。

三　延暦四年十月五日太政官符にみる早良親王と南都寺院

先述のように、西本氏が長岡遷都反対論の存在を否定した史料上の根拠は、『扶桑略記』延暦十六年正月十六日条である。興福寺僧の善珠が僧正に抜擢された記事に続けて、その理由を過去に遡って説明しており、その中に延暦四年十月における早良親王の動向を伝える貴重な情報が含まれている。

去延暦四年十月、皇太子早良親王将レ被レ廃。時馳二使諸寺一、令レ修二白業一。于レ時諸寺拒而不レ納。後乃到二菅原寺一。爰興福寺沙門善珠含レ悲出迎。灑レ涙礼レ仏訖之後、遥契遥言、「前世残業、今来成レ害。此生絶レ讐、更勿レ結レ怨。」使者還報二委曲一。親王憂裡為レ歓云、「自披二忍辱之衣一、不レ怕二逆鱗之怒一。」

延暦四年十月、廃太子されようとしていた早良親王は、使者を諸寺に馳せて白業を修せしめんとしたが、諸寺は拒絶して受け入れなかった。使者が菅原寺に至った時、興福寺僧の善珠が悲しみを含みながら出迎えた。涙を流して仏を拝んだ後、善珠は、これは前世の宿業であるから、復讐心を絶つように、怨みを結ばないようにと諭した。使者が親王のもとに帰ってこの旨を報告すると、親王は憂いの中に歓びを湛えて、自ら忍辱の衣を着て、逆鱗の怒りを恐れまい、と語ったという。たしかにこの史料によれば、南都諸寺は早良を支持していないように見えるが、この時早良の使者を拒絶した南都諸寺は、水面下では早良を救おうと必死の努力をしていた。それを示すのは『類聚三代格』巻二昌泰四年（九〇一）二月十四日太政官符が引用する延暦四年十月五日太政官符である。

太政官符

応レ禁三私修二壇法一事

右太政官去延暦四年十月五日下二治部省一符偁、「僧尼・優婆塞・優婆夷等、読二陀羅尼一以報二所怨一、行二壇法一以縦二呪詛一。自レ今以後、非レ預二勅語一不レ得下入二山林一住二寺院一読二陀羅尼一行中壇法上。如有二此類一者、禁レ身具レ状、早速申二送之一、不レ得二隠漏一」者。左大臣宣、奉レ勅、立レ制之後、久歴二年代一、人忘二符旨一、動好二修法一。仏教澆薄、職此之由。宜下重仰二所司諸国一、其諸尊及聖天諸天等壇法、皆悉禁断、勿上レ令二私修一。若有二輙修為レ他被レ告者一、即科二重罪一、以懲二将来一。比房及吏民知而不レ言者、亦処二厳法一、曽不二寛宥一。其為二病患一可二必修一者、明注二請僧及病人姓名一、京内申レ官、在外経二所部官司一、慥蒙二裁許一、然後行レ之。自余悉禁。但尋常念誦壇法及看病加持等不レ在二制限一。

昌泰四年二月十四日

一見すると何の変哲もない太政官符であるが、注目すべきはここに見える二つの日付である。速水侑氏が夙に指摘したように、「昌泰四年二月十四日」は菅原道真が右大臣から大宰権帥に左遷された正月二十五日の翌月であり、「延暦四年十月五日」は早良親王が廃太子された九月二十八日の直後である。[25] しかも西本氏が発見した『新撰年中行事』により、早良親王の忌日は十月十七日と確定したので、延暦四年十月五日太政官符が発令された時、早良親王は瀕死の状態で生きていたことになる。同官符は、僧尼・優婆塞・優婆夷らが陀羅尼を読むのは所怨に報いるため、壇法を行ずるのは呪詛のためと非難しているが、これは権力者側の解釈で、実際には早良親王を救うための祈禱が一斉に行われていたのであろう。これを引用する昌泰四年二月十四日太政官符が禁じているのも、壇法による呪詛とみられる。いずれも早良親王と菅原道真が危機的な状況に陥っている時になされた呪術的行為であり、これを危険視した桓武天皇と醍醐天皇が、官符を出して弾圧したのである。

では、誰が陀羅尼を読み、壇法を行じたのか。延暦四年官符の「陀羅尼を読みて以て所怨に報い、壇法を行じて以て呪詛を縦にす」は、時期的に見て、瀕死の早良親王を救うための呪術であり、それを「山林」「寺院」に入って行った「僧尼・優婆塞・優婆夷等」とは、南都諸寺の関係者と考えざるを得ない。南都諸寺は早良親王の白業を拒絶したが、それは保身のためであり、水面下では早良親王を強く支持していて、陀羅尼の読誦や壇法という呪術的な方法で救おうとしていたのである。両者が長岡遷都反対論で一致していたからであろう。

結果として南都諸寺は桓武天皇の責めを受けず、その伽藍は守られた。保元の乱の時、瀕死の重傷を負った藤原頼長は、自分を溺愛していた父忠実を頼って南都に逃げ込んだが、忠実は面会を拒否した。結果として忠実は膨大な摂関家領を守ったのである。[26] 早良親王の使者を拒絶した南都諸寺の心情も推して知るべしであろう。

昌泰四年二月に壇法を行じていたのは誰であろうか。孤立無援な菅原道真を支持し、かつ真言密教に詳しい人物を探すと、意外な人物にたどり着く。宇多法皇である。道真の左遷が決まった時、法皇は内裏に駆け付けたが、左右諸陣が警固して通さなかった。法皇は草座を侍従所の西門に敷いて北面し、終日庭に居座ったが、ついに醍醐天皇に面会できず、本院に還御したという（『扶桑略記』昌泰四年正月二十五日条）。息子の醍醐天皇に拒絶された宇多法皇が、仁和寺や「所司諸国」の関係者とともに、道真を救うための修法を行ったのではないか。『扶桑略記』では、同年正月二十五日条に続く記事は二月十四日条で、二月十四日太政官符を「勅」として収録している。

延暦四年十月五日太政官符と昌泰四年二月十四日太政官符は、早良親王・菅原道真や怨霊の研究では注目されてこなかったようである。怨霊・御霊の研究は、人の死後を問題にするので、死に至る直前の史料は俎上に載りにくいのかもしれない。一方、仏教史の方面では、両官符に言及する研究がいくつかある。速水氏は、奈良末期の政情不安の下で、一部貴族の間に秘密修法の萌芽が見られたとしても、延暦四年官符などで厳しく禁圧され、貴族社会全体に浸透することはなかったと述べているが、[27] 古来、政変に呪詛は付き物であった。

古江亮仁氏・小林崇仁氏が指摘するように、天平元年（七二九）二月に長屋王の変が起きると、同年四月三日に「学二習異端一、蓄二積幻術一、厭魅呪咀、害二傷百物一者」と「停二住山林一、詳道二仏法一、自作二教化一、伝習授レ業、封二印書符一、合レ薬造レ毒、万方作レ怪、違二犯勅禁一者」があれば、「首斬、従流」に処すとの勅が出され（『続日本紀』）、恵美押勝の乱が起きた天平宝字八年（七六四）には、「逆党之徒、於二山林寺院一、私聚二一僧已上一、読経悔過者、僧綱固加二禁制一」という勅が出されている（『続日本紀』宝亀元年十月丙辰条）。種継事件に伴う延暦四年官符はそれに続くものであり、いずれも政変に際して山林寺院などにおける不穏な動きを取り締まろうとするものであった(28)。承和の変の時には、皇太子恒貞親王の関係者が以前から「法師等」に「呪咀」をさせていたと証言する者が多かったという（『続日本後紀』承和九年〔八四二〕七月乙卯条）。昌泰四年官符で私的な壇法が禁止された後も、外戚の座をかけた皇子誕生などに際して、政敵による奇怪な厭魅呪詛が横行していたのである(29)。

四　早良親王の祟りと長岡廃都

早良親王の祟りと長岡廃都との関係について考察する。桓武天皇が早良親王の祟りを認識する過程には、祟りの可能性を認識した延暦九年頃と、祟りが正式認定された延暦十一年の二段階がある。

延暦七年五月に夫人の藤原旅子（淳和天皇生母）が三十歳で死去し、翌年十二月に生母の高野新笠が死去した。その四ヵ月後の延暦九年閏三月十日に、皇后の藤原乙牟漏（平城天皇・嵯峨天皇生母）が三十一歳で死去する。桓武天皇はここで初めて三人の死の関連性に気付いたらしく、閏三月十六日に「国哀相尋、災変未レ息」との理由で天下に大赦した。しかし同年七月に后妃の坂上又子が死去、さらに同年九月には早良親王に代わって皇太子となっていた長男の安殿親王が発病し、同年の秋から冬にかけて京・畿内を中心に天然痘が流行した（以上『続日本紀』）。桓武天皇は一連の不幸が早良親王の祟りである可能性を考え、同じ延暦九年に、淡路にある早良の墓に「守冢一烟」を置き、付近の郡司に管理を専当させた（『類聚国史』巻二五延暦十一年六月庚子条）。

延暦十一年六月十日、皇太子安殿親王の病気が悪化したので、卜わせたところ、早良親王の祟りという明確な答えが出た。桓武は直ちに諸陵頭を淡路に派遣してその霊を慰め（『日本紀略』）、六月十七日には墓の回りに隍《からぼり》を設けて清浄を保つよう命じて、祟りが鎮まることを願った（『類聚国史』巻二五）。しかしわずか五日後の六月二十二日、雷雨が発生して長岡京が洪水に襲われ、式部省の南門が倒壊する（『日本紀略』）。桓武にとってそれは弟からの答えであった。祟りの正式認定を受けてその霊に謝し、墓の整備を命じた直後なので、洪水という自然災害が祟りと認識されたのである。洪水は八月九日にも発生し、桓武は十一日に被害状況の視察に出かけている。清水みき氏は、桓武天皇が長岡廃都を決断したのはこの頃と推定しており(30)、筆者もそれが妥当と考えている。

桓武天皇は、祟りの正式認定から半年後の延暦十二年正月に、次の遷都を公表する。まず正月十五日に、遷都のため、大納言藤原小黒麻呂・左大弁紀古佐美ら征夷経験者を派遣して、山背国葛野郡宇太村の地を視察させた。続いて正月二十一日に、長岡宮の解体のため桓武天皇が「東院」に遷御する。これ以後、遷都および新京造営に関する記事が連続するようになり、延暦十三年十月二十二日の平安遷都に至る。

西本氏は、長岡京廃都の主要因は宮都の構造的な問題や地形上の制約に求められるから、早良親王の怨霊問題を過度に強調するのは適当ではないが、早良の祟りが初めて卜定された延暦十一年に遷都への動きが始まり、翌年には桓武自ら長岡宮内裏を離れているのは、早良の死と関わる長岡宮の内裏や春宮坊、右京の乙訓寺などとできるだけ離れた地に住むことを望んだからではないかと推定し、「その意味では、長岡廃都や平安遷都と早良の怨霊とを結びつける旧説にも一定の意味はあるように思う」と評している（『早良親王』一三九頁）。

近年の研究で種継事件の原因とされる皇位継承をめぐる対立が、実は長岡遷都をめぐる対立が原因で発生していることを先述したが、同様のことが長岡廃都問題にも言える。長岡京の構造的欠陥は、決して怨霊問題の存在を否定するものではなく、両方が揃って初めて長岡廃都の原因になり得るのである。仁藤敦史氏は、長岡京時代の怨霊対策は「極めて軽微」なので、それが長岡廃都の原因であったとすると、「莫大な費用を要する平安京遷都と政策的に釣り合いがとれない」と批判するが、長岡京が修正不可能なほどの構造的欠陥を抱えていたと考えれば説明が付く。つまり、構造的欠陥を抱えながらも造営が続けられてきた長岡京を、最終的に廃都に追い込んだのが早良親王の怨霊問題なのであり、両者は長岡廃都の原因として両立するし、させるべきなのである。

網伸也氏が指摘する長岡京の構造的欠陥は以下の四点である。[31] ①長岡宮の大極殿と太政官院は、難波宮の建物を移築したため規模が小さく、新しい国家的儀礼空間として不満足であり、天武系の聖武天皇が造らせた建物なので、天智系王統の宮城の中心施設として相応しくなかった。②長岡宮の内裏は、延暦八年二月に「西宮」から「東宮」に移るが、その結果、内裏が宮城で最も低い位置に立地することとなった。③宮城の四至が曖昧で、宮城南面において二条大路が貫通せず、現呼称の三条大路が二条大路であったとしても、宮城南面大路としては狭い。④宮城が先行して造営され、そこから同心円状に条坊が施工される一方、四条以南は別の基準点をもとに条坊を施工したようで、造営計画に矛盾が生じている。以上のことから網氏は、「長岡京廃都の直接的原因は怨霊への畏怖でも水害でもなく、理想の都として完成させることができない構造的な欠陥にあった」と結論付けている。

このうち①と②は施工前からわかることなので、廃都の理由としては弱いが、③と④は施工の失敗なので、廃都の理由になり得ると思われる。問題は、いつから桓武が長岡廃都と新京遷都を考えていたかである。平安京はすべての町を四〇丈四方に統一し、大路や小路の広さも整然とした精緻な計画に基づいて造営されている。網氏は、延暦十一年六月の祟りの正式認定や水害によって廃都が決定されたならば、新京遷都の公表まで半年しかなく、新京の造営計画を立てる時間が全くなくなってしまうと指摘して、新京の造営計画はそれ以前からあったと推定した。

そして、延暦十年九月に平城宮諸門を解体して長岡宮に運ばせたのは、この時に各門の解体移築を担当した諸国と、

『拾芥抄』宮城部にみえる平安宮諸門を造営した国がほぼ一致するので、新宮造営のためとみられること、延暦九年十月に鋳銭司が復活したこと、『続日本紀』の編纂が延暦九年から十年にかけて開始されたとみられることなどから、延暦九年から十年にかけて新京の計画案が策定され始めたと推定している。

平安京の集積地割条坊は、複雑な計算と精密な測量を要するが、基本計画の策定だけなら、半年あればできるのではなかろうか。あとはそれをいかに現場に徹底させ、確実に施工するかの問題で、それは遷都の公表から実施までの一年十ヵ月にかかっている。桓武天皇は延暦八年六月に、胆沢の第一次征討に失敗しているが、彼は失敗を直視し、そこから実に多くのことを学び、十分な対策を講じた上で、平安遷都と同時に第二次征討を成功させた(32)。しかも六日前に遷御したばかりの新京で、征夷将軍からの戦勝報告を受け取り、そこでおもむろに遷都の詔を発するという奇跡を自ら起こし、二度目の遷都を劇的に演出したのである（『日本紀略』延暦十三年十月丁卯条）。

桓武天皇は、征夷のみならず、長岡京造営の過程でも多くの失敗を目の当たりにし、対策についても考えたはずである。『寛平御遺誡』における平安京羅城門の逸話を引くまでもなく、彼は造営工事を人任せにする性格ではなかった。その対策を長岡京で講ずることを諦め、新京に遷って一から造り直す決断をした原因が、早良親王の祟りと、その一環と認識された洪水であったと思われる。平城宮諸門の移建は、「仰㆓越前・丹波・但馬・播磨・美作・備前・阿波・伊予等国㆒、壊㆓運平城宮諸門㆒、以移㆓作長岡宮㆒矣」（『続日本紀』延暦十年九月甲戌条）という文を見る限り、長岡宮に対する移建であり、それがこの時期に行われたのは、桓武が長岡宮に対して講じようとしていた梃子入れ策であった可能性があろう。しかし翌年六月に早良親王の祟りが正式認定され、その半年後に新京の造営が公表されるので、結果的に平安宮への移建に変更されたのではなかろうか（『日本紀略』延暦十一年六月庚午条）。

長岡廃都に関わる残された問題は、廃都の時点で桓武天皇が早良親王の祟りを恐れていたかどうかである。長岡京の構造的欠陥が廃都の主因であるならば、桓武が長岡京造営の失敗を糊塗し、新京造営を正当化するために、早良の祟りをプロパガンダとして流布させた可能性も浮上するが、結論から言えば、それはなかったと考える。造都の失敗は官人に責任を負わせることができるが、早良の祟りは廃太子によって発生している。廃太子は天皇の専権事項であるから、早良の祟りが発生した責任は桓武にある。早良の怨霊を認めることは、新京造営の正当化どころか、政治的に危険なことなのである。それをあえて認めたのは、怨霊を恐れたからであり、祟りが鎮まることを願ったからである。このことは、三年前における征夷の失敗と比較すればより明確となる。

延暦八年九月十九日、桓武天皇は大納言藤原継縄、中納言藤原小黒麻呂らに命じて、胆沢の第一次征討に失敗した将官の勘問を実施した。勘問に召喚されたのは、征東大将軍紀古佐美、副将軍入間広成、鎮守副将軍安倍猿嶋墨縄・池田真枚の四人である。彼らはそれぞれ理由を述べて弁明したが、いずれも非を認めた。そこで、天皇の詔によって以下の処分が下された。①征東大将軍紀古佐美は、法に従って厳しく糾問し処罰すべきであるが、以前から自分に仕えているので罪を許す。②安倍猿嶋墨縄は斬刑に当たるが、長らく辺境守備に尽力してきたので、斬刑は許して官職と位階を奪うことにする、③池田真枚は官職と位階を奪うべきだが、日上の湊で溺れた軍を救助した功績があるので官職のみを解くこととする。④少しでも功績のある人は、その軽重に随って評価し、小さな罪を犯した人は、その罪を問わずに許すこととする（『続日本紀』延暦八年九月戊午条）。

桓武天皇は、将官を厳しく譴責し、死罪を含む重罪に当たることを告げた上で、彼らの罪をすべて減免するという、温情に満ちた君主を演じてみせたのである。結果として彼は、次の征夷に向けて官人たちの協力を取り付けることができ、敗戦の分析と相俟って、第二次征討を成功させることができた。征夷に失敗した将官の勘問という、最も残念な場面でさえも、自己の有徳を証明する場に変えてしまうのが桓武天皇である。長岡京の廃都も、その構造的欠陥が主因であるならば、造営を担当した官人を断罪し、その罪を許すことによって、自己の正当化と新京造営の正当化が、瞬時に達成できたはずである。彼がそれをせず、怨霊の正式認定という、自身が責任を負う道を選んだのは、早良親王の怨霊を恐れ、祟りの鎮静化を願ったからに他ならない。構造的欠陥を抱えながらも造営され続けてきた長岡京が、最終的に廃都となった原因は、洪水を含む早良親王の怨霊問題であったと考える。

五　平安遷都以後の怨霊問題

仁藤敦史氏が指摘するように、早良親王の怨霊に対する慰撫は、長岡京時代よりも平安遷都以後の方が多く、かつ規模が拡大する傾向がある。清水みき氏の集計によれば、長岡京時代には五件、平安遷都から桓武が没するまでに一〇件の怨霊対策がみられ[33]、特に延暦二十四年正月以後の一年余りに六件が集中する。もっとも、これは前年十二月に桓武天皇が発病し、死期が迫ったことから、早良親王の祟りをなお一層恐れるようになった結果とみられるので、ある意味で当然の帰結と言える。むしろ注目すべきは、平安遷都後に最初に祟りが認識されたのが、遷都から二年半後の延暦十六年五月であること、これ以後怨霊問題が深刻化することである。

平安遷都からの二年半は、桓武天皇にとって文字通り平安な日々であった。彼が遷都によって種継事件と早良の祟りを乗り越えたと考えていた状況証拠がいくつかある。第一に、遷都早々に勧学田を置いたことである。新京が平安京と命名されたのは、遷都から半月後の延暦十三年十一月八日である（『日本紀略』）が、その前日に大学寮の生徒を支援するために勧学田が設けられた。『類聚三代格』巻一五所収の勅は以下の通りである。

越前国水田一百二町五段百六十九歩

勅、古之王者教学為レ先。訓レ世垂レ風莫レ不レ由レ此。朕留二心膠序一、属二想儒宗一。修二鄒魯之前蹤一、弘二洙泗之往烈一。而経籍之道于レ今未レ隆、好学之徒無レ聞焉。今蓋簞食瓢飲非二性所一レ安、鼓篋横経中途而止。永言二其弊一、情深二興復一。其去天平宝字元年所レ置大学寮田卅町、生徒稍衆不レ足レ供レ費。宜下更加二置前件水田一通レ前一百卅余町、名曰二勧学田一、瞻二給生徒一、令上レ遂二其業一。庶崑墟之璞藉二琢磨一而騰レ輝、稽峯之箭資二括羽一而増レ美。然後採二択英髦一用二秉庶績一。論二其弘益一豈不レ大哉。

延暦十三年十一月七日

越前国の水田一〇二町余を大学寮に与え、天平宝字元年（七五七）に置いた大学寮の田三〇町と合わせて、計一三〇余町を勧学田とするという勅である。遷都一色のこの時期に、大学寮に一〇二町もの水田を与えたのは偶然ではなく、遷都に伴って大学寮の財政を格段に強化したものと考えられる。『論語』述而に「子不レ語二怪・力・乱・神一」（神は神秘の意）とあるように、孔子と儒教は怪異や神秘主義を否定した。嵯峨天皇は『論語』を踏まえて「怪異之事、聖人不レ語」と述べており（『類聚三代格』巻一弘仁三年（八一二）九月二十六日太政官符、『日本後紀』同日条）、桓武自身もかつて大学頭を務めた経験があった。新京に遷った最初に、儒教的合理主義の牙城である大学寮を強化して、怪異を否定しようとしたのではないか。実は、この越前の水田一〇二町は、種継事件で没官された大伴家持の墾田であった[34]。三善清行「意見十二箇条」（『本朝文粋』巻第二）第四条に以下の記述がある。

（前略）其後代々下レ勅、給二罪人伴家持越前国加賀郡没官田一百余町、山城国久世郡公田卌余町、河内国茨田渋川両郡田五十五町一、以充二生徒食料一、号曰二勧学田一。（中略）承和年中、伴善男、訴二家持無一レ罪、返二給加賀国勧学田一。（中略）当今所レ遺者、唯大炊寮飯料米六斗、山城国久世郡遺田七町而已。（後略）

平安遷都の直後に大学寮に与えられた水田一〇〇余町は、家持が越前国加賀郡（後の加賀国）に持っていた墾田だったのである。彼が種継事件の首謀者と見なされたことにより没官田となり、平安遷都に際して大学寮に与えられて勧学田となった。その後、承和年間に伴善男が家持に罪なしと主張して、加賀国の勧学田を取り返したので、大学寮が困窮していると三善清行は訴えている。家持が、種継事件の多くの関係者とともに名誉回復されるのは、桓武崩御当日の延暦二十五年三月十七日なので、この段階で彼は名誉回復されていない。この頃の桓武にとって、種継事件は乗り越えられた過去なのであり、早良派として事件に連坐した家持の墾田を儒教の振興に活用すれば、早良の怨霊を否定できるし、漢詩文に造詣が深い家持にとっても良いことだと思ったのかもしれない。

　第二に、延暦十六年二月十三日に、桓武朝前半までの史書である『続日本紀』を完成させたことである（『日本後紀』）。種継事件と早良の祟りが過去の「歴史」になったので、その「史実」を含む歴史書を完成させたとみることも可能であろう。これについては遠藤慶太氏が、早良親王の祟りは延暦十一年六月癸巳に認定されていたが、鎮霊によって祟りは収拾したとみなされ、早良親王の廃坊・藤原種継との不和を『続日本紀』に織り込んでいたのであろうと述べている[35]。このことは早良関係記事の削除時期を考える上でも重要である。

　そして第三に、延暦十六年正月十六日に善珠が僧正に抜擢されたことである。早良の白業に関わる『扶桑略記』同年正月十六日条の続きを読んでみると、早良の祟りが完全に過去のものとなっていたことが窺える。

　十六年丁丑正月十六日、興福寺善珠任二僧正一。皇太子病悩間、施二般若験一、仍被二抽賞一。（中略、延暦四年十月の白業、前掲）其後親王亡霊屢悩二於皇太子一。善珠法師応レ請、乃祈請云、「親王出レ都之日、厚蒙二遺教一。乞用二少僧之言一、勿レ致二悩乱之苦一。」即転二読般若一、説二无相之理一。此言未レ行、其病立除。因レ茲昇進、遂拝二僧正一。為レ人致レ忠。自得二其位一也。（已上国史）

早良親王の亡霊による皇太子安殿親王の病悩は、善珠による亡霊への祈請と般若経典の転読で立ちどころに治った、ゆえに善珠は僧正に抜擢されたという清々しいまでの文章で、祟りの再来など微塵も予感させない。ところが、そのわずか三ヵ月後の延暦十六年四月二十一日に、僧正善珠は七十五歳でこの世を去る。皇太子安殿親王は、善珠の形像を描いて秋篠寺に安置したという（『扶桑略記』『日本紀略』）。櫻木潤氏が指摘するように、善珠の死をきっかけとして、早良親王の祟りは再び意識されるようになる。(36) 一ヵ月後の五月十九日には「於二禁中幷東宮一転二読金剛般若経一。以レ有二怪異一也」とあり、翌二十日には「遣下二僧二人於淡路国一、転経悔過上。謝二崇道天皇霊一也」とある（『日本紀略』）。内裏と東宮に怪異が現れたため、金剛般若経を転読し、翌日には僧二人を淡路に派遣して、崇道天皇（追号は延暦十九年七月）の霊に謝したという。自分たちを早良の怨霊から守っていると信じてきた善珠を失ったことで、桓武・安殿父子は動揺し、再び祟りを意識するようになったのであろう。

これ以後、早良親王に「崇道天皇」が追号される延暦十九年七月にかけて、早良に対する慰撫が連続することも、櫻木氏が指摘する通りである。『日本後紀』延暦十八年二月己丑（十五日）条には、「遣二従五位上行兵部大輔兼中衛少将春宮亮大伴宿禰是成、伝灯大法師位泰信等於淡路国一、令下賚二幣帛一謝中崇道天皇霊上」とある。これまで指摘されていないが、この記事は、和気広虫の卒伝である同年正月乙丑（二十日）条と、和気清麻呂の薨伝である同年二月乙未（二十一日）条の間に収録されている。姉の広虫が亡くなった直後に、弟の清麻呂も発病したので、早良の祟りが疑われ、大伴氏の一員で春宮亮も務める是成と、唐僧の泰信を淡路に派遣して、早良の霊に謝したが、祟りは収まらず、ついに清麻呂も亡くなった、という流れなのである。平野邦雄氏は、この姉弟が相次いで死亡したことについて、「この姉弟は、死期にいたるまで一心同体であったわけだ」「この二人とも、人生の節を全うした、静かな、みちたりた死を迎えたことと思う」(37)と、感慨を込めて書いているが、当時の人々が懐いたのは感慨ではなく、恐怖であったと思われる。延暦十九年七月二十三日には、桓武天皇の詔によって「故皇太子早良親王」が「崇道天皇」と追称され、その墓が「山陵」と呼ばれることになり、前年と同じ春宮亮大伴是成が、陰陽師と衆僧を率いて淡路に派遣され、「崇道天皇山陵」に「鎮謝」している（『類聚国史』巻二五・三六）。

和気清麻呂が早良親王の祟りで死亡したと認識されたのはなぜであろうか。清麻呂は、長岡遷都当時の摂津大夫なので、難波宮の建物を長岡宮に移築する事業に関わったとみられ、後には桓武天皇に長岡京から新京への遷都を進言したと伝えられる（和気清麻呂薨伝）。和気清麻呂は、桓武朝の二度の遷都に深く関わっており、彼が早良親王の祟りで死亡したと認識されたのは、生前の早良親王が長岡遷都に強く反対していたからであろう。

それとともに、早良親王の慰霊のために淡路に派遣される人物が、官人から宗教者に変化していることにも注目しておきたい。長岡京時代の延暦十一年には、諸陵頭の調使王が淡路に派遣されたが、平安遷都以後の延暦十六年には僧二人、延暦十八年には唐僧泰信、延暦十九年には陰陽師・衆僧が派遣されている[38]。櫻木氏によれば、善珠を失った後の桓武天皇は、早良の怨霊を救済するに相応しい教えとして、延暦十七年から三論宗の一乗思想に傾倒し、三論宗の衰退が著しくなると、法華一乗を説く天台宗の最澄を登用したという。桓武天皇による怨霊対策は、彼自身の宗教観と連動しつつ展開していることを確認して、本節を閉じることとする。

むすびにかえて

桓武天皇が自ら完成させた『続日本紀』から早良親王に関する記事を削った時期は不明であるが、崇道天皇号を追称した延暦十九年頃とみるのが通説である[39]。これに対して遠藤慶太氏は、桓武天皇の発病から崩御にかけての時期に、早良親王の慰霊と種継事件関係者の名誉回復が行われていることから、第二案として延暦末年説を提唱した[40]。

遠藤氏が指摘する通り、政治犯の名誉回復と史書の改訂は連動する可能性が高いが、あえて第三案として、『続日本紀』完成直後の延暦十六年五月から同十八年頃も候補に挙げたいと思う。桓武天皇は延暦十六年五月に早良親王の祟りが再来したと認識し、同十七年に早良の怨霊慰撫を契機として仏教への傾倒が始まり、同十八年の和気清麻呂の死を早良の祟りと解釈したからである。延暦二十年代の怨霊対策など、論じ残した点も多いが、すべて今後の課題として擱筆する。

注

（1）以下、本稿で西本昌弘『早良親王』を引用する場合は、本文中に書名と頁数を（　）に入れて表示する。
（2）網伸也「平安京造営過程に関する総合的考察」（『平安京造営と古代律令国家』塙書房、二〇一一年）。
（3）仁藤敦史「「山背遷都」の背景—長岡京から平安京へ—」（今谷明編『王権と都市』思文閣出版、二〇〇八年）、同『都はなぜ移るのか—遷都の古代史—』（吉川弘文館、二〇一一年）一九頁。以下に引用する仁藤氏の見解はこれらによる。
（4）吉野武「平安遷都と対蝦夷戦争」（佐藤信編『古代史講義—邪馬台国から平安時代まで—』ちくま新書、二〇一八年）一七四〜一七五頁。
（5）鈴木拓也ａ『戦争の日本史３　蝦夷と東北戦争』（吉川弘文館、二〇〇八年）一四〇〜二一九頁、同ｂ「光仁・桓武朝の征夷」（同編『東北の古代史４　三十八年戦争と蝦夷政策の転換』吉川弘文館、二〇一六年）、同ｃ「延暦十三年の征夷と平安遷都」（熊谷公男編『古代東北の地域像と城柵』高志書院、二〇一九年）。
（6）山田英雄「早良親王と東大寺」（『南都仏教』一二、一九六二年）。
（7）西本昌弘「早良親王薨去の周辺」（『平安前期の政変と皇位継承』吉川弘文館、二〇二二年。初出二〇〇〇年）、同『早良親王』一〇〇〜一一〇頁。
（8）西本昌弘編『新撰年中行事』（八木書店、二〇一〇年）一一六頁。

（9）北山茂夫「藤原種継事件の前後」（『日本古代政治史の研究』岩波書店、一九五九年）、林陸朗『長岡京の謎』（新人物往来社、一九七二年）一六八〜一八一頁、長谷部将司「「崇道天皇」の成立とその展開」（『日本古代の記憶と典籍』八木書店、二〇二〇年。初出二〇一五年）。

（10）柴田博子「早良親王―「皇太子置定」の困難―」（吉川真司編『古代の人物4　平安の新京』清文堂出版、二〇一五年）。

（11）村尾次郎『人物叢書　桓武天皇』（吉川弘文館、一九六三年）一一〇〜一一二頁、佐伯有清「桓武天皇の境涯」（『古代学』一〇―二・三・四合併号、一九六二年）、井上満郎『桓武天皇　当年の費えといえども後世の頼り』（ミネルヴァ書房、二〇〇六年）九三〜九六頁、木本好信「藤原種継の暗殺と早良廃太子の政治的背景」（『奈良時代の人びとと政争』おうふう、二〇〇三年。初出一九九七年）、遠山美都男「高瀬橋頭に至るころ、すでに絶ゆ―早良親王廃太子事件―」（『歴史読本』五八―六、二〇一三年）。

（12）春名宏昭『人物叢書　平城天皇』（吉川弘文館、二〇〇九年）一九〜二〇頁、瀧浪貞子『桓武天皇―決断する君主―』（岩波新書、二〇二三年）一〇三〜一〇七頁。

（13）注（6）山田論文、笹山晴生「平安初期の政治改革」（『平安の朝廷　その光と影』吉川弘文館、一九九三年。初出一九七六年）、林陸朗「早良親王―怨霊として祀られた幻の天皇―」（『別冊歴史読本』八―一一、一九八三年）、高田淳「早良親王と長岡遷都―遷都事情の再検討―」（『日本古代の政治と制度』続群書類従完成会、一九八五年）、本郷真紹「光仁・桓武朝の国家と仏教―早良親王と大安寺・東大寺―」（『律令国家仏教の研究』法藏館、二〇〇五年。初出一九九一年）、國下多美樹「長岡京遷都と造営の実態」（『長岡京の歴史考古学研究』吉川弘文館、二〇一三年）。

（14）鷺森浩幸「早良親王・桓武天皇と僧・文人」（栄原永遠男ほか編『歴史のなかの東大寺』法藏館、二〇一七年）。

（15）注（13）笹山論文。

（16）注（11）木本論文、同『藤原種継　都を長岡に遷さむとす』（ミネルヴァ書房、二〇一五年）二三七〜二四一頁。

（17）注（9）北山論文、注（11）村尾著書 四六・一一八頁。注（9）林著書 一六七〜一六八・一七八・二〇一頁、

注（13）高田論文、注（11）遠山論文、注（12）瀧浪著書 六七・七〇・一〇三頁など。
(18) 西本昌弘『桓武天皇　造都と征夷を宿命づけられた帝王』（山川出版社、二〇一三年）一九頁。
(19) 中川久仁子「「桓武」皇統の確立過程―早良立太子の意義と背景―」（『平安京遷都期　政治史のなかの天皇と貴族』雄山閣、二〇一四年。初出二〇〇二年）、注（9）長谷部論文。
(20) 注（12）春名著書 一五頁。
(21) 注（19）中川論文。
(22) 関根淳「皇太子監国と藤原種継暗殺事件」（『ヒストリア』二四〇、二〇一三年）。
(23) 注（10）柴田論文。
(24) 西本昌弘「藤原種継事件の再検討―早良親王春宮坊と長岡京の造営―」（『平安前期の政変と皇位継承』吉川弘文館、二〇二二年。初出二〇〇一年）。
(25) 速水侑「貴族社会と秘密修法」（『平安貴族社会と仏教』吉川弘文館、一九七五年）、同『呪術宗教の世界―密教修法の歴史―』（塙書房、一九八七年）七四〜七五頁。
(26) 元木泰雄『人物叢書　藤原忠実』（吉川弘文館、二〇〇〇年）一六一〜一六五頁。
(27) 注（25）速水論文。
(28) 古江亮仁「奈良時代に於ける山寺の研究」（『大正大学研究紀要』三九、一九五四年）、小林崇仁『日本古代の仏教者と山林修行』（勉誠社、二〇二一年）一三・九三〜九四・五八二〜五八三頁。
(29) 注（25）速水論文、注（25）速水著書 七三〜七四頁、吉川美春「古代の呪詛に関する一考察」（『日本学研究』三、二〇〇〇年）。
(30) 清水みき「桓武朝における遷都の論理」（門脇禎二編『日本古代国家の展開 上巻』思文閣出版、一九九五年）。
(31) 網伸也「平安京遷都以前の古代都城」（『平安京造営と古代律令国家』塙書房、二〇一一年。初出二〇〇七年）、注（2）網論文、同「長岡京から平安京へ」（吉村武彦ほか編『古代の都―なぜ都は動いたのか―』岩波書店、二〇一九年）。本稿では二〇一九年の論文から引用する。

(32)　注(5)鈴木b・c論文。
(33)　注(30)清水論文所収「表3　国哀・災変略年表」。皇后の死去に伴う延暦九年閏三月の二件と、延暦十一年八月四日・同十六年正月二十五日の都城近傍における埋葬の禁止令は、早良親王との関係が薄いため除外する。
(34)　大伴家持の越前の墾田については、佐伯有清『人物叢書　伴善男』(吉川弘文館、一九七〇年)一二一〜一二三頁、中村順昭「大伴家持と越前・越中の在地社会―家持の墾田をめぐって―」(『万葉古代学研究所年報』五、二〇〇七年)、鐘江宏之『大伴家持　氏族の「伝統」を背負う貴公子の苦悩』(山川出版社、二〇一五年)五六・九九頁、藤井一二『大伴家持』(中公新書、二〇一七年)一〇五〜一〇六頁。
(35)　遠藤慶太「『続日本紀』の同時代性について」(『平安勅撰史書研究』皇學館大学出版部、二〇〇六年)。
(36)　櫻木潤「桓武天皇と一乗思想―「平安仏教」成立の一試論―」(西本昌弘編『日本古代の儀礼と神祇・仏教』塙書房、二〇二〇年)。以下に引用する櫻木氏の見解は同論文による。
(37)　平野邦雄『人物叢書　和気清麻呂』(吉川弘文館、一九六四年)二四四〜二四五頁。
(38)　大江篤氏は、『日本紀略』延暦十一年六月癸巳条において、早良親王の祟りを正式に認定した「卜」が、神祇官の亀卜とみられることから、早良親王の霊に対処する人物が、神祇官の官人・卜部から僧侶に変化したと指摘している(「早良親王の「祟」と「怨霊」」『日本古代の神と霊』臨川書店、二〇〇七年。初出二〇〇〇年)。
(39)　和田英松『本朝書籍目録考証』(明治書院、一九三六年)五〇頁、笹山晴生「続日本紀と古代の史書」(『平安初期の王権と文化』吉川弘文館、二〇一六年。初出一九八九年)。
(40)　注(35)遠藤論文、同「勅撰史書の政治性―ふたつの桓武天皇紀をめぐり―」(『歴史学研究』八二六、二〇〇七年)。

〔付記〕本稿の論拠となった昌泰四年二月十四日太政官符は、近畿大学大学院総合文化研究科開講の日本古代史特論において、当時院生であった岩本尚教氏(エジプト学)が講読に採り上げたことによって知ることができた。また延暦十三年十一月七日勅と「意見十二箇条」との関係は、同じく月僧亮我氏(日本近代史)が採り上げたことで把握できた。本稿を成すにあたっては櫻木潤氏の助言を得た。記して感謝の意を表する次第である。

和気氏と最澄・空海

櫻木　潤

はじめに

『続日本後紀』（以下、『続後紀』）承和十三年（八四六）九月乙丑（二十七日）条の和気真綱卒伝には、「加以道心有レ素。仏乗是帰。天台真言両宗建立者。真綱及其兄但馬守広世両人之力也。」とあり[1]、真綱が仏教への信仰心が篤く、兄広世とともに[2]、天台・真言両宗の開創に尽力したと評価されている。

和気氏と伝教大師最澄（以下、最澄）・弘法大師空海（以下、空海）との関係について、辻善之助氏は、天台の開宗に「広世の斡旋の力與って多きに居る」とし、広世と最澄の深い関係は清麻呂の意志を継いだもので、最澄が桓武天皇の知遇を得たのは、特に明らかに証明する材料はないものの、前後の事情により清麻呂が推薦したと推測する。しかし、空海との関係については言及がない[3]。また、最澄と和気氏との関係については、後に述べる横田健一氏の詳論がある[4]。

一方、平野邦雄氏は、清麻呂とその一族を考えるにあたって、最澄・空海との関係を外すことはできないとする[5]。

清麻呂と広世・真綱・仲世の二代にわたって最澄・空海に献身し、仏教界の革新につとめたことは注目せねばならないと指摘し、和気氏の高雄山寺や最澄の比叡山での修行は、光仁・桓武朝の山林仏教への転回を背景に、その基盤に桓武朝の政治にみられる土豪的官僚の登場と関係するとみる。空海も地方土豪の出身であり、和気氏は二代にわたって最澄・空海の外護者となり、たんなるバイプレーヤーにとどまらない歴史の推進者であったとその歴史的な役割を位置づけた。

近年、西本昌弘氏は、最澄の弟子光定が著した『伝述一心戒文』巻下の「延暦年中、皇帝陛下、詔二最澄空海二師一、訪二天台真言於大唐一、求二於西隣一。詔二和気弘世一、差二二師一遣唐。」との記述に着目し[6]、桓武と広世が最澄と同様に空海にも期待を寄せていたことは明らかであるとし、空海も入唐以前から桓武や和気氏と関係があったことを指摘する[7]。

本稿では、最澄・空海に関する史料をもとに、彼らと和気氏との関係をたどりながら、平安仏教の潮流について考察したい。

一　和気氏と最澄

最澄と和気氏との関係を示す史料上の初見は、最澄の弟子一乗忠が著した『叡山大師伝』（以下、『伝』）にある記述である[8]。

時有二国子祭酒吏部侍郎朝議大夫和気朝臣弘世并真綱一、生レ自二積善一伝灯為レ懐、宿縁所レ追奉二侍大師一、霊山之妙法聞二於南岳一、総持之妙悟闢二於天台一、慨二一乗之擁滞一、悲二三諦之未顕一。

和気広世・真綱兄弟は、善行を積むことによって伝灯の志を懐き、「宿縁所㆑追」によって最澄に奉侍し、天台の一乗思想がいまだ世に知られていないことを悲嘆したとある。この記述は、延暦二十年（八〇一）十一月中旬に、最澄が「比叡峰一乗止観院」に南都の十名の大徳を招いて「三部之妙典」を講演した記事の後にあり、すぐに続けて翌年正月十九日に、善議ら十四名の大徳を高雄山寺に招いた「高雄天台会」となる。横田健一氏や高木訷元氏は、右に掲げた『伝』の記述を高雄天台会の契機とみて、その時期を延暦二十一年のこととし、(9) 平野邦雄氏は、延暦二十年の比叡山一乗止観院での最澄の法会に広世・真綱兄弟も参列していたとみる。『伝』の文脈からして、平野氏の見解を支持したい。したがって、『伝』の記述による限り、延暦二十年には、広世・真綱兄弟は最澄と「奉㆓侍大師㆒」するという深い関係を築いていたことになる。横田氏・高木氏は、「宿縁所㆑追」とある「宿縁」は、広世らの父和気清麻呂と最澄との関係性を示すものであり、最澄は清麻呂以来、和気氏と関わりがあったとする。

高雄天台会は、広世が最澄を招請することによって開筵される。『伝』に収められる広世の招請状には「弟子広世稽㆓首和㆔南比叡大忍辱者禅儀㆒」とあり、広世は最澄に弟子の礼をとっていることがわかる。先に掲げた『伝』の記述とあわせて考えるならば、遅くとも延暦二十年には、広世は最澄の俗弟子としてその教えを受け、「慨㆓一乗之擁滞㆒、悲㆓三諦之未顕㆒」しむまでに、その教学を深く理解していたということになろう。あるいは、広世だけでなく、弟真綱も最澄の俗弟子であった可能性もある。広世の招請によって最澄は高雄山寺に赴くこととなるが、『伝』には、「即赴㆓祭酒請㆒。共起㆓伝灯之基㆒。始開㆓仏乗之直道㆒」とある。最澄は広世と共に「起㆓伝灯之基㆒」こす決意で高雄天台会に臨んだのである。両名の師弟関係の深さをうかがうことができる。桓武は口宣において、

昔者給孤須達降㆓能仁於祇陀之苑㆒。求法常啼聞㆓般若於尋香之城㆒。是以和気朝臣延㆓二六龍象㆒設㆓一乗之法筵㆒演㆓暢天台法華玄義等㆒。所以慧日増㆑光禅河激㆑流。（後略）

と述べ、釈迦の俗弟子であった須達（スダッタ）が祇陀太子から土地を得て祇園精舎を建立した故事を引き、最澄と広世との関係を、両者の関係に比している。

『伝』には、延暦二十一年九月七日のこととして、

主上見レ知下天台教迹特超二諸宗一南岳後身聖徳垂上レ迹。即便思下欲興二隆霊山之高迹一建中立天台之妙悟上。詔二問和気祭酒一。祭酒告二和上一。和上與祭酒終日與議二弘法之道一。

と記す。桓武は、高雄天台会によって、天台の教えが特に諸宗を超越し、その祖慧思の後身が聖徳太子とされることによって、たちまちに仏法を興隆するために天台の教えを建立しようと思い立ち、広世に詔問した。それを受けて両者は「終日與議二弘法之道一」したのである。ここでも広世の天台教学への理解への深さがうかがえる。最澄との終日に及ぶ談義によって、桓武の天台教学振興への思いが広世から伝えられたことであろう。広世との議論を経た最澄は、天台法華宗の留学僧として圓基と妙澄の二名を推挙する上表をして、本格的に天台法華宗の宣揚活動を始動させる。九月十二日、桓武は「誰敢體二此心一哉」と最澄自ら入唐するよう勧める詔を広世に発している。桓武の言葉は、広世によってすぐに最澄に伝えられたと推測される。日本における天台教学の宣揚は、桓武の意向を受け、最澄の俗弟子たる広世によってその道が開かれたのである。

唐での求法を終えて帰国した最澄は、延暦二十四年八月二十八日に復命の上表を行う。最澄の復命を受け、桓武は広世に対して二種の勅を発している。そのひとつは、最澄将来の天台の法文を天下に流布し習学させるために、図書寮に禁中の上紙を用いて七通を書写して七大寺に安置することである。もう一方の勅とその後の動きについて『伝』には次のようにある。

又弘世奉レ勅。真言秘教等、未レ得レ伝二此土一。然最澄闍梨、幸得二此道一。良為二国師一。宜下抜二諸寺智行兼備

者一、令レ受中灌頂三昧耶上。因レ茲於二高雄山寺一始建二立法壇一、設二備法会一。勅使小野朝臣岑守検二校諸事一。勅召二画工上首等廿余人一、敬図二毘盧遮那仏像一副、大曼荼羅一副、宝蓋一副一。又縫二造仏菩薩神王像幡五十余旒一。荘厳調度、出レ自二 内裏一。又臣弘世奉レ 勅口宣。法会所用、不レ論二多少一、随二闍梨言一、皆悉奉送。唯除二国内本無一耳。

桓武は、いまだ日本に伝わっていなかった「真言秘教」を幸いにも最澄が受法し、国師たるに相応しく、諸寺の智行を兼ね備えた者を選んで、最澄から灌頂を受けさせよと広世に命じたのである。桓武の勅を受けて、高雄山寺に初めて法壇を建立し、灌頂儀礼への準備が進められる。小野岑守を勅使として諸事を検校させ、毘盧遮那仏像・大曼荼羅・宝蓋各一幅、仏菩薩等が描かれた幡が縫造され、道場を荘厳する調度は内裏から提供された。灌頂儀礼のための一連の準備は、桓武の計らいのもとで広世を中心に進められたことであろう。灌頂で用いるものは、国内に伝わらないものを除きすべて最澄の指示によれとの広世への桓武の勅がそれを示している。

ここに、高雄山寺において日本で初めて密教の灌頂儀礼が行われることになる。先の天台法文書写事業とあわせて、灌頂儀礼の準備を進めながら、広世は、最澄が伝えた新来の密教についても知識を深めることになったと考えられる。

『伝』によれば、高雄山寺での最澄による日本初の灌頂の入壇者は、道證・修圓・勤操ら六名であった。そして、九月上旬、ふたたび桓武は「令三最澄闍梨、為レ朕重修二行灌頂秘法一。」との勅を広世に発している。今度は桓武自らのために、最澄に「灌頂秘法」を修するよう広世に命じたのである。この勅を受けて、「城西郊」の好地を択び求めて壇場を建て、先の高雄山寺で灌頂を受けた大徳に、豊安・霊福・泰命を加えた大徳への灌頂が行われた。勅使として石川川主が諸事を検校したとあるが、このときも知識と経験を有する広世を中心に準備が進められたと考えられる。

「城西郊」での灌頂を最後に、広世と最澄との交流を示す『伝』の記述は途絶える。弘仁四年（八一三）正月十八日付け高雄山寺の三綱宛て最澄の書簡には、

敬白　高雄三綱政所　欲三蹔與二厨子一事

厨子一基均二此最澄房一

右件厨子欲レ借二與泰範禅師一。件厨子故但馬守最初到二高雄山寺一時。為レ収二文書一所二恵施一。義恵師所レ知レ是。泰範禅師若移レ寺即欲レ寄二書殿一。又北院最澄時時参問欲二住持一。其所レ残屋材木及板等取焼加二検校一欲レ不レ令レ損。努努力力伏仰二憑法兄等一。惟莫二形迹一住持事善悪不レ論。告二下此山一此深所レ望。

弘仁四年正月十八日　　下弟最澄状

とある。[10]高雄山寺の「最澄房」にある厨子一基を泰範に貸し与えることを依頼したものであるが、その厨子は、最澄が初めて高雄山寺を訪れた際に、「故但馬守」すなわち今は亡き広世から文書を収納するためにと贈られたものであるとする。「最初到二高雄山寺一時」とは、広世の招請によって高雄天台会が行われた延暦二十一年を指すのであろう。おそらく広世は、今後、高雄山寺が比叡山とともに最澄の拠点となることを望み、文書保管用の厨子を最澄に贈ったのであろう。書簡に「最澄房」や「北院」とあることからも、高雄山寺に最澄が住持する一院が設けられていたことがわかる。横田健一氏は、『日本後紀』大同元年（八〇六）五月甲子朔条に、[11]「正五位下和気朝臣広世為二左中弁一。大学頭美作守如レ故」とある記事を現存文献上の広世の最後の所見とし、右の書簡に「故但馬守」とあることから、「広世は大同元年五月以後、但馬守に任官、弘仁四年以前に死んだものであろう」とする。広世がいつこの世を去ったのかは不明であり、『伝』そのものも延暦二十五年正月二十六日以降、大同五年正月までの記

述がない。延暦二十四年を最後に『伝』から広世の名が途絶えるのは、広世の死去に関わる事情によるのであろう。

広世亡き後も最澄と和気氏との関係は続いていたようである。『伝』には、

六年秋八月。縁二和気氏請一赴二於大安寺塔中院一闡二揚妙法一。時有二諸寺強識博達大徳等一集二会法筵一。

とあり、弘仁六年八月に、最澄が大安寺塔中院において天台講会を開催し、諸寺の強識博達の大徳がその法筵に集っている。その法筵は、「和気氏請」によって開筵されている。横田氏が指摘するように、最澄を招請した「和気氏」とは真綱・仲世兄弟であろう。しかし、『伝』の著者は、延暦末年の最澄の活動に広世の名を繰り返し記していたのとは対照的に、今回の招請について真綱・仲世の名を記さず、ただ「和気氏請」とするのみである。この頃には、和気氏と最澄との関係性が変化していたことを示唆しているのではないだろうか。高雄山寺三綱に宛てた書簡からも、弘仁四年の段階で、延暦末年には華々しい活動の舞台であった高雄山寺も最澄にとってその存在が変化していたことがうかがえる。(12)

二　和気氏と空海

最澄と同じく延暦の遣唐使とともに入唐求法し、大同元年に帰国した空海は、嵯峨天皇が即位した大同四年四月から三ヵ月後に入京を許された。入京後の空海はすぐに高雄山寺に入ったとされ、その背景に最澄や和気氏による支援があったとの指摘が通説的な見方である。和気氏と空海の関係がいつから築かれていたのかは不明であるが、西本昌弘氏が指摘した『伝述一心戒文』の記述によれば、空海と広世との関係は遅くとも延暦末年に遡る可能性が高い。高雄山寺での最澄の活動が、いずれも桓武の意向を受けた広世の尽力によるものであったから、空海の高雄

山入寺についても、主体的な役割を担ったのは和気氏と考えるべきであろう。桓武同様に、嵯峨の意向によるとみられる。

空海は、大同五年九月に起こった薬子の変を経て、弘仁と改元された翌月の十月二十七日付けで、国家のための修法を執り行うことを嵯峨天皇に上表する。『遍照発揮性霊集』（以下、『性霊集』）巻四には、その上表文が収められる(13)。

沙門空海言。空海幸沐二　先帝造雨一。遠遊二海西一。儻得下入二灌頂道場一授中　一百余部金剛乗法門上。其経也則。仏之心肝。国之霊宝。是故。大唐開元已来。一人三公。親授二　灌頂一。誦持観念。近安二四海一。遠求二菩提一。宮中則捨二長生殿一為二内道場一。復毎二七日一令下二解念誦僧等一持念修行上。城中城外亦建二鎮国念誦道場一。仏国風範。亦復如レ是。其所二将来一経法中。有二仁王経。守護国界主経。仏母明王経等念誦法門一。仏為二国王一。特説二此経一。摧二滅七難一。調二和四時一。護レ国護レ家。安レ己安レ他。此道秘妙典也。空海雖レ得二師授一。未レ能二練行一。伏望奉二為　国家一。率二諸弟子等一。於二高雄山門一。従二来月一日一起首。至二于法力成就一。且教且修。亦望於二其中間一不レ出二住處一。不レ被二余妨一。雖二蟺蝣心體。羊犬神識一。此思此願。常索二心馬一。況復。覆レ我載レ我。仁王之天地。開レ目開レ耳。聖帝之医王。欲レ報欲レ答。罔レ極無レ際。伏乞。昊天鑑二察。款誠之心一。不レ任二懇誠之至一。謹詣レ闕奉表。陳請以聞。軽　觸二威厳一。伏深戦越。沙門空海誠惶誠恐謹言。

弘仁元年十月二十七日沙門空海上表

先帝桓武の計らいによって幸いに入唐し、灌頂道場に入り、仏の心肝であり国の霊宝たる経典を授かった。唐では、皇帝以下、灌頂を受け、国を護り、悟りを求めるためにこの教えを深く信仰し、宮中の長生殿を内道場として七日ごとに念誦を解する僧に修行させていた。また、長安城の内外にも鎮国念誦の道場が建立されるほど、密教が盛んであるとし、空海が将来した『仁王経』・『守護国界主経』・『仏母明王経』の功徳を説き、これらの経典にもとづく修法を師恵果から授かったものの、いまだ実修することができていないために、弟子たちとともに高雄山寺において、十一月一日から法力の成就に至るまで、国家のために修法を執り行いたいとするものである。

恵果から最新の密教を伝授されながらも帰国からすでに四年が経ち、一日も早く国家のために法の実修を願う空海の思いがうかがえる。この時、嵯峨天皇は、空海によって新たに将来された経典などを返却し、密教の宣布を許可した(14)。上表文に「詣レ闕奉表。」とあることから、直接、嵯峨天皇に修法の実修を願い出て、その際に新将来の経典類が返還されたとも考えられる。空海による真言密教の宣布活動が開始されたのであるが、その場所も和気氏ゆかりの高雄山寺だったのである。

弘仁二年十一月、空海は嵯峨天皇の命により乙訓寺へ移るが(15)、翌年十月二十九日に再び高雄山寺に戻り、十一月十五日、最澄らへの灌頂が行われる。神護寺所蔵の「灌頂暦名」には、

弘仁三年十一月十五日於高雄山寺受二金剛界灌頂一人々暦名

釈最澄因　播磨大掾和気真綱金宝　大学大允和気仲世喜　美濃種人宝

とあり、最澄とともに和気真綱・仲世兄弟が金剛界灌頂に入壇している。真綱・仲世兄弟が最澄とともに入壇した理由は不明である。この灌頂は最澄の懇願によって実現したものであった(16)。最澄からの誘いがあったのか、高雄山寺が和気氏ゆかりの寺であったからなのか。真綱は、延暦二十四年の最澄による高雄山寺での日本初の灌頂に際して、兄広世とともにその準備に関わったとも考えられ、真綱・仲世は弘仁元年の空海による高雄山寺での修法に際してもその準備に関わったであろうから、真綱・仲世兄弟はこの時すでに密教についての知識を有していたであろう。いずれにしても、金剛界灌頂の入壇によって、真綱・仲世は空海の俗弟子となったといえる。翌月には胎蔵灌

頂、翌年三月には泰範・円澄らへの金剛界灌頂が行われた。いずれの際も最澄をはじめとした僧侶に交じって俗人の名が記されているが、真綱・仲世兄弟の名は弘仁三年十一月の金剛界灌頂のみである。

最澄ら一九四名への胎蔵灌頂が行われた同月、空海は、高雄山寺の三綱として弟子杲隣を上座、実恵を摩摩帝（寺主）、智泉を羯磨陀那（維那）に任じている。『性霊集補闕抄』巻九に収められる「高雄山寺択二任三綱一之書」には、三綱任命にあたって真綱・仲世の関与を示す文言はないが、高雄山寺が和気氏ゆかりの寺であり、前月の金剛界灌頂に入壇していること、さらに天長元年（八二四）九月に、真綱・仲世の上表によって高雄山寺を「神護国祚真言寺」とし、真言僧が国家のために三密法門を修行する寺院へと改められたことからすれば、[17]彼らの意向なく三綱任命が進められたとは考え難い。十二月の胎蔵灌頂に真綱・仲世が入壇していないのは、三綱任命に関わる事情があったとも考えられる。三綱を択任する書には、その頃の高雄山寺について、「今此高雄伽藍。未レ補二三綱一。無レ人二護持一。緇林欝茂。近童駢羅。不レ因二指車一。誰知二暁暮一。」とあり、僧侶や童子が多くいるにもかかわらず、三綱が任じられていないために法灯を護持し、寺を統轄することがままならない状況であったことがわかる。真綱・仲世兄弟が、高雄山寺を整備し、空海と弟子たちに付属するべく奔走していたために胎蔵灌頂には入壇できなかったのではないだろうか。ここに、神護寺への改称に先立つ弘仁三年の時点で、高雄山寺は空海とその弟子が管掌する寺院となったのである。

和気氏と空海との関係を考える上で、『性霊集補闕抄』巻八に収められる「為下弟子僧真體設二亡妹七七斎一幷奉中入伝燈粁田上願文」に注目したい。

夫仏有二五智一因業各異。所レ謂阿哩也囉多嚢納婆縛多他掲多。即是檀那之報徳也。三世没弟恒沙索多。発心修行入二金剛宝蔵一者所乗不同。雖レ云二乗載各別一終帰二一味一。一味之海浩溔無辺。不二之嶽岌嶪無レ頂。内心大我都二法界一而常恒。金蓮冒地会二心殿一以不変。不変之変遍二刹塵一応レ物応物之化満二沙界一利レ人。體用大奇我大師薄伽梵其人也。想亡妹和気朝臣氏。牝卦陶レ性柔気治レ身。天地覆載早露二嬰孩之年一。恃怙懐哺速孤二匍匐之歯一。所レ冀崇二四徳於母儀一。何図穸二三泉乎夭死一。嗚呼哀哉悲哉奈何。真體等悲二連枝之半枯一。痛二同気之一休一。涙與二朝露一泣泫。心将二晨霜一消竭。日月遄流七七忽臨。謹以二天長三年十月八日一。先人所レ遺土左国久満幷田村庄。美作国佐良庄。但馬国針谷田等。永奉二入神護寺伝法新田数在レ別一。兼延二龍象一演二説大日経一。幷設二百味一奉二献三宝一。伏願、藉二此妙業一済二拔煢魂一。五智顕二爀日之容一。三部現二坐月之貌一。見二本有之荘厳一。證二妙覚之理智一。先考契二一実於如如一。先妣得二十方乎智智一。無明暗黒之郷。妄想顛倒之宅。同照二心仏之光明一。共焚二恵炬之熾炎一。

弟子真體が亡き妹のために七七斎の法会を設けて神護寺へ伝灯料を施入した際の願文である。仏の智慧には五種類あり、それぞれ悟りへ至る道筋は異なるが、宝生如来は、布施などの果報の功徳であるとし、三世の仏陀や無数の菩薩は、最後には大日如来の境地に帰一する。大日如来は、無数の国土に遍満して、済度すべきものに応じて救済するが、不変の存在であると説き、「亡妹和気朝臣氏」は従順で柔和な人柄として父母に養育されていたが、幼くして両親を亡くし、ひとりぼっちになってしまった。母のようになりたいと願っていたが、思いもかけず若くして亡くなってしまった。真體は、妹が亡くなったことを悲しみ、心を痛め、涙も枯れてしまうほどであった。早くも七七忌を迎え、天長三年十月八日に、先人が遺した土佐・美作・但馬の田地を永久に神護寺の伝法料として施入し、高僧を招いて大日経を講演し、数多くの供物で三宝に供養することで、亡き妹の魂が救われ、亡き両親をも悟りの世界に至ることを願うという内容である。

「亡妹和気朝臣氏」とあることから、真體が和気氏の人物であることは明らかである。題に「弟子僧真體」とあるから、空海の弟子に和気氏の人物がいたことになる。真體について、守山聖真氏編『文化史上より見たる弘法大師伝』は、推想として「清麿の子に達男あり、但馬守となった。彼は早く亡くしたらしく、弘仁四年に伝教大師が高雄の三綱に書を送って泰範に厨子を与えんことを依頼した中に『故但馬守』とあるのは達男を指して居るのである。真體の亡妹の七七斎の願文に『想亡妹和気氏。牝卦陶レ性柔気治レ身。天地覆載早露二嬰孩之年一。恃怙懐哺速孤二匍匐之歯一。』とあるのから推し、達男の早世と考へ合せて或はその子ではなかろうか」とし、[18]真體を清麻呂の男達男の子とする。この見解は、その後の注釈書においても踏襲されているが、[19]根拠とする弘仁四年の最澄書簡にある「故但馬守」は広世のことであり、管見の限り、同時代の史料において達男の名を見出すことはできない。天長三年という時期からすれば、真體と亡き妹は、広世・真綱・仲世に血縁的に極めて近い続柄にあった人物とみることができるだろう。つまり、空海の弟子に広世・真綱・仲世に極めて近い血縁者がいたのである。先述したように、最澄と和気氏は、広世・真綱が俗弟子という関係にあったが、空海と和気氏とは一族から弟子を輩出する関係にあったのである。神護寺で行われた真體の亡妹の七七日の法会の願文を空海が書いていることとあわせて、和気氏と空海とは最澄以上に強いむすびつきがあったことになる。

三　和気氏の動向からみた平安仏教の潮流

最澄・空海に関わる史料をもとに、両者と和気氏との関係をみてきたが、『続後紀』の和気真綱卒伝にあるように、平安仏教の新たな潮流は、「真綱及其兄但馬守広世両人之力」が大きく貢献していたことがわかる。最澄による天台教学の宣揚、空海による真言密教の宣布と真言教団の形成は、いずれも和気氏ゆかりの高雄山寺を舞台として進められ、その背景には広世と真綱・仲世の支援があった。それは通説の評価である「外護者」にはとどまらない、師と俗弟子という関係のもとに進められたといえる。

一方で、彼らは一貫して最澄・空海を支援し続けたわけではなく、両者への支援の度合いが時期によって明確に分かれるという事実が浮かび上がってくる。すなわち、桓武朝末年には広世が積極的に最澄を支援しているのに対して、嵯峨・淳和朝においては、真綱・仲世が空海を積極的に支援している。そもそも、最澄と和気氏との関係を示す史料上の初見である『伝』には、広世とともに真綱の名が記されているにもかかわらず、その後の『伝』には真綱の名はまったく見えない。

和気氏による両者への支援の変化について、平野邦雄氏は、その画期を空海による高雄山寺での灌頂とみて、最澄にかわって空海とのあらたな結びつきがはじまるのは興味深いとし、その背景として、桓武と広世がこの世を去ったことがあり、『伝述一心戒文』に嵯峨天皇が「天台の宿敵」である法相宗に心を寄せたとあることから、空海が嵯峨に重用されたことを指摘する。また、長谷部将司氏は、桓武晩年に有力な側近の一人となっていた広世が、大同元年五月以降に但馬守に任じられたのちにまもなく亡くなり、弘仁年間の和気氏は、真綱・仲世ともに五位に達していない下級官人に過ぎず、空海を介することによってはじめて嵯峨天皇との直接的な関係を形成することができ、空海を通じた嵯峨天皇との関係に依存していたとする[20]。高雄山寺から神護寺への改称の背景に、空海が高野山・東寺と新たな拠点を得ることで、必然的に真言宗における高雄山寺の存在意義が低下し、それは朝廷内における自らの地位の保全に関して死活問題であり、嵯峨上皇との関係をもつなぎ止めようとする「真綱の側の思惑」があり、弘仁六年から春宮少進として仕えた淳和天皇が即位し、「藩邸の旧臣」として上表しやすい環境になったという事情もあったとみる。長谷部氏が指摘するように、和気氏と最澄・空海との関係の変化を、和気氏の政治的な思惑だけから理解することができるのであろうか。『伝』が「生レ自二積善一伝灯為レ懐」とし、真綱卒伝に「道心有レ素。仏乗是帰」とする広世・真綱への評価や、両名が最澄・空海の俗弟子であったことを重視すべきであると思われる。

広世・真綱による仏教への厚い信仰は、父清麻呂から受け継がれたものであったのだろう。高雄山寺から神護寺への改称を願う真綱・仲世の上表文には、称徳天皇の勅を受けて宇佐八幡宮に派遣された清麻呂が、「我下為紹二隆皇緒一扶二済国家上。写二造一切経及仏一。諷二誦最勝王経万巻一。建二一伽藍一。」との八幡神の託宣に「国家平定之後。必奏二後帝一。奉レ果二神願一」とし、そのために「粉骨殞命」すると誓っている。[21]その後、宝亀十一年（七八〇）にその誓いを果たすべく、光仁天皇に寺院建立を願い出て許されるが、桓武天皇の延暦年中に至って神願寺が建立された。延暦十二年十月、清麻呂は能登国墾田五十八町を神願寺に施入することを奏して許されていることから、清麻呂が宇佐に派遣された神護景雲三年（七六九）から、実に二十年余りを経て八幡神との誓いを果たしたことになる。清麻呂の信仰心の深さを示しているといえよう。

清麻呂は、神願寺建立に至る間に南都大安寺に八幡神を勧請し、「塔中院」（南塔院）を建立している。横田健一氏は、その時期を「宝亀頃」とする。清麻呂がなぜ大安寺に八幡神を勧請したのかは不明であるが、横田氏は、清麻呂と大安寺の関係は、「平安遷都以前の平城京時代に始まった」と推測している。西本昌弘氏は、舒明天皇創建の百済大寺に由来し、平城京における数少ない非天武系寺院として、天智系王統を意識する光仁・桓武朝には、大安寺はとくに重視されたとする。[22]清麻呂の「必奏二後帝一。奉レ果二神願一」（傍点筆者）との八幡神との誓いは、称徳天皇の「後帝」となる光仁朝にふたたび国家の大寺として重視された大安寺に八幡神を勧請することで一旦は果たされたことになる。

鷺森浩幸氏は、大安寺への八幡神勧請の頃から、清麻呂は学問を修得するようになり、武人的性格から文人としての要素を獲得していったとし、清麻呂の学問は、大安寺を中心に形成された早良親王を含む学問的ネットワークのなかで育まれたと指摘する。[23]横田氏は、『石清水文書』所収の「宮寺縁事抄」第十三「南都大安寺塔中院縁起」や中世の「大安寺図」によって西塔の北側に塀をめぐらした一画に「護国寺号塔中院」とする重層の建物が描かれていることから、「どうも東、西両塔は、塔中院や八幡宮と同時に建てられたものではあるまいか」とする。西本氏は、神護景雲年間に東塔が竣工した後、宝亀年間から延暦年間にかけて大安寺の伽藍の造営が活況を呈するようになり、とくに塔院の西塔は光仁・桓武朝に急ピッチで整備が進められたとし、その時期は早良親王の大安寺居住期と重なり、大安寺の造営・修復事業に、早良親王が積極的に取り組んでいた可能性を示すとみる。[24]横田氏と西本氏の見解から、早良親王の西塔造営と清麻呂が八幡神を勧請した塔中院の建立は、大安寺の伽藍造営において一体の事業として進められたとみることができる。清麻呂と早良親王との関係がいつ、どのような経緯で形成されたのかは不明であるが、その時期からすると塔中院建立が契機になったとも考えることができる。鷺森氏が指摘するように、この時期は清麻呂の人生にとって大きな画期であり、それは早良親王を中心とする大安寺のネットワークの中で培われた。大安寺は創建以来、最新の仏教が移入され、僧俗を問わないネットワークを形成し、盛んに教学研究が行われていた。[25]そのようなつながりの中に清麻呂も連なり、仏教への理解を深めたのであろう。[26]最澄や空海も大安寺のネットワークに連なっていた。[27]それは両者ともに天台教学や密教に邂逅する以前に遡ると考えられる。こうした状況を踏まえれば、『伝』にある広世・真綱と最澄との関係が「宿縁所レ追奉二侍大師一」とする記述は、横田氏や高木氏が指摘するように、清麻呂以来の「宿縁」とみるべきであろう。

広世・真綱兄弟は、こうした環境のもとで培われた父清麻呂の影響を受けて育ったことであろう。幼少時の広

世・真綱自身も大安寺のネットワークに身を置いていた可能性が高い。清麻呂薨伝には、

長子広世。起レ家補二文章生一。延暦四年坐レ事被二禁錮一。特降二恩詔一。除二少判事一。俄授二従五位下一。為二式部少輔一。便為二大学別当一。

とある。広世は文章生に補任され、延暦四年の事変に連座して禁錮に処されたが、特別に恩詔が下されて少判事に除された。その後にわかに従五位下を授けられ、式部少輔、大学別当に任じられた。広世は、延暦四年の事変、すなわち早良親王が首謀者とされた藤原種継暗殺事件に連座しているのである。広世が事件にどのように関与していたのかは不明であるが、鷺森氏は、広世が学問上の関係から早良親王に近侍していたと指摘する。広世が文章生に補されていることから、鷺森氏は広世が「大学出身の文人たち」の最初の世代であるが、菅原清公の事例からその基盤は早良周辺の学問的なネットワークのなかで育ったと推測する。広世は、幼少期から父清麻呂とともに、早良親王と深い関係を築き、そのつながりは学問だけにとどまらず、仏教教学の薫陶にも及んでいたと考えられる[28]。

延暦十七年、桓武天皇は仏教政策を大きく転換する。その背景には、あらゆる衆生が救われるという一乗思想への桓武の傾倒があり、それは善珠亡き後の早良親王の怨霊救済への思いが込められていた[29]。そうした桓武の思いが、最澄による高雄天台会の開筵、最澄・空海の入唐、空海による真言密教の宣揚という「平安仏教」の新たな潮流を生み出すのである。特に、最澄の高雄天台会は、その端緒となる画期と位置づけられる。高雄天台会の道筋を作ったのは、ほかならぬ和気広世であった。広世は種継事件に連座していることから、早良親王と近しい関係にあったのである。最澄と広世・真綱との関係を示す初見史料が、延暦二十年頃であり、その頃の広世・真綱が「慨二一乗之擁滞一、悲二三諦之未顕一。」とする『伝』の記述は、その後につづく記述とともに、早良親王の救済のために苦悩する桓武に法華一乗を説く最澄を紹介し、精神的にも桓武を支えようと尽力する側近としての姿がうかがえる。そ

こには、広世自身が、かつて近しい関係にあった早良の怨霊救済を願う強い思いがあったとみるべきであろう。種継事件に連座しながら、恩詔によって許され、俄かに復権した者としての贖罪意識があったのではないだろうか。最澄の俗弟子になったこともこうした広世の思いからだと考えられる。広世亡き後、その思いは真綱・仲世に受け継がれたのである。広世が最澄と深い関係を築いていたのに対して、真綱・仲世は空海と強い関係を築き、空海による高雄山寺での灌頂に最澄とともに入壇し、空海の俗弟子となる。これ以後、和気氏の支援が最澄から空海へと変化するのは、真綱・仲世の政治的な思惑からではなく、彼らが最澄とともに空海に入壇したことからみて、新たな仏教の潮流が、密教へと変化したことを示しているのではないだろうか。その流れは、桓武天皇が最澄将来の天台法文の書写を命じると同時に、密教の灌頂儀礼を執り行うように最澄に命じたことから明らかであり[30]、空海も早良親王の怨霊の慰撫を行っている[31]。和気氏の動向は、平安仏教の潮流が天台から密教へと変化していくことを示しているといえるだろう。

おわりに

以上、本稿では、『続日本後紀』の和気真綱卒伝にある「天台真言両宗建立者。真綱及其兄但馬守広世両人之力也。」について、最澄・空海に関する史料をもとに、彼らと和気広世・真綱兄弟の関係をたどりながら、平安仏教の潮流について考察した。本稿の要点を整理すると以下の通りとなる。

一、和気広世・真綱兄弟と最澄との関係を示す初見史料は、『叡山大師伝』の延暦二十年の記述であるが、すでにその頃には、兄弟ともに仏教教学への理解が深かったことがわかる。高雄山寺で天台講会を開くべく広世が最澄に送った招請状には「弟子広世」とあり、その後の『伝』の記述によれば、広世は最澄の俗弟子として桓武天皇と最澄との間を周旋し、入唐後の最澄の活動を推進していたが、延暦末年以降、和気氏と最澄との関係性が変化したと考えられる。

二、唐から帰国し入京した空海が、新将来の密教を宣揚する活動を始めたのは高雄山寺であった。弘仁三年の空海による高雄山寺での灌頂に、最澄とともに真綱・仲世が入壇し空海の俗弟子となる。同年には空海の弟子たちが高雄山寺の三綱となり、高雄山寺は、神護国祚真言寺へと改称される十二年前には実質的に真言密教の寺院となった。また、『性霊集』の願文からは遅くとも天長三年には、真體という真綱・仲世と血縁関係が近い和気氏出身者が空海の弟子になっていたことがわかる。兄広世とは異なり、真綱・仲世は空海の活動を支援していた。

三、広世・真綱らの仏教への造詣の深さは、父清麻呂から受け継がれたものと考えられる。清麻呂は、宝亀年間に大安寺に八幡神を勧請し塔中院を建立するが、当時の大安寺は早良親王を中心とするネットワークが形成され、清麻呂はその人脈の中で仏教への理解を深め、広世が藤原種継暗殺事件に連座していることから、広世も幼少期から早良親王に薫陶を受け、仏教への造詣を深めていったとみられる。広世の最澄への帰依は、早良親王への贖罪意識によると考えられる。桓武天皇による延暦十七年以降の仏教政策の転換は、早良親王の怨霊救済を願う桓武の思いが背景にあり、それを推進した広世にとっても早良の怨霊救済を願う思いがあった。

四、和気氏と最澄・空海との関係性の変化は、帰国後の最澄に桓武が早くも密教の灌頂儀礼を行わせたように、新たな仏教の潮流が密教へと変化したことと連動している。和気氏の動向は平安仏教の潮流を示すものである。平安仏教の新地平は、最澄・空海を中心とした僧侶だけではなく、和気広世・真綱・仲世のような俗弟子ともに切り拓かれたのである。平安仏教の成立とその潮流については、こうした僧俗のネットワークという視点から考える必要があろう。神護寺をめぐる問題など、残された課題については稿を改めて論じたい。推測を重ねた部分も多い。大方の批判・叱正を賜れば幸いである。

注

（1）『続日本後紀』は新訂増補国史大系本による。
（2）広世は「弘世」とも表記される。本稿では、本文では広世と統一して表記し、史料引用の際には、その表記にしたがう。
（3）辻善之助『日本佛教史 第一巻 上世篇』（岩波書店、一九六九年。初版一九四四年）二六七〜二六八頁。
（4）横田健一「和気氏と最澄と大安寺と八幡神」（『白鳳天平の世界』創元社、一九七三年。初出一九七〇年）。以下、横田氏の見解は本論考による。
（5）平野邦雄『和気清麻呂』（吉川弘文館、一九八六年。初版は一九六四年）。以下、平野氏の見解は本書による。
（6）『伝述一心戒文』は『大正新脩大蔵経 第七十四巻 続諸宗部五』（大正新脩大蔵経刊行会、一九六四年。初版一九三一年）による。
（7）西本昌弘『桓武天皇 造都と征夷を宿命づけられた帝王』（山川出版社、二〇一三年）。
（8）『叡山大師伝』は『伝教大師全集 巻五』（世界聖典刊行協会、一九七五年復刻）による。
（9）高木訷元「高雄の天台法会と最澄―平安仏教形成の端緒―」（『高木訷元著作集4 空海思想の書誌的研究』法藏館、一九九〇年。初出一九八七年）。以下、高木氏の見解は本論考による。
（10）最澄の書簡は『伝教大師全集 巻五』（世界聖典刊行協会、一九七五年復刻）による。
（11）『日本後紀』は新訂増補国史大系本による。
（12）『伝述一心戒文』巻上に収められる「四。冷然太上天皇御書鐘銘文」には、天長四年（八二七）に浄野夏嗣が撰したとする延暦寺の鐘銘に「別当内蔵寮頭従四位上和気朝臣真綱」「式部小輔従五位上和気朝臣弘世尊霊」とある。

(13)『性霊集』は、密教文化研究所弘法大師著作研究会編『定本弘法大師全集 第八巻』(高野山大学密教文化研究所、一九九六年)による。

(14) 西本昌弘「空海請来不空・般若新訳経の書写と公認—一代一度仁王会の成立とも関係して—」(『空海と弘仁皇帝の時代』塙書房、二〇二〇年。初出二〇一四年)。

(15) 空海の乙訓寺への移住については、櫻木潤「嵯峨・淳和朝の「御霊」慰撫—『性霊集』伊予親王追善願文を中心に—」(『仏教史学研究』四七—二、二〇〇五年)。

(16) 高木訷元『空海と最澄の手紙』(法蔵館、一九九九年)二五四〜二六一頁。

(17)『類聚三代格』巻二、年分度者事。『類聚国史』巻一八〇、仏道七、諸寺。いずれも新訂増補国史大系本による。

(18) 守山聖真『文化史上より見たる弘法大師伝』(国書刊行会、一九九〇年。復刻原本一九三一年)一〇六四〜一〇六五頁。

(19) 渡邊照宏・宮坂宥勝校注『日本古典文学大系　三教指帰 性霊集』(岩波書店、一九六五年)は「和気清麻呂の子達男、またはその子か」とし、参照として『文化史上より見たる弘法大師伝』の当該頁を掲げる(三四五頁)。また、『弘法大師空海全集 第六巻』(筑摩書房、一九八四年)では「和気清麻呂の子達男とも、またその子ともいわれている。伝は不明」とする(五五二頁)。

(20) 長谷部将司「「忠臣」清麻呂像の完成」(『日本古代の地方出身氏族』岩田書院、二〇〇四年)。

(21) 注(17)。

(22) 西本昌弘『早良親王』(吉川弘文館、二〇一九年)四一頁。

(23) 鷺森浩幸「早良親王・桓武天皇と僧・文人」(栄原永遠男・佐藤信・吉川真司編『東大寺の新研究2 歴史のなかの東大寺』法蔵館、二〇一七年)。以下、鷺森氏の見解は本論考による。

(24) 注(22)西本著書、四〇〜四一頁。

(25) 山本幸男「早良親王と淡海三船—奈良末期の大安寺をめぐる人々—」(『奈良朝仏教史攷』法蔵館、二〇一五年。

初出一九九九年)。

(26) 清麻呂の仏教への理解は、姉広虫の影響もあるだろう。『日本後紀』延暦十八年(七九九)正月乙丑(二十日)条の広虫の卒伝には「少而出家為レ尼」とあり、同年二月乙未(二十一日)条の清麻呂薨伝には、「姉広虫及二笄年一。許二嫁従五位下葛木宿祢戸主一。既而天皇落飾。随出家為二御弟子一。法名法均」とある。「笄年」は女性の十五歳という意なので、広虫卒伝にしたがえば広虫はそれ以前に出家して尼になったことになる。清麻呂薨伝によれば、孝謙太上天皇の出家にしたがって三十三歳の時に尼になったことになる。尼の身でありながら葛木戸主に嫁することは考え難いので、広虫の出家は清麻呂薨伝の通り、孝謙太上天皇の出家にしたがったと考えるべきだろう。広虫の仏教への信仰は、仏教への帰依心が深い孝謙の影響が少なからずあったと考えられる。広虫・清麻呂姉弟は、尼天皇として仏教重視政策を推進した称徳天皇の治世下に育まれたといえよう。

(27) 注(23)鷺森論文の注(30)。空海と大安寺については、別に論じる予定である。

(28) 「親王禅師」時代の早良親王が華厳教学や三論教学に精通していたことは、注(22)西本著書、三〇~三二頁および五三~六一頁。

(29) 櫻木潤「桓武天皇と一乗思想―「平安仏教」成立の一試論―」(西本昌弘編『日本古代の儀礼と神祇・仏教』塙書房、二〇二〇年)。

(30) 桓武天皇の密教に対する異常な関心について、薗田香融氏は「恐らく最澄の予期せぬところ」とし、本命の天台宗の相承を凌ぐ人気を博したことに、最澄の今後や日本天台宗の今後の発展に複雑な問題を残したと指摘する(薗田香融「最澄とその思想」(『日本古代仏教の伝来と受容』塙書房、二〇一六年、二六七頁。初出一九七四年))。なお、高木訷元氏は、最澄による二度の灌頂には桓武による早良親王の「鎮魂のおもいが秘められ」、灌頂自体がもともとインドの王の即位儀礼であったことから、「亡き早良親王の即位を現実のものたらしめることで、さらなる鎮魂が意図されて」いたとする(『空海の座標―存在とコトバの深秘学』慶應義塾大学出版会、二〇一六年、一〇八~一〇九頁)。

(31) 注(15)。

平安時代中後期における四天王寺俗別当の補任と芸能

山口哲史

はじめに

平安時代中後期は、四天王寺を含む『延喜式』制下の十五大寺の序列が変動する時期であった。[1]そうした時期の四天王寺の位置づけや動向を考えるために、本稿では、平安時代以降、諸寺の管理統括にあたる俗別当が四天王寺に置かれたことに着目したい。俗別当については、所京子氏以来、[2]南都諸大寺や天台宗・真言宗寺院の俗別当を中心に研究が蓄積されてきたが、四天王寺俗別当に関する専論は、これまでみられないようである。

このような研究状況にあって注目されるのは、佐藤全敏氏と岡野浩二氏の指摘である。[3]平安時代の俗別当制を総括的に論じた佐藤氏は、本官が中納言以上や弁官で、その寺の担当上卿・弁等として活動した可能性がある、九世紀に初見する俗別当の一つに四天王寺俗別当を挙げる。一方、岡野氏は、嘉応元年（一一六九）・承久二年（一二二〇）の殿上所充における諸寺俗別当と本官の対応関係を一覧し、俗別当の本官の上下が寺院の重要度を示す指標で、この所充にみえる寺院こそ平安時代の国家が重視した寺院群といえると述べた。この中に四天王寺が含まれる。いずれも平安時代の四天王寺の評価に関わる重要な指摘だが、関係史料の少なさや行論の関係から、両氏ともそれ以上の言及はしていない。

そこで、本稿では、四天王寺俗別当の人事とその傾向、職掌について検討するとともに、四天王寺における芸能の展開と俗別当の関係にも論及してみたい。

一　四天王寺俗別当の人事

四天王寺俗別当は、平安時代から鎌倉時代前期にかけて、五組七人の補任が史料上で確認できる。本節では、俗別当補任関係史料をもとに、その人事を整理、推定復元していく。

四天王寺俗別当の史料上の初見は、元慶八年（八八四）十一月十三日付「僧綱牒案」[4]である。これによると、東大寺・興福寺・法華寺・元興寺・新薬師寺・大安寺・延暦寺・薬師寺・唐招提寺・西大寺・秋篠寺・法隆寺・四天王寺の一三か寺に「諸寺検校別当」（俗別当）を定めるよう命じ、四天王寺には、従三位中納言兼左衛門督の源能有が補任された。また、この僧綱牒は、同年九月七日付の治部省宛て太政官符、十月二十五日付の玄蕃寮宛て治部省符、十一月八日付の僧綱宛て玄蕃寮牒を受けて、各寺に下されており、元慶八年の俗別当人事は、同年九月以来、政策として具体化していったことがわかる。

その後、康保年間（九六四〜九六八）には、藤原兼通の補任が確認される。

【史料1】『禁秘抄』上、殿上人事

（前略）康保《村上》中納言伊尹為㆓雅楽寮別当㆒。又兼通為㆓天王寺別当㆒。醍醐寺・元興寺等皆補㆑之也。

本史料によれば、藤原伊尹が雅楽寮別当、藤原兼通が四天王寺俗別当に補任され、その他、醍醐寺・元興寺の俗別当人事もあったことが知られる。伊尹と兼通の人事の間に「又」とあるので、この人事は同時期のこととみられる。まず、「康保」の脇に「村上」との傍書があるため、村上天皇在世中の康保四年五月二十五日以前のことになる。次に、伊尹の本官は「中納言」とされるが、『公卿補任』・『尊卑分脈』によると、伊尹は同年正月二十日、権中納言に任官されている。よって、【史料1】の人事は、康保四年正月～五月に行われたと考えられる。この時期の兼通の官位は、『公卿補任』安和二年（九六九）条尻付から、従四位下内蔵頭兼蔵人頭であったことがわかる。

次に、四天王寺俗別当の補任が知られるのは、寛治元年（一〇八七）の藤原為房である。

【史料2】『為房卿記』寛治元年六月二十二日条[5]

廿二日、壬寅。（中略）次参二左府(源俊房)一。今日所宛、可二参給一之由宣下。（中略）所宛予職掌。〈弁方穀倉院、施薬院、天王寺、元興寺、東寺、西寺、乗寺(ママ)別当。蔵人方画所。左衛門権佐分、東市司、主水司。〉依レ帯二三事之顕要一、已預二十筒(箇)之職掌一。不肖之身、尤恐二過分一者也。就レ中穀倉院者、多是蔵人頭大弁之職掌也。（後略）

寛治元年六月二十二日、殿上所充があり、当時、正五位下で権左少弁・蔵人・左衛門権佐を兼ねていた為房は、それぞれに対応する一〇の諸司・所々別当、諸寺俗別当を書き上げている。これによると、四天王寺俗別当は、穀倉院・施薬院の別当、元興寺・東寺・西寺・「乗寺」の俗別当とともに、権左少弁の所掌として挙げられている。このうち、「乗寺」は、次にみる嘉応元年・承久二年の殿上所充から円乗寺であろう。四円寺の一つで後朱雀天皇の御願寺である円乗寺は、天喜三年（一〇五五）に供養がなされており[6]、年代的にも合う。

嘉応元年の殿上所充は、『兵範記』同年八月二十七日条にみえ、大納言藤原師長が貞観寺俗別当、右中弁藤原長方が東寺・西寺・元興寺・円乗寺の俗別当を兼ねる形で、四天王寺俗別当に補任されている。この人事には、「如

レ旧」との注記があり、高倉天皇即位後、初度の殿上所充にあたって再任されたことがわかる。(7)

承久二年の殿上所充は、『玉蘂』同年三月二十五日条と『続左丞抄』巻三にみえる。この所充が四天王寺俗別当の補任を確認できる最後の例で、大納言西園寺公経と右中弁広橋頼資が補任されている。兼帯する諸寺俗別当は、両者とも嘉応元年の例と同じで、本官との対応関係が固定されていることがわかる。(8) すなわち、四天王寺俗別当は、大納言と右中弁に相当する地位であったのである。この点を踏まえると、さらに明らかになることがある。

第一に、嘉応元年以前に師長・長方が俗別当に補任された時期がわかる。この直前の殿上所充は、仁安二年（一一六七）七月二十九日に行われている。『兵範記』によれば、権右中弁平信範が東大寺・薬師寺・崇福寺・仁和寺・醍醐寺の俗別当に補任され、嘉応元年にも「如レ旧」として再任されている。師長は仁安二年二月十一日に権大納言から大納言に、長方は同年正月三十日に左少弁から右中弁に転じており、(9) 四天王寺俗別当が大納言と右中弁の所掌とすれば、殿上所充のあった同年七月には、両者ともその条件を満たしている。この殿上所充で、前掲の信範に加え、師長・長方の人事も行われたとみてよいだろう。

第二に、大納言・右中弁の任終の時期から、師長・長方および公経・頼資の俗別当としての在任期間が推定できる。いずれも内大臣・左中弁に昇進しており、その時期によれば、最長で師長は安元元年（一一七五）十一月二十八日、長方は嘉応二年正月十八日、公経は承久三年閏十月十日、頼資は同四年四月十三日まで在任したことになる。特に、師長の在任期間が、仁安三年十一月の帳台試不参による約一か月の解官を挟みつつも、八年を超す長期に及ぶことは注目される。あくまで本官の在任期間に基づくものだが、嘉応元年以降、この期間に殿上所充は行われていないので、師長が四天王寺俗別当に在任し続けた可能性も否定できない。

第三に、寛治元年の俗別当人事について、さらに追究できる。このとき四天王寺俗別当となった為房も、長方・

頼資と同様、弁官として元興寺・東寺・西寺・円乗寺の俗別当を兼ねている。権左少弁か右中弁かという違いはあるものの、寛治元年の時点で、本官とのおおよその対応関係が形成されていたことが読み取れる。そうであれば、為房の上位に貞観寺俗別当と兼帯する大納言クラスの四天王寺俗別当がいたことになる。それは誰か。以下、俗別当補任当時の師長・公経の立場を手掛かりに推定してみよう。

師長は、仁安二年、源雅通に次ぐ第二位の大納言で、雅通が内大臣に転じた翌年八月以降、筆頭大納言であった。仁安二年以来、内教坊別当で、嘉応元年に雅楽寮別当を加えられた。公経は、承久二年には、すでに筆頭大納言で、雅楽寮・奨学院・校書殿の別当を兼ねていた。一方、寛治元年には、藤原忠家・実季が大納言、源経信・師忠・雅実が権大納言で、このうち、忠家が筆頭大納言であった。忠家については、次の史料に注目したい。

【史料3】『後二条師通記』永保三年（一〇八三）正月十六日条本記

十六日、壬辰。（中略）於二仗下一右大臣（源俊房）承下可レ補二大歌一之由上、示二告藤大納言〈忠家〉一。承之〔了〕。（後略）

【史料4】『水左記』同日条

十六日。（中略）此日於レ陣、頭弁通俊（藤原）朝臣仰レ予云、大納言藤原朝臣宜レ為二内教坊別当一者。便示二此旨於大納言一了。

これらの史料から、永保三年正月十六日、忠家が大歌所別当に補任され、この人事を忠家に伝えた源俊房が内教坊別当への補任を「大納言藤原朝臣」に示したことがわかる。永保三年正月当時、「大納言藤原朝臣」と呼ばれ得るのは忠家のみなので、このとき、忠家は大歌所・内教坊の別当に同時に補任されたことになる。その後、寛治二年十一月二十日までに大歌所別当を辞し、内教坊別当には、出家する同四年九月二十五日まで在任したとみられる。[10]すなわち、殿上所充が行われた寛治元年には、忠家は大歌所・内教坊の別当であったのである。特に、忠家が内教坊別当であったことは、仁安二年・嘉応元年の師長の立場、筆頭大納言であったことは、仁安三年以降の師長、承久二年の公経の立場と一致する。また、当時、忠家以外に、師長や公経と共通する諸司・所々別当を兼ねた正・権大納言はいない。以上から、寛治元年、為房の上位の四天王寺俗別当は、忠家であったと考えられ、最長で寛治四年九月に出家するまで在任した可能性がある。

二　四天王寺俗別当人事の意義

前節で確認した平安時代～鎌倉時代前期の四天王寺俗別当人事を踏まえ、本節では、その意義について検討したい。ここで、おおよその時期的な変遷を示すと、次の通りである。

〔第Ⅰ期〕九世紀後半～十世紀：源能有／藤原兼通
〔第Ⅱ期〕十一世紀後半：藤原忠家―為房
〔第Ⅲ期〕十二世紀後半～十三世紀前半：藤原師長―長方／西園寺公経―広橋頼資

まず、第Ⅰ期における俗別当人事の傾向からみていこう。元慶八年の「僧綱牒案」にみえる俗別当人事を【表1】、諸史料にみえる村上朝の俗別当人事を【表2】にまとめた。これによると、元慶八年の人事では、光孝天皇と血縁関係にある賜姓皇族、藤原基経の親族が大半を占め、村上朝の人事では、村上天皇と血縁関係・姻戚関係にある人物が散見されることがわかる。能有は光孝天皇の甥、兼通は村上天皇中宮藤原安子の同母兄であった。つまり、第Ⅰ期の四天王寺俗別当には、補任当時の天皇の近親者が充てられているのである。

次に、俗別当補任までの官歴をたどると、兼通は、村上天皇の側近であったことが知られる。すなわち、村上天

【表1】光孝朝（元慶8年）の俗別当人事

	寺院	俗別当	本官	関係
1	東大寺	在原行平	正三位・中納言 民部卿	光孝天皇の再従兄弟
2	興福寺 法華寺	藤原良世	正三位・大納言 右近衛大将・太皇太后宮大夫・ 陸奥出羽按察使	藤原基経の叔父
3	元興寺	藤原冬緒	正三位・大納言 弾正尹	（藤原京家）
4	新薬師寺	藤原有実	正四位下・参議 左近衛中将	藤原基経の従兄弟
5	大安寺 延暦寺	藤原山蔭	正四位下・参議・左大弁 播磨守	藤原元善の父 ※仁和3年（887）、更衣→女御
6	薬師寺	源光	正四位下・参議 左兵衛督	光孝天皇の異母弟
7	唐招提寺	藤原国経	正四位下・参議 皇太后宮大夫	藤原基経の異母弟
8	西大寺	源冷	正四位下・参議 右兵衛督	光孝天皇の異母弟
9	秋篠寺	源融	正二位・左大臣	光孝天皇の叔父
10	法隆寺	藤原諸葛	正四位下・参議 右衛門督	（藤原南家）
11	四天王寺	源能有	従三位・中納言 左衛門督	光孝天皇の甥

皇即位三か月後の天慶九年（九四六）七月に昇殿を許され、同年九月に侍従、天暦九年（九五五）七月に左近衛少将を経て、康保四年正月二十日に内蔵頭、二十五日に蔵人頭に至る。同年六月、冷泉天皇が即位すると、弟の兼家が代わって蔵人頭になり、以後、位階も逆転することからも、兼通が村上天皇の側近として立身してきたことは、明らかであろう。一方、能有に光孝天皇の側近であったことを示す官歴は見出せない。

これらを踏まえ、第Ⅰ期の俗別当人事の意義を考えてみたい。元慶八年の人事については、同年の光孝天皇即位後の寺院政策に着目した岡野氏の指摘がある。[11]すなわち、伊豆国分尼寺の再建申請認可、諸寺の年内の修造命令と大嘗祭後の調査決定を挙げ[12]、陽成天皇から光孝天皇への思いがけない天皇の交替と、寺院の伽藍修造命令を受けて、大嘗祭や一代一度仁王会以前に主要寺院の管理責任者が臨時に補任されたと指摘した。

【表 2】村上朝の俗別当人事

	年月日	寺院	俗別当	本官	関係
1	天慶 9. 7. 16 (946)	延暦寺	藤原忠平	従一位 関白・太政大臣	
2	天暦 4. 7. 25 (950)	興福寺	藤原有相	従四位下・右中弁 内蔵頭・蔵人頭・春宮権亮	
③	天暦 8. 4. 20 (954)	石清水 八幡宮寺	藤原国光	従五位上・権右中弁	
④	天徳 2. 5. 25 (958)		菅原文時	従五位上・右少弁	
5	応和元 . 5. 15 (961)	興福寺	藤原在衡	正三位・大納言 民部卿	更衣藤原正妃の父
6			藤原文範	従四位下・左中弁 内蔵頭・美作権守	
⑦	応和 2. 正 . 26 (962)	石清水 八幡宮寺	藤原文範	従四位上・左中弁 内蔵頭・美作権守	
⑧	応和 4. 2. 22 (964)	法隆寺	藤原朝成	正四位下・参議 勘解由長官	祖母藤原胤子の甥
⑨		雲林院	藤原伊尹	正四位下・参議 左近衛権中将	中宮藤原安子の同母兄
⑩	応和 4. 2. 23 (964)	大覚寺	源重信	従三位・参議 修理大夫・近江権守	村上天皇の甥
⑪	応和 4. 3. 23 (964)	東大寺	紀文相	正五位下・左少弁	
⑫	康保 2 (965)	石清水 八幡宮寺	藤原文範	従四位上・左中弁 内蔵頭・美作権守	
⑬	康保 3. 2. 3 (966)	東大寺	源高明	従二位・右大臣 左近衛大将	村上天皇の兄
⑭			源保光	従四位上・右中弁	村上天皇の甥
⑮	康保 4. 正～ 5 (967)	四天王寺	藤原兼通	従四位下 内蔵頭・蔵人頭	中宮藤原安子の同母兄
16	康保 4. 4. 27 (967)	延暦寺	藤原頼忠	正四位下・左大弁 参議・勘解由長官	姪厳子女王の夫

※1　○数字は俗別当への補任、それ以外は俗別当としての在任が確認されることを示す。
※2　本表には、原則として人名の明らかな弁官クラス以上の俗別当を掲げた。
※3　出典は、『貞信公記』(1)、『御産部類記』所引「九条殿記」逸文 (2)、『石清水八幡宮寺略補任』(3・4・7・12)、「勧学院別当補任長者宣」(『朝野群載』巻 7) (5・6)、『公卿補任』康保元年 (964) 条尻付 (8・9)、『河海抄』巻 8 所引「村上天皇御記」逸文 (10)、「太政官符案」(『東南院文書』182 号文書) (11)、『東大寺要録』別当章 (11・13・14)、『禁秘抄』(15)、『天台座主記』良源の項 (恩頼堂文庫所蔵『大日本洲大宗秘府』紙背文書〔『大日本史料』1-22〕) (16)。

光孝天皇即位をめぐる動向から説く岡野氏の指摘は卓見といえるが、天皇即位との関係でいえば、即位山陵使の派遣にも着目すべきであろう。光孝朝には、天智・桓武・嵯峨・仁明天皇の山陵を対象とし、(13)仁明系出身の光孝天皇即位の正当性を主張している。その即位事情を思えば、即位年に打ち出された寺院政策も、これと同様の意図のもと、新政権の安定的発足を目指したものといえるのではないか。だからこそ、光孝天皇や基経の近親者で固めた俗別当人事を発令したのであろう。いわば、四天王寺俗別当は、そうした光孝天皇即位直後の政治的要請を背景に設置されたことになる。

四天王寺では、貞観十三年（八七一）、前年の諸寺別当制の確立に伴って、別当が常置の僧職となり、寺内における別当の供給母体であった十禅師の欠員補充の方式が昌泰元年（八九八）頃に定まったと推定されるなど、(14)九世紀後半以降、寺院組織が整備されていく。よって、四天王寺俗別当も、史料に初見する元慶八年に創設されたとみてよい。

それに対して、兼通が四天王寺俗別当に補任されたのは、康保四年、村上天皇最晩年のことであった。村上朝の俗別当人事はその治世を通じて行われているが、近親者を補任する傾向は、応和四年（九六四）以降の治世晩期に強い（【表2―8〜10・13〜16】）。さらに注意すべきは、ここに雲林院・大覚寺という御願寺が含まれていることである。特に、雲林院は村上天皇との関係が深く、その崩後に周忌御斎会が営まれた他、院内に御願の多宝塔や「天暦御願御堂」を擁していたことが知られる。(15)また、四天王寺も、天慶六年に朱雀天皇御願の新院・薬師院が建立され、御願寺的な性格を帯びていた。(16)

そこで、応和・康保年間の村上天皇をめぐる状況を確認しておこう。応和二年には、女御徽子女王、中宮安子所生の皇子女が相次いで夭折し、同四年には、中宮安子が崩御した。天皇自身も、康保二年、仁寿殿で天台座主喜慶に孔雀経法を修させて以来、不動法・延命法など息災・延寿祈願の修法を行わせている[17]。応和・康保年間は、村上天皇が近親者との死別や自身の健康不安に直面した時期といえ、そうした時期に御願寺を対象に含めつつ、自身の近親者を補任する形で、俗別当人事が行われたのである。その意味で、村上天皇の身体護持に関わる側面が強い人事であったと考えられる[18]。

以上を要するに、第Ⅰ期は、四天王寺俗別当の成立期であり、補任が確認される光孝朝初期・村上朝晩期の天皇をめぐる諸事情を反映し、天皇の治世の安定化や身体の護持を意図して、天皇の近親者・側近が俗別当に補任された時期であった。九世紀後半〜十世紀の四天王寺に国家・天皇護持の役割を期待されていたことが、俗別当人事からも窺える。

一方、第Ⅱ・Ⅲ期は、先述のように、四天王寺俗別当の本官が固定化されていく過程として理解できるが、それだけでよいのであろうか。院との関係に着目すれば、為房は応徳元年（一〇八四）に白河天皇の蔵人、康和四年（一一〇二）に白河院別当に補任されている。師長は治承三年（一一七九）、後白河院政の停止に伴って配流され、長方は四天王寺俗別当在任中の嘉応元年四月には、後白河院別当であった。公経は後鳥羽上皇の「清撰近臣」の一人で、頼資は建永二年（一二〇七）に院昇殿を許され、後鳥羽院殿上人となっている[19]。一心同体的近臣ではなかったとされる長方のように[20]、個々に親疎の差はあろうが、当時の院の側近・近臣的な立場にある人物を俗別当に補任する傾向にあったといえる。

特に、後白河院政期の俗別当在任時には、覚性と円恵が四天王寺別当を務めていた。それぞれ院の同母弟と第四皇子にあたる貴種僧で、同時期にその親族と側近・近臣が四天王寺の僧俗別当を占めており、後白河院政と四天王寺の関係を考えるうえで注目される。信仰面でいえば、文治年間（一一八五〜一一九〇）の伝法灌頂や百日参籠に連なる、[21]院による四天王寺重視策ともみなせよう。

改めて四天王寺俗別当の変遷を整理しておこう。九世紀後半～十世紀には、補任当時の天皇をめぐる情勢を踏まえ、天皇の近親者・側近が補任されたが、十一世紀後半以降には、主として院の側近・近臣的な立場にある、大納言と弁官を本官とする人物が補任された。

三　四天王寺俗別当の職掌

四天王寺俗別当は、どのような職掌を担ったのであろうか。前節で言及した光孝朝における設置の経緯から、伽藍の管理・修造が創設当初の職掌の一つであったと考えられる。それ以外の職掌について、まず、史料上で確認できるものからみていくこととしたい。

【史料5】延喜太政官式40惣用帳条

凡四天王、東、西幷梵釈寺等惣用帳、停レ送二綱所一令レ進二弁官一。文殿預史生勘署、別当史更亦覆勘後加署、進レ帳之後早令二計会一。若有二闕怠一不レ進レ帳者、勘二責寺家一。

本史料は、四天王寺・東寺・西寺・梵釈寺などの四か寺の年間支出簿にあたる惣用帳について、僧綱所に送るのを停め、弁官に進上すること、その際、文殿預の史生が勘署し、「別当史」が覆勘して加署することを規定したものである。

ここで問題になるのは、「別当史」の解釈である。湯浅吉美氏は、「俗別当である史生」、「別当・俗別当に近侍する史生」と解釈した。[22]しかし、円成寺や石清水八幡宮寺に弁・史の俗別当が置かれ、[23]また、左右少史・右大史に充てられる諸寺が『江家次第』巻五、官所宛に列記されているので、「別当史」の史が弁官局の史であることはいうまでもない。一方、大隅清陽氏・虎尾俊哉氏は、「別当の史」と読み、「各寺の俗別当としての史か」と注釈する。(24) 本条が太政官式に規定され、惣用帳の進上先が弁官であることから、この「別当」を俗別当とみることに異論はないが、本条にみえる四か寺のうち、史俗別当の存在が他の史料から確認できるのは、東寺のみである。(25) よって、私見では、本条の「別当史」を「別当・史」と並列で解釈し、四天王寺以下四か寺の俗別当と弁官局の史がともに各寺の惣用帳の覆勘・加署にあたったと理解するのがよいと考える。

すなわち、四天王寺は、惣用帳の覆勘・加署という形で、俗別当による寺院経済の管理を受けていたことがわかる。本条は、『延喜式』段階の条文と考えられ、(26) おそらく元慶八年の創設を機に、四天王寺俗別当は、惣用帳の覆勘・加署を職掌としたものとみられる。

【史料6】『北山抄』巻六

諸寺別当三綱座主等事〈三綱自レ官申上〉

①十五大寺、有封諸寺、御願寺、奉勅官符、或以二三司解一、或五師大衆挙状、或僧綱自解等一、望申之時、下二給別当上卿一、与二諸卿一令二定申一、勅定後下レ弁。但法性寺・興福寺、藤氏長者、薬師寺、源氏長者、所二定申一也。〈興福寺長者宣、不レ経二三司一。但任二僧綱一者、奉勅他上宣寺(等カ)如レ之。見二治部式一。〉②自余三司解、或直申レ官。有二公卿別当一者、不レ経二結政一申二其人一。

本史料には、①十五大寺・有封諸寺・御願寺と②その他諸寺の別当補任手続きが記されている。この記事を載せる『北山抄』巻六は、治安元年（一〇二一）以降の成立と考えられ、(27) これに時期の近い寛仁元年（一〇一七）には、依然、四天王寺が十五大寺に入っていることが確認できるから、(28) 本史料にいう十五大寺にも四天王寺が含まれるとみてよい。それを踏まえ、①をみると、陣定で別当人事を審議する際に、太政官に提出された三司解・五師大衆挙状、または、僧綱自解をもとに「別当上卿」が諸卿とともに定め申していたことがわかる。つまり、四天王寺俗別当（上卿）は、十一世紀初頭には、陣定における別当人事の審議に関与していたのである。ただし、先行する『延喜式』や『西宮記』に俗別当の関与はみえないので、十世紀後半以降、新たに加わった職掌と考えられる。

以上から、四天王寺俗別当は、その創設期には、伽藍の管理・修造、惣用帳の覆勘・加署を行い、十世紀後半〜十一世紀初頭には、別当人事の審議に関与していたことがわかる。

すでに確認したように、その本官は、藤原兼通を除くと、すべて中納言以上および弁官であった。また、その変遷を踏まえれば、遅くとも寛治元年以降、大納言と弁官が一体となり、大納言が四天王寺の案件を公卿会議に諮り、弁官がその実務を担う体制が成立したと考えられる。ところが、源能有以下の四天王寺俗別当がこれらの職掌にあたったことや、その他の案件を担当する上卿・弁として活動したことを示す史料は残されていない。したがって、佐藤氏が活動の可能性を指摘するに留めたことは、彼らに関する限り、妥当なものといえる。

しかし、見方を変えれば、大納言（中納言）・弁官の地位にあって、四天王寺の案件を公卿会議に諮っているか、その実務を担っている人物は、四天王寺俗別当と推定できる。こうした観点から、俗別当であった人物を見出しつつ、その職掌を指摘したい。そこで、取り上げたいのが、住吉社との間で起こった安倍野堺相論に関する次の史料である。

【史料7】『山槐記』長寛三年（一一六五）四月二十七日条

廿七日。（中略）有㆓祭主師親朝臣罪名定㆒。次按察公通《藤原》被㆑申云、住吉社与㆓天王寺㆒安部野堺相論事、可㆓定申㆒者。源大納言《雅通》被㆑申㆓右府《藤原経宗》㆒曰、寺文相㆓交大神宮事㆒。僉議日若可㆑憚歟。右府可㆑被㆑問㆓外記㆒歟之由有㆑答。仍按察伝㆓左大弁（藤原資長）㆒、以㆓官人㆒問㆓外記㆒。官人帰来云、非㆓恒事㆒、可㆑有㆑憚歟。仍被㆑止畢。

長寛三年四月二十七日の陣定において、伊勢神宮祭主大中臣師親の罪名定に続き、藤原公通によって安倍野堺相論のことが発議された。それに対して、四天王寺の申文が伊勢神宮の案件と一括で提出されたことを理由に、源雅通がこの日の僉議に支障があるのではないかと藤原経宗に言上している。結局、この日は、外記への問い合わせを経て、相論の裁定は中止された。『百錬抄』によれば、五月四日に改めて裁定されることになる。

その発言内容から、雅通が住吉社との堺相論という四天王寺の案件を陣定に諮る立場にあったことは明らかで、当時、雅通は、藤原忠雅に次ぐ第二位の大納言であった。これによって、雅通も四天王寺俗別当であったと推定できよう。時期的に、仁安二年初任の藤原師長の直前の俗別当ということになる。長寛三年には、四天王寺俗別当は、住吉社との安倍野堺相論の審議をその職掌としていたことがわかる。ただし、鎌倉時代の堺相論に俗別当は関与しなくなるので[29]、初例にあたるこのとき限りの職掌であったとみられる。

四　四天王寺俗別当と芸能

前節で指摘したように、源雅通を除く四天王寺俗別当が先にみた職掌を果たしたことは、史料上、確認できない。それでは、彼らが俗別当として四天王寺に関与するようになったことには、どのような意味があったのであろうか。そこで、本節で注目したいのは、四天王寺俗別当（上卿）補任者に、芸能に関係する人物が多いという点である。

第一に、音楽・舞楽に深く関わる諸司・所々別当を兼帯した人物が挙げられる。先述したように、藤原忠家は大歌所と内教坊、師長は初任時から内教坊、再任時に雅楽寮、西園寺公経は雅楽寮の別当を兼ねていた。第二に、音楽・舞楽の相承系図にその名を連ねる芸能に通じた人物がみられる。胡飲酒の藤原兼通、箏と琵琶の師長、琵琶の公経の三人である。[30]特に、師長は箏・琵琶の他に神楽・風俗・催馬楽・雑芸・朗詠・声明にも通じ、妙音院流を立てたことで知られ、公経は「琵琶の家」西園寺家の出身で、「妙音院（藤原師長）御嫡弟」の実宗を父に持つ。[31]第三に、相承系図にみえないが、音楽・芸能の家に出自を持つのが、雅通である。その養父雅定と祖父雅実は、ともに胡飲酒に長じ[32]、相承系図にもその名が確認されるが、雅通自身は、『今鏡』巻七によると、養父の音楽の才を継承しなかったらしい。本節では、兼通・師長と四天王寺の芸能の関係について、詳しくみていくこととしたい。

まず、兼通は、応和二年に滝口の相撲における奏楽で胡飲酒、康保三年に殿上侍臣の奏楽で蘇利古・賀殿・胡飲酒を舞っていることが確認できる。[33]『続古事談』巻五などによれば、村上朝に殿上人であったとき、たびたび御前で胡飲酒を舞い、多好茂に伝授したとされるが、「胡飲酒相承」では、多好茂から兼通、兼通から好茂の子正方に相承されており、『続古事談』の系譜と異なる。好茂は兼通より九歳年少で、活動時期も天延二年（九七四）～寛弘七年（一〇一〇）に下るため、[34]『続古事談』の系譜を是とすべきであろう。いずれにせよ、兼通が胡飲酒の師たる立場にあったことは、注目される。

さらに、四天王寺楽所・舞楽の成立との関係から、兼通が胡飲酒などを奏した年代に注意したい。応和二年・康保三年は、いずれも兼通が四天王寺俗別当に補任される康保四年よりも前のことである。寺家楽所・舞楽の成立は、『教訓抄』巻五にみえる説話をもとに、多好茂が四天王寺に下った十一世紀のこととする見方があり、俗別当兼通の存在は、好茂との関係で言及されるに留まっている。[35]しかし、胡飲酒などの舞に長じた兼通が俗別当になった事実はより重視されるべきで、四天王寺楽所・舞楽は、兼通が俗別当として四天王寺に関与するようになったことを契機に、整備された可能性が出てくる。

これに関連して興味深いのは、『聖徳太子伝暦』推古天皇二十年（六一二）夏五月条に諸寺伎楽舞・楽人起源譚がみえることである。ここで、百済の味摩之が倭国に伝えた伎楽舞を「今諸寺伎楽舞是也」、聖徳太子の命によって呉鼓を習った諸氏の子弟壮士や、鼓を打ち、舞を習った者を「是今財人之先」としている。味摩之が呉国で伎楽舞を学び、渡来後、桜井に安置され、少年にこれを習わせたことは、すでに『日本書紀』に所伝があるが、諸寺伎楽舞・楽人起源譚は、『聖徳太子伝暦』に初見する新要素である。『聖徳太子伝暦』は、十世紀から十一世紀初頭にかけて段階的に成立した四天王寺系の史料と考えられており[36]、同書でこうした起源譚が語られるのは、十世紀後半の四天王寺で楽所・舞楽が整備されたことを示唆していよう。長保二年（一〇〇〇）の東三条院藤原詮子や永承三年（一〇四八）の藤原頼通の参詣時に音楽が奏され、特に、後者では、「寺家楽所」と明記される。また、応徳元年、藤原師実の参詣時には、仏舎利供養の舞楽が奏されている[37]。このように、十世紀末以降、四天王寺楽所の活動がみえ始めることも、これを傍証しているように思われる。以上のように考えてよければ、四天王寺楽所は、延喜年間（九〇一～九二三）とされる大内楽所や長保年間とされる南都楽所[38]とほぼ同時代に成立したことになる。

次に、師長については、四天王寺における芸能面での事績が多く確認できる。まず、時期が明確なものに、宮内庁書陵部所蔵伏見宮旧蔵楽書[39]にみえる琵琶の伝授がある。

【史料8】『上原石上流泉』奥書

文治五年閏月九日、於二天王寺西僧房一、伝二授修理大夫藤原定輔朝臣一了。

妙音院（藤原師長）楽人（花押）

【史料9】『諸調子品撥合譜』平調撥合（西説）裏書

文治六年二月六日、於二天王寺西僧房一、奉レ受二妙音院一了。

これらの史料から、師長が四天王寺西僧房で文治五年閏四月に上原石上流泉、翌六年二月に平調（西説）の琵琶譜を伝授していることがわかる。師長は、当時、すでに四天王寺俗別当ではなく、さらに、寿永二年（一一八三）以降、東山妙音堂、次いで四条妙音堂を琵琶の秘曲伝授の場としたから[40]、その場に四天王寺西僧房が選ばれていることは、興味深い。このうち、文治五年閏四月は、後白河法皇の四天王寺百日参籠の期間中にあたる。五月四日には、上原石上流泉の琵琶譜を伝授された藤原定輔が院司として供奉していたことが、『玉葉』にみえる。法皇との親近性から師長もこれに同行しており、そのために四天王寺が伝授の場とされたと考えられる。一方、文治六年の平調（西説）の琵琶譜の受者は不明だが、四天王寺僧であった可能性はあろう。

次に、その時期が不明なものに、伽陀や舞楽・朗詠の伝授がある。金沢文庫本『諸経要文伽陀集』巻中の「妙音院末資」釼阿の奥書に、師長が家寛法印から伽陀を受けた後、藤原孝道・隆円に授けたことに続けて、「加之或於㆓難波法輪之伽藍㆒驚㆓等覚妙覚之高聴㆒、或於㆓住吉熱田之神祠㆒拝㆓本地垂跡之威光㆒」とみえる[41]。この一節は、師長が「難波法輪之伽藍」、すなわち、四天王寺で衆僧に伽陀を伝授したことを述べたものとみられる。

嘉禄三年（一二二七）、藤原孝道撰『雑秘別録』に、皇麞は四天王寺で舞われる舞楽で、公賢という舞人が師長の命で習い留めたことがみえる。同時代の四天王寺舞人に秦姓＋公字を持つ者がいることからすると[42]、この公賢は、秦公賢という四天王寺の舞人であろう。あるいは、頼長と男色関係にあった「舞人公方」と同一人物かも知れない[43]。とすれば、公賢（公方）は、頼長・師長の父子二代にわたって交流があったことになる。また、四天王寺に習い留めたというのであるから、その伝授の場は、四天王寺とみてよい。

『朗詠要抄』によれば、『白氏文集』巻三、「上陽人」と『和漢朗詠集』巻上、「春興」を典拠とする朗詠二句について、「已上二句自㆓妙音院殿（藤原師長）㆒天王寺松四郎慥給所也。自㆓四郎㆒昇蓮伝㆑之」と注記している[44]。ここにみえる天王寺松四郎は管絃者とされ、[45]師長から朗詠を伝授されたこと、師長が四天王寺の楽人と交流のあったことがわかる。伝授の場については明記されないが、おそらく四天王寺であろう。

師長は、四天王寺において貴族社会に属する藤原定輔だけでなく、僧侶・舞人・楽人といった寺家を構成する諸階層を対象に、琵琶・伽陀・舞楽・朗詠の伝授を行っていたことを確認した。『秦筝相承血脈』に「天王寺小別当俊賀」の名がみえ、すでに十一世紀末～十二世紀初頭の段階で、[46]芸能は寺家の上層部にも及んでいた。十二世紀には、寺内外で四天王寺舞人の活動がみられ、四天王寺で奏舞・奏楽がしばしば行われるなど、四天王寺の芸能が活発化していく。そうした時期に、諸芸能に通じた師長が最長で八年超に及ぶ長期間、四天王寺俗別当に在任していたのである。師長は俗別当としての関与を通じて、四天王寺の芸能を知悉するに至ったのであろう。芸能をめぐる師長の個性と四天王寺の環境が一致し、師長による諸芸能の伝授活動が寺家の諸階層への広がりを持って行われたと考えられる。

以上を要するに、俗別当としての職掌とは別に、兼通や師長が四天王寺に与えた芸能面での影響は大きいものであったということができよう。

おわりに

本稿では、平安時代から鎌倉時代前期にかけて補任が確認される四天王寺俗別当について検討してきた。その要点を整理して示すと、次のようになる。

一、源能有、藤原兼通、為房、師長・長方、西園寺公経・広橋頼資の補任が史料上に確認できるが、それに加えて、寛治元年には、為房の上位の俗別当として藤原忠家が補任され、長寛三年には、源雅通が俗別当に在任していたと考えられる。また、師長・長方は、仁安二年の殿上所充が初任で、嘉応元年の殿上所充で再任された（【表3】）。

二、四天王寺俗別当は、光孝天皇即位直後の政治的要請を背景に創設され、九世紀後半〜十世紀には、天皇の治世の安定化や身体護持を意図して天皇の近親者・側近が俗別当に補任された。十一世紀後半以降には、主として院の側近・近臣的な立場にある、大納言と弁官（権左少弁・右中弁）を本官とする人物が補任された。特に、後白河院政期には、別当も院の親族（貴種僧）であり、院による四天王寺重視策とも理解できる。

三、四天王寺俗別当は、九世紀後半〜十世紀には、伽藍の修造・管理や惣用帳の覆勘・加署、十世紀後半〜十一世紀初頭には、別当人事の審議、十二世紀半ばには、住吉社との安倍野堺相論の審議を職掌としたとみられる。

四、四天王寺俗別当（上卿）補任者には、芸能に関係する人物が多く、その中でも、兼通・師長が寺家の芸能に与えた影響は大きい。兼通の俗別当としての関与が寺家楽所・舞楽の整備の契機となった可能性があり、俗別当に長く在任した師長は、四天王寺で琵琶・伽陀・舞楽・朗詠を伝授している。それは、諸芸能に通じた師長の個性と十二世紀の四天王寺の芸能的環境が相俟ってなされたもので、その対象も、貴族社会内に留まらず、僧侶・舞人・楽人という寺家の諸階層に広く及んでいた。

俗別当の補任からみると、四天王寺は、平安時代中後期を通じて国家から重視された一方で、寺の伽藍・経済・人事や相論などの面で国家による管理・統制を受けていたことがわかる。また、俗別当を介して寺家の芸能を形成するなど、京との間で一種の文化交流がなされていたことも、注目されよう。本稿では、専ら俗別当の人的な側面から考察したが、俗別当として兼帯した他寺院との関係からも明らかにできることがあろう。他日を期したい。

【表3】四天王寺俗別当一覧

	年月日	俗別当	門流	官位	兼帯した寺院	天皇・院	僧別当
1	元慶八・十一・十三（八八四）	源能有	文徳源氏	従三位 中納言・左衛門督		光孝天皇	安円
2	康保四・正～五（九六七）	藤原兼通	藤原北家九条流	従四位下 内蔵頭・蔵人頭		村上天皇	乗恵
3	寛治元・六・二十二（一〇八七）	①藤原忠家	藤原北家御子左流	正二位 大納言	（貞観寺）	堀河天皇 白河上皇	覚猷
		②藤原為房	藤原北家勧修寺流	正四位下 権左少弁	東寺・西寺・元興寺・円乗寺		
4	長寛三・四（一一六五）	源雅通	村上源氏久我流	正二位 大納言		二条天皇 後白河上皇	覚性
5	仁安二・七・二十九（一一六七）	①藤原師長	藤原北家御堂流	正二位 大納言	貞観寺	六条天皇 後白河上皇	円恵
		②藤原長方	藤原北家勧修寺流	正五位下 右中弁	東寺・西寺・元興寺・円乗寺		
6	嘉応元・八・二十七（一一六九）	①藤原師長	藤原北家御堂流	正二位 大納言	貞観寺	高倉天皇 後白河法皇	円恵
		②藤原長方	藤原北家勧修寺流	従四位上 右中弁	東寺・西寺・元興寺・円乗寺		
7	承久二・三・二十五（一二二〇）	①西園寺公経	藤原北家閑院流	正二位 大納言	貞観寺	順徳天皇 後鳥羽上皇	慈円
		②広橋頼資	藤原北家真夏流	従四位下 右中弁	東寺・西寺・元興寺・円乗寺		

注

（1）『大鏡裏書』以降、四天王寺は十五大寺の序列から外れる。川岸宏教「中世初期の四天王寺」（『四天王寺国際仏教大学紀要』三二・四〇、一九九九年）。
（2）所京子「俗別当の成立―とくに〝官人〟俗別当について―」（『平安朝「所・後院・俗別当」の研究』勉誠出版、二〇〇四年。初出一九六八年）。
（3）佐藤全敏「平安時代の寺院と俗別当制」（『平安時代の天皇と官僚制』東京大学出版会、二〇〇八年）二〇三～二〇四頁、岡野浩二「東大寺の俗別当制」（『平安時代の国家と寺院』塙書房、二〇〇九年）八三～八四頁。
（4）『平安遺文』九―四五四七号文書。
（5）『大日本史料』三―一、一四三～一四四頁。
（6）『扶桑略記』天喜三年十月二十五日己酉条。
（7）古瀬奈津子「「殿上所充」小考―摂関期から院政期へ―」（『日本古代王権と儀式』吉川弘文館、一九九八年。初出一九九二年）四〇七頁。
（8）注（3）岡野論文、同「所充の研究」（渡辺直彦編『古代史論叢』続群書類従完成会、一九九四年）三九頁。
（9）『公卿補任』・『弁官補任』。以下、公卿・弁官の人事については、これらによる。
（10）『後二条師通記』・『帥記』寛治二年十一月二十日条、『後二条師通記』同四年九月二十五日条、『江記』同五年正月七日条。永田和也「大歌所について」（『國學院雑誌』九一―二、一九九〇年）、辻浩和「内教坊小考」（元木泰雄編『日本中世の政治と制度』吉川弘文館、二〇二〇年）も参照。
（11）注（3）岡野論文、七九頁。
（12）『日本三代実録』元慶八年四月二十一日辛亥・五月二十九日戊子条。
（13）『日本三代実録』元慶八年二月二十一日壬子条。
（14）山口哲史「四天王寺別当の成立と十禅師」（『大阪の歴史』八六、二〇一七年）。

(15)『日本紀略』康保五年五月二十日壬寅条、応和三年三月十九日付「村上天皇供養雲林院御塔願文」(『本朝文粋』巻一三、願文上)、『長秋記』大治五年(一一三〇)五月十四日条。
(16)『天王寺秘決』「天王寺別院事」、注(14)山口論文、二八頁。
(17)『日本紀略』応和二年九月十一日丙寅・十二月二十八日壬子・同四年四月二十九日甲戌条、『華頂要略』巻一二〇所収「天台座主記」、喜慶の項、『延喜天暦御記抄』康保三年三月十七日・同四年二月十九日条。
(18)御願寺については、堀裕「平安期の御願寺と天皇―九・十世紀を中心に―」(『史林』九一―一、二〇〇八年)を参照。
(19)『公卿補任』天永二年(一一一一)条尻付・『中右記』康和四年七月二十日条(為房)、『玉葉』治承三年十一月十八日条(師長)、『兵範記』嘉応元年四月二十八日条(長方)、『明月記』建仁元年(一二〇一)八月九日条・『熊野御幸記』同年十月五日条(公経)、『公卿補任』貞応三年(一二二四)条尻付(頼資)。
(20)菊池紳一「後白河院々司の構成とその動向―その二―」(『学習院史学』一五、一九七九年)六〇頁。
(21)『玉葉』文治三年八月二十二日・同五年五月四日条。
(22)湯浅吉美「東寺における官人俗別当」(『史学』五三―二・三、一九八三年)八八～八九頁。
(23)『類聚三代格』巻二、寛平二年(八九〇)十一月二十三日付太政官符、『石清水八幡宮寺略補任』。岡野浩二「石清水八幡宮の弁史俗別当」(『寺院史研究』五、一九九六年)。
(24)虎尾俊哉編『訳注日本史料　延喜式』中(集英社、二〇〇七年)二一頁。
(25)長保二年十二月二十九日付「造東寺年終帳」(『平安遺文』二―四〇五号文書)、『江家次第』巻五、官所宛。
(26)宮城栄昌「律令と延喜式」(『延喜式の研究』論述篇、大修館書店、一九五七年)二一九頁。山口哲史「『延喜式』にみえる四天王寺―平安時代の四天王寺史解明の手掛かりとして―」(『史泉』一一七、二〇一三年)六頁。
(27)所功「神道大系『北山抄』の解題」(『宮廷儀式書成立史の再検討』国書刊行会、二〇〇一年。初出一九九二年)二一四頁。
(28)『類聚符宣抄』巻三、寛仁元年五月二十五日付官宣旨。

(29) 文治三年・寛喜三年（一二三一）には記録所、同二年には関白九条道家邸、弘安九年（一二八六）には亀山上皇の院評定で審議されている。
(30) 『鳳笙師伝相承以下』所引「胡飲酒相承」（福島和夫「〔音楽相承系図集〕考　付翻刻」〔『日本音楽史叢』和泉書院、二〇〇七年。初出一九九六年〕）、『秦箏相承血脈』・『琵琶血脈』（『群書類従』一九）、伏見宮本『琵琶系図（竪系図）』（書陵部所蔵資料目録・画像公開システム、伏・一〇一四）。
(31) 榊泰純「妙音院師長の音楽と日本音楽史上の位置」（『日本仏教芸能史研究』風間書房、一九八〇年。初出一九六四年）、高橋秀樹「家と芸能―「琵琶の家」西園寺家をめぐって―」（五味文彦編『芸能の中世』吉川弘文館、二〇〇〇年）、『文机談』巻四。
(32) 『百錬抄』・『扶桑略記』治暦三年（一〇六七）十月二十二日条、『中右記』康和四年三月九日・長治二年（一一〇五）正月五日条。
(33) 『西宮記』童相撲事、『村上天皇御記』康保三年十月七日条。
(34) 荻美津夫「地下楽家の成立とその活動」（『平安朝音楽制度史』吉川弘文館、一九九四年）二五一頁。
(35) 川岸宏教「信仰と楽舞―四天王寺史における一二の問題―」（『仏教史学』一二―四、一九六六年）六四頁、川岸宏教・河音能平「四天王寺の舞楽とその伝播」（新修大阪市史編纂委員会編『新修大阪市史』第二巻、一九八八年）三〇〇頁。
(36) 林幹彌「『聖徳太子伝暦』について」（『太子信仰の研究』吉川弘文館、一九八〇年。初出一九七六年）、光川康雄「『聖徳太子伝暦』典拠の整理」（『文化学年報』四五、一九九六年）、清水潔「『本朝月令』『政事要略』所引聖徳太子伝について」（『神道史研究』四九―二、二〇〇一年）、榊原史子「『聖徳太子伝暦』と『四天王寺縁起』」（『四天王寺縁起』の研究―聖徳太子の縁起とその周辺―』勉誠出版、二〇一三年。初出二〇〇八年）。
(37) 『御堂関白記』長保二年三月二十三日条、『宇治関白高野山御参詣記』永承三年十月十九日条、『後二条師通記』応徳元年九月十五日条本記。
(38) 荻美津夫「楽所」（『日本古代音楽史論』吉川弘文館、一九七七年）二六四〜二六六頁、林屋辰三郎「雅楽の伝統

と楽所」（『中世芸能史の研究―古代からの継承と創造―』岩波書店、一九六〇年）二五〇頁。

(39)【史料8】は宮内庁書陵部編『図書寮叢刊　伏見宮旧蔵楽書集成』三、一三―一七号文書、【史料9】は書陵部所蔵資料目録・画像公開システム（伏・一〇八三）による。

(40) 乾克己「中世における妙音天信仰の諸相」（『宴曲の研究』桜楓社、一九七二年。初出一九六五・一九六七年）、櫻井利佳「妙音堂について―妙音院師長研究余滴―」（『東洋大学大学院紀要　文学研究科国文学専攻』四三、二〇〇六年）。

(41) 神奈川県立金沢文庫編『金沢文庫資料全書』七、歌謡・声明篇（臨川書店、二〇一八年）五七・六七頁。

(42) 秦公信・公定・公資など。猪瀬千尋氏は、十六世紀中葉までの四天王寺楽人全員が秦姓を名乗ると指摘している（「元永元年の採桑老―四天王寺の舞楽をめぐって―」〔『中世文学』六八、二〇二三年〕）五五頁。

(43)『台記』久安三年（一一四七）九月十三日・十四日条。

(44) 高野辰之編『日本歌謡集成』三、中古篇（東京堂、一九六〇年）四九七頁。

(45) 青柳隆志「『朗詠要抄　因空本』考」（『日本朗詠史』研究篇、笠間書院、一九九九年。初出一九九三年）四一四・五五九頁。

(46) 俊賀は、『四天王寺別当次第』の寛治八年任、増誉の項に「百済寺別当寺主」、永久四年（一一一六）任、増賢の項に「執行上座十禅師」・「三昧院別当上座」としてみえる。

第三部　政務と文物

太政大臣の権能からみた摂政・関白の成立

鴨野 有佳梨

はじめに

藤原良房は、斉衡四年（八五七）、文徳天皇によって太政大臣に任じられた。その後就任する摂政の職は、太政大臣が持つ「師範訓導」と「万機総摂」の二面から派生したと考えられ、現在通説となっている。しかし近年、摂政は太政大臣から派生したものではなく、天皇の職掌に由来し、太政大臣の職能には、天皇大権代行という摂政の職は生じないとする説が唱えられた。このように、人臣摂政出現の起源に関しては、未だ意見の一致をみない。そこで、今一度、主な研究史を整理したのち、太政大臣の成立当初から藤原良房が就任するまでの太政大臣の職能について考察し、人臣摂政制の成立起源に関して私見を述べたい。

一　主な研究史

（1）太政大臣の職能から摂政が派生したとする説

石尾芳久氏は、藤原良房が太政大臣に任命された理由に、「稚親王止大坐時与利、助導支供奉礼留所毛安利」ということをあげているのは、太政大臣の、天皇の後見人たる、或は天皇の代理機関たる性格を明示するものであり、天安二年文徳天皇が崩じたことで、東宮惟仁親王が年僅かに九歳で即位し、良房は太政大臣として大権を行使したが、これは天皇の代理機関たる太政大臣の最も自然な形態であったとする[1]。

橋本義彦氏は、太政大臣の任が師範訓導と万機総摂の二面をもつとするならば、文徳天皇が藤原良房を左大臣昇進ではなく、太政大臣に昇進させた理由もそこに求めるべきであるとした。それは、近い将来の幼帝の即位であり、非常事態に対応できるよう良房を太政大臣に任命し、幼帝に対する師範訓導・万機総摂の任を果たした。これが人臣摂政制の出発点であったとする[2]。

佐藤宗諄氏は、幼少の天皇にとって、「摂政」の存在は不可欠であったはずであり、その実質的な役割を果たしたのは太政大臣藤原良房以外にはないというところから、良房にとって太政大臣の職務とは、おそらく「摂政」的な意味をも含んだものと理解されていたとする。また、このような良房の意識の背景には、大宝・養老令にみえる令制の太政大臣についての理解というよりも、むしろそれ以前の太政大臣についての意識があったと考察された[3]。

西本昌弘氏は、橋本氏の意見を引き、天皇の職能からの派生説をとる今正秀氏の公卿の一員たる太政大臣の職能からは天皇大権を代行する摂政の職能は生じないとの意見に対し[4]、まさにそうした疑念を払拭する過程で、摂政・

関白の地位が案出されたと考察した。(5)

吉川真司氏は、摂政・関白の職能は法制上、太政大臣の職掌から派生したものであり、より具体的には天皇を補弼するという権能から生み出されたとした。注目すべきは「一人に師範」、つまり天皇に対して師として範を垂れるという職務で、つまりは天皇を指導することであり、これこそが太政大臣の天皇補弼機能にほかならない。臣下最高の地位にあって天皇を補弼し、もし天皇が執政能力を欠く場合には大権を代行すること、これが太政大臣の職能であったと考察された。(6)

（2）天皇の職能から派生説

今正秀氏は、天皇補佐・幼主補佐とされる摂政の職能・天皇大権代行の核は、天皇に代わって政務を最終決済することにあるということであり、旧説の師範訓導と内外政統轄を任とする太政大臣の職能で幼主を補佐できたとすることは、太政大臣の職能に本来的に天皇に代わって政務を最終決済することまで含まれていたと考えざるを得ない。そのような太政大臣のあり方は、成人であることを即位の前提としていたとされる律令国家の天皇のあり方と矛盾するため、太政大臣の職能から天皇大権代行という摂政の職能が派生したとする旧説は改められるべきであると考察された。(7)

神谷正昌氏は、太政大臣は、天皇の指南役など外の太政官の官職と違い、臣下を超越した存在として重きが置かれていたことから、藤原良房・基経の両者とも、太上天皇不在時の幼帝の後見役として太政大臣に任官されたものであると考察された。そして、藤原基経の太政大臣任官の詔を見ると、従来は太政大臣と摂政とは一体のものとされてきたが、太政大臣任官後も摂政を続けるように改めて断っていることは、太政大臣と摂政とが明らかに性質を異にしていることを示しており、太政大臣は摂政の詔を蒙らなければ大権を行使できず、ここに太政大臣の限界があったとした。また、摂政は制度化された後世の摂政と相違し、執政者としての王権代行的な地位・行為をさす広義の摂政と考えられ、官職というよりも天皇大権の一部を代行する資格であり、太政大臣のような律令官職とは次元を異にするものであったと考察された(8)。

（2）の天皇の職能から派生説では、藤原良房が太政大臣に任命され、その後幼帝清和天皇が即位し、太政大臣とは別に摂政に就任することで天皇大権の一部を代行する資格が付与されたものであるという見解である。果たして、摂政の職は太政大臣から派生したのではないと言い切れるのであろうか。太政大臣の成立・展開を考察する研究は数多くあるが、今一度整理していきたい。

二　近江令・飛鳥浄御原令時代の太政大臣

大宝令・養老令制定以前には、二人の人物が太政大臣に就任している。大友皇子と高市皇子である。それぞれ就任時の史料とともに確認していこう。

（1）大友皇子

大友皇子は、天智天皇の長子であり、母は伊賀采女宅子娘である。皇太弟大海人皇子がいるにもかかわらず、天智天皇は自身の長子である大友皇子を太政大臣に就任させる。次にあげる史料と『日本書紀』から見える大友皇子に関わる出来事【表1】を参照しながら見ていきたい。

『日本書紀』天智天皇十年（六七一）正月癸卯（五日）条

（前略）是日。以二大友皇子一拝二太政大臣一。以二蘇我赤兄臣一、為二左大臣一。以二中臣金連一、為二右大臣一。以二蘇我果安臣・巨勢人臣・紀大人臣一、為二御史大夫一。〈御史蓋今之大納言乎〉

『懐風藻』大友皇子伝

（前略）年甫弱冠、拝二太政大臣一、惣二百揆一以試レ之、皇子博学多通、有二文武材幹一、始親二万機一、群下畏莫レ不二肅然一、年二十三立為二皇太子一。（後略）

『日本書紀』天智天皇十年正月癸卯条は太政大臣の初見である。【表1】に見えるように、翌六日には「冠位・法度之事」が施行された。この条文の割書に「法度冠位之名、具載二於新律令一也」とあり、新律令とは近江令のこ

【表1】『日本書紀』から見える大友皇子に関わる出来事

年月日	出来事
天智天皇十年正月癸卯（五日）	大友皇子、太政大臣に任命
天智天皇十年正月甲辰（六日）	東宮太皇弟（大海人皇子）の詔 〈ある本には大友皇子が宣命すとある。〉 冠位・法度のことを施行 全国に大赦
天智天皇十年十月庚午（七日）	大海人皇子が天智天皇へ 「（前略）天下のことはすべて大后におまかせになり、大友王に政務の万端をとり行わさせてください。（後略）」
天智天皇十年十一月丙辰（二十三日）	内裏の西殿の織の仏像の前で、五人の重臣とともに「天皇の詔」に従うむねを誓う。
天智天皇十年十一月壬戌（二十九日）	五人の重臣が、大友皇子を奉じて天皇の御前で誓い合った。

とを指している。[9] つまり、近江令の太政官は、太政大臣・左右大臣・御史大夫からなっており、太政大臣制は近江令においてすでに採用されていたと考えられる。[10]

『懐風藻』には大友皇子が太政大臣に就任した理由とその時の様子が記される。大友皇子の太政大臣就任は、大友皇子を皇位につけたいと考える天智天皇が、すでに皇位継承者となっていた大海人皇子から政務執行者の権限を奪おうとしたと考えられている。[11]『日本書紀』では「太政大臣を拝す」と記載されているのみであり、政務執行についての記載はないが、『懐風藻』によると、「惣百揆」「親万機」とあり、多くの家臣はおそれ従い、つつしみかしこまらないものはいなかったという。「博学多通」で「文武材幹」が有るとされ、その後皇太子となる記載があることから、太政大臣就任は、皇太子となるための布石と考えられる。

石尾氏は、「親万機」は、国有法における皇太子の万機摂行の伝統を受け継ぐものとされ、[12]井上氏は「惣百揆」「親万機」とあることは注目すべきことで、太政大臣が大臣・御史大夫らとともに形成する最高合議体の座長として国政を統轄するものであったことを示すと述べる。[13]一方酒井芳司氏は、大友皇子の太政大臣就任は、律令制以前の有力王族の国政参画を制度化したものであり、天皇大権をも代行し、官僚機構を統轄したとされる。[14]しかし、天智天皇が在位し、大海人皇子が皇太子として立つ中、「惣百揆」「親万機」の解釈を、「天皇大権をも代行」するとは断言できない。【表1】を参照すると、『日本書紀』に書かれた太政大臣として行っていたと考えられる職務は二例見られる。天智天皇十年正月甲辰条では、ある本には大友皇子が宣命すと割書がある。大海人皇子と大友皇子どちらが宣命を出したのかは不明であるが、少なくとも「ある本」は大友皇子が太政大臣として宣命を出したと想定している。また、天智天皇十年十月庚午条には、大海人皇子は天智天皇の病床で、天下のことは大后に任せるが、政務の万端を大友皇子にと発言している。この二例から分かることは、職務としては天皇の補佐を行うことである。

竹内理三氏は、『懐風藻』の「惣百揆」と『本朝文粋』永祚二年（九九〇）三月十七日為入道前太政大臣辞職幷封戸准三后第二表にある「（前略）貞観之初、命二忠仁公一当レ相、三公当レ仁、百官総レ己（後略）」の「百官総己」は同様の表現が使われているとし、大友皇子の太政大臣は、執政官的な権能を有し、「百官総己」は関白の異名であることに注意すべきであると考察した。(15) また石尾氏は、「惣百揆」「親万機」という太政大臣の権限が従来の皇太子の権限の系統にあることを明証するものであるが、その中心をなしていたと考えられる「行天皇事」なる権限が、太政大臣の権限に欠如していることに注意しなければならず、この相違こそ、太政大臣が大権を分掌する執政官にすぎぬことをあらわすものであるとする。(16) したがって、「惣百揆」「親万機」は天皇の補佐、のちの関白的な権限を意味し、皇太弟がいたために太政大臣として政務を担当させようとしたとの通説通り、大友皇子は太政大臣として百官を従え、政務を行う手段を得たのである。

（2）高市皇子

高市皇子は、天武天皇の長子である。壬申の乱で活躍し、信望も厚かった人物である。この高市皇子が、皇太子であった天武・持統天皇の子草壁皇子の死後、太政大臣に任じられる。

『日本書紀』持統天皇四年（六九〇）七月庚辰（五日）条

庚辰。以二皇子高市一為二太政大臣一。（後略）

高市皇子の太政大臣就任については、この一文のみであり、ここからは就任に関する背景は見えない。しかし、米田雄介氏によると、この直前に飛鳥浄御原令が成立しており、唐制にならって、太政大臣は「師範一人、儀形四海、経邦論道、燮理陰陽」と規定され、人格・識見の優れた人物が皇帝を訓導し道を論ずるのを任務としていたた

【表2】『日本書紀』から見える高市皇子に関わる出来事・行動

年月日	出来事
持統天皇四年七月庚辰（五日）	高市皇子、太政大臣に任命
持統天皇四年十月壬申（二十九日）	藤原の宮地を視察 公卿百寮を率いる
持統天皇五年一月乙酉（十三日）	食封の加増（高市皇子に二千戸）合計三千戸に
持統天皇六年一月庚午（四日）	食封の加増（高市皇子に二千戸）合計五千戸に
持統天皇七年一月壬辰（二日）	浄広壱の位を授かる
持統天皇十年七月庚戌（十日）	高市皇子、薨去 「後皇子尊」と記載

め、高市皇子はまさにそのような人物として太政大臣に任用されたとする。(17)

右の【表2】は、『日本書紀』から見える高市皇子に関わる出来事・行動である。『日本書紀』から見える高市皇子に関わる出来事・行動からは、公卿百寮を率いて藤原の宮地を視察したこと以外は、高市皇子の名前が記されていないため、分からない。川上多助氏によると、給封の増加は皇子の太政大臣としての功績に報いる待遇と解することができるとされるが、(18)明確なことは不明である。しかし、薨去した時の高市皇子の記載が「後皇子尊」となっている。日本古典文学大系『日本書紀』の注や米田氏によると、持統天皇三年に薨去した「皇太子草壁皇子尊」に対し、太政大臣として皇太子と同じように政務を摂った高市皇子を「後皇子尊」と言っているという。(19)

以上、近江令・飛鳥浄御原令時点での太政大臣の例は二例であるが、いずれも皇子が就任しており、皇太子になるもの、もしくはそれに準ずるものが任命されている。米田氏によると、中国の隋・唐いずれの制度においても、親王をもってこれに宛てるとしていることから、中国の制度を参照しているのではないかと考察される[20]。

大友皇子の例から見られるように、大友皇子が就任した太政大臣は「百揆を惣べ」ており、「万機に親らしめ」ていた。『日本書紀』の記述や大海人皇子の発言から明らかであるように、百官を率いて政務を執行していたと考えられる。また、高市皇子は、のちに大宝令に引き継がれる太政大臣の規定により、皇帝を訓導し道を論ずるのを任務として就任した。高市皇子が太政大臣としてどのような職務を行っていたかは不明であるが、死後に「後皇子尊」と呼ばれるように、皇太子と同じように政務に与っていた。太政大臣として就任する以上、大友皇子の例を無視して就任するとは思われず、同様の権限を持っていたのではないか。その権限は天皇を補佐すること、のちの関白のようなものであった。このような最重要職であるがゆえに、太政大臣はその後、人臣最初の太政大臣（大師）に藤原仲麻呂が就任するまで現われず、その代わりに知太政官事が現われることになる。

本来ならば、その後大師（太政大臣）に就任した藤原仲麻呂（恵美押勝）、太政大臣禅師に就任した道鏡を含めて考察すべきところであるが、この二名の任命と太政大臣として行った職務はきわめて特殊なものである。本稿は通常の太政大臣の職能を分析することを目的とするため、二名の例は省略する。次節以降では、九世紀後半に編纂された『令集解』にある明法家の太政大臣の解釈はどのようなものか確認し、藤原良房の太政大臣就任へと話をすすめることとする。

三　『令集解』に見える太政大臣

まず、養老令にあげる条文を見てみよう。続けて唐三師三公台省職員令も記載するが、すでに言われているように、太政大臣の規定は唐令の三師・三公によったものである。(21)

『養老職員令』２太政官条

太政大臣一人。

右師二範一人一。儀二形四海一。経レ邦論レ道。燮二理陰陽一。無二其人一則闕。

※『唐令拾遺』三師三公台省職員令第二

太師一人、太傅一人、太保一人、

右三師、師範一人、儀形四海、

太尉一人、司徒一人、司空一人、

右三公、経邦論道、燮理陰陽、祭祀則大尉亜献、司徒奉俎、司空行掃除、自三師以下、無其人則闕、

日本思想大系『律令』によれば、「師二範一人一。儀二形四海一」即ち「天子の道徳の師、四海の民の規範」が唐の三師と、また「経レ邦論レ道。燮二理陰陽一」即ち「政治の姿勢を正し、天地自然の運行を穏やかにする」が三公の規定であるから、三師・三公を合わせた地位であると説明されている。(22)

『続日本紀』天平宝字二年（七五八）八月甲子条には、「（前略）太政大臣曰二大師一。左大臣曰二大傅一。右大臣曰二大保一。（後略）」とした、藤原仲麻呂によってすすめられた官号改易記事がある。橋本氏は、太政大臣が左右大臣と

並列して三師のそれぞれに配当されていることから、奈良時代は太政大臣と左右大臣を並列的に見ていたことを裏付けるとし、大師＝太政大臣がのちに職掌について問題となるような、職務・職権のない名目的な地位とは考えていなかったとする。[23] また、中野渡俊治氏は、太政大臣の職掌を議論する『日本三代実録』元慶八年（八八四）五月二十九日条の大蔵善行の奏議を考察し、平安時代の認識としては、日本の太政大臣の位置づけは唐の三師三公と異なるが、唐の制度として三師三公は親王よりも上意という知識もあったとする。[24] では、九世紀の明法家の解釈はいかなるものか。すべての注釈を見ると膨大な量となるため、特筆すべき部分・注釈に焦点をしぼり、見ていきたい。

「右一人に師範として、四海に儀形たり」の注釈として、次のように書かれている。『令義解』には「謂。師者。教レ人以レ道者之称也。」古記には「師範。師者所二智為レ師也。範者法也。」とあり、太政大臣とは天皇の師として道（法）を教える者であるとする。令釈には「是以人君従二其教一者。能保二天下一。流二福慶於子孫一。」とあり、天皇はその教えに従ってよく天下を治めれば、福慶は子孫にいたると解釈する。跡記によれば道徳を以て教え助ける者であり、朱記によれば「師二範一人一者。不三必講二教先聖之典籍一也。凡此人之言行。自師二範一人一。但触レ類。或時々申喩耳。一人者天子也。」とあり、この人の言葉や行いが自然と師範となり、ただ道理に触れあるいは申し喩すものであるとする。また伴記には「於レ君為レ模者也。」とあって、天皇の模範となる人物とする。

これに続き、「邦を経め道を論じ、陰陽を燮理す」の注釈は以下の通りである。

『令義解』によると、「謂。燮者和也。理者治也。言太政大臣。佐レ王論レ道。以経二緯国事一。和二理陰陽一。則有徳之選。非二分掌之職一。為レ无二其分職一故。不レ称レ掌。設レ官待レ徳。故无二其人一則闕也。」とある。王をたすけ道を論じ、そして国事を、秩序を立て陰陽をやわらげほどよく治めるとする。この太政大臣が「掌」を称さないのは、分掌の職ではなく、分職がないためであり、官を設けて有徳者の出現を待つため、則闕の官とするという。また、跡記によると、「亦可レ用下可レ堪二此任一之人上也。」とあって此の任に堪うべき人を用いるとし、さらに穴記には「問。太政大臣職掌何。答。依二公式令一。有下署二奏書一之文上。又依二儀制令一。有下坐二庁上一見二太政大臣一之文上。然則預二雑政一。同二左大臣一耳。」とあり、讃記には「問。太政大臣有二職掌一哉。答。公式令云々。又儀制令云々。又獄令云。公坐相連。右大臣以上為二長官一者。依二此等文一。雖レ不レ注二職掌一。而預二視雑務一。不レ異二左大臣一也。」とする問答を載せ、穴記・讃記ともに雑政・雑務を見ることは左大臣に異ならないとする。

橋本氏は、令義解注釈の記載から、太政大臣を則闕の官とするのは、抜群の有徳者の出現を待って初めて任ずべき官であると解釈する。また、穴記と讃記の記載から、奈良・平安時代の明法家の解釈は、太政大臣には分掌の職はないが、雑政・雑務を預かり視ることは左大臣と異なるところがないという点で一致しているとする[25]。また、米田氏によると、問答に登場する養老令の公式令詔書式、論奏式、奏事式、勅授位記式、奏授位記式に太政大臣は左右大臣、大納言の上に署名すると規定されており、儀制令庁座上条には、太政大臣は庁座に着くと規定されていることから、太政大臣は積極的に政治を主導する立場にあったというべきとされる[26]。

このように、明法家の解釈においては、太政大臣は天皇の師として道（法）を教え、天皇はその教えに従ってよく天下を治めればよき治世となる。ゆえに天皇の模範となる人物が任じられる官職であり、此の任に堪うべき有徳者が用いられるとする。また雑政・雑務を預かり視ることは左大臣と異ならないということから、政治を主導する立場でもあったことが確認できた。

四　藤原良房の任太政大臣詔から見える太政大臣

藤原良房は、文徳天皇の天安元年（八五七）二月丁亥（十九日）条に太政大臣に任じられる。その後、四度の抗表があるが、それに対する文徳天皇の勅答を考察すると、良房を太政大臣に任じた理由が浮かび上がる。該当部分を見ていきたい。

まず、文徳天皇が良房を太政大臣に任じた史料から見ていこう。

『日本文徳天皇実録』天安元年二月丁亥条

丁亥。右大臣正二位藤原朝臣良房為二太政大臣一。大納言従二位源朝臣信為二左大臣一。大納言正三位藤原朝臣良相為二右大臣一。宣制曰。　天皇我詔旨良万止勅御命乎。親王諸王。諸臣百官人等。天下公民。衆聞食止宣不。右大臣正二位藤原良房朝臣波。朕之外舅那利。又稚親王止大坐時与利助導支。供奉礼留所毛安利。今毛又忠貞留心乎持天。食国乃天下乃政乎相安奈那比申賜比助奉留事毛漸久玖那利奴。古人有レ言利。徳止之天無レ不レ酬止奈毛聞食須。而今所レ在乃官波。掛畏支先帝乃治賜留所那利。朕未レ有レ所レ酬。是以。殊尓太政大臣乃官尓上賜比治賜。又大納言従二位源信朝臣毛。朕之伯父那利。亦旧故毛有尓依天奈毛。殊尓左大臣乃官尓任賜不。大納言正三位藤原良相朝臣乎波右大臣乃官尓任賜久止。勅布天皇御命乎。衆聞食止宣。

藤原良房は朕の外舅である。（文徳天皇が）親王であったときから、助け導いていた。また、誠実で正しい心を持って、天下の政を補佐し助けることも長くなってきた。今の官（右大臣）は、先帝の時に任命した官である。朕はまだ（良房の功績に対して）酬いていない。それゆえに太政大臣に任ずる。

史料からは、文徳天皇の太政大臣に対する考え方がはっきりと見て取れる。すなわち、良房の功績に酬いるために文徳天皇が任じた官職は左大臣ではなく太政大臣であり、その理由として、天皇を助け導いてきたこと、政の補佐をあげる。理由としてあげる二点は、まさに太政大臣の師範訓導と万機総摂を意味しており、文脈から今後もそれを期待している。つまり、文徳天皇は良房の左大臣としての支えより、太政大臣としての支えがほしかったのである。それに対して良房は抗表するが、文徳天皇は勅答して許さなかった。次の史料には、文徳天皇の様子が詳しく記載されている。

『日本文徳天皇実録』天安元年三月辛丑（四日）条

辛丑。太政大臣重表曰。（中略）重奉レ表以陳聞。重表固辞。不レ遂二允許一。勅賜二宝剣一雙一曰。公宜下帯二此剣一副中朕懇情上莫レ教下二蕭何一独誇中漢朝上。先レ是賜二安車一入朝。固辞不レ受。

勅して宝剣一隻を与えていうことには、「此の剣を帯び、朕の懇情に副うようにしなさい。蕭何のみに漢朝を誇らしめることのないように（良房も其の栄華を誇るようにせよ。）」是より先、安車を賜わって入朝させた。固辞して受けなかった。

蕭何とは、漢の高祖（劉邦）の功臣であり、挙兵以来の幕僚で、中国統一後は丞相、相国となり、秦律にもとづく新法をつくって漢帝国の安定を図った人物である。文徳天皇は、この蕭何の役割と同じ役目を良房に求めたのである。

また、良房の四度目の抗表に対する文徳天皇の勅答によると、

『日本文徳天皇実録』天安元年三月丙辰（十九日）条

丙辰。勅曰。太政大臣。道高二翼賛一。徳叶二儀形一。在二於朕躬一。乃誠繋頼。而頻表二冲撝一。固二辞成命一。雖レ然拒

断。遂無二容聴一。今省二重表一。副二朕心情一。崇号所レ宜。不レ乖二摂任一。唯至二禄法一。推而不レ鍾。可二新加一色。祈二惣停止一。忌レ満之詞最切。助レ公之意兼深。今欲下酌二成美於聖言一、帰中福謙於賢相上。是故此般所レ請。不レ忤二雅懐一。以レ書報レ之。指不二多及一。

太政大臣は、「道」は翼賛すること高く、徳は「儀形」に叶っているため、朕の身はここにある。しかし、頻りに辞表を出して、勅を固辞している。そうではあるが、すべて拒絶して今まで許していない。今再度辞表をかえりみると、朕の心情に副い、太政大臣の崇号を引き受けるということは、摂任することに異ならない。

令の太政官条太政大臣の内容に叶っていることを上げ、「副二朕心情一。崇号所レ宜。不レ乖二摂任一。」として上表を却下している。文徳天皇の心情に副う太政大臣の号についての理解は、摂任することであるとする。文徳天皇の心情とは、先学の指摘通り近い将来の幼帝の即位への対処であり、「摂任」とは、「摂」には代行するという意味があり、任を代行するということになる。つまり、この時点で幼帝の補佐とは、任を代行するという形で行うことを、文徳天皇は想定していたと考えられる。

当時、先例のない幼帝の補佐について考える場合、『令集解』や『令義解』は当然成人天皇での規定であり、幼帝に対する規定はない。「摂政」という幼帝に対応する任も存在しない。そこで「師範訓導」「万機総摂」の二面を持つ太政大臣に任じたが、任じるにあたって成人天皇での規定を定める令だけではなく、過去の太政大臣の例も参照する可能性が高い。

竹内氏は、第二節で触れたように、『本朝文粋』永祚二年三月十七日為入道前太政大臣辞職并封戸准三后第二表にある「（前略）貞観之初、命二忠仁公一、為レ相、三公当レ仁、百官総レ己（後略）」と大友皇子について記す『懐風藻』の「（前略）惣二百揆一以試レ之（後略）」に着目して同様の表現が使われているとし、大友皇子の太政大臣は、執政官的な権能を有し、「百官総己」は関白の異名であることに注意すべきであるとした。そして、『拾芥抄』に「関白〈博陸　殿下　博陸侯　総己百官　執柄〉」とあり、良房の太政大臣はさかのぼっては近江令の太政大臣の権能を復活し、下っては後の関白の権能を萌したものといえるとした。(27)

「貞観之初」については、坂上康俊氏の詳細な分析があり、(28)この「貞観之初」は「三公」という表現から良房の太政大臣任命を指すと考えられ、応天門の変の貞観八年（八六六）まで下るようなものではないとする。注目すべきは永祚二年の段階で、「貞観之初」に、つまり清和天皇の即位後に、太政大臣として「百官総己」していると解釈されていることである。良房の任じられた太政大臣には、第二節で論じた近江令・飛鳥浄御原令の関白的な権限を持つ太政大臣の権能、第三節で論じた『令集解』『令義解』に見られる規定をもとに、幼帝の出現という出来事に対処するため、摂任するつまり摂政的役割が任官時にすでにつけられていたものであった。坂本太郎氏によれば、良房の摂政は、後世の摂政とは違い、摂政がいても天皇が政務をとり行っている事例が散見しており、後の関白のような存在であったという。(29)これらのことを考慮すると、のちの摂政は、太政大臣から派生したものであると言うことができるのではなかろうか。

今氏は、「摂政制成立再考」の注七に、あくまでも太政大臣本来の職能に天皇大権代行が含まれていたわけではないとしながら、本来想定されていなかった臣下による天皇大権代行を可能とするために、ないし、それを正当化するために、師範訓導・万機総摂の義が拡大解釈されたと解する余地はありえようと注された。(30)まさに、過去の太政大臣の先例から師範訓導・万機総摂の解釈をし、のちの摂政につながる役割が生まれたのである。

おわりに

以上、先学の研究をふまえ、私見を述べてきた。ここまで述べてきたことをまとめると、次のようになる。

一、近江令・飛鳥浄御原令時点での太政大臣の例は大友皇子・高市皇子の二例であり、いずれも皇子が就任し、皇太子になるもの、もしくはそれに準ずるものが任命された。大友皇子は天皇の補佐、のちの関白的な権限を持つ太政大臣として百官を従え政務を行い、高市皇子は皇帝を訓導し道を論ずることを任務として就任したが、大友皇子の例を無視して就任したとは思われず、同様の権限を持っていたと考えられる。

二、明法家の太政大臣の解釈は、天皇の師として道（法）を教える、天皇の模範となる人物が任じられる官職であるがゆえに、此の任に堪うべき人が用いられるとし、また雑政・雑務を預かり視ることは左大臣と異ならないということから、政治を主導する立場でもあったことが確認できる。

三、藤原良房の任じられた太政大臣は、近江令や飛鳥浄御原令の太政大臣の権能と、『令集解』『令義解』に見られる規定をもとに、幼帝の出現という出来事に対処するため、摂任するつまり摂政的役割が任官時にすでにつけられていたものであったと考察した。

以上のことから、太政大臣は、古くは皇太子もしくはそれに準ずるものが、のちの関白的な権限をもって百官を従え政務を行う官職であり、人臣が太政大臣の職を担当する段階となっても、太政官を主導する立場にあり、明法家の解釈でもそれは変わりなかった。このような歴史を持つ太政大臣の職は、どのようにも解釈できるものであり、藤原良房が任じられた時には、幼帝の出現という事態から、師範訓導・万機総摂を拡大解釈し「摂任」するという役割が付加された。これがのちに摂政として独立したと考えられる。

注

（1）石尾芳久「摂政・関白」（『日本古代の天皇制と太政官制度』有斐閣、一九六二年）。
（2）橋本義彦「太政大臣沿革考」（『平安貴族』平凡社、一九八六年）。
（3）佐藤宗諄「藤原基経の太政大臣―律令太政大臣の性格―」（『日本古代国家の展開』上、思文閣、一九九五年）。
（4）今正秀「摂政制成立考」（『史学雑誌』一〇六―一、一九九七年）、「摂政制成立再考」（『国史学』一九七、二〇〇九年）、「摂関政治史研究の視覚」（『日本史研究』六四二、二〇一六年）。
（5）西本昌弘「古代国家の政務と儀式」（『日本史講座』二、二〇〇四年）。
（6）吉川真司「藤原良房・基経―前期摂関政治の成立―」（『平安の新京』〈古代の人物四〉清文堂出版、二〇一五年）。
（7）注（4）今論文。
（8）神谷正昌「平安時代の王権と摂関政治」（『歴史学研究』七六八、青木書店、二〇〇二年）。
（9）吉川真司「律令体制の形成」（『日本史講座』一、東京大学出版会、二〇〇四年）。
（10）井上光貞「古代の皇太子」（『井上光貞著作集』一、岩波書店、一九八五年）、米田雄介「太政大臣の系譜―摂政制の成立」（『摂関制の成立と展開』吉川弘文館、二〇〇六年）。
（11）注（10）井上論文、注（10）米田論文。
（12）注（1）石尾論文。
（13）井上光貞「太政官成立過程における唐制と固有法との交渉」（『日本古代思想史の研究』岩波書店、一九八二年）。
（14）酒井芳司「太政大臣の職権について―太政官政務総括の実態から―」（『古代文化』五一、一九九九年）。
（15）竹内理三「摂政・関白」（『律令制と貴族政権』Ⅱ、御茶の水書房、一九五八年）。
（16）石尾芳久「皇太子と太政大臣」（『日本古代の天皇制と太政官制度』有斐閣、一九六二年）。
（17）注（10）米田論文。

(18) 川上多助「古代の太政大臣について」(『中央大学文学部紀要』史学科三、一九五七年)。
(19) 『日本書紀』〈日本古典文学大系新装版〉(岩波書店、一九九三年)、注(10)米田論文。
(20) 米田雄介『藤原摂関家の誕生』〈歴史文化ライブラリー〉(吉川弘文館、二〇〇二年)、注(10)米田論文。
(21) 礪波護氏によれば、唐では、漢代以来の宰相の任であった三師・三公は名目だけとなり、まれに死後の贈官とされたに過ぎなくなったらしい(『唐の行政機構と官僚』中央公論社、一九九八年)。
(22) 『律令』〈日本思想大系〉(岩波書店、一九七六年)。
(23) 注(2)橋本論文。
(24) 中野渡俊治「藤原仲麻呂の大師任官」(『史聚』四七、二〇一四年)。
中野渡氏は、『日本三代実録』元慶八年五月二十九日条の少外記大蔵善行の奏議を考察し、太政大臣の待遇について『唐太宗実録』から「三師三公在二親王上一」であり、『唐礼』から「天子臨軒、冊二授三師三公一。其位次在二親王上一」として「本朝之制、与二大唐一殊矣」とすることを挙げられている。
(25) 注(2)橋本論文。
(26) 注(10)米田論文。
(27) 注(15)竹内論文。
(28) 坂上康俊「初期の摂政・関白について」(『日本律令制の展開』吉川弘文館、二〇〇三年)。
(29) 坂本太郎「藤原良房と基経」(『古典と歴史』吉川弘文館、一九七二年)。
(30) 注(4)今論文。

大極殿炎上と清和天皇の退位

鈴木景二

はじめに

天安二年（八五八）に即位した初の幼帝清和天皇を外祖父の太政大臣藤原良房が後見し、天皇成人後の貞観八年（八六六）に起こった応天門の変の処理過程で良房は摂政に任命された（『日本三代実録』同年八月十九日条。以下、書名以下を適宜省略する）。摂関政治はこうして始まった。幼帝即位の時点で摂政に任命されたとする見解もある。[1]

その後、貞観十三年二月、二十二歳の天皇は初めて紫宸殿に出て政務を見て（十四日条）、翌年八月、良房の後継者基経が右大臣となり（二十五日条）、九月には良房が死去した（二日条）。その四年後に清和天皇は退位し、再びの九歳の幼帝陽成天皇が即位した。清和天皇は譲位にあたり、藤原基経を良房の先例に倣い摂政に任命した（貞観十八年十一月二十九日条）。こうして、未成人の天皇の後見として摂政を置くことが定着していく。元慶四年（八八〇）十二月、清和太上天皇が没した日、陽成天皇は上皇の遺志として基経を太政大臣に任命し、引き続き摂政の任に当たることを求めた（四日条）。基経は就任辞退の上表を提出したが許されなかった（十五日・二十日、元慶五年正月三日条)。元慶八年二月、基経は陽成を退位させ、光孝天皇を位に就けた(四日条)。光孝は六月に太政大臣である基経に万政領行、奏下の内覧を命じた(五日条)。関白制の萌芽とされる。

こうしてみると、摂関政治のきっかけはたしかに良房の摂政就任である。しかしその定着と関白制の成立は、次世代の基経が幼い陽成天皇の摂政に就任し権力を行使できたことが大きな要因であると推測できる。本稿はそこに至る過程を、清和天皇を中心として再検討するものである。

一　応天門の変と清和天皇

清和天皇は貞観六年、十五歳で元服した(正月朔日条)。貞観七年十一月、内裏に入っている(四日条)。天皇が内裏に戻ったのは仁明天皇以来十六年ぶりで、それは前年冬から良房が重病であったためだという(2)。内裏に入った成人の天皇は、自身の立場を自覚し主体的に政務に取り組むことを意識したと考えられるのではないだろうか。ところがそのわずか半年後、貞観八年、応天門の変が発生した(閏三月十日条)。大内裏の中心である朝堂院の正門が炎上し、それが放火によるものと判明して疑獄事件に発展し、結果的にトップクラスの貴族らが没落した。内裏で政務をとりはじめた若き君主に、多大な精神的ショックを与えたはずである。主犯とされたのは周知の通り伴善男で、彼自身は官位を剝奪され庶人として伊豆国へ、子や孫、関係者もそれぞれ配流された。資財は没官されている(九月二十二日・二十五日条)。

応天門の変をめぐっては多くの研究が蓄積されているが、筆者が注目したいのは、この事件の処理過程における清和天皇の関与についてである。貞観八年九月二十二日、善男らの罪科を決定した際の宣命で清和天皇はこう述べている。

（勅使が伴善男を尋問したところ）、毎レ事固争天不二承伏一、従者生江恒山・伴清縄等乎拷訊留尓、伴宿祢身自波不レ為志天、息子右衛門佐中庸等加為奈利介利、雖レ然清縄・恒山等加所レ申口状乎以天、中庸加申辞尓参験須留尓、伴宿祢乃初所二争言一乃殺レ人留事既知二巧詐一、即中庸波父之教命乎受天所レ為止云事無レ疑、

取り調べで善男は嫌疑を頑なに否定し、従者生江恒山、伴清縄も拷問で善男は関与しておらず、息子の中庸らが行ったと答えたという。しかし天皇は、中庸の自白（内容不明）と善男従者らの自白を比較した結果、善男の指示により中庸らが実行したことは疑いないと判断したという。いっぽう『日本三代実録』清和太上天皇崩伝には「然善男不レ肯二承伏一、臣下或以為罪有レ可レ疑、天皇執二持刑理一、終不二寛仮一」（元慶四年十二月四日条）と記され、審理に加わった臣下の中には善男を首謀者とする判断に疑いを持ったものもいたらしい。これよりひと月ほど前の八月十九日、天皇は太政大臣良房に勅して天下之政を摂行するよう命じている（貞観八年八月十九日条）。明確な摂政任命の初見である。高齢かつ病気をして政治から距離を置いていた良房は辞退したが許されなかった（二十二日条）。応天門の変は大事件であり、青年天皇は老臣の助言を必要としたと考えられる。善男自身は最後まで関与を否認していたにもかかわらず、最終的には臣下の疑義をも却下して清和天皇が自身の意思を通して判断したのであろう。良房の摂政任命も、臣下に対して自身の権威を増すという意図があったのかもしれない。

この過程を見ると、元服してすでに二年、若き清和天皇は帝王としての自覚と正義感を持って主体的に政務を遂行し始め、善男の処断においても強く自己の判断を実施したと考えられる[3]。しかしその行為は、不確実な罪科で善男の伊豆国へ配流した責任を天皇が一身に負うことを意味した。ともあれ応天門の変を処理した経験により、清和天皇はより一層、みずからの意志を持つ君主として政治に臨んだと考えることができる。

貞観十三年に天皇は初めて紫宸殿に出御して政事を視た（二月十四日条）。翌貞観十四年八月、天皇の叔父で良房の後継者の藤原基経が右大臣に就任した（二十五日条）。翌月、祖父摂政良房が死去している（九月二日条）。基経の妹高子は天皇の女御として貞明親王（後の陽成天皇）を生み、親王はすでに貞観十一年、わずか二歳で皇太子に立てられていた（二月朔日条）。左大臣として源融がいたが政治力は乏しく、貞観十四年の秋から青年天皇と叔父の右大臣の政治がはじまった。清和の崩伝には、良房の死後、天皇みずから政事に親しみ恭倹を率由したとある。

良房の権威は基経が継承した。ただし注意すべきは、天皇は成人しており、基経は叔父ではあるが祖父ではなく太政大臣でもなく右大臣であったことである。この時点では、過去の良房の摂政太政大臣という在り方は、幼帝および応天門の変という特殊な状況に対応した一過性の出来事であった。基経は、摂政太政大臣という地位を認識していたはずだが、成人天皇しかも主体的に政務を推進する天皇のもとでは、その職位を設置して自らそれに就く理由は見いだせなかったであろう。摂政就任があり得るとすれば、その条件は実の甥にあたる皇太子貞明親王の即位、できるなら未成人で即位することである。

二　大極殿・朝堂院の炎上と退位

清和天皇の治世には災害が多く発生している。貞観五年春に咳逆病がはやり、五月二十日、神泉苑で早良親王、伊予親王など六人の御霊を鎮魂する御霊会が行われた。応天門の変の後、貞観十一年には、陰陽寮がこの夏に再び疫病が流行すると卜占していたことを受け、三月三日に五畿七道諸国に命じ、境界付近の神を祀り経典の転読を行わせている。ついで陸奥国でいわゆる貞観地震が発生した（五月二十六日条）。これ以外にも多くの人が集住する都市平安京では頻繁に火災が発生している(4)。

前述のように同十四年秋から、清和天皇と右大臣基経の政治体制となった。天皇は十六年閏四月に、頃年読み続けた『群書治要』を読了したというから（二十八日条）、帝王学をさらに深めることに努めたようである。自然災害も火災も続いたが、貞観十六年四月には淳和院が炎上し（十九日条）、翌年正月には冷然院が焼失した（二十八日条）。冷然院は嵯峨太上天皇の御所以来の皇室のもっとも由緒ある後院であったが、舎五四宇とともに秘閣収蔵の図籍文書も焼亡した。天皇はショックを受けたであろう。その翌年の貞観十八年四月十日、それを上回る火災が起こった。平安宮のもっとも中心の朝堂院の北半、帝王位を象徴する大極殿、小安殿、左右に聳える両楼、親王の座のある延休堂、そしてそれを囲む三面の回廊が、あたかも中心部分を狙われたように大炎上した。桓武天皇の遷都以来の由緒のある宮殿が一夜のうちに灰燼に帰したのである。

　十日丁巳、（中略）是夜子時、大極殿災、延㆓焼小安殿・蒼龍白虎両楼・延休堂及北門北東西三面廊百余間㆒、火数日不㆑滅、

この火災が、清和天皇退位の要因の一つであろうことは容易に想像できる(5)。自身の治世に朝堂院の正門の応天門ばかりか中心の大極殿まで失ったことは、衝撃であったにちがいない。その間には由緒ある冷然院も失っていた。当然、応天門の経験が思い返されたのであろう、放火の可能性が浮上したらしく、翌日には嫌疑をかけられた貴族二人の身柄が拘束されている。

　十一日、戊午、追禁㆓前丹波守従五位上安倍朝臣房上・従五位下笠朝臣弘興㆒、以㆑有㆑疑㆓行火㆒也、

同日、明経・紀伝道の博士らに宮殿の火災に伴い廃朝すべきかを審議させ、三日の廃朝を決めた。また、諸衛府に常儀の倍の人数による戒厳を命じた。十三日、諸衛府の警固を命じ、十四日には大極殿火災により賀茂祭を停止、

十五日に諸衛府の警固を解いた。二十日、火災により建礼門前で大祓を行っている。二十七日には左右の近衛、兵衛の勇敢者に毎夜京中を巡行させ非常に備えさせた。二十八日、木工寮の官人を紀伊国に派遣し大極殿再建の用材を伐採する山を占定させた。五月三日に伊勢神宮、四日に松尾、賀茂両社に使いを派遣して大極殿炎上を告げた。八日に桓武天皇陵に使者を遣わし災火の報告をした。その告文は、応天門の変の時のものと類似している。

去月十日尓大極殿尓火災乃事在天、東西両楼幷廊百余間、一時焼尽尓太利、伝尓聞賜礼波、此宮波掛畏岐天皇朝廷乃営作良之女賜天、万代尓伝賜介留宮奈利、就レ中尓大極殿波殊尓御意留賜天妙尓麗久造餝賜天、国乃面止之天、百官万民乃仰久処止定賜介留殿奈利介利、而不意之外尓此災在天、一旦尓焼尽太利、近日之間波、此乎憂念恥歎賜天、夜毛昼毛無レ間畏利賜己止限量毛無之、此災波天火人火止毛未レ知須、若人火奈良波、掛畏岐御陵助哀賜天、行レ火太留奸人等乎早尓顕之出之賜倍、又近日物恠在尓依天卜求尓、失火之事亦可レ在止卜申世利、掛畏岐御陵助護賜天、天火尓末礼人火尓末礼未然之外尓其災乎払却賜倍、

清和天皇は以下のように言う。伝え聞くところでは、平安宮は桓武天皇が造られて万代に伝えられた宮であり、とりわけ大極殿は殊に意を用いられて妙に麗に造り飾られ、国の面として百官万民の仰ぐところと定められました。しかるに不意のこの災により一日で焼尽してしまいました。近日の間はこのことを憂い思い恥じ歎き、昼夜絶え間なく畏まっています。この災は未だ天火・人火とも知れませんが、もし人火なら桓武天皇のお助けにより犯人を顕し出してください。また近日、物怪が起こるので卜わせたところ失火がまた起こるとのことです。どうか桓武天皇のお助けにより天火・人火とも未然に防いでください。

清和天皇は桓武天皇が留意して造営した大極殿が焼けたことに心を痛めるとともに、放火・天火の可能性を考えていたのである。

以上のような事後対応に続き、再建の準備も進められた。火災から二カ月が過ぎた六月九日、右大臣藤原基経以下参議以上が揃って焼け残った朝堂院の含章堂に向かい、大極殿修造のことを始行した。含章堂は大納言・中納言・参議の朝座のある建物である。焼失現場で大極殿の再建工事が始まったのである。

いっぽう、火災の原因の究明、放火の被疑者の処置などは、応天門の変に比べると意外なほど記録が残されていない。被疑者の一人、安倍房上の経歴を見ると、斉衡三年（八五六）従五位下に叙されて以降、大炊頭ついで安房守になり、天安二年に大判事、翌年、土佐守、その後、図書頭、治部少輔をつとめ、貞観四年尾張守、同十年弾正少弼、翌年、従五位上、丹波権守に任じられている。そして放火の嫌疑を受けたが、二年後の元慶二年散位従五位上として河内守に任じられている。同六年正月には大和守の任にあり、正五位下に昇叙されている。(6)

笠弘興は、貞観元年に正六位上、木工権助から従五位下に昇叙し、以降毎年のように、土佐守、尾張権介、民部少輔、遠江守、民部少輔、丹波権守と遷任し、貞観七年、従五位下丹波守となっている。(7)そして放火の嫌疑をかけられたのが最後の記録である。

両人とも従五位で京官と国司をつとめるクラスの人で、貞観四年正月の除目では、房上が尾張守、同位の弘興が土佐守から尾張権介に任じられているので、面識はあったかもしれない。しかし、大極殿炎上との関係は詳らかではなく、房上は陽成朝に国守に任官しており重科に処された様子もない。天皇は天火と判断したと考えられる。

天火による大極殿の焼亡は、帝王の自覚をもって政務に向き合った清和天皇に、みずからの帝徳の自信を喪失させるのに十分であった。十月五日には、五畿七道諸国に使者を派遣し、各国内の諸神に班幣を行っている。卜筮で兵火が起こるとの結果が出たというのである。天皇は告文で桓武天皇陵と類似の祈願を行った。その告文は以下のようである。

去四月十日尓八省院乃大極殿尓火災事在天、東西両楼幷廊百余間一時尓焼尽太利、因レ茲天令二卜求尓、今亦火災兵事等可レ在止卜申世利、其後尓城外尓処々尓着レ火无止世留事在介利、如レ是岐災乎波、皇神達乃厚護尓依天防払部之止念行天、禱申給布事乎天神地祇平久聞食天、若悪人乃国家乎亡止謀留事奈良波、皇神達早顕出給部、若天火奈良波、如レ是災乎未然之外尓払却給部、此状乎為レ令レ申尓、差レ使天奉出須、皇神達此状乎平久聞食天、自レ今以後波、諸種々災皆悉銷払給天、天皇乃御体乎、常磐堅磐尓護給幸給比、風水乃災不レ起。天下平安尓五穀豊登之給部止申給久止申、

四月十日の火災についてトわせたところ、また火災、兵事が起こるだろうとのことです。その後、京外のところどころで放火をしようとする事件が起こりました。このような災いを神々に防いでほしい。もし悪人が国家滅亡を謀るなら神々の力で顕し出し、もし天火ならこのような災いを未然に外に払却してほしい。今後は諸の種々の災いをみな銷し払い、天皇の身体を護り、風水の災いを起こさず、天下を平安にして五穀豊穣にしてほしい、と祈っている。

もはや人力での対処を諦め神力にすがるかのようである。十一月初旬には大極殿再建の大量の用材が近江の国で集められつつあり（九日条）、復興は進んでいた。

ところが二十七日、突然、天皇は染殿院に行幸した。染殿院は亡き祖父良房のいたところで、この時には天皇の生母明子の居所であった。翌日、この行幸が譲位の意図によることが表明された。本来なら皇室の所領である後院冷然院へ遷るのであろうが前年に焼亡しており、清和は退位後の御所も調わず藤原氏の邸宅に頼ることになったようである。二十九日、皇太子が東宮から牛車で染殿院に詣で、清和天皇は九歳の未成人皇太子に譲位した。それに際して、右大臣基経に詔して摂政就任を依頼している。

清和は譲位の詔で、退位に至った理由を述べている。

朕以二薄徳一天天日嗣乎忝之賜倍利、日夜無レ間久慎畏利御坐須、而君臨漸久久年月改随尓、熱病頻発利、御体疲弱之天不レ堪レ聴二朝政一、加以、比年之間、災異繁見天天下無レ寧之、此乎毎レ思尓憂傷弥甚之、是以此位乎脱屣天御病乎治賜比、国家乃災害乎毛鎮女息无止念行須己止年久奈利奴、然止毛、皇太子乃成人乎待賜布止為天奈无于レ今経二数年一奴留、今所レ思波、朕毛昔以二幼稺一天得レ鍾二此位一利、賢臣乃保佐尓頼天得レ至二於今日一利、然則良佐乃翼戴波皇太子乃大成己止何遠之有牟止奈毛念行須、故是以、皇太子止定多留貞明親王尓此位乎授賜布、

天皇は言う。即位以降、年月が久しくなるに従い熱病が頻りに起こり、体調不良で政務に堪えない、さらに近年災異が頻繁にあらわれ天下の安寧を保つことが出来ていない、これを思うと憂傷はいよいよ甚だしい。そこで帝位を離れ療養につとめ、国家の災害を鎮めようと思う。以前からそう思っていたが、皇太子が成人するのを待とうと考えて、数年が経った。しかし今思うのは、自分も幼年で即位したが賢臣の補佐に頼って今日までこられたように、臣下の良い助けがあれば幼い皇太子でも大成するであろう。そこで皇太子に譲位する。

さらに天皇は、左大臣源融は以前から退隠を申し出ているのでそれを認める一方で、右大臣基経には、その忠勤を讃えて皇太子の叔父であることからも、かつて良房が自分を補佐したように、幼帝を保輔して天子之政を摂行するよう命じた。基経は再三辞退したが認められず、幼帝陽成天皇の摂政となった。

これまで見てきたように、清和天皇は治世が進むほど、災害の頻発などにより肉体的にも精神的にもダメージを受けていったが、おそらく自身の経験と帝王学の知識により異例の未成人天皇は不適切であると考え、帝王としての責任に基づいて幼帝を回避すべく堪えていたのである。しかし同時に、災害の多発は彼に帝王としての不徳の自覚を迫るものとなっていた。その不安定な精神的状態に決定的な打撃を与え、不本意な幼帝への譲位を決意させた

のが、朝堂院中心部の大炎上であったことは間違いないだろう。清和の崩伝には、朝堂院の火災について天皇が良吏に「善否の応」を議論させたが、漢・魏の宮廷で火災があっても両王朝の皇帝は必ずしも徳を損なわなかったとの事例が回答されている。このことは、清和が火災を帝王の徳に関わるものと意識していたことを明示している。良吏の回答は、天皇の不安を鎮静化するための回答であったのであろう。清和天皇の譲位は、彼の本意を曲げての苦渋の決断だった。

清和が信念を堅持し皇太子の成人を待って譲位したなら、基経は良房のように幼帝の補佐として摂政に就くことはできなかったはずであるし、清和との政治を続けることになったであろう。大極殿炎上は、基経の幼帝摂政就任の機会を作ったことになる。良房の事例で明らかなように、開始期の摂政は天皇の成人後も在職しているから、基経は陽成の成人後でも摂政には成りえたと考えられるが、幼帝の場合よりも行動が制約されるであろう。

三　大極殿炎上と伴善男の怨霊

前節まで見てきたように、貞観十八年の大極殿炎上は清和天皇の意思を早期退位へと転換させるものであった。桓武天皇創建の万代宮の象徴が焼けたことは重大な事件であるから当然ともいえるが、天皇はこの事件に、さらに深い要因を感じ取った徴証が認められる。それは伴善男の祟りである。

応天門の変の四年前、しきりに疫病が流行し死者が多く発生した。人びとはそれを早良親王ら政治的敗者六人の御霊の祟りと考え、清和天皇は神泉苑で大規模な御霊会を開催している。当時の人びとは敗者の御霊が祟ることを認識していた。前述のように善男の断罪には臣下の中にも疑問を抱くものがいたから、冤罪と考えた人もいたであろう。彼が帰京もかなわず配流先の伊豆で死去したのは、貞観十年のことであった（『公卿補任』貞観八年、伴善男尻付）。かれが祟る可能性は十分に予想されたと考えられる。

時代はくだるが『江談抄』第三、雑事に次のような話がある。

勘解由相公者、伴大納言後身也事

勘解由相公者、是伴大納言之後身也、伊豆国留二伴大納言影一、件影与二有国容貌一敢以不レ違、又善男臨終云、当下生二必今一度一為中奉公之身上云々、

この説話によると、善男が死去した伊豆国には善男の肖像画があり、摂関期の文人貴族藤原有国の容貌と酷似していたという。伴善男は臨終に際し、必ずもう一度生まれて国に奉公すると遺言し、それが有国だというのである。有国は藤原道長の家司をも務め従二位参議まで昇進している[8]。議政官になったことが国家への奉公という解釈らしい。説話ではあるが、伊豆国に善男の影があったということはあり得ることである。不当な流罪により配所で亡くなり、その地に祀られた事例として、古くは大和国宇智郡に幽閉されて死去した井上内親王の霊安寺があり[9]、善男より後では延喜三年（九〇三）に大宰府で没した菅原道真の安楽寺（太宰府天満宮）が知られる[10]。伊豆国に善男の鎮魂の施設が設置されていたことは十分に考えられる。

『今昔物語集』には、善男の霊が平安京の疫神になったことをうかがわせる説話が収められている（原文の片仮名を平仮名にした）。

『今昔物語集』巻二七　或所膳部見善雄伴大納言霊語第一一

（前略）亥の時許に、人皆静まりて後、家へ出けるに、門に赤き表の衣を着、冠したる人の極く気高く怖し気なる指合たり。見るに、人の体の気高ければ、誰とは不知ねども、下臈には非ざめりと思て突居るに、此の人

の云く、「汝ぢ、我れをば知たりや」と。膳部、「不知奉ず」と答ふれば、此の人、亦云く、「我れは此れ、古へ此の国に有りし大納言、伴の善男と云し人也。伊豆の国に被配流て、早く死にき。其れが行疫流行神と成て有る也。我れは、心より外に、公の御為に犯を成して、重き罪を蒙れりきと云へども、公に仕へて有し間、我が国の恩多かりき。此れに依て、今年、天下に疾疫発て、国の人皆可病死かりつるを、我れ咳病に申行つる也。然れば、世に咳病隙無き也。我れ、其の事を云聞かせむとて、此に立たりつる也。汝ぢ、不可怖ず」と云て、掻消つ様に失にけり。膳部、此れを聞て、恐々家に返て語り伝へたる也。其の後よりなむ、伴大納言は行疫流行神にて有けりとは、人知ける。（後略）

この説話で善男は行疫流行神と名乗っているが、人々が疫病で死亡するのを押しとどめて軽症の咳病で済むようにしたと言っている。菅原道真が祟る存在から天満大自在天神へと変化したように、怨霊は鎮魂により善神に転じる。この説話は、平安時代の末までに善男の怨霊の鎮魂が何らかの形で行われ、善神になりつつあったことを暗示している。善男が怨霊と認識されていたことは認められるであろう(11)。

こうした状況証拠に加え、大極殿炎上に善男の霊が関与していたと考えられていたことを示すのが、その孫の処遇である。

応天門の変関係者の処罰で、伴善男は伊豆国へ、子の中庸は隠岐国へ配流された。中庸には男子つまり善男の孫が三人いた。長男元孫（八歳）・次男叔孫（五歳）・三男禅師麿（二歳）である。長男と次男は父に随い隠岐へ向かったが、清和天皇は彼らが幼いことを愍み、詔して都へ召還したという（貞観八年九月二十五日条）。その後のある時点でこの二人は隠岐の父のもとへ赴いている。

それから約十年後の貞観十八年六月九日、前述した大極殿再建事業始行の式典が挙行された。その前日、天皇は詔して、都にいた禅師麿（十二歳）を父の配所の隠岐国に遣わし、同時に隠岐国の父の配所にいた元孫、叔孫の二人を都に召還している（八日条）。

貞願　八年　元孫八歳・叔孫五歳。（ある時点で）隠岐へ。　禅師麿二歳、留京。

貞願十八年　元孫十八歳・叔孫十五歳。隠岐から京へ召還。禅師麿十二歳、隠岐へ。

この天皇の処置は、何を意味するのであろうか。善男の孫で成人年齢に達した二人を都へ召還したということは、彼らの官人としての出身の可能性を認めること、言い換えれば伴氏の名誉回復を含意してのことであろう。逆に都にいた禅師麿を隠岐の父のもとに「遣わした」のは、幼くして父と別れた彼と父の対面を実現させる温情処置と見ることができる。天皇は、かつて自ら処断した善男、中庸を赦すことはできないが、亡き善男の孫に対して名誉回復や人道的処置を行うことにより、その霊を慰めたのであろう。

再建事業開始式典の前日に善男の孫の処遇改善を行ったという事実は、大極殿炎上が伴善男の祟りと認識されていたこと明確に示すであろう。後の時代の説話であるが、道真の祟りの落雷で炎上した清涼殿の再建工事中、製材した用材に、「つくるともまたも焼けなんすがはらや むねのいたまのあはぬかぎりは」という文字があらわれたという話がある（『大鏡』二　左大臣時平）。怨霊を慰めない限り、再建してもまた焼けるという不安は大極殿再建時の関係者も抱いていた思いではないだろうか。

むすび

応天門の変以降の政治の流れと清和天皇の行動を見てきた。清和天皇は青年になり主体的な帝王を自覚して政務を行い、応天門の変の終結にあたり疑義を退けて厳格な政治的判断を下した。それは同時に伴善男を謀反の首謀者として流罪にした責任を負うことになった。その後、災害多発などにより肉体的にも精神的にも疲弊したが、天皇は主体的な君主であるべきと考えるかれは、幼帝を再生しないため皇太子の成人までは在位を決心していた。その意思を挫折させたのが大極殿の炎上であった。自身の善男処断を遠因として、平安遷都以来の大極殿を焼失させたと考え、自責の念に堪えられなくなりやむなく譲位したのである。皇太子が成人する前に、善男の祟りと思われる火災によって大極殿が炎上したことは、藤原基経の幼帝摂政就任という歴史的結果をもたらし、基経政権の樹立、関白制成立の起因にもなったのである。

大極殿炎上は放火による可能性を否定できないように思う。発火場所が通常は人のいない朝堂院、しかもピンポイントの大極殿であることが人為的であるし、さらに注目されるのは発生日時である。応天門の炎上は貞観八年閏三月十日夜、そして大極殿の炎上は貞観十八年四月十日子刻である。応天門の炎上からちょうど十年後の年である。月は閏三月と四月にズレはあるが、閏三月は通常の年であれば四月に相当する。日付は同じ十日である。大極殿炎上が、まさに日付の変わる子刻に発生しているのも象徴的である。考えようによっては、応天門の変の十周年その日ともいえる。これは偶然であろうか。応天門の炎上と関連付けて想起させるため、十周年の日を選んで、誰かが計画した放火の可能性が高い。もしそうなら、清和天皇に精神的ダメージを与え早期譲位の実現を期待する人物による策謀という可能性も十分に推測できるであろう。

天皇は若くから篤く仏教を信仰し、退位の二年半後、元慶三年五月に出家している（八日）。そして同年秋から近畿の名山寺院をめぐる大規模な修行を行い（十月二十四日）、帰京後、丹後国水尾山を居所として難行苦行を実践した末に亡くなった（元慶四年十二月四日）(12)。こうした行動も、本稿で述べた経緯と関連するかもしれない。

注

（1）藤原良房、基経の摂政関白就任について、多くの研究がある。ここでは近年の以下の諸論考を参照した。今正秀『藤原良房　天皇制を安定に導いた摂関政治』（山川出版社、二〇一二年）、吉川真司「藤原良房・基経—前期摂関政治の成立—」（吉川真司編『平安の新京』〈古代の人物四〉清文堂出版、二〇一五年）、瀧浪貞子『藤原良房・基経』（ミネルヴァ書房、二〇一七年）、神谷正昌『清和天皇』（吉川弘文館、二〇二〇年）。また筆者の応天門の変についての考えは、「応天門の変」（佐藤信編『古代史講義　戦乱篇』筑摩書房、二〇一九年）参照。

（2）注（1）今著書。

（3）『日本三代実録』にみられる伴善男の処断への清和天皇の関与について、神谷正昌氏は崩伝の誇張や美化を差し引いて考えるべきで、良房の決断とみるべきとする。いっぽう鈴木琢郎氏は、清和の処断とみてよいとする（鈴木琢郎「摂関制成立史における「応天門の変」」〔『日本古代の大臣制』塙書房、二〇一八年。初出二〇一五年〕）。筆者は、九月二十二日の宣命からみても、鈴木氏の指摘の通り、清和天皇の意思によるとみてよいと考える。

（4）「京都歴史災害年表」（『京都歴史災害研究』六、立命館大学歴史都市防災研究所、二〇〇六年）参照。

（5）注（1）瀧浪著書。

（6）安倍房上の国史上の経歴は以下の通り。斉衡三年（八五七）正月辛亥、正六位上から従五位下、三月甲寅、大炊頭、五月丙寅、安房守（以上、『日本文徳天皇実録』）、天安二年（八五八）十一月二十五日、散位から大判事、貞観元年（八五九）正月十三日、土佐守、二月十三日、図書頭、四月九日、治部少輔、二年閏十月二十五日、同子内親王葬儀の装束司次官、四年正月十三日、尾張守、十年二月十七日、弾正少弼、十一年正月七日、従五位上、同十三日、丹波権守、元慶二年正月十一日、河内守、六年正月七日、大和守として正五位下に叙された（以上、『日本三代実録』）。

（7）笠弘興の国史上の経歴は以下の通り。貞観元年十一月十九日、正六位上木工権助から従五位下、三年五月二十日、土佐守、四年正月十三日、尾張権介、五年二月十日、民部少輔、六年正月十六日、遠江守。三月八日、民部少輔、十月十四日、丹波権守、七年三月九日、丹波守（以上、『日本三代実録』）。

（8）今井源衛「勘解由相公藤原有国伝―一家司層文人の生涯―」（『文學研究』七一、九州大学文学部、一九七四年）、佐藤道生「藤原有国伝の再検討」（『慶應義塾中国文学会報』一、二〇一七年）。

（9）『日本後紀』延暦二十四年（八〇五）二月丙午条に、僧一五〇人に宮中及び春宮坊等で大般若経を読ませ、霊安寺に一小倉を造り稲三〇束を納め、別に調綿一五〇斤、庸綿一五〇斤を収めて、神霊の怨魂を慰めたとある。また弘仁七年（八一六）十月二十三日太政官符には「此寺構作年久、徒有二伽藍之名一、未レ修二説法之事一」とある（『類聚三代格』）。

（10）『帝王編年記』巻一五に「同（延喜）三年二月廿五日、於二太宰府一薨、御春秋五十九、欲レ奉レ葬二三笠郡四堂辺一、御車途中留而不レ動、仍奉レ葬二其処一、安楽寺是也」という縁起を載せている。正確な年代や経緯は判明しないが、現地に廟が設けられたと考えられる。

（11）保立道久『平安王朝』（岩波書店、一九九六年）が伴善男の怨霊に言及している。

（12）花川真子「清和太上天皇の諸寺巡礼と仏教信仰」（『古代文化』六九―三、二〇一七年）参照。

季禄の変遷と財源

藤井貴之

はじめに

律令国家において、官人給与費は歳出のうちでも多くの比重を占めており、内官は調庸物で支給されることが多く、それゆえ、国家財政の良否に大きく影響された。これらの観点からの研究は古くからあり、その最たるものとして「年料別納租穀」なる財源が新たに地方につくられ、そこから租穀によって賄う方式がとられたことは、すでに多くの先学が指摘しているところである。

『延喜式』を見てみると、年料別納租穀と年料租舂米という財源が存在することに気づく。この稲穀は、地方の財源を中央財政に補填するもので、早川庄八氏や薗田香融氏をはじめ、多くの先学によって論じられてきた。(1) 筆者も以前、別稿にて、位禄定との関連から年料別納租穀の成立について述べたことがある。(2) 年料別納租穀を財源とする官人給与として、位禄・季禄・衣服が『延喜式』に記載されている。その中でも位禄と季禄は、『養老令』記載の官人給与であって、特に季禄は、在京の文武の職事官と大宰府・壱岐・対馬の職事官に対し、任ずる官職の相当位に応じて支給された給与であり、いわば官人の基本給といっても過言ではない。

季禄の研究は、主として令制における季禄支給の規定と奈良時代の支給の変化、時服との相違といった点からのものが多いが、平安時代における季禄の変遷に関する研究は、決して多いものではない。特に、貞観年間や延喜年間頃の財源の変遷と実際の支給方法については、未解明の部分がある。よって本稿では、主に平安時代以降の季禄の財源の変遷と、季禄の支給について考察していこうと思う。

一　季禄支給に関する規定とその変化

まず、令制における季禄の支給に関する規定と、奈良時代における季禄の変遷を概観する。季禄は『養老禄令』に規定されており、その成立自体は『大宝令』以前に遡ると考えられる。以下に、簡単に規定を挙げてみたい。

【史料1】『養老禄令』1給季禄条

凡在京文武職事。及太宰。壱伎。対馬。皆依㆓官位㆒給㆑禄。自㆓八月㆒至㆓正月㆒。上日一百廿日以上者。給㆓春夏禄㆒。正従一位。絁参拾疋。綿参拾屯。布壱佰端。鍬壱佰肆拾口。正従二位。絁弐拾疋。綿弐拾屯。布陸拾端。鍬壱佰口。正三位。（中略）秋冬亦如㆑之。

【史料2】『養老禄令』2季禄条（〔　〕内は添書〔令本註〕）

凡禄。春夏二季。二月上旬給。〔以㆓糸一絇㆒。代㆓綿一屯㆒〕。秋冬二季。八月上旬給。〔以㆓鉄二廷㆒。代㆓鍬五口㆒〕。

【史料1】では、季禄支給の対象官人の範囲・支給条件・位階別の支給品目と数量などが規定されており（【表

1】参照)、【史料2】では、季禄の支給期日と、その代替品目についての規定が見える。これらの史料から、季禄は二月と八月、在京の文武の職事官と大宰府・壱岐・対馬の官人に、勤務日数が半年につき一二〇日以上の場合、位階を基準に支給されており、その支給品目は絁・綿・糸・布・鍬・鉄など、大蔵省保管の調庸物でまかなわれていることがわかる。また、『続日本紀』天平四年（七三二）五月乙丑（二十四日）条では、薩摩国司にも季禄が支給されていることが見え、壱岐・対馬以外の一部の外官にも、季禄が支給されていた可能性が指摘できるであろう。

また、『養老禄令』4行守条には、官位相当の職に補されていない官人や、複数の職を兼官する官人の季禄支給の規定について記載されている。『養老令』は、後者について、兼官の場合は、給禄が高い官職（＝官位相当が最も高い官職）の季禄を支給することを明確に規定しているが、前者はやや説明が不足している感がある。当該条の『令義解』に目を向けると、「謂。仮令。帯二六位一人。行二七位官一者。給二七位禄一。帯二七位一人。守二六位官一者。給二六位禄一之類也。」と註しており、官人本人の位階ではなく、任ぜられた官職の相当官位によって支給されることであると解釈されている。

以上から、季禄は、散位でない以上、その支給対象となり、大蔵省からの支給品である調庸物をもって、官位相当の官職に対して充てられることがわかる。

次に、銭貨とのかかわりを指摘する研究がある。『続日本紀』和銅四年（七一一）十月甲子（二十三日）条によると、和同開珎の鋳造に伴い、品階や位階に応じて禄法を改定することが記されている。同じ日に、いわゆる「蓄銭叙位令」が出されていることから推しても、和同開珎を流通させる意図があったことは容易に想定できる。

この史料に関して、青木和夫氏・早川庄八氏は、季禄の禄物を一時的に改定したものとして、銭貨による季禄支給を想定されているが[3]、高橋崇氏・東野治之氏は、鋳銭に伴う臨時の賜禄であって、季禄ではないと指摘されている。[4]この記事を見るに、官位相当という点で季禄と一致するが、王の三位と臣下の三位が区別されており、三位以下の正従と六位から初位で格差がないという点で季禄とは一致せず、史生や官掌など番上官が支給対象となっていることも季禄とは異なる。また、季禄の支給規定とは支給する量が異なっていることも特徴的である。加えて、宝亀四年（七七三）二月十六日太政官符では、[5]令の規定どおりに調庸物による支給が行なわれていることから、和銅四年の禄法の改定は、恒常的な季禄の改定とは言えないだろう。[6]

　これに関して山下信一郎氏は、本条に「勅。依二品位一始定二禄法一。」とあり、恒常的な禄支給を想定していることから、臨時的な賜禄とは言えず、他方、季禄の改定とみた場合、官位相当を基軸につくられた詳細な等級規定を、あまりにも簡素なものへ変更することは、改定説の決定的な難点となりうるとして、季禄とは無関係な、職事・雑任を問わない定期給与法で、後代まで継続しなかったと解されている。[7]

　山下氏の見解は、これまで二項対立でしか見られなかったこの問題について、新たな視角を与えられており、傾聴すべき見解であると考える。ただ、本規定の支給内容を見てみると、常に「絁」を支給していることがうかがえる。その支給量も、多寡はあるが、概ね『養老令』で定められた季禄の絁の数量に相当している。加えて、支給は全有位階者に対して、官位相当を基準として支給していることからも、やはり季禄の一種であると考えてよいのではないだろうか。

　一方で、同日には蓄銭叙位令が発せられており、本条と蓄銭叙位令によって、銭貨の流通を図った政策であろうことは、内容から見て疑いのないところである。本条は、『類聚三代格』はもちろん、『弘仁格抄』や『延喜式』などにも記載がないことを鑑みれば、山下氏の指摘のとおり、短期間で廃止になったと考えられる。しかし、律令政府の立場からすれば、職事官全員に支給する禄であるという点からも、和同開珎流通には大きな影響を及ぼすもの

【表1】季禄一覧表

位階	春季給付					秋季給付					春秋合計
	絁（疋）	糸（絇）	布（端）	鍬（口）	直稲換算（斛）	絁（疋）	綿（屯）	布（端）	鉄（廷）	直稲換算（斛）	直稲換算（斛）
正一位	30	30	100	140	150.0	30	30	100	56	138.5	288.5
従一位	30	30	100	140	150.0	30	30	100	56	138.5	288.5
正二位	20	20	60	100	96.0	20	20	60	40	88.0	184.0
従二位	20	20	60	100	96.0	20	20	60	40	88.0	184.0
正三位	14	14	42	80	68.7	14	14	42	32	62.6	131.3
従三位	12	12	36	60	57.6	12	12	36	24	52.8	110.4
正四位	8	8	22	40	36.9	8	8	22	16	33.7	70.6
従四位	7	7	18	30	30.6	7	7	18	12	28.1	58.7
正五位	5	5	12	20	21.0	5	5	12	8	19.3	40.3
従五位	4	4	10	20	17.7	4	4	10	8	16.1	33.8
正六位	3	3	5	15	11.4	3	3	5	6	10.2	21.6
従六位	3	3	4	15	10.7	3	3	4	6	9.5	20.1
正七位	2	2	4	15	8.9	2	2	4	6	7.8	16.7
従七位	2	2	3	15	8.1	2	2	3	6	7.1	15.2
正八位	1	1	3	15	6.3	1	1	3	6	5.4	11.7
従八位	1	1	3	10	5.6	1	1	3	4	4.9	10.5
大初位	1	1	2	10	4.8	1	1	2	4	4.2	9.0
少初位	1	1	2	5	4.1	1	1	2	2	3.7	7.7
					784.2（合計）					718.1（合計）	1502.3（合計）

※関晃「律令貴族論」（『日本古代の国家と社会』〔関晃著作集第四巻〕、吉川弘文館、1997年）を参考に、一部を再計算して掲載。
※１束＝５升とし、『延喜民部省式』禄物価法を用いて計算。計算には有効数字を設けなかったが、表示は小数第２位を四捨五入した。

であり、一度銭貨が流通すれば、政府が想定する「貨幣流通」という目的は達せられるため、政府側としても和銅四年の禄法の改定および蓄銭叙位令を長く恒例とすることは想定していなかったと考えられよう。政府の目論見とは裏腹に、銭貨は思いのほか流通せず、禄法の改定や蓄銭叙位令が再度出されなかったことがその証左であると考えられる。これらのことを勘案すると、季禄を用いた臨時的な銭貨流通の振興策の一種である可能性を指摘することができるだろう。

　このように、奈良時代における季禄支給は、ほぼ令制に沿った支給形態をしていたといってよい。しかし奈良末ともなると、徐々に令制規定に無理が生じるようになる。

　『続日本紀』宝亀六年八月庚申（十九日）条によると、京官の俸禄が希薄であるため、各国の公廨稲四分の一を割き取ってそれに補塡するように命令が出されている。「京官禄薄」にして「国司利厚」であることを思慮すると、国司の不正・対旱による調庸未進ともとれるが、調庸貢進制度そのものの崩壊の一端と見るべきであろう。『続日本紀』霊亀元年（七一五）五月辛巳朔条や同甲子（十四日）条では、奈良時代初期から調庸の麁悪・違期・未進があったことがうかがえ、[8] また薗田香融氏は、地方財源である不動穀の蓄積量に関して、「天平の繁栄の源泉」と評され、その厖大な蓄積量は、田租収入の三十倍（管内輸租田の年間収穫高に匹敵）にもなったことを指摘された。[9] これらのことから、宝亀六年の記事は、財政的に余裕のある地方から財源供給を求める命令で、位季禄遙授の先駆的形態とみてもよいであろう。宝亀十年十一月十九日に旧に復してはいるが、[10]『続日本紀』延暦五年（七八六）四月庚午（十一日）条には「諸国所レ貢庸調支度物、毎有二未納一、交闕二国用一。積習稍久、為レ弊已深。」とあり、これらの内容から鑑みると、『養老令』が規定するような、完全に調庸のみで中央財政を支えることは困難を来し、不可能であったと考えられる。

二　季禄に関する先行研究

以上のように、奈良時代における主に季禄の財源の変化をみてみると、奈良時代末より調庸の麁悪・違期・未進によって、令制支給が困難になったことがわかった。ではこれらを踏まえて平安時代になると、どのような変化をするのであろうか。先行研究では、次のような指摘がなされている。

早川庄八氏は、調庸の未進が頻発し国家財政が逼迫すると、調庸物によって支給することが困難になり、位禄・季禄は「外五位→五位国司→大宰・陸奥・出羽官人→外官兼任内官」の順で地方の田租や不動穀から支給するようになり、年料別納租穀へとつながっていった、と指摘する(11)。

次に薗田香融氏は、もともと臨時用による米での位禄支給であったものが、正税の支出において位禄給用（年料別納租穀）・舂米京進（年料舂米）・大粮下行（年料租舂米）として支出されてゆき、それが地方財政において次第に大きな比重を占めるようになった。そしてそれが、『延喜式』で位禄・季禄・大粮・月粮として、中央官人の給与に充てるよう制定された、とした(12)。

また村井康彦氏は、中央財政の基盤は調庸物にあったが、この制度の衰退に伴い、特に官人給与については、十世紀初頭に調庸物から正税（租穀）に切り替え、京庫支給から外国正税給付（遙授制）へ転換し打開策を講じた、と指摘し(13)、大津透氏は、『延喜式』に至るまで調庸貢納制が中心であり、九世紀以降、在地首長の伝統的権力が喪失するにつれ、調庸制は崩壊し、九世紀中葉には位禄・季禄を外国で給う年料別納制も行われていた、とした(14)。

先行研究においては、総じて、

①位禄と季禄の財源は、ほぼ同様の変遷過程をたどっている。
②位季禄ともに、調庸物から租穀、京庫支給から外国支給へと変化した。
③『延喜式』制定後、位季禄は遙授制や、特に京官は別納租穀によって支給された。

と指摘されており、それらが通説となっている。

しかしながら、①位禄と季禄の変遷を、同一に考えてもよいか、②位禄は「位禄定」として『延喜式』制定後も残るが、季禄はこのようなかたちで命脈を保つのか、といった疑問が残る。確かに位禄と季禄は、支給物や位階を基準として支給する点から見ても類似した禄であり、位季禄ともに官人給与における基本給的性格を帯びている。しかし位禄は、四位・五位限定の禄で、位階を基準とする禄であるが、季禄は全職事官対象の禄であり、官職を基準とした禄である。また位禄については、『類聚三代格』巻六、大同三年（八〇八）十一月十日太政官奏に「大宝元年格」として、四位の食封対象化と五位の位禄支給量の変更が規定されている。両者に性格的類似性はあるものの、異なる性質も存在し、支給の変化までは同一の変遷をたどっていないと思われる。また、『延喜式』制定後、季禄関係の記事が減少し『主税寮出雲国正税返却帳』（承暦二年・一〇七八）を見てみると[15]、位禄のみが記載されており、季禄に関する記事が見えない。これらのことを総合すると、やはり位季禄は、別個の変遷過程をたどっており、季禄に関しては、位禄よりも早く消滅したと考えられる。このことに関して、次節において詳述する。

三　季禄の財源の変遷と年料別納租穀

本節においては、季禄の変化を考察していく。まずは、季禄が『養老令』の規定通りに支給されている下限についてみてみたい。

【史料3】『類聚三代格』巻二〇、弘仁二年（八一一）五月十三日太政官符

　太政官符

　　応三送二五位已上歴名一事

右得二弾正台解一偁。去延暦十一年十一月十九日勅。例賜二位禄季禄一時者。諸五位已上自参二大蔵省一受。若不レ参者弾正糺レ之者。而依レ無二歴名一不レ便レ勘レ之。謹請二処分一者。右大臣宣。奉レ勅。式部省写二五位已上歴名一臨時送レ台。其六位已下者専預二彼省一者。宜二承知依レ宣行一レ之。自今以後。永為二恒例一。

　　弘仁二年五月十三日

【史料3】では、延暦十一年（七九二）十一月十九日の勅例を引用し、位禄・季禄の支給については、五位以上は自ら大蔵省に赴き、禄物を受けることを命じ、不参の場合は弾正台がこれを糺すべきであるとしている。『儀式』によると、季禄を受ける際には、「賜季禄儀」に出席し、その儀を経たうえで支給されることとなっているのであるが、[16]延暦年間より、その政務への不参が問題視されるに至っているという事実が垣間見える。また、翌弘仁三年には、この政務における職掌について、式部省と兵部省の相論が行われ、太政官がその裁定を行っている。[17]両官符の内容は、『儀式』が記す「賜季禄儀」が規定通りに行われていることを物語るもので、大蔵省から支給される禄物（調庸物）が支給されていることを示している。

『儀式』第九の「賜季禄儀」に記載する儀式次第と、『延喜太政官式』季禄条が規定する季禄を支給する儀式次第を比較してみてみると、大きく異なるのは、次第における弾正台の役割である。『儀式』では、季禄を受けるべき五位以上の官人の歴名を弾正台に送付していることが見て取れる。これは明らかに【史料3】の『類聚三代格』が

示す内容と合致するもので、弾正台が不参者を糺す目的であると考えられる。古市晃氏は、【史料3】の記載をもとに、延暦十一年段階で五位以上の参加が恒例であったことを示され、それ以前から五位以上の儀式参加があったことを示唆している。[18]一方、山下信一郎氏は、虎尾俊哉氏の「例」に関する研究を援用し、[19]四位以上の参加・不参はいずれも確認することができず、『儀式』の規定は、弘仁二年に定められたことを示された。[20]『延喜式』では、弾正台に関する記載が一切なく、また「五位已上」の参加についても触れられていない。他方、『儀式』では、弾正台の積極的な関与と「五位已上」の列席が義務付けられていることから、『延喜式』の規定こそが八世紀段階の規定であり、弘仁二年の官符を受けて、『儀式』の規定に改められたとみるのが自然である。

このように考えたとき、『延喜式』の規定は奈良時代の規定を多く残すもので、それを弘仁二年の官符を経て、『儀式』の規定になったということになるので、少なくとも、弘仁二年段階では、『養老令』が規定する支給方法であったことは、間違いないと考えられる。

次に、令制とは異なる季禄支給の例についてみていきたい。季禄の変化について、端的に示す史料を掲示する。

【史料4】『延喜民部省式』年料別納租穀条（〈　〉内は割書）

年料別納租穀。

伊賀国。〈二千石〉伊勢国。〈四千五百斛〉駿河国〈三千五百斛〉。伊豆国〈一千五百斛〉。

（以下二十一か国、中略）

右廿五箇国各別納租穀内。従二官符到一充二位禄季禄衣服等料一。

本史料では、年料別納租穀の負担国が規定されている。この史料で注目すべきは、年料別納租穀を財源とする給与費目に「季禄」が含まれていることであり、ここから、延喜式制下では、季禄は調庸物支給ではなく、租穀による支給に変化していることがうかがえる。

年料別納租穀は、後の位禄定における位禄の財源でもある。[21] この年料別納租穀には特徴的な規定があり、位禄は現地で支給するというものである。『延喜主税式』禄物価法に位禄の各国における値が記され、その位禄の運搬にかかる運賃支給も『延喜式』で規定されている。[22] さらに詳しくみると、禄物価法には「右位禄価直。各依二前件一。幣物幷布施法服季禄等直亦准レ此。」との記事がみえ、また位禄と同様に、季禄は現地で稲穀によって支給するかのように定められている。

これらの史料を一見すると、位禄同様、季禄の現地支給を想定した規定であるとみられるが、対象となる現物は、「幣物」「布施」「法服」が含まれる。これらすべてが現地での現物支給であったとは考えにくい。特に季禄は、規定上、全官人に支給するというものなので、それを各々が現地に受け取りに行くということは、あまり現実的ではない。また、詳しくは後述に譲るが、運賃支給についても、『年中行事秘抄』や『新撰年中行事』をみてみると、あくまでも位禄に限定した規定となっている。季禄の停止に伴って位禄のみに限ったという可能性もあるものの、「貞観式云」や「貞云」など、『貞観式』を引用しつつ、位禄の規定を示していることから、この規定は、位禄支給を想定した規定であると推定できよう。ただ、租穀による支給であったことは間違いなく、何らかの方法を用いて租穀を運京し、それを季禄として支給していたとみてよいだろう。

ではこれらの季禄の租穀支給・現地支給は、いつごろから実施されていたのであろうか。【史料4】はあくまでも法定化を示したものに過ぎない。また、現地支給をするということは、同時に稲穀にて支給することに他ならない。これは禄物価法の記事を見れば明らかであり、各国における交換比率はそれを示すものとなろう。[23]

季禄の外国支給の例では、『類聚三代格』巻六、大同四年正月二十六日太政官符がある。本官符によると、神護景雲二年（七六八）七月二十八日の太政官符で五位国司や外官兼任の内官について、「位禄幷季禄料舂米」を運京することを認め、大同四年には大宰府官人にもその裾野を広げている。全職事官ではないが、季禄の一部は舂米で支払う、すなわち季禄の遙授がなされていたとみられる。【史料3】との関わりでは、【史料4】は、あくまでも外官や外官兼任の内官を対象としており、その範囲も限定的であるといえる。対して【史料3】は、【史料4】を除く官人、すなわち、内官の者のみを対象としている規定である。

これらの遙授の背景には、先学の指摘の通り、やはり調庸の麁悪・違期・未進があることが推察される。延暦五年四月に、国郡司の怠慢と失政で調庸未進となり、官庫が乏しくなっていることが露見し[24]、大同二年十二月には、調庸の麁悪・違期・未進を国司らに補塡させ、律条により罰することが定められるようになる[25]。このように、延暦から大同年間には、調庸違犯が政治的問題になっており、違犯の国司には厳罰に処することが規定されていることから、相当量の調庸未進が推測される。長山泰孝氏は、延暦から天長・承和にかけて、調庸違犯が国家財政に大きな影響を与えていると指摘し、大同二年から天長八年（八三一）の二十四年間は、調庸違犯を律条によって罰するという厳しい手段で臨んでいたことを示された[26]。加えて、『類聚三代格』巻八、承和十三年（八四六）八月十七日太政官符では、未進率法が制定され、『日本三代実録』貞観十二年（八七〇）二月十五日条では、諸王の季禄の四分の一を減じる緊縮財政が敷かれるようになり、調庸違犯による中央財政の逼迫が顕著にうかがえる。これらのことから、京官の季禄は、調庸物によりまかなわれているが、官庫欠乏・調庸未進のため、さしずめ外官の季禄に関しては、遙授制が敷かれていることが推測できる[27]。

以上のことから、季禄は、大同年間から外官を基軸に現地支給が開始され、貞観年間には、範囲のほどは不明ではあるが、外国支給が相当範囲まで広がっていた可能性が指摘できる。そして、貞観年間以降のある時期から年料別納租穀による支給に至ることがわかった。なお、『貞観式』で成立したと目される禄物価法と、同じく貞観年間に成立したとされる『儀式』の記述が、支給品等をめぐって矛盾するという問題もある。『儀式』の内容は、必ずしも貞観年間の実態を表しているものではないことはすでに明らかであり、[28] 賜季禄儀や中季禄儀といった儀式次第は、奈良時代の実態を表している可能性は十分にありうるものの、貞観年間においては形だけのものであったと考えることが順当であると考えられる。

四　九世紀の季禄支給

前節の考察により、季禄の外国支給が進行していることがわかったが、本節では、前節の制度的側面を深め、季禄の財源と支給実態について述べてみたい。九世紀の季禄の変化については、史料上の記載が少なく、限られた史料から類推することになってしまう。その限られた史料の中でも、以下の史料をみてみると、不審な点がいくつか存在することに気づく。

『年中行事秘抄』の二月の項目をみると、「貞観式云。駿河以東。信濃以南（東）。能登以北。伯耆以西。賜二運賃一。」とあり、また、『新撰年中行事』十一月十五日位禄目録合造奏事には「貞主税式云。凡五位已上位禄。給二諸国一者。東海道駿河以東。々山道信乃以東。北陸道能登以北。山陰道伯耆以西。給二運賃一。自余諸国及在国司。不レ在二此限一。」と記されている、多少の文字の異同が認められるものの、概ね『延喜主税式』の位禄貨条と同様の記載をしていることがわかる。これは、位禄の現地支給を前提にしている規定である。『日本三代実録』貞観八年五月壬子（九日）条には「太政官処分。出羽国位禄物価。一准二陸奥国一。」とあり、『延喜主税式』位禄貨条には「凡五位已上位禄。給二諸国一者。東海道駿河以東。東山道信濃以東。北陸道能登以北。山陰道伯耆以西。給二運賃一。自余諸国及在国司。不レ在二此限一。」とある。いずれも、位禄に関しては外国の稲穀からの支給が貞観年間からうかがえる。しかし、この運賃規定には、季禄に関する一切の指摘が見当たらない。季禄も現地での支給であると考えれば、ここに位禄と同様に季禄に関する指摘があってしかるべきであろう。

別の史料も見てみたい。時代は少し降るが、元慶官田設置の格を検討してみる。本官符では、「近代以来一年例用位禄王禄。准穀十七万余斛。又京庫未レ行二衣服月粮一。必給二外国一。其数亦多。並是正税用盡終行二不動一。当今年中所レ用卌五六万斛。況亦有損之年。多費二不動一。」として、京庫の欠乏による官人給与の外国支給がうかがえるが、位禄・王禄（皇親時服）・衣服（諸司時服）(29)・月粮（月料・要劇料・番上粮）が見えるのみで、季禄の支給は見受けられない。本官符に指摘されている給与のみが国家財政を圧迫し、季禄は財政を圧迫しなかったため、ここでの指摘は避けられたとは考えられず、本官符の内容も不審点がみられる。

【史料5】『寛平御遺戒』類従第三条

諸国諸家等所レ申。季禄。大粮。衣服。月料等。或入二官奏一。或就二内給一。申二不動正税等一。縦令勘二申国中帳遺一。或遠年帳。雖レ為レ実。今須二不動者一切禁断一。正税者随レ状処分。若必用二不動一。即後年全令二委塡一。不レ可レ忘。此事当時執政。所レ可二進止一。雖レ然。存二於内心一。補二万分一一。努力々々。

この史料は、不動穀・正税の処分に関する宇多天皇から醍醐天皇への訓示であるが、その内容に注目してみたい。本条では、季禄・大粮・衣服・月料が、不動穀・正税稲など地方財源を圧迫していることが指摘されている。

季禄の支給方法が、官奏や内給という別の方法での支給形態をしている点も注目に値するが、ここで注目したいのは、元慶官田設置の格では、歳出過大な禄として「位禄・王禄・衣服・月粮」がみられたが、ここでは「季禄・

大粮・衣服・月料」となっており、季禄もやはり国家財政を圧迫する存在として列挙されている点である。これもやはり、寛平年間になり、突如として支給が増加し財政環境を悪化させたとは考え難く、これ以前から歳出の大きな問題点であったとみることが自然である。また『寛平御遺誡』は、編纂史料や法制史料とは異なり、その時の様子を如実に表す同時代史料的性格を持ち合わせており、このころの様子をよく示すものと評価してよいであろう。

　これら二史料をどのようにとらえればよいのであろうか。まずは、財源の問題からアプローチしてみたい。『寛平御遺誡』に再度目を向けてみると、地方財政圧迫の原因の中に「位禄」が含まれていないことに気づく。これも別稿で述べたとおりであるが[30]、位禄がここに含まれていないのは、すでに年料別納租穀が成立しており、それを財源としているに他ならない。一方季禄は、貞観年間に制度化されたと目される禄物価法に「右位禄価直。各依二前件一。幣物幷布施法服季禄等直亦准レ此。」とあることから、貞観年間から一貫して正税や不動穀を財源としていると考えられる。

　だが、元慶官田設置の格では、その財源となる正税や不動穀の圧迫の原因には含まれていない。これを合理的に考えるならば、季禄は断続的に支給していたと考えるのが適当である。つまり、季禄の現地支給および正税・不動穀による支給は、制度的には定められていたものの、実際には支給するときと不支給の時があったと考えられるのである。

　ここで、次の史料に注目してみたい。『類聚三代格』巻一九、貞観八年正月二十三日太政官符である。本官符は、不正な飲酒に関する処罰について、撰格所の起請により決裁を請求している。その際に、天平宝字二年（七五八）の勅書を引用して不正な飲酒による罰則規定を定めているが、天平宝字二年の勅書では「如有レ犯者。五位以上停二一年封禄一。六位以下解二却見任一。」とあり、それを引用している貞観八年の撰格所の起請では「若有レ違者。親

【表2】史料にみえる「奪季禄」

No.	西暦	年紀	月	日	記事内容	季禄の処理	位禄の処理	出典
1	843	承和10	7	10	会赦帳への署名拒否について	没季禄	奪位禄	続後紀・三代格 ※三代格は9日
2	870	貞観12	2	20	諸王の封禄を減じ、給禄定額を制定	季禄減省	位禄減省	三実
3	870	貞観12	2	25	諸王の季禄を1/4減却	季禄減省	×	三実
4	870	貞観12	12	25	内舎人が荷前使の派遣を失念した場合の処分	奪季禄	×	三実
5	873	貞観15	11	13	五位以上の封禄や諸王の季禄の復旧	季禄回復	位禄回復	三実・菅家
6	876	貞観18	7	23	弾正台の償還に従わない官人の処分	奪季禄	×	三実・三代格・要略
7	880	元慶4	10	7	国司の解由状に関する処分	奪季禄	奪位禄	三実・三代格
8	881	元慶5	5	9	義倉を出さない家司の処分	抑季禄	×	三実・三代格 ※三代格は6月

王以下五位以上並奪二食封・位禄一。自外如二前格一。」としている。天平宝字二年では「封禄」としているものを、貞観八年では「食封・位禄」と改めているのである。言うまでもなく、封禄とは、位禄や季禄をはじめ、皇親や律令官人らに支給する俸給全体を指す用語である。それを貞観八年段階では「食封・位禄」に限定し、さらには六位以下の官人に対しては「自外如二前格一。」として、天平宝字二年の勅書を援用するよう定めている。罰則を、意図的に食封と位禄のみに制限しているものであろう。つまり、食封や位禄を奪うという行為は、処罰に対する効果として高いものであるとみられるのである。食封は三位以上の官人に対する特別給であり、位禄は四位・五位に対する特別給であることを考えれば、五位以上の官人の固定的給与を奪うことにより、将来を戒めるという意味が込められている。このように考えたとき、季禄という職事官全員に対して支給される禄を奪

うという、食封や位禄と同様の効果が認められる方策がとられていないことは、甚だ疑問が残るのである。

では、季禄を奪うという行為は、それほどまでに効果がなかったのであろうか。『続日本紀』を見てみると、季禄の僅少さを憂いたり嘆く記載が幾度か見られ、季禄は官人の重要な収入源であったと推測できる。しかし、『日本後紀』以降、季禄に関する記事自体が減少する。特に、罰則に対して特徴的なのは、「奪位禄」「没位禄」という言が、六国史をはじめ複数みられるものの、季禄に関しては、管見の限り、【表2】のごとく、承和・貞観年間に至るまで、見ることができない。史料に不記載であるゆえに、制度的に実行されなかったとは言えないものの、【表2】を見ると、「奪季禄」「没季禄」と同様に、位禄も奪うという方策がとられることが多いことに気づく。また、先学の研究にも明らかなように、国家財政の欠乏から、封禄の四分の一を削減することが記されており[31]、位禄・季禄が官人にとって重要な財源であったことがわかる[32]。

これらのことを勘案するに、位禄は継続的に支給されていたことから、処罰の際の措置としての価値を持ちえたものの、季禄は、支給・不支給を繰り返しており、処罰の際の措置とは必ずしもなり得なかったと考えられないだろうか。以上から、季禄は、支給と不支給を繰り返し、断続的にしか支給できないということがわかった。次節では、さらに時代を下って、十世紀以降の季禄の様子についてみてみたい。

五　十世紀の季禄支給

（1）十世紀前半期

九世紀においては、季禄は断続的に支給されるにすぎず、実態としては不支給に近い状態であったと考えられる。

では、その後の十世紀になるとどうなるのであろうか。

延喜年間に入ると、年料別納租穀制度に追加の規定がなされる。延喜十三年（九一三）には、「去年過用」を口実とした国司の申返を防ぐため、別納租穀を勘申するよう宣旨が出され(33)、延喜十六年には、位禄未支給者については、奏聞を経たうえで改国・改年し、「去年以往料」については、当年別納租穀の残りがある場合のみ、定数内で支給するよう宣旨が出される(34)。その中でも注目すべきは、この宣旨が対象とする禄は、位禄・王禄（皇親時服）・衣服（諸司時服）のみであり、季禄は含まれていないことである。

年料別納租穀の追加規定であるので、季禄が記載されていないのは不審である。季禄がここに含まれない事態の考えられる原因として、

①季禄は年料別納租穀の対象外であった。
②年料別納租穀支給量を改定させ、季禄を優先的に支給した。
③季禄は既に未支給の状態にあった。

という三点が考えられる。

また、次の【史料6】【史料7】は、季禄が延喜十三年・十六年の追加規定に含まれない原因を考える上で、きわめて興味深い内容を示している。

【史料6】『本朝文粋』所収「意見封事十二箇条」第七条　諸平均充給百官季禄事

一　請㆔平均充㆓給百官季禄㆒事

右謹案㆓式条㆒。二月廿二日。八月廿二日。於㆓大蔵省㆒。可㆑給㆓百官春夏秋冬季禄㆒。而比年依㆓官庫之乏物㆒。不㆑得㆓遍賜㆒。由㆑是公卿及出納諸司。毎㆑年充給。自余諸官。則五六年内、難㆑給㆓一季料㆒。（後略）

本史料は、三善清行の「意見封事十二箇条」である。この条文では、官庫が乏しく、十分に季禄が支給できておらず、庶官に至ってはここ五～六年において一期分の季禄を支給することさえできていないことが知られ、順調な季禄支給を行えず、困窮している様子がうかがえ、当時の実情を示した同時代史料として非常に興味深いものである。

【史料7】『別聚符宣抄』天慶九年（九四六）七月五日太政官符

太政官符神祇中務式部治部民部兵部刑部大蔵宮内弾正左右京勘解由左右近衛左右衛門左右馬兵庫等官省符台職寮使府

応レ科下責不レ従二大嘗会悠紀主基行事所仰一諸司官人幷史生上事

右得二彼所去月五日解一偁。謹検二案内一。不レ従二会所仰一諸司官人可二科責一之法。度度立二其制一。就レ中仁和四年□十五日下二諸司一官符偁。五位以上抑二会日禄季禄一。史生以下解二却見任一者。予存二科条一。□方今六位以下徴粛猶少。簡慢未レ休。将拠彼□慎若人。年来諸司季禄。給下已稀。空奪二不レ給之禄一。（後略）

同官符に引用されている仁和四年（八八八）の太政官符で、大嘗会行事所の命令に従わない場合、節録・季禄を拘留することを命じているものであるが、注目すべきは「年来諸司季禄。給下已稀。」とあるところである。つまり天慶九年においては、すでに季禄が支給されていないことがうかがえる。

これに関して吉川真司氏は、季禄は十世紀中葉には「不給之禄」と化していたとされており、[35]そのように解釈してもよいと思われる。問題は、ここでの「已に」が具体的にどれぐらいの期間を指すかである。『大漢和辞典』によると、[36]「已」には、その語義のなかに「すでに」という過去完了の用法のほかに、「はなはだ。程度が激しい。度が過ぎる。」という度合いを表す用法を含み、副詞として「はなはだ」と読ませる用法がある。『別聚符宣抄』が意図して「已」を用いていたかは不明ではあるが、「比年之間」等の記載が他に見える中で、「已」を用いているあたり、かなり以前より季禄が支給されていなかったことを示唆するものであろう。このことから、季禄を支給すること自体が「已に稀」となってしまったとの記載から、少なくとも承平・天慶年間（九三一～九四七）は支給されていなかったのではないだろうか。

加えて、三善清行の「意見封事十二箇条」を見てみると、「意見封事十二箇条」が作成されたこの時期（延喜十四年・九一四）の段階で、五～六年支給できなかった可能性が高いということは、逆算すれば少なくとも延喜八、九年から支給されていないことがわかる。「年来諸司季禄。給下已稀。」という状況は、この頃から慢性的に起きてきていたものと考えられる。もちろん、延喜年間の季禄不支給が、継続的に承平・天慶年間まで続いてきたのではない。だが、季禄が断続的にしか支給することができず、支給されることが「稀」であったこと、延喜以前からの困窮ぶりも同時に考慮に入れれば、想像するに難くないであろう。そして、九世紀にもまして、財政状況が厳しい現状においては、その不支給の期間が必然的に長くなり、「不給之禄」や「給下已稀」という表現で記されたとみられる。

また、ここで次の記事も付け加えておきたい。

【史料8】『政事要略』巻五七　延喜十一年二月二十五日太政官符

太政官符民部省

応レ返下却不レ立二用別納租穀并租舂料及交易雑物直一之諸国税帳上事

右検二案内一。別納租穀之数。去延喜七年十一月十三日毎レ国立レ限。田租舂米之国。同十年六月十九日改定已畢。又年料交易雑物。詳載二式条一。而或国司等乖二違格式一。不レ割二置別納之数一。不レ勤二備租舂之色一。位禄王禄度レ年不レ行。諸衛大粮逐レ日難レ納。加レ之。年料交易物頻言二上正税用尽之由一。曾無下貢二進物実一之勤上。恣充二国中之雑用一。既忘二公用之欠乏一。不レ立二新制一何改レ旧。右大臣宣。奉レ勅。件等三色之料。若有レ不レ立二用税帳一者。宜下返二却其帳一。令上レ慎二将来一者。省宜二承知依レ宣行レ之。符到奉行。

延喜十一年二月廿五日

年料別納租穀・年料租舂米・年料交易雑物の不正な税帳の返却を命ずる官符であるが、ここで「位禄王禄度レ年不レ行。諸衛大粮逐レ日難レ納。加レ之。年料交易物頻言二上正税用盡之由一。」と記載されていることに注目したい。「三色之料」によって賄うべき給与等が、支給できない現状が克明に記され、それによる「正税用尽」も顕著になっているものの、やはりここでも季禄が記載されていない。【史料6】【史料7】から、季禄の順調な支給は到底考えられず、財政環境としては厳しいものがあったであろう。

よって、先に示した、季禄が延喜十三年・十六年の追加規定に含まれない理由としては、①の季禄は年料別納租穀の対象外であった可能性も否定できないが、③の季禄は既に未支給の状態にあったという現状が、理由としては大きいのではないだろうか。

（2）十世紀後半期

最後に、十世紀中葉以降の季禄について述べておきたい。十世紀中葉には「不給之禄」と化していた季禄が、十世紀の史料上に幾度か散見されるのである。

『政事要略』所引の承平五年（九三五）の勘解由使勘判抄によると、備前国司に対する勘判で、遙授の官の位季禄が未支給のため、後司が正税稲で以って支給するよう命令を出している。この史料から、季禄が支給されていることがわかる。また、正税稲で支給することから、調庸物による支給ではないことも明らかである。注目すべきは、備前国は年料別納租穀の指定国ではないことである（ただし年料租舂米指定国）。位禄は国司にも支給されていたため、備前国司の位禄支給に関する記事とも考えられるが、季禄は年料租舂米を財源とはしておらず、また外官の位禄支給は、薩摩国司の例外はあるものの、大宰府・壱岐・対馬の官人に対してのみであり、備前国司の季禄とは考えにくい。よって、中央官人の季禄は、独自に各国から遙授していたと考えるべきであろう。次いで、『政事要略』所引、永祚二年（九九〇）二月二十二日宣旨では、参議の遙授・兼国の公廨・位季禄の公文を勘会することを命令し、同年二月二十三日宣旨や正暦四年（九九三）十月七日宣旨でも、それぞれ左右近衛中少将の遙授、四道博士の兼国の公廨・位季禄の公文を勘会するように命令が出される。(37)

これらのことから、兼国官人の季禄に関しては支給されており、年料別納租穀制による、兼国のない京官の季禄支給は、実際には履行されず、各国独自財源による兼国官人の季禄支給と外官（大宰府官人・壱岐国司・対馬国司）の現地季禄支給に制限されたと考えられるのである。

おわりに

本稿では主に、季禄の基礎的な事項を再確認し、季禄の財源における変遷と『延喜式』制定後の季禄の支給実態について考察を進めた。本稿により得られた結論を簡潔にまとめると、次のようになる。

一、季禄は、大同年間から外官を基軸に現地支給が開始され、貞観年間には、現地支給が法制化するようになった。

二、季禄の財源は、当初は調庸物であったが、貞観年間には租穀となった。位禄は、年料別納租穀の成立（元慶三年～寛平七年の間）とともに正税・不動穀から当該租穀に変化したが、季禄は、九世紀を通じて正税・不動穀からの支出であった。

三、九世紀になると、史料上に季禄の記載があるものの、断片的にしか登場せず、季禄支給の実態としては、支給・不支給を断続的に繰り返すようになっていた。

四、十世紀に入ると、季禄は不支給の状態が長くなり、「給下已稀」という状態になってしまっていた。しかし、完全に廃止されたのではなく、名目上は命脈を保っていた。

先行研究においては、位禄と季禄の財源は、ほぼ同様の変遷過程をたどり、『延喜式』制定後、位季禄は遙授制や年料別納租穀によって支給されたとされているが、本稿で指摘したように、位禄と季禄の変遷は別個に見るのが妥当であろう。

では、なぜ季禄が衰退し、位禄のみが残存するようになったのであろうか。経済史的な側面からは、土田直鎮氏の見解が参考になろう。土田氏は、位季禄と兼国の関係性について論究し、内官と外官を兼任させることで、季禄を節約する結果となり、兼国を与えることで、京官を兼ね、さらに国司をも兼任させれば、最も多量の位季禄を節約することになったと述べられた。[38] 九世紀以降、財政環境が悪化することはつとに論じられているが、[39] これらへの対策として、季禄を節約したとの見解であり、首肯できる意見であろう。

しかし、禄は経済的な意味にとどまらず、政治的な意味を持つという側面も見逃してはならない。政治史的側面から見たとき、一つの仮定として、位禄定が制定され、その制度が拡充するようになったことがきっかけとなり、季禄という奈良時代的給与体系が大きく衰退するようになっていったのであろう。位禄定は、新たな官僚制を基盤とする制度であり、天皇から全職事官に与えられる季禄の支給システムとは異なり、官僚機構そのものが発展的に変化していくなかで変質したもので、「天皇―貴族」「天皇―官人」という古代的主従関係から、新たな主従関係の構築のもとに生まれたものと考えられよう。

また大津透氏は、節録に関する研究を通じて、九世紀後半に位禄や全官僚に支給される季禄から、五位以上の官人あるいは正月節会への出席を許される者に対しての節録賜与に転換したことを指摘された。そして、貞観年間以降、位季禄に代わり節禄が官人給与として重要性を増し、特に下級官人にとって欠くべからざる給与となったと述べられ、位季禄の変質過程の先に節禄があることを、鮮やかに証明された[40]。位禄・季禄から節禄へという観点は、それまでの官僚的互酬関係から私的な主従関係へ変化する一環として注目に値する見解であるといえる。しかし、十世紀以降の禄の性質は、位禄定のように、優秀な実務官僚を優遇的に取り扱うための禄を支給する方法と、節禄や時服のように、私的主従関係を構築するような方法と、二種類に分けられよう。大津氏は、「位禄・季禄から節禄へ」という構造で論じられているが、一方で官僚機構の成熟といった要素もやはり考慮すべきであると考える。季禄は、律令制的官僚機構を維持するうえでは非常に有効性があったが、各家政機関が高度に発展し、かつ、国家財政の逼迫が私的主従関係の構築をもたらすことになったとき、季禄は、時代に適さなくなったと考えられる。加えて、国家財政のさらなる困窮が後押しするように、季禄の性質が重複する位禄や節禄へ分散させたのではないだろうか。中込律子氏は、大津氏が節禄以外の給与制度を軽視していると批判したうえで、当時も節禄対象外の多くの官人が官人として活動し、その官僚制の質を財政論から考えるためには、官人一般への再配分の形態の特質から考察する必要性があると論じられている[41]。十世紀以降の国家財政は、権門的家産経済としての性質がある一方で、高度な官僚制を維持するための禄といった性質も見過ごせない。本稿では、財政の窮乏といった点からの考察が中心となっているが、季禄は、その中で性質が他の禄と重複することから、一方的な削減対象になったのではないかと考えている。これについては、現在、深く掘り下げる材料を持ち合わせていないので、後考を期しつつ、今後の課題としたい。

注

（1）主に、村井康彦「平安中期の官衙財政」（『古代国家解体過程の研究』岩波書店、一九六五年）、薗田香融「出挙—天平から延喜まで—」（『日本古代財政史の研究』塙書房、一九八一年）、早川庄八「律令財政の構造とその変質」（『日本古代の財政制度』名著刊行会、二〇〇〇年）、渡辺晃宏「平安時代の不動穀」（『史学雑誌』九八—一二、一九八九年）、佐藤信「雑米未進にみる律令財政の変質」（『日本古代の宮都と木簡』吉川弘文館、一九九七年）、山下信一郎「平安時代中期の位禄制の評価をめぐる覚書」（小口雅史編『律令制と日本古代国家』同成社、二〇一八年）、宮川麻紀「九～十世紀の交易価格と地方社会」（『日本古代の交易と社会』吉川弘文館、二〇二〇年）、神戸航介「摂関期の財政構造」（『日本古代財務行政の研究』吉川弘文館、二〇二二年）などがある。

（2）拙稿「位禄定の成立からみる官人給与の変質」（『ヒストリア』二五九、二〇一六年）。

（3）青木和夫「律令財政」（『日本律令国家論攷』岩波書店、一九九二年）。注（1）早川論文。両氏の他、『古事類苑』（封禄部）も本条を季禄に関する記事として分類している。

（4）高橋崇『律令官人給与制の研究』（吉川弘文館、一九七〇年）。東野治之「『続日本紀』管見二則—禄法・軍毅—」（『続日本紀研究』二〇〇、一九七九年）。

（5）『大日本古文書』二一—二七六。

（6）宝亀四年（七七三）では、すでに令制規定どおりの支給であることから、天平宝字二年（七五八）の『養老令』施行時に令制に戻されたとも考えられるが、『大宝令』と『養老令』は、ほぼ内容が同一であり、大宝令制を否定する規定が、ほぼ同文の『養老令』施行時に令制規定に回帰することは、論理的に矛盾すると考えられる。

（7）山下信一郎「律令封禄制と賜禄儀」（『日本古代の国家と給与制』吉川弘文館、二〇一二年）。

（8）『続日本紀』霊亀元年（七一五）五月朔条には「勅二諸国朝集使一曰。天下百姓。多背二本貫一。流二宕他郷一。規二避

課役。其浮浪逗留。経二三月以上一者。即云断（土断か）。輸二調庸一。随二当国法一。」とあり、同十四日条には「詔曰。凡諸国運二輸調庸一。各有二期限一。今国司等。怠緩違期。遂妨二耕農一。」とあるため、奈良時代初期から麁悪・違期・未進が問題視されていることがわかる。

(9) 注（1）薗田論文。

(10)『続日本紀』同月乙酉条。

(11) 注（1）早川論文。

(12) 注（1）薗田論文。

(13) 注（1）村井論文。

(14) 大津透「律令収取制度の特質」（『律令国家支配構造の研究』岩波書店、一九九三年）。

(15)『平安遺文』一一六一。

(16)「賜季禄儀」は、『儀式』によると、春夏の場合、正月下旬に諸司で官人の上日を総計し、二月三日に式部省に送り、同十日に式部省が太政官に対して支給対象者や支給物等の三省申政を行う。そして同十三日に式部省が解文を作成し、左弁官に送り、少納言がそれを奏上。同二十日に太政官符が大蔵省に下され、二十二日に大蔵省で支給される。

(17)『類聚三代格』巻六、弘仁六年（八一五）十一月十四日太政官符。なお、この相論については、虎尾達哉氏の論考（虎尾達哉「弘仁六年給季禄儀における式兵両省相論をめぐって—律令制下官司統制管見—」〔『律令政治と官人社会』塙書房、二〇二一年〕）に詳しい。

(18) 古市晃「前期難波宮内裏西方官衙の再検討—庭に積み上げて賜う儀礼について—」（『ヒストリア』一五八、一九九七年）。

(19) 虎尾俊哉「「例」の研究」（『古代典籍文書論考』吉川弘文館、一九八二年）。

(20) 山下信一郎「賜禄儀の参加者をめぐって」（『日本古代の国家と給与制』吉川弘文館、二〇一二年）。

(21) 位禄定については、佐々木宗雄「十～十一世紀の位禄制と不堪佃田制」（『日本王朝国家論』名著刊行会、一九九九

四年）、吉川真司「律令官人制の再編過程」（『律令官僚制の研究』塙書房、一九九八年）、注（1）山下論文、注（1）神戸論文、注（2）拙稿等に詳しい。
(22)『延喜主税式』位禄貨条。注（1）宮川論文。
(23)位季禄の現地支給・租穀支給は、年料別納租穀の成立と深く関わっていると考えられる。年料別納租穀の成立に関しては、別稿にて論じたことがあり、元慶三年（八七九）から寛平九年（八九七）までの間に成立したと考えられる（注（2）拙稿）。
(24)『続日本紀』延暦五年（七八六）四月庚午（十一日）条。
(25)『貞観交替式』。
(26)長山泰孝「調庸違反と対国司策」（『律令負担体系の研究』塙書房、一九七六年）。
(27)堀井佳代子氏は、服御・常膳の減省を考察され、これらの減省と官人の封禄の削減は、嵯峨天皇の唐風化政策に基づいた災害時の対応であり、仁和年間（光孝朝）以降は、儀式化しつつも災害時の対策としては併存したものの、五位官人以上の封禄削減は行わなくなると指摘している（堀井佳代子「平安時代の服御・常膳の減省について」〔続日本紀研究会編『続日本紀と古代社会』塙書房、二〇一四年〕）。これは、官人給与を中央財源で賄うことができなくなり、それを外国に求める遙授制が確立したからこその現象であると評価できよう。
(28)注（2）拙稿。および、拙稿「平安中期の時服の形態―政務と財源を中心に―」（西本昌弘編『日本古代の儀礼と神祇・仏教』塙書房、二〇二〇年）。
(29)拙稿「時服の変遷に関する基礎的考察」（『古代史の研究』一七、二〇一一年）。
(30)注（2）拙稿。
(31)山下信一郎「平安時代の給与制と位禄」（『日本古代の国家と給与制』吉川弘文館、二〇一二年）。注（27）堀井論文。
(32)類似する方策に、「奪公廨」というものがある。「奪公廨」については、近年、増成一倫氏が論考を出されている（「公廨稲制度の展開と国司」〔『ヒストリア』二八九、二〇二一年〕）。増成氏によると、「奪公廨」は第一義的には国司に対する処罰であるが、弘仁年間以後、位階を限定したり奪われる公廨稲の額や割合を定めた例が登場し、「奪公廨」の適用方式がより細分化し、国司統制や地方支配への関与を図る目的もあったと指摘している。公廨の第一義的役割については議論があるが（注（1）薗田論文、早川庄八「公廨稲制度の成立」（『日本古代の財政制度』名著刊行会、二〇〇〇年））、公廨が国司得分という役割を保持しているということには変わりがない。したがって、「奪公廨」は国司の経済的利益を奪うことによって、処罰目的として活用され、ひいては、国司統率の手段として用いられた。「奪位禄」「奪季禄」も、官人の経済的利益を奪うということから、同様の目的があったと考えられる。また、官人統制の目的があったという点も、想定して問題ないと思われる。

（33）『別聚符宣抄』延喜十三年（九一三）四月二十二日宣旨。
（34）『別聚符宣抄』延喜十六年（九一六）五月十三日宣旨。
（35）注（21）吉川論文。
（36）諸橋徹次『大漢和辞典』四、三八三頁。
（37）いずれも『政事要略』。
（38）土田直鎮「兼官と位季禄」（『奈良平安時代史研究』吉川弘文館、一九九二年）。
（39）注（1）渡辺論文。拙稿「平安前期における地方財政の環境と政策」（『続日本紀研究』四二八、二〇二二年）。
（40）大津透「節禄の成立」（『古代の天皇制』岩波書店、一九九九年）。
（41）中込律子「国家財政史研究における二つの視角」（『平安時代の税財政構造と受領』校倉書房、二〇一三年）。

平安時代における天文勘申と中原氏

高田義人

はじめに

天文・占・暦などの知識や技能は国家にとって危険性をはらんだものと認識され、民間に広まるのを防ぐため、律令により統制が加えられていた。養老職制律20玄象器物条では、天体観測のための器物、天文に関する図や書籍を個人で所有すること、および密かに習学することは禁じられ、これを破れば徒一年の罰則を科された。『続日本紀』神護景雲元年（七六七）九月癸亥条で、陰陽の技能を代々伝習する家柄であった日向員外介大津大浦が解任され、所有していた天文・陰陽等の書が没収され官書とされたのは、その適用例と考えられている(1)。また、養老雑令8秘書玄象条では、天文の器物・書籍類は持ち出しを禁じられ、陰陽寮所属の天文生は、知り得た天文現象を漏洩することが禁じられた(2)。もし天文に変異があれば、天文博士がその現象と占断を記して密封し、陰陽頭がそれを奏上（天文密奏）することになっていた(3)。

この天文密奏は、貞観七年（八六五）正月には天文博士が直接奏上をしていると解せる例がみられ(4)、十世紀には天文博士以外に、宣旨により天文密奏の資格を与えられた者も行えるようになる。(5) 同宣旨は、天文密奏宣旨と称され、天文博士を補完する目的で創出されたものと考えられる。これに伴い十世紀頃までには奏上の経路が天文博士及び密奏宣旨を蒙る者→一大臣（兼陰陽寮別当）→蔵人→天皇へと変化し、陰陽頭を経由しなくなった。(6) この変化を山下克明氏は「職掌面で陰陽寮内における天文博士の独自性を示すもの(7)」とする。

その後の天文道は十世紀末に安倍晴明が現れ、以降安倍氏によって天文博士職が独占されていくことはよく知られている。本稿で取り上げる中原氏は陰陽寮外にあって、天文道を学習することを許す天文学習宣旨、さらに天文密奏宣旨を蒙り、安倍氏に先行して天文に関わり、十二世紀前半まで天文密奏を行っていた。安倍氏による天文道の掌握については多くの先行研究(8)があるが、中原氏については詳細な検討がされていないのが実情である。

そこで本稿では、中原氏が天文学習宣旨・天文密奏宣旨を一族で独占できた要因、また中原師安死後、同氏による天文密奏が途絶した中原氏側の事情、さらに天文密奏途絶後の中原氏嫡流家の動向について検討したい。

一　中原氏による天文奏の伝統　—天文奏に関わった中原氏の人々—

中原氏は明経道を家学とし外記に進出して局務家と称された。初めは十市部としてみえるが、『続群書類従』所収「中原系図」冒頭の注記によれば、天禄二年（九七一）九月に有象・以忠等が、十市首姓を改め中原宿禰となり、天延二年（九七四）十二月には、宿禰を改め朝臣の姓を賜っている。天文に関わるようになるのは十世紀前半からである。

まずは天文奏に関与した中原氏の人物について触れておきたい。ただし、中原師任・師平・師遠・師安の経歴などについては『地下家伝』(9)および井上幸治編『外記補任』所収「外記考証」(10)に譲り、ここでは天文奏との関わりについてのみ記すこととしたい。

十市部（中原）良佐（忠）：天文道との関係が最も早くにみられる人物であり、延長八年（九三〇）七月二十四日(11)に大学寮の助教として天文密奏宣旨を蒙っている。

十市部（中原）以忠：父良佐の推挙により天慶八年（九四五）七月十九日(12)に天文学習宣旨を蒙っている。天徳四年（九六〇）四月廿日(13)には天文奏を行っており、『親信卿記』には天禄・天延年間に天文博士安倍晴明と共に天文密奏を行っている記事を数例見いだせる。また『諸道勘文』(14)には、天延三年に主税頭兼助教として天文勘文を進めている例がみえる。

中原致明：『地下家伝』によれば、父は有象、兄は致時。康保四年（九六七）八月二十一日付の学生中原致明に明経准得業生試を遂げさせるための挙状(15)の中で「致明已蒙二宣旨一習二学天文一」とみえる。よって康保四年以前に明経生で天文学習宣旨を蒙っていたことになる。長徳二年（九九六）七月八日には兄致時より明経博士を譲られて

【中原氏略系図】

※太字は局務。◎は天文密奏宣旨を、○は天文学習宣旨をそれぞれ蒙ったことを示す。

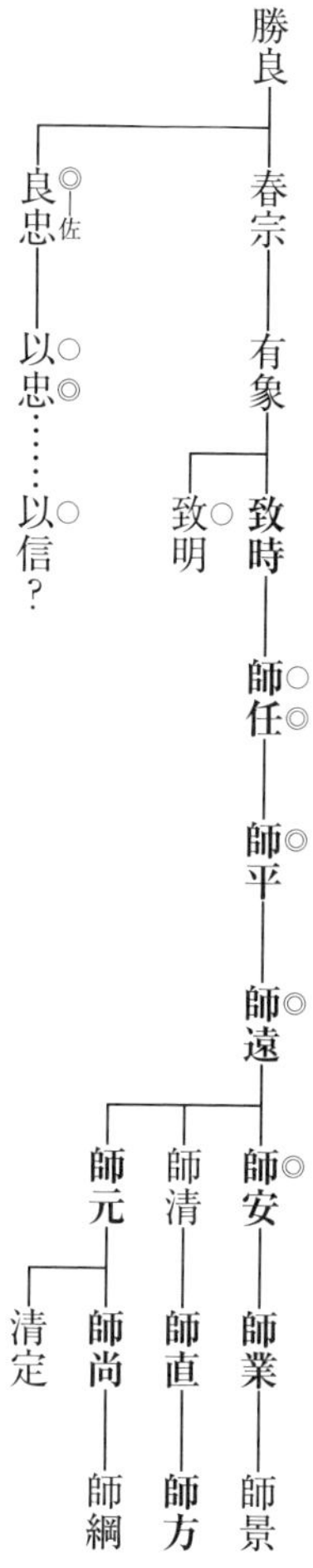

いる。(16)

中原以信：『親信卿記』天禄三年十二月十一日には、「以忠宿禰差二美濃掾同以信一、令レ奉二密奏一、即令レ申云、所レ煩侍所レ令レ奉也、但先例如レ此之間、差二習学者一進上已例也、件以信蒙二宣旨一云々、其変去九月々〔日月〕犯レ畢云々、」とあるように、天文密奏宣旨者中原以忠が煩うところがあり、天文学習宣旨を蒙っている中原以信を遣わして密奏文を進上せしめている。あるいは以忠の子息ではないかと思われる。

中原師任：『地下家伝』によれば、擬文章生に補されたのち、長保六年（一〇〇四）十月三日に天文学習宣旨を蒙っている。その後、文章生・式部録などに就いているから、明経道でなく紀伝道官人として外記に進んだようである。寛仁三年（一〇一九）天文博士安倍吉昌が死去し、朝廷が天文奏を行える者を求めた際に、天文学習宣旨を蒙っていた中原師任の名も上がったが、「不覚者」とされ、密奏宣旨は下されなかった。(17)万寿元年（一〇二四）に大外記となり、長元三年（一〇三〇）十月二十三日に散位で天文密奏宣旨を蒙る。(18)以後、『小右記』に長元四年、『諸道勘文』に天喜四年（一〇五六）・康平三年（一〇六〇）の天文奏進上の例がみえる。康平五年正月に八十歳で死去している。

中原師平：『地下家伝』によれば、明経得業生より出身し、助教兼大外記に昇り、父師任死去後の康平五年十一月十三日に天文密奏宣旨を蒙る。『諸道勘文』には承保二年（一〇七五）の天文奏進上の例がみえる。寛治五年（一〇九一）九月に死去している。

中原師遠：『地下家伝』によれば、明経得業生より出身し、直講兼大外記となり、父師平死去後、寛治七年二月十二日に天文密奏宣旨を蒙る。『中右記』同年三月五日条に宣旨を蒙った後、初めて天文奏を行ったとあり、以後、『中右記』『殿暦』にしばしば天文奏を行っている例を確認できる。また『諸道勘文』にも永長二年（一〇九七）・

長治三年（一一〇六）・天仁三年（一一一〇）の天文奏進上の例がみえる。大治五年（一一三〇）八月六日に死去している。

中原師安：『地下家伝』によれば、明経准得業生より出身し、大外記に進んだ嘉承二年（一一〇七）に初めて天文を学ぶとみえる。その後元永元年（一一一八）十一月十五日に、父師遠と相並んで天文奏を献ずべき宣旨が下される。これにより中原嫡流家四代にわたり密奏宣旨を蒙ることになった。しかし、師安が久寿元年（一一五四）九月二十五日に六十七歳で死去して後[19]、中原氏で密奏宣旨を蒙った者を確認できなくなる。師安死去の二年後にあたる保元元年（一一五六）には、安倍時晴に密奏宣旨が下されたものと考えられ[20]、以後安倍氏によって密奏宣旨は独占されていく。

明経道出身である中原氏が天文に関わり得た理由について、すでに山下氏[21]が指摘しているように、中国正史の天文志や天文書を引用する天文博士の職務が、中国典籍を用いる明経家の学問領域と接近していたことによるとみてよいだろう。明経道の学ぶべきテキストは、養老考課令71明経条によれば、周礼、左伝、礼記、毛詩、孝経、論語、など儒教に関する書籍である。この中に天文書などは含まれていないが、天文学習宣旨により、明経のテキストとは別に天文書を学び、やがては天文密奏を行うようになったと考えられる。実際に『諸道勘文』にみえる中原氏の密奏案も『天地瑞祥志』『天文要録』や『漢書』・『晋書』など正史天文志を引用するものであり、明経道の中原氏独自の天文テキストがあった訳ではなく、天文道安倍氏と同じテキスト[22]を用いて密奏を行っていた。

二　平安時代の天文学習宣旨・天文密奏宣旨の性格

天文学習宣旨・天文密奏宣旨は、陰陽寮外にあった中原氏が天文勘申を行う上で、獲得すべき必要な資格であった。本節ではその性格を検討し、同氏が代々獲得できた理由を考えたい。

（1）天文学習宣旨

天文学習宣旨とは、陰陽寮に属して天文を学ぶ官人以外の者に、天文を学習することを許すものである。この宣旨を蒙った者は【表1】の通りである。

同宣旨の初例を載せる『本朝世紀』天慶八年七月十九日条を挙げる。

十九日癸丑、今日又可三明経得業生十市部以忠習二天文一宣旨、弁官奉レ之、是主計頭兼助教左京権亮良佐宿禰息子也、良佐宿禰依二去延長八年七月十〔廿カ〕四宣旨一、進二天文奏一者也、仍奉二申文一薦三挙以忠一、今日大納言召二大外記三統宿禰公忠一問云、令レ習二天文一宣旨、外記奉歟、将弁官奉歟、公忠宿禰申云、藤原三仁・同義柄・同時柄等可レ習二天文一宣旨、弁官所レ奉也云々、仍今日以二件申文一給二弁官一、書三下宣旨一、此申文従二殿上一令下二蔵人頭左近中将藤原師尹朝臣一給中大納言上、其宣旨云、

左大弁藤原朝臣在衡伝宣、大納言藤原朝臣師輔宣、以二明経得業生十市部以忠一宜レ令レ学二天文道一者、

天慶八年七月十九日　　左大史□□□□高奉

これによれば、天文密奏宣旨を蒙っていた十市宿禰良佐の申請を受けて、上卿大納言藤原師輔の宣により良佐の

子である明経得業生の以忠に「天文道」[23]を学習することを許す宣旨が下されている。他道の者が「天文道」を学ぶのに宣旨を必要とするのは、前述したように天文に関する図や書籍を私的に所有し、また学習することは禁じられていたことによるものと考えられる。この場合、教授の師は、密奏宣旨を蒙っている父良佐と考えられ、父から子へ技能の伝習があったことになる。おそらく以後同様に、中原氏の天文密奏宣旨を蒙った者が、「申文」により一族の者を推挙し、天文学習宣旨を得て、一族内で教育が行われ、やがて学習宣旨者は密奏宣旨を蒙るという体制が形成されていったものと推定される。

ところで前掲史料に天文学習宣旨の例としてあげられている藤原三仁・義柄・時柄については、すでに山下氏の

【表1】天文学習宣旨を蒙った者　※（　）内の官職は宣旨を蒙った時のもの。

天文学習宣旨者	所見
藤原三仁	九世紀後半（『本朝世紀』天慶八年七月十九日条）
藤原義柄	延長元年（九二三）六月九日任（『別聚符宣抄』）
藤原時柄	承平元年（九三一）二月七日任（『日本紀略』）
十市部以忠（明経得業生）	天慶八年（九四五）七月十九日任（『本朝世紀』同日条）
十市致明（明経生）	康保四年（九六七）八月二十一日任（『類聚符宣抄』九）
中原以信（美濃掾）	天禄三年（九七二）十二月十一日見（『親信卿記』）
中原師任（擬文章生ヵ）	寛弘元年（一〇〇四）十月三日任（『地下家伝』）
（橘）孝親[24]	寛仁三年（一〇一九）六月十日見（『小右記』）

論考に詳述されているが、いずれも藤原氏京家の人物である。藤原三仁は『大鏡裏書』所引『吏部王記』承平元（九三一）年九月四日条において「善二天文一」とみえる人物であり、時柄は『尊卑分脈』によれば三仁の子息であり、義柄は系譜関係が不明ながら山下氏は時柄の兄弟と推測している。要するにこの三人は親子関係にあり、十市部（中原）と同様に父子間で技能の伝習があったということになろう。三仁父子の官職は不明であるが、山下氏は藤原氏京家は浜成以降、陰陽・天文学に精通した者を輩出しており、そのことが三仁父子に学習宣旨が下された主たる理由であろうと指摘している。

天文学習宣旨を蒙った者は、天文密奏宣旨を蒙った者を補助する役割も担っていた。前掲『親信卿記』天禄三年十二月十一日条によれば、天文密奏宣旨者に障りがあれば、天文学習宣旨者が代わりに密奏文を進上する例であったことが知られる。

寛仁三年所見の孝親以後、天文学習宣旨者は確認できなくなる。中原氏では師平・師遠・師安が密奏宣旨を蒙る以前に、天文道を学んでいたことは明白である。史料の残存状況による可能性も否定できないが、同氏による父から子への伝学に対し、宣旨による許可を必要としなくなり、天文書の所有と相伝が認められるようになったとみることも可能であろう。そのように考えることにより、後節で述べるように、密奏宣旨を蒙らなかった師業・師景父子が天文変異勘申を行っていたこと、師景の蔵書の中に天文書が存在していた可能性が高いことなどが矛盾なく説明できるのではなかろうか。

（2）天文密奏宣旨

天文密奏宣旨とは、天文博士以外の者に天文の観察とその占文の密奏を行う資格を与えるものである。同宣旨については、安倍氏の天文道掌握の過程のなかで検討した山下氏の研究[28]があり、密奏宣旨者の一覧も作成されている。それによれば前述の中原氏以外の者では、十二世紀中葉までに安倍吉平・安倍時親・安倍有行・安倍時晴を確認できる。

『類聚符宣抄』第九に掲載される延長八年七月二十四日の天文密奏宣旨の実例を掲載する。

左大弁藤原朝臣邦基伝宣、左大臣（藤原忠平）宣、奉レ勅、以二助教従五位下十市部良佐一、宜レ令レ進二天文奏一者、

延長八年七月廿四日　　左大史錦部宿禰春蔭奉

これは天文密奏宣旨の初例とされるもので、十市部良佐に天文奏を行う資格を与えた宣旨である。手続き等については赤澤春彦氏[29]が詳述しているので略すが、通常は密奏を望む者より申請が出され、奏聞を経て、宣旨が下されることになっている。天文学習宣旨が上卿宣によるものであるのに対し、密奏宣旨は「奉勅」の宣旨であり、造暦宣旨と同様、天皇権に関わる重要な資格であった。中原氏の場合、前述のように師平・師遠は前資格者の父が死去後に、宣旨を蒙っているから、前資格者死去による欠員を補充する形で申請し、朝廷もそれを認めて宣旨を下していたのであろう。ところが師安は父師遠存命中に密奏宣旨を蒙っているようであり、中原氏から二名の密奏宣旨者がでることになった。これは天文博士職を独占する安倍氏側の人材難によるものではないかと推測する[30]。

文書としての天文奏・天文勘文については、菅原正子氏[31]の研究があり、平安から南北朝時代までの天文奏・天文勘文一覧表を作成し、その形態に着目し、「謹奏」と書かれていれば、天皇に奏上された「天文奏」であり、「奏」が書かれていなければ、天皇以外にも提出可能な「天文勘文」であり、両者の内容は同じであったと整理している。さらに実例を分析し、「天文勘文」の進上者のなかには、天文博士でもなく天文密奏の宣旨も蒙っていない明経道官人の例[32]があること、院への密奏のほか、一大臣や内覧者ではない政治権力者（平清盛や内覧以前の九条兼実など[33]）

が密奏案等を見ることがあったことを指摘する。

以上、天文学習宣旨・天文密奏宣旨を見てきたが、いずれも通常は申請を受けて下されるものであり、中原氏は挙状をもって一族の者を次々と学習宣旨者とすることで、密奏宣旨を申請する権利を得たと言えよう。朝廷も代々天文を伝学してきた同氏に天文博士を補完させる役割を任せるようになったものと考えられる。

三　中原氏による天文密奏の途絶と局務の移動

中原師安以後、中原氏が天文密奏を行った明確な事例を見いだせず、先学が指摘するように、十二世紀前半の師安で中原氏の天文密奏は途絶したとみてよい。その理由については、従来から指摘されているように、院政期頃から天文家安倍氏が泰親流・晴道流・宗明流に分立し、天文博士・権天文博士・密奏宣旨者を競合し、やがて分け合うようになったことが挙げられる。例えば、『玉葉』治承二年（一一七八）十月五日条に「密奏之輩六人」がみえるが、このうち密奏宣旨を蒙っていた者は、安倍泰親・季弘・時晴・資元の四人であった。密奏宣旨者増加の原因について、赤澤氏[34]は天文道技能保持者の確保と安倍氏各流間の競合による技術レベルの向上を意図した朝廷の方針を想定する。また山下氏[35]は朝廷の安倍氏への天文道依存による現象とみている。要するに安倍氏の分立に伴い、密奏資格など天文道の特権を巡る競合の結果、中原氏へ密奏宣旨が下されなくなったということになろう。実は中原氏側にも安倍氏と天文道の特権を廻って張り合う余力もなかったという事情もあったようであり、以下、天文密奏途絶後の中原氏について、師安の子師業を取り上げ、局務家の動向にも触れつつ、詳しく見ていきたい。

師業は、初めの名は師長で、長承元年（一一三二）に少外記としてみえ、久安四年（一一四八）父師安から譲りを受けて大外記となる。(36) 翌年には左大臣藤原頼長の嫡子師長と同名であることを憚り、師業に改名し、(37) 局務として正五位上に昇った。子には後述する師景がおり、また承安四年（一一七四）十月一日付「安芸国中原業長譲状案」（『厳島神社文書』(38)）により、猶子に中原業長がいたことが知られる。(39)

ところで、彼の親族関係はやや特異なものであった。『台記』康治二年（一一四三）十二月十八日条によれば、助教清原祐隆のことを師長（師業）の師であり舅でもあると記されている。確かに『清原氏系図』(40)によれば、祐隆の娘に「中原師業妻」とする者がいる。のちに局務家として清原氏の地位を確立する清原頼業とは義理の兄弟という関係になる。頼業もまた中原師遠の娘を妻としており、更に頼業の弟祐安は中原師元の養子となって外記に就任し、後に本姓に復している。曽我良成氏(41)は義理の兄弟である師業が清原頼業に何らかの援助を与えたと推測しており、遠藤珠紀氏(42)も、こうした中原氏との姻戚関係が、頼業が大外記に任じられた要因と推定している。

師業が天文密奏宣旨を蒙ったことを示す史料は確認出来ないが、『中右記』保延元年（一一三五）三月二十二日条で「外記大夫師長来、知二天文一者也、問二一日地震事一、申云、地ハ陰也、后宮大臣之慎也」とあり、記主藤原宗忠は師長に天文の知識があることを記している。同記保延二年二月二十七日条では、師長がその父師安の使として宗忠の許に来て、天文変異の注進をしている。密奏宣旨を蒙った者が参上できない時には、天文学習者を使とすることが例であるとの前掲『親信卿記』の記載を参考にすれば、この時使となった師長は父師安を師として天文を学習していたとみてよい。また、次に掲げる『玉葉』嘉応元年（一一六九）四月十日条（泰親語条々事）の傍線部から、二条天皇に天文を教示していたことが知られる。

十日、天晴、晩頭陰陽助安倍泰親来、（中略）抑言談之次語云、（中略）又云、二条院御時、師業為二御師一奉レ教レ星云々、泰親聞二此事一、大驚而云、於二師業一者不レ見レ星者也、鳥羽上皇仰云、上中下三星ハ我教也、更

不レ見レ星者也云々、此仰泰親与信西相共奉レ之、争為二帝者之師一哉、定有二其咎一歟云々、則夜受レ病遂早世云々、

当条中、安倍泰親は、師業を「星を見ざる者」と評しているが、前掲『中右記』の記述を考えると、この時の泰親の言談は、中原氏を貶めるための誇張とみた方が良いであろう。

以上の史料から、師業が天文を学習しており、天文変異の勘申などを行っていたことを確認できる。このまま大過なく務めていれば、父師安死去後に密奏宣旨を蒙っていた可能性もあったであろう。

ところが、師業の代には局務が嫡流から庶流に移るという局務家中原氏にとって大きな変動があった。まず書陵部所蔵壬生本『中原氏系図』(43)（師遠以降を適宜抄出）を挙げる。

師遠（天文密奏、（中略）大外記、従五上、局務、）
- 師安（正四下、（中略）大外記、局務、）――師業（穀倉院別当、（中略）大外記、正五上、局務、）――師景（散位、従五下、）
- 師清（直講、少外記、従五上、）――師直（摂津守、大外記、正五上、局務、）――師方（博士、大外記、正五上、局務、）
- 師元（為家嫡賜師業文書以下、穀倉院別当、（中略）大外記、局務、）――師尚（太宰少弐、対馬守、（中略）大外記、正四下、局務、）――師綱（正五下、大炊頭、）

中原氏は師遠の後、嫡家師安流、庶家の師清流・師元流と三家が分立する。注目したいのは、①師遠以下の嫡流にみられる「局務」の傍書が師業で途絶えていること、②師元の右の注記に「為二家嫡一賜二師業文書以下一」の注記(44)があることであり、以上から師遠以降の局務は、師遠→師安→師業→師元と移ったことが判明する。(45)具体的には、平治の乱後に行われた永暦元年（一一六〇）正月二十一日の除目において嫡流師業が大外記を罷免され、河内守に遷任、同日に庶流師元が大夫外記に就任する。(46)これにより師業から師元に局務が移り、同時に師元が家嫡となり、局務として職務に必要な「師業文書以下」を賜ったものと考えられる。「賜」ったと表記されているところに朝廷の介入を窺うことができるのではないだろうか。同様の例として想起されるのは、文治元年（一一八五）十月に源義経の要請で源頼朝追討宣旨が出され、これに関わった官務小槻隆職が同年十二月に頼朝によって解官され、その際に庶流の小槻広房に官務が移り、隆職から広房に文書類の分与があったことである。(47)永暦元年の師業の大外記罷免について、井上氏(48)は、師元が子の一人清定を平清盛の養子とするなど、平氏との関係を深めており、平治の乱に関わった師業を排除し、大夫外記の地位を奪い取ったとみている。師業が父師安死去後に嫡流家を相続してわずか六年後のことである。

その後師業は、書陵部本『外記補任(49)』応保二年（一一六二）の大外記中原師元の注記に「十・廿八兼二博士一補二穀倉院別当一〈各師業死替〉」とあることから、外記罷免から二年ほど経った応保二年十月二十八日以前に死去していたとみられる。前掲『玉葉』で安倍泰親が、師業のことを、「星を見ざる者」が天皇に天文を教授したため「早世」した、と吹聴される所以となった。

以上述べてきたように、中原師安の男師業は、父から天文を学び、天文変異の注進や、二条天皇への天文の教授を行うなど、密奏宣旨を蒙る可能性はあったといえよう。しかし平治の乱を機に大外記を罷免され、局務が庶流の師元に移ったことで、その名声が落ち、台頭する天文道安倍氏分流と密奏宣旨を廻り競い合うだけの力はなかったものと考えられる。

四　中原嫡流家伝来文書の行方

中原師業の男師景は、書陵部本『外記補任』嘉応二年の項[50]に、権少外記正六位上として名前がみえ、「十二月五日任少、元大舎人允、故河内守師業男、十二月卅日叙、〈□長承〔三年五月十五日〕□□□□□□賀茂両社行幸故師業行事賞〉」と記される。すなわち嘉応二年十二月五日に少外記となり、同三十日に叙爵されている。その理由は故父師業の長承三年賀茂社行幸の行事賞を譲られたことによる。師景は師安流を継ぐ地位にいた人物であったことは間違いない[51]。

天文密奏を行ったことは確認できないが、『玉葉』治承四年十二月二十三日条では、

外記大夫師景参、召ㇾ前問二天変事一、有二大喪・兵革等事一、尤可ㇾ恐云々、件男志与二小一条大将済時卿自筆記三巻一〈天禄二年二巻、同三年下一巻、〉不慮所二伝得一也云々、

とあり、右大臣九条兼実に天変事についてその意味することを勘申し、養和元年（一一八一）七月七日条でも「師景内々注二進客星勘文等一」とみえ、やはり兼実に内々に客星勘文を注進している。このことから、師景は父師業から天文の伝学があったとみられ、天文書の相伝も想定できる。

師景について特筆すべきは、彼の蔵書を通じて九条兼実との関係を深めていることである。前掲の『玉葉』治承四年十二月二十三日には、『済時卿記』自筆本三巻〈天禄二年二巻、同三年下一巻〉を兼実に献上したことが記されている。また、養和元年二月二十三日には、兼実の懇望により、白河上皇より中原師遠に下賜された秘蔵の兵法

書『素書』一巻を師景自ら書写し、兼実に献上している。同日条によれば、この書は、子孫であっても容易に伝授することを許さないという師遠の起請文があるため、兼実も長らく見ることができなかった。ところが、師景の夢に師遠が現れ、許可の告げがあり、この日、師景が書写し兼実の許に持参したという。(52)

官務家中原氏の師安流を継いだ師景の許には、伝来の蔵書が存在し、それを知る兼実はかなりの関心を寄せていたようである。

その後、寿永二年（一一八三）七月から十一月にかけて「師景文書」が兼実邸に譲渡される記事がみられ、『玉葉』にみえる関連記事を抜き出すと次頁【表2】のとおりである。

寿永二年七月は木曽義仲・源行家らの軍勢が京に迫っており、京内が騒然とするなか、二十五日に平家の都落ちがある。そのさなかに「師景文書」の譲渡の記事がみえる。前掲『中原氏系図』にみえる師元に賜った「師業文書以下」との関係であるが、師元は安元元年（一一七五）五月に死去しているから、それとは別である。おそらく局務が移った際に分与された「師業文書」の残りということであろう。(53)両者の関係は、師元に分与された「師業文書」は局務の地位と関連して継承される公的性格を有したもの、一方、分与後に残った「師景文書」は中原嫡流家に伝来した雑文書や書籍のほか師景が外記時代の文書ということになろう。どのような理由で師景から兼実に文書の譲渡があったのかは未詳である。憶測ではあるが、従来から師景の蔵書に関心のあった九条兼実が、京内争乱により中原家代々の文書・書籍が散逸することを恐れ、保全をはかったのかもしれない。

まず、七月六日に後白河院の院司藤原定長を招いて、師景文書の事を示しており、おそらく兼実に譲渡されることになった経緯等を伝えたものと想像される。七月七日・九日に兼実の使者が師景の許（師景堂）に向い、文書目録を作成している。この段落の目録作成は院への報告のためのものと思われる。その後、点検作業が行われていた

【表2】『玉葉』にみえる「師景文書」関連記事

No.	年月日	関連記事　※〈 〉は割書
1	寿永二年七月六日	招二右衛門権佐定長一、示二師景文書之間事一、
2	同　七月七日	今日遣二使者等於師景堂一、取二文書目録一、
3	同　七月九日	今日又遣二使於師景之許一、重令レ取二目録一、今日終功了、
4	同　七月十七日	右衛門権佐定長来、依レ召也、申二師景文書紛失之間事一、雖二境節中間一為二後恐一也、
5	同　七月十九日	右衛門権佐定長来、仰二師景文書之間事一、先日奏聞之勅報、任二師景契状一、早可レ致二沙汰一、天文書撰出可レ進也、自餘書籍汝進止也、抑文書紛失事、早可二尋沙汰一、自レ院御沙汰不レ可レ然云々者、
6	同　九月十四日	今日召二寄師景文書等一、惣二百七十餘合也、
7	同　九月十六日	文書等分レ櫃目録了、即自二今日一仰二付男共一、分レ部可レ取二目録一也、
8	同　十月十六日	終日令レ沙二汰師景文書事一、
9	同　閏十月十九日	向レ堂、有二文書沙汰一、
10	同　閏十月二十六日	今日終日令レ見二沙汰師景文書等一、
11	同　十一月三日	件両息(良通・良経)向レ堂、沙二汰師景文書事一、
12	同　十一月六日	今夜成長法師来、召二問文書事一〈師景、〉
13	同　十一月七日	成長法師文等遣召了、〈召二八幡一云々、〉入夜持来、然而今夜不レ開レ之、成長法師猶宿候、
14	同　十一月二十六日	今日有二文書沙汰一、〈師景文書也、〉大将(良通)・中将(良経)等同会合、入夜帰レ家、
15	文治三年十月二日	早旦向二九条堂一、見二師景文書等一、撰二取要書等一、

とみられ、十七日には、師景文書中に紛失のものがあることが判明したため、作業途中ながら後の恐れのため、院司藤原定長を召して、後白河院に報告させている。十九日には、院司定長が来訪し、後白河院に奏上の結果、「師景契状」に任せて、早く沙汰すべきこと、師景文書のうち「天文書」を選び出し院に進上すること、自余の書籍は兼実が思いのままにして良いこと、文書紛失の事については、早く尋ね沙汰すべきことが兼実に伝えられている。この内容から兼実と師景との間で契約が交わされており、院の許しを得て「師景文書」が兼実に譲渡されたとみてよい。この後、九月十四日に「師景文書」合計二百七十余合を兼実が手許に召し寄せ、櫃別の目録などを作成し、九条堂に収蔵したものとみられる。十一月六・七日には、石清水八幡宮から成長法師を召して、その文書を持参せているから、紛失文書とは石清水八幡宮関連のものであったのかもしれない。文治三年十月には兼実が収蔵先の九条堂に向かい、要書を選び取っている。その後『玉葉』には「師景文書」に関する記事は見いだせない。

以上から次の二点に注目したい。一点目は、代々局務を務めた師安流中原家の文書・書籍（知的財産）の譲渡に関して、後白河院の関与がみられることである。兼実はまず院司藤原定長を介して、師景文書の譲渡のことを院に奏上しており、譲渡の許可を得ている。また紛失文書を報告し、これに対し院より調査すべき仰せを蒙っている。このことは、中原氏が所蔵する文書・書籍は朝廷行事に関わるがゆえに、院の許可なく譲渡が出来なかったことを示すものであろう。前述した局務家における師業文書の分与の例、官務家における文治元年の文書分与の例をも視野に入れて、朝廷の文書管理を考えるならば、朝廷は、平時においては文書の相伝を各家に委任しつつも、局務家・官務家の文書が、嫡家から庶家へ移る、あるいは他家へ譲渡される、などの人為的な危機の場面には介入し、朝廷行事の運営に支障のないように安定的な知的財産の継承を求めた。まさに文書行政を保証する官司請負制の特徴的な事例といえよう。

二点目は、師安流中原家文書の兼実への譲渡にあたり、後白河院が蔵書の中から「天文書」の進上を命じていることである。これは冒頭で述べた大津大浦が解任された際に、天文・陰陽の書が没収され官書とされた例と類似し、院政期においても律令国家以来の天文書＝禁書の意識があったことを垣間見ることができる。また、中原師業・師景父子が、内々に天文変異の勘申を行い得たのは「天文書」の所有と相伝にあったと言える。したがって後白河院に「天文書」を召し上げられたことは、中原氏による天文勘申の終焉を意味する。これにより天文勘申は安倍氏の各家によって請け負われることになっていく。

結びにかえて

これまで各節で検討してきたことを整理して結びにかえたい。

中原氏は、明経道を家学とし、中国典籍に精通していたことで、天文学習宣旨・天文密奏宣旨が下されるようになった。同氏では、天文密奏宣旨を蒙った者が、天文学習宣旨者を推挙できたことにより、氏族内で天文の伝学が可能となり、やがて子息は密奏宣旨を蒙るという流れが形成されていった。これによって世襲的に天文密奏者を輩出できたものと考えられる。朝廷は、十一世紀半ばの中原師平以降、代々密奏宣旨を蒙るようになった中原氏に天文書の所有と相伝を認め、天文の伝学を委任するようになったと考えられる。そのため師平以降、天文学習宣旨が史料上確認できなくなるのではないかと推測される。

十二世紀半ばから天文家安倍氏が泰親流・晴道流・宗明流に分立し、天文博士・権天文博士・密奏宣旨者を競合し、やがて分け合うようになる。これにより中原氏への密奏宣旨が下されなくなり、中原氏の密奏は途絶すると考えられている。しかし、従来注目されてこなかったが、中原嫡流家では密奏途絶後も天文の伝学を行っており、師業・師景父子は天文勘申を行っていた。ところが平治の乱後、師業が大外記を罷免され、その後三年弱で死去してしまう。また局務は嫡流から庶流（師元流）に移り、中原嫡流家（師安流）は衰退する。このような中原氏の事情も影響して、朝廷は天文道を完全に安倍氏に委任するようになったのではないかと考える。やがて寿永二年に師安流中原家の文書類が九条兼実に譲渡され、その際、後白河院によって同家伝来の天文書も召し上げられたとみられる。これにより脈々と続いてきた中原氏による天文勘申が終焉することになった。以後局務家中原氏から密奏を始め天文勘申を行う人物は見いだせなくなる。

なお、永暦元年の局務家移動に際しての「師業文書」の分与、寿永二年の九条兼実への「師景文書」の譲渡、文治元年の官務家移動に際しての文書分与に、いずれも朝廷の関与が見られたことは、院政期の朝廷における文書管理のあり方を考える上で重要であろう。これが局務家・官務家特有のことなのか、現時点では明確に出来ないが留意する必要があろう。

九条家へ譲渡された「師景文書」がその後どうなったのか検討できなかった。あるいは諸所に伝わる九条家旧蔵本の中に手がかりがあるのかもしれないが、それは今後の課題とし、ひとまず擱筆することとしたい。

注

（1）大津大浦は『続日本紀』宝亀六年（七七五）五月己酉条の卒伝に「世習㆓陰陽㆒」とある。

（2）『兵範記』保元元年（一一五六）十月二日に安倍泰親が密奏情報を漏洩した罪により、密奏を一時停止されたことがあった。

（3）養老職員令9陰陽寮条。

（4）『日本三代実録』貞観七年（八六五）正月四日条。
（5）その初見は『類聚符宣抄』第九の延長八年（九三〇）七月二十四日に宣旨を蒙った助教十市部良佐の例。
（6）『新儀式』第四 天文密奏事（『群書類従』巻八〇）、故実叢書本『西宮記』巻一五 依天変上密奏事、『侍中群要』第七 臨時急事など参照。
（7）山下克明「暦・天文をめぐる諸相」（『平安時代の宗教文化と陰陽道』第二部第一章、岩田書院、一九九六年。初出一九九三年）。
（8）平安時代における安倍氏の動向については、山下克明a「陰陽家賀茂・安倍両氏の成立と展開」（『平安時代の宗教文化と陰陽道』第一部第三章、岩田書院、一九九六年）。同b「天文道と天文家安倍氏」（『平安時代陰陽道史研究』思文閣出版、二〇一五年）。赤澤春彦「鎌倉期における天文家安倍氏と天文道」（『鎌倉期官人陰陽師の研究』吉川弘文館、二〇一一年）、高田義人「天文家安倍氏における家業の継承」（『平安貴族社会と技能官人』第四章、同成社、二〇二〇年。初出二〇〇八年）を参照。
（9）日本古典全集本を使用。以下同。
（10）井上幸治「外記考証」（同編『外記補任』続群書類従完成会、二〇〇四年）。
（11）『類聚符宣抄』第九。
（12）『本朝世紀』同日条。
（13）『日本紀略』同日条。
（14）『群書類従』巻四六二所収。以下同。
（15）『類聚符宣抄』第九。
（16）『地下家伝』。
（17）『小右記』寛仁三年（一〇一九）六月十日条。
（18）『年中行事抄』（『大日本史料』二編三〇冊所収）。
（19）『台記』久寿元年（一一五四）九月二十五日条。

（20）『兵範記紙背文書』所収仁安三年（一一六八）八月「安倍時晴申文」に「密奏之労已抽二十三年之愚節一」と記されているから、逆算すると保元元年から密奏を行っていたことになる。吉田早苗「『兵範記』紙背文書にみえる官職申文（中）」（『東京大学史料編纂所報』二四、一九八九年）参照。

（21）注（7）山下論文。

（22）『続日本紀』天平宝字元年（七五七）十一月癸未条によれば、天文生が学ぶべきテキストとして「（史記）天官書」「漢・晋天文志」「三色簿讃」「韓楊要集」が挙げられている。また、『類聚符宣抄』九・天禄元年十一月八日付官符（応補天文得業生従八位上安倍朝臣吉昌事）では読書すべきテキストとして「三家簿讃一部・晋書志一巻・観星二十八宿」が挙げられている。

（23）『別聚符宣抄』に載せる藤原義柄の例も「学二天文道一」と記す。

（24）橘孝親と考えられる。彼は、長和三〜五年（一〇一四〜一〇一六）に外記、その後内記、文章博士に進んでおり、紀伝道出身の官人とみられる。注（10）井上編著及び山下克明『陰陽道の発見』第五章（NHK出版、二〇一〇年）参照。

（25）山下克明「藤原氏京家について―その「家風」と衰退―」（『古代文化史論攷』二、一九八一年）。

（26）注（25）山下論文。

（27）注（25）山下論文。

（28）注（8）山下a・b論文。

（29）注（8）赤澤論文。

（30）中原師安が密奏宣旨を蒙った元永元年時、陰陽寮内の安倍氏には、陰陽頭泰長、その男権陰陽博士政文、権天文博士宗明がいた。このうち泰長・政文は密奏宣旨を蒙ったことを記録類で確認出来ない。また天文博士も確認出来ず、欠員だった可能性がある。したがって安倍氏の密奏資格者は宗明のみだったのではなかろうか。注（8）高田論文も参照。

（31）菅原正子「天文密奏にみる朝廷政治と徳政」（『鎌倉遺文研究』二八、二〇一一年）。

(32) これについては山下氏が「外記としての先例勘申（外記勘例）の一環であり、天文変異に際して奏文を奉じる密奏行為とは異なる」と指摘している（注（8）山下b論文）。なお、清原信俊が『諸道勘文』において天文占書である『天地瑞祥志』等を引用して勘文を作成していることは留意する必要がある。信俊が天文学習宣旨を蒙っていたことは確認できないが、この時期の外記は、天文書を所有・披見できたということになろうか。

(33) 下村周太郎「九条兼実における天文密奏と天変祈禱―廷臣個人にとっての天変―」（『変革期の社会と九条兼実―『玉葉』をひらく』勉誠出版、二〇一八年）。

(34) 注（8）赤澤論文。

(35) 注（8）山下b論文。

(36) 『台記』久安四年（一一四八）十月十七日条。

(37) 『本朝世紀』久安五年（一一四九）十月十六日条。

(38) 『平安遺文』三六六一号。中原師業の経歴に関して井上幸治氏のご教示を得た。

(39) 中原業長は保元三年（一一五八）に少外記とみえ、永暦元年（一一六〇）に師業が大外記の職を罷免された日に、大外記に任じられている。その後、応保元年（一一六一）に従五位下・大外記とみえ、書陵部本『外記補任』には「不仕過」の注記があり、以後、外記としてはみえなくなる。

(40) 宮内庁書陵部所蔵壬生本（函架番号四一五・二一六）。宮内庁HP書陵部所蔵資料目録・画像公開システムにて画像公開。

(41) 曽我良成「清原頼隆と清原頼業の間」（『王朝国家政務の研究』吉川弘文館、二〇一二年。初出二〇〇七年）。

(42) 遠藤珠紀「外記局における中世的体制の成立」（『中世朝廷の官司制度』吉川弘文館、二〇一一年。初出二〇〇八年）。井上幸治「局務中原・清原氏の確立」（『古代中世の文書管理と官人』八木書店、二〇一六年）でも、清原頼業は「大夫外記を独占した中原師安の准一門として大夫外記に抜擢されたもの」との見解を示されている。

(43) 函架番号四一五・二一四。宮内庁HP書陵部所蔵資料目録・画像公開システムにて画像公開。

(44) この注記は『尊卑分脈』にもあり。

(45) 注(10)井上編著も参照。
(46) 注(10)井上編著参照。
(47) 文永十年七月小槻有家起請案（図書寮叢刊『壬生家文書』一所収）参照。
(48) 注(42)井上論文参照。
(49) 宮内庁書陵部所蔵壬生本（函架番号F九・四〇）。南北朝写。宮内庁HP書陵部所蔵資料目録・画像公開システムにて画像公開。
(50) この部分については南北朝の古写本（F九・四〇）に欠損が多いため、宝永二年の新写本（F一〇・二〇五）を用いた。
(51) 『玉葉』養和元年（一一八一）二月二十三日条では、師景の祖父を師遠としているが、あるいは曾祖父の誤りであろうか。
(52) この『玉葉』の記事については、佐藤道生「九条兼実の読書生活―『素書』と『和漢朗詠集』―」（小原仁編『玉葉を読む　九条兼実とその時代』勉誠出版、二〇一三年）を参照。
(53) 『玉葉』安元元年（一一七五）五月二十一日条。

近世における『政事要略』の伝来
—前田綱紀蒐集本を中心に—

小倉慈司

はしがき

『政事要略』は諸政務や行事に関する法令・先例等の資料を収録した平安時代の典籍であり、新訂増補国史大系に翻刻されている。『本朝書籍目録』(1)に拠れば全一三〇巻で、惟宗（令宗）允亮作というが、現存するのは二五巻分のみである。『小記目録』巻一八に「長保四年十一月五日、世事要略部類畢事、」と見え、長保四年（一〇〇二）に完成したことが知られる。(2)ただこの記事は、藤原実資が『政事要略』を部類したことを記しているに過ぎないとの説も存したが、(3)川尻秋生氏が『大刀節刀契等事』所引「季仲卿記」嘉保三（元の誤り）年（一〇九四）十月二十九日条に『政事要略』について「件文ハ允亮朝臣初作書也、在㆓帥入山（道歟、）家㆒也、献㆓小野右府㆒（実、）也、」と記すことを指摘し、允亮編纂と考えて間違いないことが明らかになった。(4)

なお、これまでの先行研究では長保四年に完成した後も、允亮による追記がなされたことが明らかにされているが、その他に一箇所、後世の書き込みがあるとの指摘もある。[5] これは巻七〇に見える「遠祖先公」（新訂増補国史大系本六〇一頁）を允亮の弟と推測されている令宗允正を指すと考え、その記事を允正を遠祖先公と呼ぶにふさわしいほど時代の降った彼の子孫による追記と見なしたことに因る。だが、この「遠祖先公」は藤原道長にとっての「遠祖先公」であり、藤原忠平のことを指していると考えるべきなので、[6] 後世の書き込みと考える必要はない。

この『政事要略』は、作られた当初は、藤原実資の子孫の家にだけ伝えられていたようであるが、やがて他家に伝写されるようになった。[7] 現存写本は大部分が江戸時代の新写本であり、新訂増補国史大系が刊行されているとはいえ、本文校訂に問題を残しているが、これまでは古写本である前田育徳会尊経閣文庫本を除くと網羅的写本研究は押部佳周氏の研究が唯一であり、[8] その後はほとんど進展していない。そこで本稿ではそのことを検討する前提として、近世における『政事要略』写本の伝来状況を考えることにしたい。

一　『退私録』の信憑性　―醍醐家と彰考館―

（1）『退私録』の記述

『政事要略』現存二五巻分のうち古写本は鎌倉時代書写の巻二五・六〇と巻六九残簡のみであり、[9] このうち巻六九残簡は首尾が欠けていて、かつては巻次未詳とされていた。この三巻は現在は尊経閣文庫の所蔵となっているが、蔵書印によって金沢文庫旧蔵であったことが知られる。

この金沢文庫本『政事要略』は江戸時代に寺外に流出することになるが、その経緯を記しているのが新井白石の随筆『退私録』である。

『退私録』巻之中　神君金沢文庫之蔵書御差上之事

一、神君御代になり、五山の僧学校に仰せて金沢の文庫をひらき、蔵書を披閲せしめて、脱巻なき全本をば公儀迄御差上、残りし書どもは民間に出る、此時政事要略脱巻ありて只十九巻ありしを先生の家に持来り、価金五十両と云、其書の筆者名ある人々たるがゆへなり、先生は家に居玉はず、舎弟二十両迄に価を付けられしなり、其後殊にすぐれたる筆者の有し巻を三巻抜出して、去る大名へ売、残りし分は醍醐殿の方へ求められしなり、先生の舎兄渉猟のつひでに記されしは、大学頭にむかしは天下の政事を公方より問しめ玉ひて、異国・本朝の故実を考しめて、其事の是非を論ぜしと見えたり、古は斯殊勝の事有しとの玉ふ、

これは市島謙吉編『新井白石全集』五（国書刊行会、一九〇六年）の翻刻に拠ったものであり[10]、同全集は例言に拠れば、国書刊行会所蔵大館鼎校定本を底本とし、黒川本を以て校訂したという。この翻刻のうち「三巻」については「三井」とする写本が多いという太田晶二郎氏の指摘がある。そこで『大日本史料』第二編之九　長和四年六月二十二日条合叙令宗允亮ノ事蹟に引く翻刻（四一頁）も掲げておきたい。

『退私録』中　大神君(徳川家康)金沢の文庫の蔵書を御取上之事

一、大神君御代に、五山の僧学校(元佶)等に仰て、金沢の文庫を開き、蔵書を校閲して、脱巻無き全本をは公儀へ御取上、残りし書ともは人間に出る、此時政事要略脱巻有て只十九巻有しを先生(木下貞幹)の家に持来り、アタヱ金五十両と云、其書の筆者名有人々(多 カイ)たる故也、先生は家に居給はす、舎弟廿両にまてにアタヱをせられし也、其後殊に勝たる筆者の有し巻を三井(向井三省カ)[巻イ]抜出して、去る大名(前田綱紀カ)へうりて、残りし分は醍醐殿へ求められしなり、先生舎兄渉猟のついてに記されしは、大学頭にむかしは天下の政事を天子より問しめ給ふて、異国・本朝の故実を考しめ、其事の是非をも論せしめしと見へたり、古へはかく殊勝のこと有しとの玉ふ、

両翻刻には「三巻」「三井」以外の箇所にも異同がある。管見に及んだ諸写本の間でも異同は少なくないが、「三巻」「三井」部分については「三巻」とする写本はないので、『新井白石全集』が「三巻」とするのは校訂の結果であろう。国立公文書館所蔵昌平坂学問所本（請求番号：二一一―二二二）など「三巻三井」とする写本もあり、「三巻三井」であった可能性も考えられるが、少なくとも当初の『退私録』に「三井」の文字があったことは認めて良い。「三井」は太田晶二郎氏の推測に拠れば、順庵の門人向井三省のことと考えられるとされ、『大日本史料』も「向井三省カ」の傍注を付す。この解釈に基づいて『退私録』の大意を取れば、徳川家康の時代の閑室元佶（一五四八～一六一二）等に仰せて金沢文庫を開き、その蔵書より脱巻のない書籍を納め、残りは民間に流れることとなった、欠巻があった『政事要略』一九巻分は筆者が著名な人であったために五〇両の値がつけられ、木下順庵の家にやって来た、それを舎弟が二〇両に値踏みし、うち筆者が優れている巻は「三井」（向井三省か）が抜き出して去る大名家に売り、残りは醍醐家が購入した、という内容になる。この記事の真偽を検討していきたい。

（2）徳川家康と金沢文庫

まず家康の時代に金沢文庫を開いたとする点について、近藤守重『好書故事』巻八四・八五所引「慶長年録」に「七年六月江戸御城之南富士見之亭に金沢文庫を御移被レ成、御文庫を御建立也、廿四日ニ御書物共並御重宝之古筆絵賛を御移し、足利学校之寒松和尚参り目録を記す、古筆之書物は多は北条九代之時、金沢江納めたる書也、其外医書・馬書・歌書等有レ之、田村安栖に仰付られ、寒松ニ御振舞被レ下後、御本丸に召され御帷子・御単物・銀拾枚被レ下レ之、」（『近藤正斎全集』三、二六〇頁）と見えるが[11]、これに対し守重は、現在紅葉山文庫に残存する金沢文庫本の多くは寛永以後の採進本であり、また足利学校蔵書に対する家康の態度、金沢文庫本が進献されていれば林羅山が当然筆記したであろうにそのことが見えないことなど考えても、『退私録』の記述は浮説であると述べている（『好書故事』巻八四・八五）。この解釈に対する批判もあるが[12]、この時期に金沢文庫本の全体調査・選別がなされたとも考え難いので、少なくとも『退私録』の記述を文字通りに受け取ることはできない。家康が金沢文庫の「全本」＝完本のみを自身の文庫に納めさせたと伝えるのは、恐らく金沢文庫本を流出させるときの言い訳として使用されたと考えるべきであろう。

（3）前田綱紀と木下順庵

次に『政事要略』残欠一九巻が木下順庵のもとに持ち込まれ、その後、去る大名と醍醐家に納められたとする点はいかがであろうか。まず「去る大名」が金沢藩の前田綱紀であることは、前田家に古写本三巻が伝えられ、尊経閣文庫に現存することからしても妥当性があるように思われるが、その古写本が「殊に勝たる筆者」であったとすることは事実ではない。この点につき、『桑華書志』第七四冊見聞書に記されている『政事要略』に関する記述（後述）から、綱紀が享保五年（一七二〇）八月以前に巻二五・二七・五三・六〇・六一・八一・八四と「十三葉相州金沢本、未詳幾巻」を所持していたこと、また巻二五・六〇も金沢文庫本であったことが知られる[13]。「十三葉相州金沢本」の巻次はその後、巻六九残簡であることが明らかにされており、「十三葉」は現存巻六九の紙数とも一致する[14]。

順庵の関与については、白石の師が順庵であり、『退私録』にも順庵からの聞書がしばしば掲載されているので、全くの創作であったとは考え難い。順庵が綱紀に招かれたのは万治三年（一六六〇）のことというから[15]、これを時期の上限と考えたい。綱紀十八歳、順庵四十歳であった。綱紀が求書に着手したのは万治二年のこととされており[16]、順庵は綱紀の蔵書形成にも関与したという。[17] 下限はひとまず順庵が亡くなった元禄十一年（一六九八）十二月としておく。

（4）焼失した一条家本

『政事要略』の購入先として挙げられた「醍醐殿」についてはどのように考えたら良いであろうか。この点で参考になるのが彰考館の『館本出所考』一である。同書は彰考館所蔵書の出所について記した書であるが、そこには「政治要略〈第二十五、第六十、共附㆓旧本㆒、在㆓寅部㆒〉」「元禄二（一六八九）己巳之冬、請㆓醍醐大納言冬基卿㆒借㆓某所本㆒、写小野沢（助之進）」と記されている（一七丁オ）[18]。『彰考館図書目録』には寅部（職官）に、二冊本・四冊本・一二冊本・一九冊本・五冊本の五種を見出せる（二〇六頁）が、うち現存するのは四冊本と一九冊本である。[19] このうちの二冊本が『館本出所考』の記事に対応するのであろうか。この醍醐冬基より借用して転写した写本については菅政友編『史館旧記』[20] 所収十月二十四日付吉弘左介（元常）・佐々介三郎（宗淳）宛小野沢助之進書状のなかにも対応する記述を見ることができる。

新写差下シ申候

御書物之覚

一、法曹類林　巻第二百、　一冊

一、政事要略　巻第廿五、巻第六十、　二冊

右者醍醐大納言殿奉㆑願候間、密々ニ致㆓才覚㆒写申也、

（○後略）

これらに拠れば、史館では醍醐冬基の仲介で某所所蔵の『政事要略』写本を転写したらしい。醍醐冬基は摂家である一条昭良の次男である。一条昭良は後陽成天皇の第九皇子であり、一条家に嗣子がいなかったために一条家を相続したが、冬基は一条家当主であった内房（のち冬経、兼輝に改名）や後水尾天皇の願いにより、延宝六年（一六七八）に新家を立てることが認められ、醍醐家の初代となった(21)。これより推測すれば、冬基が仲介した『政事要略』写本所蔵先は一条家ではないかと考えられるが、実際、京都大学文学研究科所蔵『大日本史編纂記録』にそれを裏付ける史料を見出すことができる(22)。

a元禄二年十一月十二日吉弘元常・佐々宗淳宛鵜飼錬斎・安積澹泊書状写より（九巻三〇：一）（三九一齣）

一、政事要略元来之館本、此度之京本■■（巻□□）○（此外）一巻にてもかり出シ申候様ニ、金平五ノ方へ可ニ申遣一旨、畏奉候、○（則今日京都ヘ申遣候ニ云々、）但金平於京都一内々承候ハ、先年鎌倉ゟ十八巻出申候、一条様金五十両ニ御買求被レ遊候ヲ、其写外ヘも御かしニ成候方御座候由、元本ハ十四五年已前、御所類火にて亡申候由、然者一条様ニ○（御取）新写御本成とも能つて御取ハ、可レ令ニ仰進一候歟、

b元禄二年十一月十二日大串元善宛鵜飼錬斎・安積澹泊書状案より（一〇巻二三：一）（四四八齣）

一、金平申候政事要略十八巻、先年金沢文庫の正本出申候、一条殿金五十両ニ御求成、新写も被ニ仰付一候処、御所ノ類火之節、原本ハ滅シ新写本残申候由、其外拝借之御方々も御座候間、内々事由申候而御聞立下成候、恐惶、

これらによって、金平すなわち鵜飼錬斎が京都にて内々に調査したところ、先年に鎌倉より出た『政事要略』一八巻を一条家が金五〇両で購入し、新写本も作成したが、原本は十四、五年前の御所の類火によって焼失し、新写本だけが残っているという話を把握したということが判明する。元禄二年の十四、五年前の御所の火災とは、延宝

三年十一月二十五日の大火のことであろう。さらにその二年前の寛文十三年（一六七三）五月九日丑時にも寛文の大火があったが、一条家の屋敷は寛文十三年時には焼失を免れ、延宝三年時に焼失している。[23]この焼失した一八巻が『退私録』に見える金沢文庫本に当たると見られるが、ただし『退私録』では「十九巻」とあり、前田家に渡ったとされる三巻を除いても一六巻となるので数が合わない。この点、後ほど検討したい。

（5）一条家所蔵の別本

『大日本史編纂記録』には一条家が所蔵する別の『政事要略』写本に関わる記事も見える。a・bの三か月後のことである。

c元禄三年二月二十二日吉弘元常・佐々宗淳宛鵜飼錬斎・安積澹泊書状写より（二二三巻二一：一～二）

一筆致二啓上一候、
大君益御機嫌之由、恐悦御同意ニ奉レ存候、然者去頃御申越被レ成候一条様ニ御座候政事要略之事、醍醐殿御取持被レ成候而、前殿下へ御申入候処ニ、いかにも前年被レ成二御求一候古本七冊御座候、此方無之巻に候者、密々本替ニ御借可レ被レ遊候由ニ御座候故、左候者政事要略之目録致二披見一御望之書物被二仰聞一候者、其上ニ而江戸役人共迄致二相談一可二申候一由申候者、廿日政事要略目録参候、
第廿□〔五カ〕、廿五、五十三、六十、六十一、八十一、八十四、
此分ニ御座候由、醍醐殿ニ而御見せ被レ成候故、尽此方ニ御座候巻共に候故、書写仕候儀者有之間敷奉レ存候、自然校合仕度儀ハ不レ存候と申置之、一条殿御本ハ金沢文庸〔庫〕之印有之古本ニ而御座候由、若御校合なと被レ遊候者、本替ニ者借用成可レ申候、一条様御望者、扶桑略記之様ニ承候、彼方ニ七八巻御座候間、政事要略

と本替ニ御写被㆑成、増補被㆑遊度御内存之様ニ承候、右之外、一条様御所持之御本共密々ニ者本替ニ御借可㆑被㆑成候かと思召候、此方望候ハ如何様之書物ニ候哉と醍醐殿を以御尋ニ候間、先年拙者上京仕候節、左介殿御渡之御目録、懸㆓御目㆒候、先此分、此外何ニ而も此方ニ無㆓御座㆒候記共ニ御座候者、江戸へ申遣し候而、所持不㆑被㆑致候書ハ定而致㆓拝借㆒御望之御本可㆑被㆓指上㆒奉㆑存候と申置候、醍醐殿能御合点ニ而御取持被㆑下候間、弥本替ニ□調可㆓申奉㆒存候、

これも鵜飼錬斎と安積澹泊による書状である。一条家所蔵の『政事要略』について醍醐家の仲介により尋ねたところ、「古本七冊」を所持していることがわかり、巻次を問い合わせたが、いずれも史館が所蔵している巻次であった。ただし「金沢文庫之印有之古本」であるため、校合も考えられるとしてその必要性を問い合わせている。[24]一条家が持つ古本七冊のうち、冒頭に記す巻次に一部虫損があるが、残画を見る限り「五」のように見えるので、巻二五（二種）・五三・六〇・六一・八一・八四であったということになる。これは、一条家がかつて所有し焼失した金沢文庫本「十八巻」とは別に、七冊の古本を現蔵しているという話なのであろう。「金沢文庫之印有之古本」とは金沢文庫印が捺されているということなのか、あるいは印影が模写されているということなのか、明らかでない。「古本」であるということを重視すれば前者の可能性が考えられるが、その場合、前田家にある金沢文庫本、特に巻二五・六〇との関係が問題となる。現存『政事要略』巻二五および巻六〇の写本で尊経閣文庫所蔵古写本と明らかに別系統と考えられる写本が存在しないことから見れば、この巻二五・六〇は現尊経閣文庫本の転写本であり、それほど古い写本ではなかった可能性が高い。[25]ただし転写本とはいえ、金沢文庫本に由来する写本ではあるから、その他の巻も金沢文庫本に由来する写本であったと推測される。

東京大学史料編纂所には明治初年頃の一条家蔵書目録を一八七七年頃に転写した『一条家書籍目録』（請求記号：

RS四一〇〇—一〇五）が蔵されているが、[26]この目録には、

政事要略〈第廿五、第廿七、第五十三、／第六十、第六十一、第八十一、／第八十四、〉三冊五巻

との記載が見える（二二丁ウ）。巻次の細目数から推測するに、「三冊五巻」とは三冊と五巻の全八点を意味するのであろう。細目に掲げられた巻数と一巻分合わないが、あるいはこれに巻次未詳分（巻六九残簡）が加わっていたのかも知れない。『大日本史編纂記録』cの「七冊」と比較すると、「廿□〔五カ〕」と「廿七」の相違があるが、これは元禄三年二月二十二日の方の誤りと考えておきたい。「七冊」と「三巻五冊」の相違も、伝聞・伝達の間に生じた誤りであろう。[27]ちなみにこの『政事要略』三巻五冊は一九四五年三月十日の東京大空襲で焼失したものと見られ、[28]現存していない。

二　前田綱紀の『政事要略』蒐集

（1）金沢文庫本の蒐集

さて、一条家の『政事要略』一八巻分が延宝三年に焼失したとすると、『退私録』の解釈に問題が生じる。『退私録』に拠れば、去る大名に一部が売られた後に残りが醍醐家（実際は一条家）に売られたのであるから、前田綱紀が『政事要略』を入手したのは一条家の写本が焼失する以前でなければならない。しかし前田家所蔵の写本三巻のうち二巻は延宝九年頃の入手であったことが飯田瑞穂氏によって明らかにされている。[29]

『延宝九年津田太郎兵衛見聞書籍器物覚』より（加賀前田家蒐集古書古筆極札目録一七番）[30]

「上申候」一、(合点あり)政事要略〈第廿五、第六十、古書、／金沢文庫ノ印有、〉二巻

この史料は綱紀のもとで書物の蒐集にあたっていた津田光吉が「去秋ゟ見聞仕候」書物・器物について延宝九年三月に報告したものであり、上段に「上申候」と書き込まれていることから、それからまもなくこの二巻の購入が決定したと見られる。『古筆古書買入代価付』（加賀前田家蒐集古書古筆極札目録三〇番）に「一（合点あり）、政事要略　弐巻／代銀拾枚　持主鞍屋弥七」と見えている二巻がこれに相当すると考えられる。[31] すなわち延宝五年の称名寺探索より後に巻二五・六〇の金沢文庫本を入手したのである。

であるならば、『退私録』に記される前田家に売られた『政事要略』とは巻二五・六〇以外であったと考えるべきであろう。すなわち巻六九残簡である。先述したように、この巻は「十三葉相州金沢本、未詳幾巻」と認識されていた。巻二五・六〇とは別筆であり、紙幅・紙高はほぼ等しいものの、界幅はやや広く、一紙行数や一行字詰めも異なるという。[32] このように考えれば、『退私録』が「政事要略脱巻有て只十九巻」と記すのに対し、『大日本史編纂記録』a・bが一条家本が一八巻であったと記すこととの整合性もつく。抜き出して前田家に売られた『政事要略』写本は三巻ではなく一巻であったのである。となれば『退私録』の文も「三巻抜出して」ではなく「三井抜出して」で良いことに確定するが、また「三井」についても先行研究とは別の考え方ができる。この点、押部氏も、必ずしも舎弟が買ったと解釈する必要はなく、「三井」であったとしても順庵の家に持って来た或人を指すかも知れないこと、また金沢文庫本から優れた書写分三巻を抜き出すという行為は不自然であることを指摘していた。[33] 順庵の舎弟との間の価格交渉が折り合わなかったと考えれば、「三井」は向井三省ではなく、この頃、両替商として力を伸ばしつつあった三井高利を指すのではなかろうか。

ところでなぜこの一巻―巻六九残簡[34]―が抜き出されたかという点も問題になる。これについては巻次未詳であったからという理由からなのか、あるいは一九巻のなかで最も古色を帯びていたからなのか、もしくは藤原実資という著名人物の名前が見えるからなのか、現状では断案がない。

（2）五種類の写本

さて、ここで押部氏・吉岡氏によって紹介された『桑華書志』中の『政事要略』に関する記事を掲げたい。(35)

尊経閣文庫蔵『桑華書志』七四見聞書　四五丁オ～ウ

政事要略百卅巻　「不詳、追而可レ考、」

巻第●(朱)廿二　〃●(朱)廿三
〃●(朱)廿四　〃 廿五（金沢文庫）年中行事十月至十一月
〃●(朱)廿六　〃 廿七
〃●(朱)廿八　〃●(朱)廿九
〃●(朱)三十　〃●(朱)五十一
〃 五十三　〃●(朱)五十四
〃●(朱)五十五　〃●(朱)五十六
〃●(朱)五十七　〃●(朱)五十九
〃 六十（金沢文庫）交替雑事廿 損不堪佃田事 例損戸率〃 損戸交易〃 定戸等第〃 雑事賑給在此中、　〃 六十一（二本、副平松本）糺弾雑事一
〃●(朱)六十七　〃●(朱)六十九
〃●(朱)七十　〃 八十一（二本、副平松本）糺弾雑事廿一断罪事下
〃●(朱)八十二

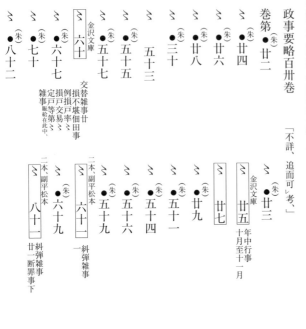

二本、副平松本
〻 八十四 糾弾雑事二十四 〻 ●（朱）九十五

外十三葉相州金沢本、未レ詳二幾巻一

右加二朱点一十八冊、庚子之秋拝二借京極御所書府之秘本一、仲秋小尽落手、稀世之珍籍也、今得レ之家本充二五々之数一焉、如二其一百有五巻一、以俟二後年出一

「庚子」は享保五年であり、五年八月以降まもない時期に記されたものと見られる。これに拠れば、綱紀が蒐集した『政事要略』写本は二五巻分（これに未詳巻—実際には巻六九—残簡が加わる）であり、これまでの考察も含めて整理するとそれは五種類からなっていた。

①金沢文庫本（巻六九残簡）　延宝三年以前入手
②金沢文庫本（巻二五・六〇）　延宝九年頃入手
③宝永三年（一七〇六）以前所蔵新写本（巻二七・五三・六一・八一・八四）
④平松時方寄贈本（巻六一・八一・八四）　宝永三年頃入手
⑤京極御所本転写本（巻二二～二四・二六・二八～三〇・五一・五四～五七・五九・六七・六九・七〇・八二・九五）
　享保五年秋架蔵

①・②については既述の通りである。④については吉岡眞之氏によって、宝永三年に平松時方がこれらの巻を他から借用して書写した際に、一部余分に書写して綱紀に寄贈したものであることが紹介されている。(36) 平松家は名家の家格を持つ公家である。ちなみに平松家の蔵書は現在、大部分が京都大学附属図書館の所蔵となっており、『政事要略』は押部氏が指摘するように、巻二五・二七・五三・六〇・六一・八一・八四および巻次未詳巻（巻六九残簡）の八冊が、『撰集秘記』八冊と一括して収められている（請求番号：第四門セ四。以下、平松本と略称）。巻六一

所収の「白氏文集策林論刑法之弊」「蘇州禅院白氏文集記」について校異を検討した太田次男氏に拠れば、平松本および宮内庁書陵部所蔵藤波家旧蔵本（函架番号：二一七―四八九。以下、藤波本と略称）は近衛家煕自筆巻を含む近衛家陽明文庫本（函架番号：近一七七―一）と同系統であり、平松本・藤波本の傍書が陽明文庫本では本文に取り入れられている箇所があるという。(37) なお藤波家は一条家の家礼である。(38)

（3）京極御所本の転写

③を検討する前に⑤について説明しておきたい。京極宮は誠仁親王（正親町天皇皇子）王子智仁親王を初代とする宮家で、当初は八条宮と称していた。その後、第五代尚仁親王（後西天皇皇子）が元禄二年八月に薨じて智仁親王の血筋が途絶え、霊元天皇皇子作宮が第六代となった際に常磐井宮と改称したが、作宮が元服以前の元禄五年四月に薨じた後、同じく霊元天皇皇子文仁親王が元禄九年七月に第七代として相続し、さらに京極宮と改称した。(39) この文仁親王が享保五年時の宮家当主である。

この京極御所本についても『大日本史編纂記録』に記事が見える。

d元禄二年十二月七日森尚謙・吉弘元常・佐々宗淳宛鵜飼錬斎・安積澹泊書状案（九巻三七：二）（四〇一齣）

一、生嶋玄蕃頭方ニ政事要略廿余巻有之由、達二高聴一候間、御かり被レ遊度思召候、此方ニ御文庫之要略又玄蕃へも御かし可レ被レ遊候間、金平方ゟ申遣、相尋可レ申旨畏奉候、先年一条様御求被レ成候十八巻之要略之写、玄蕃拝借被レ仕候哉と存候、近年写本也、太衛門と申者方ゟ六巻又求うつし被レ申候、史館御本も白水本も太衛門本と同前ニ御取、頃日京都ゟうつし□来候二巻(40)ハ玄蕃方ニも有レ之間敷候哉、但新宮様御家御相続之砌にて日夜取込由、且又御暇願申立候由、此間被申越候、歳暮ニも及申候間、来春申遣候可レ然と奉

ㇾ存候、

生嶋玄蕃頭は八条宮（常磐井宮）諸大夫の永盛であり（地下家伝下一二八六頁）、その後の記述から考えても、「生嶋玄蕃頭方」の『政事要略』は永盛個人の蔵書ではなく、八条宮家の蔵書と考えられる。八条宮家に『政事要略』が二十余巻あるという話が光圀の耳に達し、交渉に乗り出したところ、先年一条家が購入した一八巻の写と流布本[41]六巻からなるものであったらしいということがわかった。ただ新宮相続のことがあり、年末でもあるので、来年春に借用することにしたいという内容である。前田綱紀が借用した京極御所本はこのときの八条宮本を指すと見て良い。

これ以前より八条宮家と彰考館は書籍貸借の交渉があり、『大日本史編纂記録』e貞享三年（一六八六）十二月十三日史館宛鵜飼錬斎書状案（七巻八：二）（二五二齣）には「一、八条様ゟ以㆓生嶋玄蕃頭㆒被ㇾ仰候、去年以来御集め被ㇾ遊候御書物共、御用ニ御座候ハ、御下シ可ㇾ被ㇾ遊候、」と見える。[42]元禄二年十二月時点での宮家当主は作宮であるが、相続したばかりであり、そもそも誕生したのが同年六月であったから、この『政事要略』を蒐集したのは好学で知られていた先代の尚仁親王であって、それは貞享二年（尚仁親王十五歳）から元禄二年の間のことであったと考えるべきであろう。[43]

京極御所本については、近藤瓶城編・近藤圭造補撰『改定史籍集覧総目解題』（近藤出版部、一九〇三年）に拠れば、その後、三条家、さらに勢多章甫所蔵となり、章甫没後、田中教忠所蔵となったが、それを借写して史籍集覧の底本としたという。[44]三条家旧蔵本・勢多章甫旧蔵本およびその転写本、田中教忠旧蔵本の転写本等は現存するものの、そのなかに京極御所本と明確に指摘できるものは未発見である。[45]

（4）宝永三年以前所蔵新写本

残る③宝永三年以前に所蔵していた新写本について検討する。これは巻二七・五三・六一・八一・八四の五巻であり、厳密には巻二七・五三は宝永三年以前に所蔵していたかどうかは不明であるが、ひとまず一括して考えることとしたい。

押部氏は、先述した平松本八冊のうち、金沢文庫本の転写本である巻二五・六〇を除いた巻二七・五三・六一・八一・八四および巻次未詳巻（巻六九残簡）が六巻本とも称すべきセットとして流布していたものであり、同種の六巻本流布状況から、十七世紀中頃には既に流布していたであろうことを推測している。『加賀松雲公』中一四九頁所引「奥小将図書日記」延宝七年七月二十日条に『政事要略』六冊が津田光吉より綱紀のもとに送られていることが見える(46)。この六冊の巻次は不明であるが、押部氏の述べる流布六巻本である可能性が高い。先述の『大日本史編纂記録』元禄二年十二月七日書状案にも六冊本のことが見えており、十七世紀後半に六巻本が流布していたことは確かであろう。そして③宝永三年以前所蔵新写本五巻の巻次は先述した一条家所蔵別本の「古本七冊」（あるいは「三冊五巻」）にすべて含まれている。だとすれば、③もまた金沢文庫本に由来する可能性が考えられる。先に触れた藤波本は全九冊よりなるが、半丁の行数によって、一〇行詰の巻二五・二七・五三・六〇・六一・六九残簡・八一・八四の八冊と八行詰の巻六七との二種類に分けられる。このうちの前者が六巻本に巻二五・六〇を加えたものであることも留意されよう。

このように考えれば、『政事要略』写本二五巻は大きく一八巻と七巻の二種に分類され、現存古写本三巻を除くと、どちらも別々のルートではあるものの一条家が入手した旧金沢文庫本（もしくはその転写本）が伝存本の祖本

となったと考えられる。(47)

（5）神村本と京極御所本の関係

『政事要略』の善本(48)として知られる写本に蓬左文庫所蔵神村家旧蔵本二五冊本（請求番号：五―四三。以下、神村本と略称）がある。これは尾張藩士神村正鄰（一七二八～一七七二）が書写蒐集したものであるが、各冊の表紙の綴じ部分には、それぞれ「秘」「中十一巻」「流（六巻）」といった符号が記されている。整理すると、次のようになる。

秘……………巻二二・二三・二四・二六・二八・二九・三〇
中十一巻……巻二五・五一・五四・五六・五七・五九・六七・六九・七〇・九五
流六巻………巻二七（巻次未詳巻を合綴）・五三・六〇・八一（「中十一巻」を抹消）・八二
流……………巻六一・八四
擬秘…………巻五五（「中十一巻」を抹消）

この符号について、神村本を転写した国立公文書館所蔵通邦本には巻九五の後表紙見返しに、「其流・中・秘二十三本者、出レ於二紀先生《（高橋宗直）》之蔵一、蓋流・中・秘之名若州《（高橋宗直）》目、疑秘吾師《（神村正鄰）》目也、余二本者河郁氏《（河村秀根）》之本也、未レ知二其所レ出云爾、／明和八年」という通邦の識語があり、符号に対する通邦の考えが述べられている。(49) 通邦は巻二二の表表紙見返しにもこの符号のことを記しており、それに拠れば、中は神村本の一〇冊に巻八二が加えられて、「就中一冊元流品、」と注記され、巻六一・八四を「河二冊」とし、流六冊は巻二七・五三・六〇・八一を掲げて「今実四本」と、また「残篇今在二二十七ノ末一、実六十九ノ残也、外一本今為二中品一」と追記する。(50) これらの点から考えれば、秘・中・流は写本流通の度合いを区別したものであって、写本系統とは直接には結びつかないと解される。(51)

通邦が神村本の親本を高橋宗直[52]（一七〇〇～一七八五）所蔵本とした点はいかがであろうか。巻五五本奥書に「若狭守宗直奥書云、元文四六廿八一校了」と見えており、東京国立博物館蔵『清紫両殿之図』に拠れば、宝暦六年（一七五六）六月五日に同書高橋宗直自筆本を源胤相（神村正鄰）が転写し、その後、明和九年（一七七二）に稲葉通邦が再転写しているので[53]、充分に考えられることであろう。また巻二七に合綴された巻次未詳巻（巻六九残簡）に「治孝愚案、此所有二漏脱一歟、」の傍書があり[54]、この治孝が京極宮諸大夫生嶋治孝（永盛男。一六七九～一七四二）と考えられることからすると、京極御所本を転写した生嶋治孝本をさらに高橋宗直が転写したと推測できる。

三　今後の課題

以上、幾つかの『政事要略』写本について、その伝写関係を検討した。未調査の写本も多いが、本稿での検討結果を踏まえて、今後、さらに写本調査を進めるとともに、文字レベルでの検討も進めていきたい。最後に今回検討した写本の親疎関係について若干見通しを述べておくことにする。

古写本が現存する巻六〇について、藤波本・穂久邇本・神村本と比較すると、いずれも前田家古写本とは字配りが一致しておらず、三写本は比較的近い関係にあると見られ、古写本が現存しない巻五三においても三写本は字配りが一致する。ただし三写本のなかでは藤波本と穂久邇本が近く、藤波本がやや離れているように見受けられ、文字の空白部分を比較すると、藤波本は直接の親本を丁寧に書写しようとしていると推測される。

藤波本がなく東京大学本が存する巻五九について、神村本・穂久邇本と比較すると、字配りの一致度において東京大学本と穂久邇本が近く、神村本がやや離れているが[55]、東京大学本と穂久邇本との比較では、東京大学本の方が書写が丁寧な印象を受ける。また穂久邇本ではもともと脱字があった箇所を書写の段階で一字空けるといったことも行なわれている。[56]

このように本稿で検討した写本の範囲内では、藤波本・東京大学本が特に注目すべき写本と考えられる。神村本の位置づけについてはさらに検討を重ねていきたい。

注

（1）近年の研究では一三世紀末、伏見天皇の代に、当時皇室に伝わる書目を書き上げたか、あるいは新たに文庫に備えるために作った目録であろうと言われている（久保木秀夫「『本朝書籍目録』再考」〔『中世文学』五七、二〇一二年〕、小川剛生「伏見院の私家集蒐集とその伝来について」〔『斯道文庫論集』四八、二〇一四年〕）。

（2）太田晶二郎「『政事要略』補考」（『太田晶二郎著作集』二、吉川弘文館、一九九一年。初出一九五三年）。以下、太田晶二郎氏の論はこれに拠る。

（3）木本好信「『政事要略』と惟宗允亮」（『平安朝日記と逸文の研究』桜楓社、一九八七年。初出一九八二年）。

（4）川尻秋生「政事要略・詐偽律・日記逸文―国立歴史民俗博物館所蔵『大刀節刀契等事 小右記中右記抜書』の検討―」（『日本古代の格と資財帳』吉川弘文館、二〇〇三年。初出一九九七年）。

（5）和田英松「政事要略」（『本朝書籍目録考証』明治書院、一九三六年。初出一九一五年）、虎尾俊哉「政事要略について」（『古代典籍文書論考』吉川弘文館、一九八二年。初出一九七一年）。

（6）「遠祖先公之行」とは村上天皇母后藤原穏子の御産のときに厭魅した媼を、無事に出産できたからとして、忠平が追却のみにとどめたことを指す。

（7）注（5）和田論文、注（5）虎尾論文。

（8）押部佳周「政事要略の写本に関する基礎的考察」（『広島大学学校教育学部紀要 第二部』五、一九八二年）。以下、押部氏の論はこれに拠る。

（9）この他に穂久邇文庫所蔵巻子本（以下、穂久邇本と略称）二四巻が室町末期写とされる（『国書総目録』）が、同写本を調査した高田義人氏・新井重行氏に拠れば、江戸期写であるという。早稲田大学図書館に福井俊彦氏蒐集の紙焼写真が蔵されているが、それを見ても、やはり江戸期写と考えた方が良いと思われる。なお蔵書印や巻末識語から勢多章武旧蔵本であることが知られる。また明治大学博物館刑事部門所蔵黒川文庫のなかに巻六七の古写本があるという（佐藤邦憲「黒川家旧蔵律令関係図書について」〔『明治大学刑事博物館年報』一〇、一九七八年〕）が、未調査。

（10）読点は私に振った。

（11）『慶長見聞書』も慶長七年の箇所にほぼ同文を朱書にて書き入れ（国立公文書館所蔵　請求番号：一五〇―六五第三冊）、『泰平年表』（竹内英雄校訂続群書類従完成会本）や『慶長見聞録案紙』（国立公文書館所蔵　請求番号：一五〇―七九第一冊）にも同様の記述が見える。

（12）関靖『金沢文庫の研究』（大日本雄弁会講談社、一九五一年）三九二～三九三頁。

（13）押部氏前掲論文、吉岡眞之「尊経閣文庫所蔵『政事要略』解説」（前田育徳会尊経閣文庫編『尊経閣善本影印集成』三六政事要略、八木書店、二〇〇六年）。

（14）国立公文書館所蔵稲葉通邦旧蔵『政事要略』（請求番号：一七九―九三。以下、通邦本と略称）の巻二七通邦書入、注（13）吉岡解説。なお、前田家では、一九〇八年以前の段階で現『法曹類林』巻一九七も『政事要略』と誤認されており、所蔵の『政事要略』巻数を四巻と認識していた時期があった。

（15）近藤磐雄『加賀松雲公』（羽野知顕、一九〇九年）中五八頁等、下四五八頁。

（16）注（15）近藤著書、中一二八頁、同一二八頁次掲載桑華字苑。

（17）木下一雄『木下順庵伝』（国書刊行会、一九八二年）一五四～一五七頁。

（18）国文学研究資料館所蔵紙焼写真（請求番号：Ｊ七九）に拠った。

（19）八潮書店一九七七年復刊本参照。

（20）東京大学史料編纂所所蔵謄写本（請求記号：四一四〇・一―三二）に拠った（九三丁ウ～九四丁オ）。

（21）松澤克行「茶道宗徧流不審庵所蔵『冬基卿記』」（『東京大学史料編纂所研究紀要』二三、二〇一三年）。

（22）京都大学貴重資料デジタルアーカイブで公開されている冊には齣数を付記し、未公開の冊は東京大学史料編纂所所蔵の紙焼写真帳に拠った。なお史料の検索に際して鍛冶宏介編『「大日本史編纂記録」目録』（田島公代表、東京大学史料編纂所研究成果報告二〇〇九—四別冊、東京大学史料編纂所、二〇一一年）を利用した。

（23）藤田勝也「一條家屋敷の建築と様式復古」（京都市埋蔵文化財研究所発掘調査報告二〇〇九—五『公家町遺跡』同所、二〇〇九年）。近衛家熙述・山科道安聞書『槐記』享保十三年（一七二八）十月六日条に「正シク文庫ハ親子ノ時焼失ニテ、記録ハ一巻モノコラス、然ルニ円成寺《（一条兼輝）》ノ一代ニ、今ノ世堂上ニ名ノフレタル記録ノ一条家ニナキハナシ」（林大樹「失われた近世一条家文庫について」（田島公編『禁裏・公家文庫研究』七、思文閣出版、二〇二〇年）翻刻の陽明文庫所蔵本に拠る）と見え、年次は不明であるものの、焼失した一条家の文庫を兼輝が復興したことが記されている。林大樹氏に拠れば、この火災は延宝三年の大火を指すと考えて良いという（林氏前掲論文）。

（24）本替については三浦周行「徳川光圀の修史事業」（『日本史の研究』二、岩波書店、一九三〇年）参照。

（25）この一条家別本が後に前田家に入ったとは考えられないことは後述。

（26）武井和人「東京大学史料編纂所蔵『一条家書籍目録』翻刻」（『中世古典学の書誌学的研究』勉誠出版、一九九九年。初出一九九五年）の翻刻がある。

（27）なお、『兼香公記』宝永七年（一七一〇）七月五日条に『政事要略』虫払いのことが記される（注（23）林論文）。

（28）一条家の所蔵史料が全焼したらしいことは、平井誠二「江戸時代の公家の精神生活—一条兼輝を中心として—」（『大倉山論集』二五、一九八九年）註（1）参照。

（29）飯田瑞穗「尊経閣文庫架蔵の金沢文庫本」（『飯田瑞穗著作集』四、吉川弘文館、二〇〇一年。初出一九八七年）。

（30）加賀前田家蒐集古書古筆極札目録（尊経閣文庫所蔵）は東京大学史料編纂所所蔵紙焼写真帳に拠った。

（31）注（29）飯田論文。

（32）注（29）飯田論文、注（13）吉岡解説。

(33) ただし押部氏は前田家に売られなかった残りの巻が古写本ではなく、金沢文庫本でもなかったと考えたようである（「おわりに」において「金沢文庫本は17世紀になって19巻も残っていたのではなく、すでに巻25、巻60の2巻のみになっていた」と述べているところから、このように解釈した）が、そう考えなくても良いと思う。

(34) もう一つの可能性として、この一巻が巻六九残簡ではなく、『法曹類林』巻一九七であった、あるいは両巻合わせて二巻であったということも考えられるかも知れない。『法曹類林』巻一九七は一九一三年七月に和田英松氏が前田家家令永山近彰氏に正しくは『法曹類林』であることを伝えるまで、『政事要略』として認識されていた（注(13)吉岡解説）。ただし、前田綱紀が幕府に献上した『法曹類林』については延宝五年頃に前田家に収蔵された可能性が指摘され（注(15)近藤著書、中一九三～一九四頁、注(13)吉岡解説）、あるいは一部は貞享二年（一六八五）以降ではないかともされている（武井紀子「『法曹類林』についての史料学的考察」〔山口英男編『平安時代典籍・記録の史料学的再検討』（東京大学史料編纂所研究成果報告書二〇二一―一四）東京大学史料編纂所 特定共同研究「平安時代基本典籍・記録類の史料学的再検討」、二〇二二年〕）が、この『法曹類林』巻一九七については、享保五年頃の記録とみられる『桑華書志』七四見聞書所収の「政事要略」についての記録のなかに見えないので、それ以降の蒐集の可能性も考えられるであろう。現段階では巻六九残簡の一巻が相当すると考えておきたい。

(35) 『桑華書志』にはこの他、五三求遺書乙未之三に、子年（享保五、一七二〇）八月に京極御所より『政事要略』一八冊を借りたことが記されている。

(36) 注(13)吉岡解説。

(37) 太田次男「『政事要略』所引の白氏文集」（『旧鈔本を中心とする白氏文集本文の研究』中、勉誠社、一九九七年。初出一九七三年）。

(38) 松澤克行「近世の家礼について」（『日本史研究』三八七、一九九四年）。

(39) その後にまた継嗣が断絶し、光格天皇皇子盛仁親王相続の際に桂宮と改められている。桂宮は明治に断絶した。

(40) この二巻は、『館本出所考』の記述と照らし合わせれば、醍醐冬基を通じて借りた某所の巻二五・六〇写本であろう。

（41）「白水」は林白水（書肆出雲寺家二代時元。隠居後に白水と改名した）のことであろう。白水は公家諸家に出入して書籍を書写し、写本販売も行なっていた（宗政五十緒「出雲寺和泉掾」〔『近世京都出版文化の研究』同朋舎出版、一九八二年。初出一九八〇年〕）。

（42）本文書は小川幸代・大塚統子「大日本史編纂記録」（『神道古典研究所紀要』八、二〇〇二年）の翻刻がある。

（43）尚仁親王以前の第三代穏仁親王（一六四三〜一六六五）、第四代長仁親王（一六五五〜一六七五）の可能性もないわけではないが、両親王が史書にどの程度の関心を持っていたかは不明である。

（44）史籍集覧『政事要略』の巻末にもほぼ同文が記されているが、解題には「現に文筥標題等ハ実満卿の筆なり」の一文がある一方、「字体紙質ともに甚古色なり奥書なし表包に三条文庫の印あり」の一文がない。勢多章甫は一八九四年没（相曽貴志「勢多章甫と勢多家関係図書」〔『書陵部紀要』六九、二〇一八年〕）。

（45）三条家旧蔵本（巻二一・二五）は神宮文庫所蔵（図書番号：第七門二七六）、勢多章武・章甫旧蔵本は穂久邇本、三条家・勢多章甫旧蔵本の転写本は宮内庁書陵部所蔵（函架番号：一七二―八五）、田中教忠旧蔵本の転写本は宮内庁書陵部所蔵（函架番号：一七二―八六）であるが、章甫も教忠も『政事要略』写本を複数所持していたようである（勢多章純蒐集本に宮内庁書陵部 函架番号：一七三―一四〇もある）。押部氏は江戸前期写とみられる東京大学総合図書館所蔵一六冊本（請求番号：A〇〇―六〇七三。以下、東京大学本と略称）が奥書はないものの京極御所本の巻次のうち巻五五・五七を欠くだけであることなどから京極御所本の系統と推測し、佐藤全敏氏も「京極御所本の古い写し」と推測している（佐藤全敏「宇多天皇の文体」〔倉本一宏編『日記・古記録の世界』思文閣出版、二〇一五年〕）。

（46）この他、金沢市立玉川図書館近世史料館所蔵『松雲公採集遺編類纂』九五記録部六前田家書籍捜索書下所収「売書籍等之覚」に太秦住人歌学者長好所持書覚として巻二七・五三・八一・八四および「巻第一一」（巻次未詳の意であろう）の五冊が挙げられている。

（47）なお、『本光国師日記』慶長十九年（一六一四）十一月九日条「院御所へ本借りニ進候覚」に『政事要略』が挙げられているが、実際に存在が確認されていたわけではない。

(48) 注(45)佐藤論文。

(49) なお、神村本巻六九には「越智通邦按、第二十七巻末十一葉即此条之文、当レ入ニ私難之下一錯簡也、見証分別明、」との頭注がある。これは通邦の説を聞いて正鄰が書き入れたものであろう。

(50) この他、「擬秘一冊 五十五」には「即中品、」との注記がある。

(51) 押部氏は特に「中」について写本の系統と関連づけられる可能性を考えたようであるが、例えば同じ「秘」であっても巻二三は半丁八行であるのに対し、巻二六は半丁一〇行といった違いがあることからも、本文で述べたように解したい。

(52) 高橋宗直については加藤悠希「高橋宗直による内裏考証について」(藤井恵介先生献呈論文集編集委員会編『建築の歴史・様式・社会』中央公論美術出版、二〇一八年)等参照。

(53) 注(52)加藤論文。

(54) 新訂増補国史大系本では五七八頁一四行目の「問、戸令云、」の位置に相当する。

(55) 神村本のみ文字が欠けている箇所もある(例えば新訂増補国史大系本四七九頁一四行目の「国郡司」三字。

(56) 例えば新訂増補国史大系本四七九頁一五行目の「宝亀五年」について、東京大学総合図書館本・神村本が本文を「宝五年」として傍書で脱字を指摘するのに対し、穂久邇本は一字分の空白を設けている。

〔付記〕本稿は二〇一九年六月三十日に蓬左文庫典籍研究会で行なった報告「江戸時代における古代典籍の伝来―政事要略を中心に―」の一部をもとにして再検討を加え、成稿したものである。『大日本史編纂記録』の翻字に際しては工藤航平氏より御教示に預かった点がある。『桑華書志』七四見聞書はじめ前田育徳会尊経閣文庫所蔵史料の翻刻については前田育徳会より御許可いただき、また同会閲覧担当の菊池浩幸氏・栁田甫氏より種々御教示に預かった。なお脱稿後に、丸山裕美子「徳川家康による古典籍の蒐集―「富士見亭文庫」成立以前―」(『愛知県立大学日本文化学部論集』一三、二〇二二年)の存在を知った。

安閑天皇陵とガラス碗

―東北大学附属図書館所蔵　速水宗達『御玉まりの説』より―

並河暢子

はじめに

大阪府羽曳野市古市に所在する安閑天皇陵（高屋築山古墳）から江戸時代に出土したと伝わるガラス碗は、現在は東京国立博物館に所蔵され、重要文化財に指定されている。(1) 正倉院宝物の白瑠璃碗との類似からも、よく知られている古代のガラス碗である。

安閑天皇陵および正倉院の両ガラス碗は、ササン朝ペルシア領域で六世紀頃製作されたカットグラスで、類似のガラス碗は現在のイラン・イラク地域を中心に出土し、中央アジアや中国の遺跡からも類例がみられることから、交易品として広く流通していたことが知られている。(2)

江戸時代に安閑天皇陵から出土したと伝わるガラス碗については、大田南畝が『一話一言』巻四六に「河内古市玉碗記」として引用した寛政八年（一七九六）の国栖景雷と速水宗達の文章よりガラス碗発見の経緯や京都の聖護院宮盈仁親王がガラス碗を実見したこと等が知られ[3]、この寛政年間の出来事以降に安閑天皇陵より発見された「玉碗」として広く世に知られた[4]。ガラス碗は安閑天皇の「玉碗」として京都の茶人速水宗達を介し、朝儀の再興や復古、御所の復古的な再建を実現させた光格天皇の弟である聖護院宮のもとで、筥に銘文が記され、ガラス碗に袋や台（「小掛台」）等が付けられそれらが現在も伝わっている[5]。

東北大学附属図書館が所蔵する古文書には、聖護院宮へ安閑天皇の「玉碗」を見せるにあたり尽力した速水宗達が記した各種稿本類がある（「茶博士速水宗達稿本（正・続）」五二九点）。そのなかに『御玉まりの説』と題された一冊の稿本があり、内容を読んでいくと、安閑天皇陵から発見されたガラス碗について速水宗達が記した調査ノートと言うべきもので、反故にした紙の裏を基本的に用いて作成している。そこには、寛政五年に速水宗達が実際に河内国古市郡古市村に足を運び西琳寺においてガラス碗を拝見し、図や寸法、観察した所感を記している。また当地の庄屋であった田中源左衛門と森田三郎左衛門が拝見に同行したことや、ガラス碗の発見の経緯を聞き取った内容が記されている。さらに先の大田南畝『一話一言』の引用する国栖景雷と速水宗達の文章と同様の文章も見える。

本稿では、これまでに知られているガラス碗発見に関わる江戸時代の史料に加え、速水宗達「御玉まりの説」の内容を読み解きながら、新知見を紹介していきたい。

一　ガラス碗の発見について

（1）ガラス碗発見に関わる主な史料

まずこれまでの研究でガラス碗に関係する史料として知られているものを見ていくと、早いものでは松下見林

『前王廟陵記』（元禄十一年〔一六九八〕刊本）がある。(6)

古市高屋丘陵、勾金橋宮御宇安閑天皇、在二河内国古市郡一、兆域東西一町、南北一町五段、陵戸一烟、守戸二烟。同

或曰、高屋村城山、是也。明応中畠山尚慶築レ城

或曰、近年土民、発レ陵得二古代器物等一。

『前王廟陵記』では『延喜諸陵寮式』陵墓条から、安閑天皇陵は古市高屋丘陵で、場所は河内国古市郡にありとし、その規模や陵戸と守戸が置かれたことを記す。さらに或は曰として高屋村城山がこの陵にあたること、さらに近年土民が陵をあばき、古代の器物等を得たと記す。また高屋村城山は明応中に畠山尚慶が築城した場所であったとの考証がなされている。

松下見林は、山陵の荒廃の現状を世に知らしめようという意図のもと、旧記、故老の言、実地調査を踏まえて『前王廟陵記』を撰述し、元禄九年七月頃完成させ、同十一年に出版した。山陵に関する最初の成書であり、その後の山陵研究の基礎史料となった。(7)こうした陵墓関係書の出現は陵墓改修の気運を生み、幕府による元禄十年から数年かけた修陵事業を行わせたとされる。(8)

『前王廟陵記』にはガラス碗発見の記載はないが、ガラス碗の発見年次について検討した梅原末治氏は、出土した古代器物のなかにガラス碗の含まれていたことを想定している。(9)

次にガラス碗発見の経緯を記す史料が、大田南畝『一話一言』巻四六が引く「河内古市玉碗記」中の寛政八年四月付、聖護院宮に仕える国栖景雷の文章である。(10)

関係する概要は次のようである。河内国古市高屋丘陵村にある安閑天皇陵の地には、明徳の役時に畠山氏によっ

て高屋城が築かれた。天正の初めに織田信長の高屋城侵攻・廃城後、里長神谷の奴僕が御陵をあばいて玉盌を得、その後里長の家に百年余りあったあと西琳寺へ寄進された。また西琳寺には官符をはじめとした文書があり、寺の沿革をしるした縁起文のあることを言う。そして、速水宗達が仲介して西琳寺住持僧慧雲上人が聖護院宮盈仁親王に拝謁し、玉盌や文書を見せ、玉盌の筥の上には金泥で「御鉢」と書いて返却された。最後にこの内容を後世に伝えるために文章を書いたとする。

この国栖景雷の文と後に続く速水宗達の文は『一話一言』の引用で知られており、原本の所在は不明である。二人の文はガラス碗発見の経緯については最も詳しく、国栖景雷が言うようにガラス碗が発見され、京都の聖護院宮に見せるまでを後世に伝えるために記したもので、原本はガラス碗および付属する筥等の返却とともに、あるいは少し後で西琳寺に送られたと考えられる（後述）。

次に秋里籬島（選）『河内名所図会』巻之三には以下のようにある。(11)

向原山西琳寺 古市村にあり。初は向原寺といふ、後改て西林寺とも書す。真言宗南都西大寺に属す。

（中略）

玉碗 当山の什宝也。亘四寸、深サ弐寸八歩、巡リ底一面に星のごとく円形連なる。玉性分明ならず。これは今より八十年前洪水の時、安閑天皇陵の土砂崩れ落て、其中より朱など多く出てこれに交りて出るとなり。其地は村内田中何某といふ農家の持地なり。当寺に蔵む。

「名所図会」は、現地調査をふまえて、関連する地誌・紀行文を調べ、それらを整理して解りやすく書いた編纂物で、当時はガイドブックとしての性格も持っていた。(12)『河内名所図会』全六巻は、秋里籬島が編纂し、画を丹羽桃渓が描き、享和元年（一八〇一）に刊行された。秋里籬島は『河内名所図会』を書くにあたって河内の地理歴史に最も詳しい金剛輪寺の覚峰（一七二九～一八一五）を訪ね指導を受けている。(13)そのため『河内名所図会』は、学問的な内容をふまえた書であるとの評価がある。(14)

玉碗については、西琳寺の項に当山の什宝であること、その法量を口径四寸（約一二cm）、深さ二寸八歩（約八・五cm）とし、周囲と底一面に切子のある様子を記すも材質は明らかでないとする。そして今より八〇年前の洪水の時に安閑天皇陵の土砂が崩れて、朱などとともに玉碗が発見されたことを記す。出土場所は、村内（古市村）の田中何某という農家の土地であったという。

先の『一話一言』の引く「河内古市玉碗記」と比べると発見の経緯や年数が違い、場所も田中氏の農地とある。田中氏については、古市村においては荒れた高屋城跡を開墾し、江戸時代には庄屋を務めた一族として先の神谷氏とは同族と考えられる。(15) 発見の経緯については、異なる所伝があったとも考えられるが、秋里籬島が『河内名所図会』編纂にあたって指導を受けた金剛輪寺の阿闍梨覚峰は河内の地理歴史に詳しく、さらに国学に精通した上で河内の陵墓研究も行った人物でもあることから、(16) 出土の状況は改めて検討する余地がある。

『河内名所図会』西琳寺の項の出土の描写を見返すと、洪水の時に安閑天皇陵の土砂が崩れ落ちた時、朱など多く出てこれに交って出てきたと記している。これは石室等の空間から出土した状況を言っているとも考えられる。(17)

安閑天皇陵は現在陵墓として管理されているため発掘調査等は基本的に行えないが、墳丘の南側くびれ部付近に横穴室石室の可能性があり、(18) また江戸時代の修陵事業において作成された絵図類からは、後円部の頂の窪みの存在が知られている。(19)

これらの横穴式石室の存在の可能性や後円部の頂の窪みの存在は、『河内名所図会』の玉碗出土状況と合わせ考えると、ガラス碗のあった空間の存在を想像させる。

一九五〇年にガラス碗が再発見された際に実見した石田茂作氏、藤澤一夫氏、梅原末治氏のガラス碗表面の観察からは、「埦内壁に真珠色の風化の痕あり、嘗ての土中を思はせるが」（石田）、「所謂玉碗は実は白ガラス製でありまして、大体透明ですが細かい気泡を含み、色があると云へば微かなセピア色を帯びると云った感じです。（中略）内面は風化して真珠のような発色を示す部分が見られます。」（藤澤）、「土中の品で、面が若干風化しているゐる（中略）幾分セピアが、つた無色に近い玻璃自體の質」（梅原）とし、正倉院の白瑠璃碗との比較を行っている。

以上の三氏の言からは、安閑天皇陵から出土したと伝わるガラス碗について、正倉院の白瑠璃碗と比較して、破損箇所を漆で接着していることのほか、内面には真珠色の風化を認めている。[20] それは土中にあったためとしているが、二〇一九年に東京国立博物館で開催された『御即位記念特別展　正倉院の世界―皇室がまもり伝えた美―』で両碗が並べて展示された時、外側の表面の色調は安閑天皇陵のガラス碗も正倉院の白瑠璃碗と遜色ないものであった。内面の「真珠色の風化」は認められるものの、イラン等で出土した同様のカットガラスと比べても、安閑天皇陵のガラス碗は大きな破片に割れたものを漆で接着している以外は、透明感のあるガラス質が保たれているとの印象を持った。

以上の江戸時代におけるガラス碗発見に関わる基本的な史料からは、『前王廟陵記』より安閑天皇陵では元禄九年以前の近い時期に何等かの古代の器物が掘り出されていること、『一話一言』「河内古市玉碗記」は寛政八年に聖護院宮に玉碗等を見せた際の記録で、安閑天皇陵が中世に高屋城に組み込まれ、戦場となり荒廃した後の開墾作業で玉碗が発見され、百年余りの間、里の長の家にあった後に西琳寺に寄進されたことが記されている。一方『河内名所図会』では、玉碗は八〇年前の洪水の際に朱などとともに出土した経緯を記す。

ガラス碗の現状は、割れを漆で接着しているほか、表面の風化も認められるが、概してガラスの透明感を保っているように見える。安閑天皇陵（高屋築山古墳）には、横穴式石室の存在の可能性もあるので、長らく石室内の空間にあったとも考えられるのではないだろうか。

次に時代背景など別の視点からガラス碗の発見や西琳寺へ寄進された状況を知るため、当時の天皇陵への意識についてみていきたい。

（2）安閑天皇陵と江戸時代の修陵事業

安閑天皇が葬られた場所については、『日本書紀』に次のようにある。

安閑二年（五三五）十二月是月条（日本古典文学大系）

葬二天皇于河内旧市高屋丘陵一。以二皇后春日山田皇女及天皇妹神前皇女一。合二葬于是陵一。

安閑二年十二月に安閑天皇を河内国旧市（古市）の高屋丘陵に葬ったこと、皇后春日山田皇女と安閑の妹神前皇女もこの陵に合葬されていることを記す。現在、大阪府羽曳野市古市に所在する高屋築山古墳が、江戸時代の陵墓探索・修陵を経て、安閑天皇陵として治定され、墳丘及び周濠が宮内庁により管理されている。(21)

考古学の見地からも、文献史料にみえる所在地が河内国古市郡高屋であること、一九九二年に実施された宮内庁による調査において出土した埴輪や須恵器等の年代観から、古墳の築造は六世紀前半と考えられ、安閑二年に没した安閑天皇の墳墓として高屋築山古墳の可能性が高いことが認められている。(22)

安閑天皇陵と考えられる高屋築山古墳は、石川左岸の河岸段丘で独立丘陵の北端に築かれた、西に前方部を向ける前方後円墳で、古市古墳群南西群に位置する。墳丘長は一二二m、後円部径七八m、前方部幅一〇〇m、高さは後円部が一三m、前方部が一二・五mと僅かに後円部の方が高く、周濠は幅約一五mで全周している。(23)

中世には高屋築山古墳一帯は河内国守護であった畠山氏が高屋城を築き、第一郭（本丸）に高屋築山古墳が含まれた。天正三年（一五七五）に織田信長の河内攻めで破壊されて廃城となるまでの間、戦国期には三好一族をはじめ河内に勢力を延ばした群雄が支配の拠点とすべく争奪戦を繰り広げた場所であった(24)。

こうした中世の城としての利用のため、現在の高屋築山古墳は、本来の姿からは大きく変更が加えられていると考えられている。野上丈助氏によると、元禄二年六月の「河州古市郡絵図」には、高屋築山古墳は高屋城跡として描かれており、江戸時代になっても天皇陵よりも城跡として地元では定着していたことを指摘する。しかし元禄九年に著わされた松下見林『前王廟陵記』以降、荒廃した陵墓の修陵の機運が生まれたという(25)。

元禄十一年には幕府によって江戸時代最初の山陵修補が実施され、山陵を捜索した上で周垣を施し、薪や柴を採ることが禁じられた（『徳川実記』元禄十二年四月二十九日条）。費用は一切幕府の負担でまかなわれ、安閑天皇陵にも墳丘の一部に竹垣が施された(26)。この元禄の修陵以降に、各地の天皇陵に対する地元の意識が変化し、古市村においても天皇陵として周垣が施されたことで、安閑天皇陵としての意識が広まっていったと考えられる。

先に見た『一話一言』の引く「河内古市玉碗記」の寛政八年の国栖景雷の文には、信長の侵攻後に里長神谷の奴僕が御陵をあばき玉盌を獲たことに対して「実にあさましなどいわんもおろかならずや。」との言があることからも、天皇陵への意識の高さがうかがえる。また後述する東北大学附属図書館蔵「茶博士速水宗達稿本」のうち「御玉まりの説」には、古市村の住人である庄屋の言にも天皇陵から出土した玉碗に対しては、畏れ多いとの意識が読み取れる。少なくとも京都の宮門跡に仕える人物や村の庄屋層には、天皇陵の存在を認識した発言が寛政年間の史料にはみえる。

安閑天皇は、安閑二年に河内国旧市（古市）高屋丘陵に葬られ、現在大阪府羽曳野市古市に所在する高屋築山古墳が、考古学的見地からも、安閑天皇陵として可能性が高いことが認められている。中世には高屋丘陵に畠山氏の居城が築かれ、戦国期に河内支配の拠点として群雄により争奪戦が繰り広げられた。そのため高屋丘陵は古墳本来の姿から大きく変更が加えられ、江戸時代に入っても城跡としての認識が強い場所であった。しかし元禄年間の天皇陵の改修事業によって、墳丘の一部に周垣がほどこされ、地元においても天皇陵としての意識が芽生えたと考えられる。城跡の開墾作業で出土したガラス碗が西琳寺へ寄進されることとなったのは、こうした天皇陵に対する地元住人、特に庄屋層の意識変化が背景にあるのではないだろうか。

次に安閑天皇陵のガラス碗に関わる新たな史料から、江戸時代の古市村における具体的なガラス碗との関わりを追っていきたい。

二　ガラス碗発見に関わる新たな史料

（1）速水宗達『御玉まりの説』

先述の史料に加えてガラス碗発見に関わる史料として、東北大学附属図書館が所蔵する「茶博士速水宗達稿本（正・続）」五二九点のうちの一点『御玉まりの説』を紹介したい。[27] 表紙には「古文書5　61　速水宗達稿本　東北帝国大学図書」「№61」のラベルが付されており、表紙下端には「四十六」と記す下げ札が付けられている。法量は、縦二四・八㎝×横一七・九㎝で、表紙、裏表紙と三〇丁の本文からなる。本紙を袋綴じにして右側二点を紙縒りで綴じる。表紙、裏表紙をはじめ、裏紙（反故）を用いている場合が多い。

（2）ガラス碗の記述と図

河内国古市郡古市村西琳寺でのガラス碗実見の記録等は、六丁オモテから一二丁ウラにかけて記される。以下は本論に関係する部分を翻刻し、改行は原文通り、上には便宜的に一・二・三…の番号を付し、描かれた図の場所は【　】で明示した。七丁オモテの図の周りに記された文字については、図の上・下・横の位置の順に翻刻し、解読できていない文字は■で示している。

（六丁オモテ）

一　河内国古市郡古市村西琳寺什物
二　人王二十八代
三　安閑天皇　玉碗之圖面水晶ニて造之
四　　二十七代
五　継体天皇第一皇子也、御諱勾大《マカリヲ、》兄《ヘ》廣国押武《ヒロクニヲシタケ》
六　金日《カナヒ》ノ尊ト申奉ル、御母ハ国子《(ママ)》姫ト申、御年四十八
七　歳ニメ太子ニ立、六十九歳ニメ位ニ即玉フ、御在位
八　二年○甲寅正月都ヲ大和ノ勾金ノ橋ニうつす、金
九　橋の宮と称ス、○乙卯五月狭彦ヲ遣シ、新羅ヲ討、任那《ミマナ》
一〇　ヲ鎮《シツメ》、百済ヲ救、同十二月帝御年七十歳ニメ崩御

（六丁ウラ）

一一　河内旧《フル》市郡高屋ノ丘陵ニほうふり奉る
一二　　但甲寅即位ノ年ハもろこし梁武帝即位メ三十三年

一三　中大通六年甲寅ニアタレリ
一四　天皇崩御二年乙卯年ヨリ当寛政五丑年
一五　迄凡千弐百五十八年也、希棟古市村西琳寺
一六　ニテ拝見
一七　達曰、是応量器ト云モノコレナリ、但此
一八　玉碗他物ヲ盛ルモノニ非ス、人王茶ヲ入レ
一九　キコシメサレシナルベシ、酒飯トモニ不レ可レ盛ノ
二〇　ウツハナレリヲ、其処
二一　　　左ニ玉椀ノ形アリ可レ見

（七丁オモテ）

【玉碗の図】

（上）

二二　外ノ高サ弐寸八分
二三　内深サ弐寸三分半
二四　掛目凡百拾銭目
二五　大星形七ツ
二六　〆星形五段
二七　惣数合七十六

二八　大星ノワタリ
二九　小星ノワタリ
三〇　惣廿　二分ニ
三一　ヨハ也
（下）
三二　但十二ニワレアリ、尤も
三三　内一ツカケナシ
三四　此ツキ白キウルシ
三五　ニテツギアリ、
三六　但内ノソコ
【底の形の図】
三七　如此也
三八　尤黒ぬりになすハ
三九　此星をあらわさん
四〇　まルニ如此水晶
四一　なれハ、いとスキ
四二　ヤカナれリヲつたふ
四三　いかし美事とハ此なしと

四四　■〔良カ〕■■〱うつるなり

（横）

四五　外法三寸一分

四六　内法弐寸九分

四七　星ノ形廻り十八

四八　十八

四九　十八

五〇　十八

五一　七ツ

（七丁ウラ）

【玉碗の臺と蓋の図】

五二　玉碗之蓋圖

五三　此寸迄ニ不及

五四　玉碗臺ノ圖

五五　此足四ツ

（八丁オモテ）

五六　安閑天皇ノ玉碗ヲ河内国古市郡

五七　古市村高屋の陵よりあやまりて掘出

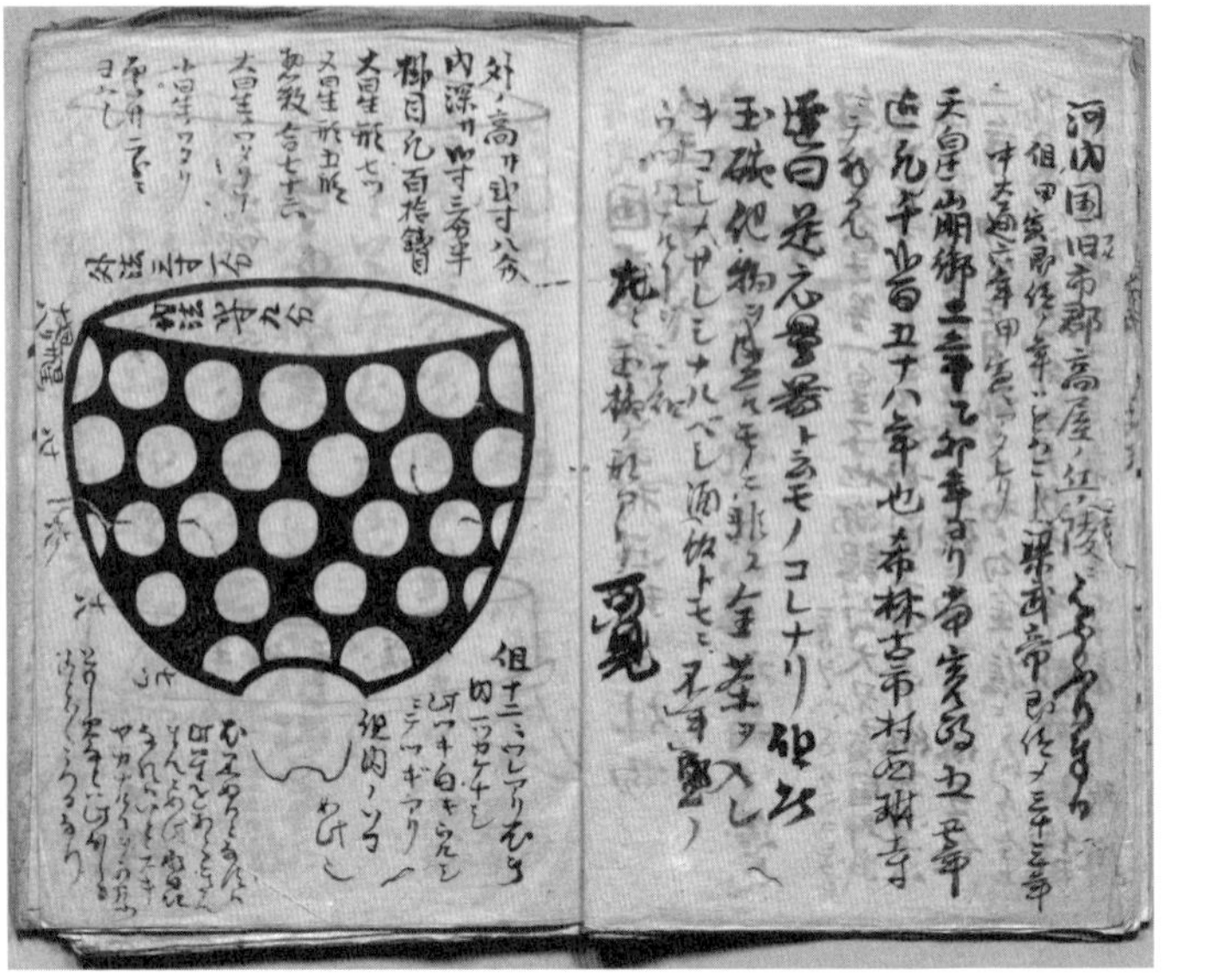

『御玉まりの説』（東北大学附属図書館蔵）6丁ウラ・7丁オモテ　翻刻 11 ～ 51

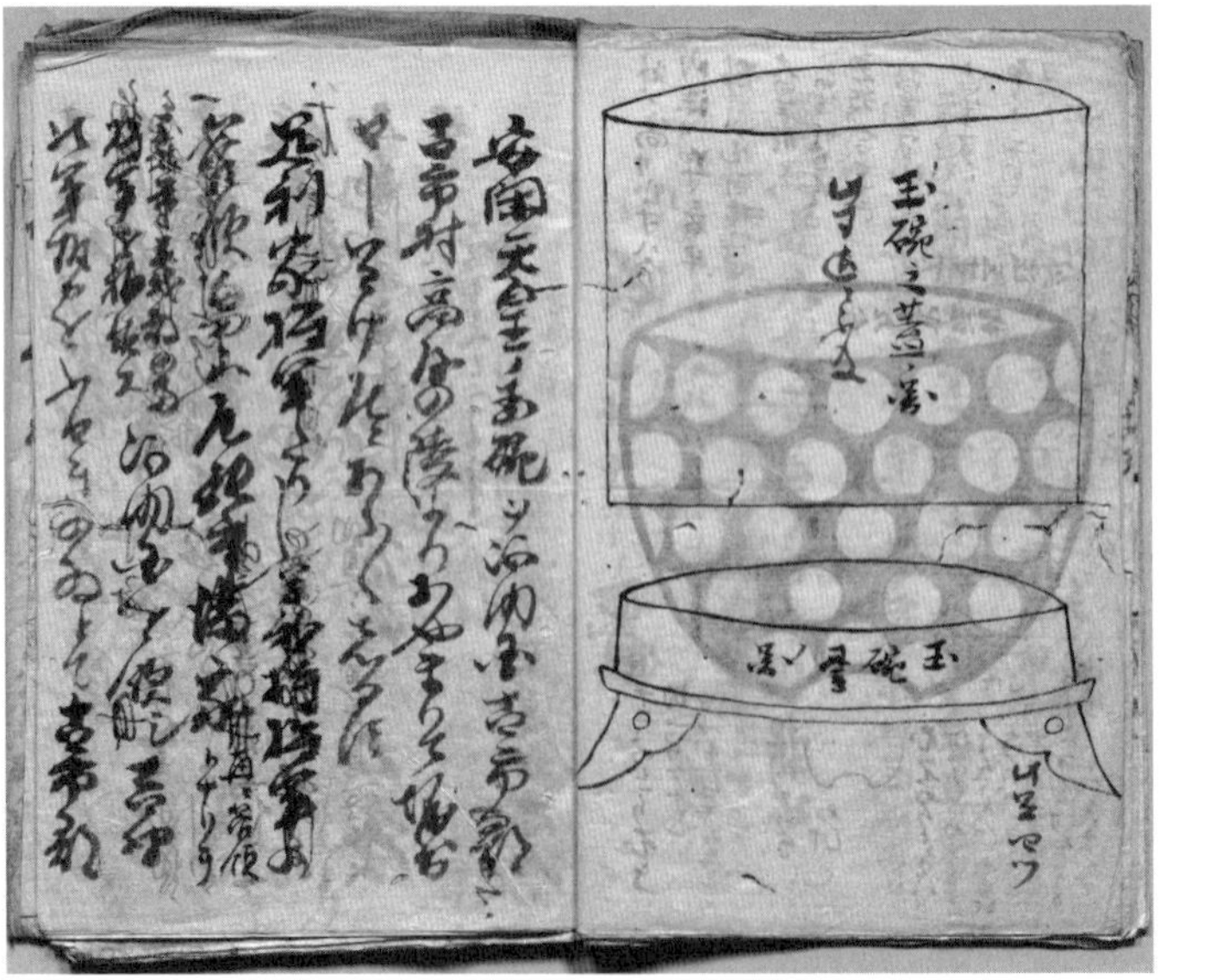

『御玉まりの説』（東北大学附属図書館蔵）7丁ウラ・8丁オモテ　翻刻 52 ～ 58

五八　せしいわけ、左ニあら〱しるす
（中略）
五九　⊠時ニ其比、古市郡ニ楠ノ族、田中の何某
（一〇丁オモテ）
六〇　いふ豪民アリヨリ、落城の後、此辺
六一　一圓田中何某支配して、民家并田畑
六二　等をかまふるを主か、其時家僕の下民
六三　其畔〃をくハかへし、田畑をつくるニ
六四　よて、あやまりて御陵をあはきはからす
六五　此玉碗を掘出セり、やかて主人ニ差而
六六　奉る、田中源左衛門之これハいかなる
（一〇丁ウラ）
六七　ものか■■掘等、いつかたヨリ掘出セリ
六八　と、其処を尋るニ、かの天皇の廟陵也
六九　よて大ニ恐れ其外ニ少くもいろふ事
七〇　なかれ〇「トセイシ」後やの者、其侭ニしてさし置かへし
七一　と今ニ其趣也あり右其外ハ■本ヨリ、今大きなる木筥入
七二　おかるま、、のこれり　（中略）

（一一丁オモテ）

七三　（中略）よて家ニ秘しつたふ

七四　事凡百有余年通し、此の田中の主人

七五　つら〳〵おもふニ、かゝる尊貴の御玉まりを

七六　儘家ニつたふ事、恐れありときこへ、（中略）

七七　（中略）同村ニふるかる

七八　精舎ニ西琳寺といふあり、当時は

七九　真言宗ニ属○「サン」西大寺を本地寺トス

（一一丁ウラ）

八〇　幸此寺ニ奇《（ママ）》附セり■れ■して、予

八一　か拝見をなせし、此までも凡百有

八二　余年ニ及ふといふ、則予庄屋田中

八三　源左衛門、又一族森田三郎左衛門此人ハ知、

八四　畠山家臣ナリ○両人とも二今なへて古市村のしといふなり、一人ニて庄屋を務め、家々と称ス

八五　同道ニて、宗温とともニついて拝しぬ、

（中略）

（一二丁ウラ）

八六　玉碗并ふる寺の書物等をことく〳〵

八七　予ニ施京都ニおくる、よて
八八　聖護院宮盈人奉仕秘書ニあつく
八九　御たのみ申セハ、奉入尊覧奉候、（後略）

一〜三は、当時西琳寺の什物であった安閑天皇の玉碗に関わる文章の冒頭にあたる。筆者である速水宗達は、ガラス碗の材質を水晶と考えたようだ。

四〜一六では、安閑天皇の即位や在位中の出来事、崩御のこと等を書いた上で、即位の年は梁武帝即位三十三年の中大通六年にあたること、崩御の年から「当寛政五丑年」まで凡そ一二五八年となることを言い、「希棟」（速水宗達）は古市村西琳寺で（玉碗／ガラス碗を）拝見したことを記している。この記述から速水宗達によるガラス碗の実見は寛政五年のことと考えられる。

二一〜五一では、「左ニ玉椀ノ形アリ可レ見」としてガラス碗の図を描き、その上・下・横にガラス碗の法量や切子の数、割れている現状や実見した印象等を書きつけている。ガラス碗の法量は、高さ二寸八分（約八・五cm）、深さ二寸三分半（約七・二cm）、重さはおおよそ一一〇匁（約四一三g）とする。現在公開されている高さは八・二cm、重さは四〇九・二gであるので、近い値を記している。[28]ガラス碗の円形切子については、「大星形七ッ」「〆星形五段」「惣数合七十六」とあり、大星形七つは最下段の七つの切子を指すかと思われ、総数については「七十六」とするが、五段の切子数は実際七九個を数える。

下段には、一二に割れているが一つも欠けのないこと、割れは「白キウルシ」にして継いであることを記す。また図を黒く塗っていることについて、「此星をあらわさんまルニ如此水晶なれハ、いとスキヤカナレリヲつたふ」

とし、水晶と考えた切子の透明感を伝えるためだとしている。また底の凹状の形を図示している。そしてガラス碗の図に接して外法三寸一分（約九・四㎝）、内法二寸九分（約八・八㎝）、星は側面上から四段で一八、最下段に七つを数える。外法と内法は口径の外と内と考えられるので、口径一二・一㎝とされる現在計測された数値からは少々小さい値を記す(29)。

玉碗の図に続いて、翻刻では五二〜五五にあたる箇所に玉碗の臺と蓋の図を描いている。現在もガラス碗に付属する円筒形の漆塗りの筥である。

五六〜七二は、玉碗を安閑天皇陵から掘り出した経緯等を記す。翻刻では中略しているが中世の高屋城の築城から織田信長によって城が亡灰したことを述べ、五九〜七二で落城の後に一円を支配した豪民として田中氏をあげ、あたりを開墾し田畑をつくろうとしていた最中に誤って御陵をあばき、玉碗を掘り出してしまったことを記す。掘り出した人物が主人である田中源左衛門に天皇の廟陵から掘り出した旨を伝えると、源左衛門は、「大ニ恐れ其外ニ少くもいろふ事なかれ」と制し、そのまま家に秘し伝えた話を載せる。また大きな「木筥」に入って残っているとも記す。この大きな「木筥」というのは、現在もガラス碗と共に伝わる墨書のある方形の木箱と考えられ、寛政五年の時点では、この木箱にガラス碗は収納されていた。

七三〜八五は、玉碗を家に秘し伝えること百余年となり、田中氏の主人はこのような尊貴の玉碗を家に伝えることを恐れ、西琳寺に寄附したこと、そこで速水宗達は田中源左衛門および一族の森田三郎左衛門と同道にて息子の宗温とともに玉碗を拝見したことを言う。そして西琳寺に寄進されてからも百有余年に及ぶとも言う。

本くだりの最終にあたる八六〜八九で、西琳寺の住持が玉碗と寺が所蔵する書物（文書類か）を速水宗達に預けて京都に送り、宗達が聖護院宮盈人親王に仕える秘書（国栖景雷）に熱心に依頼して尊覧に入ったと記す。その後に続く一三丁オモテ～二三丁オモテにかけて『一話一言』にも引かれる国栖景雷の文章とほぼ同じ内容を載せ、自身の文章も頼まれて断りがたく書いたとして続けて載せ、これら文章を西琳寺へ送ったと記す。さらに西琳寺の由緒や安置される仏像、所蔵の文書等を記し、中世の城であった歴史も記し、本史料の末尾近く、二九丁オモテ・ウラにかけて天正の信長侵攻後に高屋城が廃城になり、天皇陵があばかれた（玉碗の発見を言うか）のは天正元年と想定した上で、寛政五年までは二二一年に及ぶと述べ、二二一年間の半ば、百十年ばかり西琳寺に納まっていると考証を加えている。信長の侵攻による高屋城の廃城は、天正三年であるので、天正元年は正確な年代ではないが、ガラス碗が掘り出されたのは、この廃城から、そう時を経ない時期であったと読み取れる。

これまでは、ガラス碗は『前王廟陵記』が完成した元禄九年に近い過去に地元住民により掘り出されたと推測されていた。(30) また西琳寺への寄進は、付属の木箱の墨書に「神谷家九代源左エ門正峯　西琳寺寄進」とあることから、この「源左衛門正峯」（一七三九～一七八二）が寄進したとみて、自身もそのように理解していた。(31)

しかし『一話一言』の引く「河内古市玉碗記」の文や、今回の速水宗達の記録を素直に読めば、天正年中の荒廃した城跡開墾によりガラス碗は発見され、百年余りの間、庄屋のもとに置かれた後に西琳寺へ寄進されたと記されている。寄進は寛政五年から百年余り前と言い、ちょうど元禄年間にあたる。その時期は幕府による修陵事業によって、天皇陵への意識が高まった時期である。また木箱の墨書も、ガラス碗の寄進ではなく、木箱を新たに寄進したと読むことも出来るように思われる。

おわりに

以上で述べてきたことをガラス発見の経緯や状況を中心にまとめると次のようになる。

一、『一話一言』が引用する「河内古市玉碗記」より河内国古市郡古市に所在する安閑天皇陵は、中世には高屋城の一部として戦場となり荒廃した。その後荒廃した土地の開墾を主導した神谷氏（田中氏）のもとで、ガラス碗が掘り出され、百年余りその家にあったあと、西琳寺に寄進された。

二、『河内名所図会』の西琳寺にある玉碗出土の経緯は、洪水の際に朱などとともに出土したと記す。ガラス碗は現状では、割れた痕を漆で継いでおり、表面には風化の痕がみられるも、ガラスの透明感は失われておらず、『河内名所図会』の記述と合わせ考えると、石室などの空間に長らくあった可能性がある。

三、安閑天皇陵は中世に高屋城であったことが江戸時代に入っても地元では強く記憶され、天皇陵としては、元禄年間の幕府による修陵事業の後に、畏れ多いとの意識が広まっていったと考えられる。ガラス碗の西琳寺への寄進は、天皇陵への意識の変化の影響があるのではないだろうか。

四、ガラス碗に関わる新史料、東北大学附属図書館が所蔵する速水宗達「御玉まりの説」の内容をみていくと、寛政五年に西琳寺でガラス碗を実見した速水宗達は、その法量や観察所感を詳細に記す。さらに高屋城落城後に一円を支配し開墾した田中氏のもので、御陵をあやまって発き、玉碗を掘り出した話を現地で聞いている。玉碗は当主であった田中源左衛門家で「大ニ恐れ」「いろふ事なかれ」とし、秘し伝えられた。しかし百年余りたった後、当時の主人が尊貴の玉碗を伝えることを恐れ、西琳寺に寄附したとする。そして、西琳寺に蔵されて百年余りたった寛政五年に速水宗達のガラス碗実見となる。

「御玉まりの説」を記した速水宗達（一七三九～一八〇九）は、聖護院宮盈仁親王やその兄である光格天皇など、江戸時代後期の宮廷社会と関係深い京都の茶人である。[32]光格天皇は、朝儀の再興・復古に取り組んだ天皇として知られ、寛政度の御所再建にあたっては、紫宸殿と清涼殿が平安時代の様式に復古するなど、その意向を実現している。[33]

安閑天皇陵から出土したガラス碗についても、速水宗達が現地調査の上、詳細な調査ノートを残した背景には、当時の宮廷社会からの要望があったと考えられる。ガラス碗に付された速水宗達の文章には、「我師友の高橋若狭守宗直朝臣」から醍醐天皇などはどのような器で茶を飲んでいたのか問われ、考証を重ねるなかで、安閑天皇陵から見つかったガラス碗にも行き当たったことを記す。高橋宗直は御厨子所預として仕え、『集古図』等で知られる藤貞幹も儀式故実や料理法を学んだ人物である。[34]高橋宗直と速水宗達との関わりからは、儀式故実や料理法に付随して、天皇やそれに連なる人々が用いた器等にも関心や見識のあったことが推測される。

今回紹介した東北大学附属図書館が所蔵する速水宗達「御玉まりの説」には、ガラス碗の図とともに高さ・口径・重さ・切子の数等の詳細データが記され、それは寛政五年に河内国古市郡古市の西琳寺での実見に基づいていた。京都の聖護院宮が実見した寛政八年以降に安閑天皇陵から出土した「玉碗」として広く世間に知られたガラス碗であるが、現地に赴き確実に実見した記録として本史料の内容は貴重である。

注

（1）江戸時代に出土し、その後西琳寺の所蔵に帰したガラス碗は、明治以降行方不明となっていたが、一九五〇年に再発見され、その後東京国立博物館の所蔵となった。再発見の経緯等については、加藤三之雄「「玉碗」顛末記」

（『羽曳野史』三、一九七八年）、徳田誠志「「伝安閑天皇陵出土ガラス碗」再発見の経緯と東京国立博物館への収蔵について―加藤三之雄教授（第二代社会学部長）の関与―」（『関西大学博物館紀要』二六、二〇二〇年）参照。

（2）「正倉院宝物　白瑠璃碗」「重要文化財　白瑠璃碗」解説（東京国立博物館ほか編『御即位記念特別展　正倉院の世界―皇室がまもり伝えた美―』二〇一九年）一八八・一八九頁。

（3）濱田義一郎ほか編『大田南畝全集』一五（岩波書店、一九八七年）一八八～一九一頁、藤澤一夫「玻璃碗の驚異」（『あしかび』一、一九五一年）。

（4）徳田誠志「コラム　好古家が記録した白瑠璃碗」（国立歴史民俗博物館『企画展示　いにしえが、好き！―近世好古図録の文化誌―』二〇二〇年）。

（5）並河暢子「伝安閑天皇陵出土のガラス碗」（西本昌弘編『日本古代の儀礼と神祇・仏教』塙書房、二〇二〇年）。

（6）早稲田大学図書館「古典籍データベース」。

（7）阿部邦男「松下見林著『前王廟陵記』の成立と後世への影響」（『皇学館論叢』二八―五、一九九五年）。

（8）野上丈助「安閑陵と築山古墳をめぐる覚書」（『羽曳野史』一、一九七六年）。

（9）梅原末治「安閑陵出土の玻璃碗に就いて」（『史迹と美術』二〇九、一九五一年）。

（10）濱田義一郎ほか編『大田南畝全集』一五（岩波書店、一九八七年）一八八～一九一頁。

（11）秋里籬島『河内名所図会』（版本地誌体系四）（臨川書店、一九九五年）一八三～一八七頁。

（12）名古屋市博物館編『名所図会の世界』（一九八八年）六～八頁。

（13）白井繁太郎「阿闍梨覚峰の傳」（『羽曳野史』四、一九七九年）。

（14）注（8）野上論文。

（15）注（5）並河論文。

（16）注（13）白井論文、注（8）野上論文。

（17）関西大学客員教授徳田誠志先生の示唆による。

（18）末永雅雄『古墳の航空大観』（学生社、一九七五年）九四・九五頁、笠井敏光「安閑天皇陵」（『「天皇陵」総覧』

新人物往来社、一九九四年）。
（19）吉澤則男「高屋築山古墳」（羽曳野市史編纂委員会編『羽曳野市史』三　史料編一、羽曳野市、一九九四年）。
（20）石田茂作「西琳寺白瑠璃埦」（『考古学雑誌』三六―四、一九五〇年）、藤澤一夫「安閑天皇陵発見の白瑠璃碗」（『史迹と美術』二〇七、一九五〇年）、注（9）梅原論文。
（21）笠井敏光「安閑天皇陵」（『「天皇陵」総覧』新人物往来社、一九九四年）では、高屋築山古墳が安閑天皇陵に治定されたのは文久三年（一八六三）とする。
（22）注（21）笠井論文、注（19）吉澤論文。
（23）天野末喜「高屋築山古墳（高屋城山古墳・伝安閑天皇陵古墳）」（近藤義郎編『前方後円墳集成』近畿編、山川出版、一九九二年）、注（19）吉澤論文、北山峰生「高屋築山古墳（現安閑天皇陵）の立入り観察」（『ヒストリア』二七三、二〇一九年）。
（24）中田佳子「戦国の城・河内高屋城」（井上薫編『大阪の歴史と文化』和泉書院、一九九四年）、同「近世史料による河内高屋城の復元」（『ヒストリア』一四六、一九九五年）。
（25）注（8）野上論文。
（26）藪田貫「幕府の山陵改修」（羽曳野市史編纂委員会編『羽曳野市史』二本文編二、羽曳野市、一九九八年）、注（8）野上論文。
（27）京都三条寺町にあった書肆・開益堂の細川清助氏から一九三九年三月に東北大学附属図書館が購入した資料群。杉本欣久「速水宗達写『竜宝山大徳寺境内并諸塔頭雑記』大徳寺塔頭に関する絵画の筆者と諸情報」（『東北大学大学院文学研究科　美術史学講座研究紀要　美術史学』四二、二〇二一年）。
（28）「重要文化財　白瑠璃碗」解説（東京国立博物館ほか編『御即位記念特別展　正倉院の世界―皇室がまもり伝えた美―』二〇一九年）一八九頁。
（29）注（28）図録参照。
（30）注（9）梅原論文。

(31)　注（3）藤澤論文。
(32)　神原邦夫「速水家の茶書」（『茶道学大系一〇　茶の古典』淡交社、二〇〇一年）、井川健司「速水宗達点描」（岡山県立博物館編『流祖二百回忌記念速水流と岡山』速水滌源居、二〇〇八年）。
(33)　藤田覚『光格天皇』（ミネルヴァ書房、二〇一八年）五五〜一四五頁。
(34)　吉澤義則「藤貞幹に就いて」（『国語説鈴』立命館出版部、一九三一年）。

執筆者紹介（五〇音順）

【編者】※略歴は奥付に記載

西本昌弘（にしもと まさひろ）

家村光博（いえむら みつひろ） 元関西大学東西学術研究所非常勤研究員。日本古代史。〔主な著作〕「行基の比賣嶋堀川と鷺嶋堀川」（『史泉』一二八、二〇一八年）・「行基と次田堀川」（『日本歴史』八八六、二〇二二年）

市 大樹（いち ひろき） 大阪大学大学院人文学研究科教授。日本古代史。〔主な著作〕『飛鳥藤原木簡の研究』（塙書房、二〇一〇年）・『日本古代都鄙間交通の研究』（塙書房、二〇一七年）・『日本古代の宮都と交通―日中比較研究の試み―』（塙書房、二〇二四年）

小倉慈司（おぐら しげじ） 国立歴史民俗博物館研究部教授、総合研究大学院大学先端学術院教授。日本古代史・史料学。〔主な著作〕『天皇の歴史9 天皇と宗教』（共著、講談社、二〇一八年）・『事典 日本の年号』（吉川弘文館、二〇一九年）・『古代律令国家と神祇行政』（同成社、二〇二一年）

鴨野有佳梨（かもの ゆかり） 関西大学非常勤講師、大阪国際中学校高等学校非常勤講師。日本古代史。〔主な著作〕「陽成譲位儀式と光孝の即位」（『古代史の研究』一六、二〇一〇年）・「阿衡の紛議の経過についての再検討―改正詔書宣布日に関する憶説―」（『史泉』一一九、二〇一四年）・「阿衡の紛議における『奉昭宣公書』」（『日本歴史』八一六、二〇一六年）

櫻木 潤（さくらぎ じゅん） 高野山大学文学部密教学科准教授。日本古代史。〔主な著作〕「最澄撰『三部長講会式』にみえる御霊」（『史泉』九六、二〇〇二年）・「空海の僧都補任をめぐって―伝記史料からみた大僧都補任年次と僧綱登用の背景―」（『密教学研究』四八、二〇一六年）・「義浄撰述書からみた求法僧の動向―海洋交易路による求法と南海諸国―」（『密教文化』二四四、二〇二〇年）

笹田遥子（ささだ ようこ） 斎宮歴史博物館学芸員。日本古代史。〔主な著作〕「成立期の斎院司長官」（西本昌弘編『日本古代の儀礼と神祇・仏教』塙書房、二〇二〇年）・「賀茂斎院制度の成立」（『ヒストリア』二九五、二〇二二年）

鈴木景二（すずき　けいじ）　富山大学学術研究部人文科学系教授。日本古代史。〔主な著作〕「都鄙間交通と在地秩序―奈良・平安時代の仏教を素材として―」（『日本史研究』三七九、一九九四年）・「北陸道の交通と景観」（鈴木靖民ほか編『日本古代の道路と景観―駅家・官衙・寺―』八木書店、二〇一七年）・「仮名書き土器」（吉村武彦ほか編『墨書土器と文字瓦―出土文字史料の研究―』八木書店、二〇二三年）

鈴木拓也（すずき　たくや）　近畿大学文芸学部教授。日本古代史。〔主な著作〕『古代東北の支配構造』（吉川弘文館、一九九八年）・『戦争の日本史3　蝦夷と東北戦争』（吉川弘文館、二〇〇八年）・『東北の古代史4　三十八年戦争と蝦夷政策の転換』（編著、吉川弘文館、二〇一六年）

高田義人（たかだ　よしひと）　宮内庁書陵部編修課長。日本古代史。〔主な著作〕『陰陽道関係史料』（共編著、汲古書院、二〇〇一年）・『平安貴族社会と技能官人』（同成社、二〇二〇年）・「平安時代の技能官人―諸道を中心に―」（『歴史評論』八八六、二〇二四年）

田島　公（たじま　いさお）　東京大学名誉教授。京都府立京都学・歴彩館（京都学推進課）京都学特任研究員。日本古代史。〔主な著作〕『禁裏・公家文庫研究』一～八（編著、思文閣出版、二〇〇三・〇六・〇九・一二・一五・一七・二〇・二二）・『蔵書目録からみた天皇家文庫史―天皇家ゆかりの文庫・宝蔵の目録学的研究―』（塙書房、二〇二四年）

並河暢子（なびか　ようこ）　関西大学非常勤講師。日本古代史。〔主な著作〕「伝安閑天皇陵出土のガラス碗」（西本昌弘編『日本古代の儀礼と神祇・仏教』塙書房、二〇二〇年）・「関西大学図書館所蔵の野里梅園『摽有梅』と大田南畝の序文について」（『関西大学博物館紀要』三〇、二〇二四年）

二星祐哉（にぼし　ゆうや）　滝川第二中学・高等学校教諭。日本古代史。〔主な著作〕「七、八世紀における山陵奉幣と荷前別貢幣の成立」（『ヒストリア』二二九、二〇一一年）・「古代国家における陵墓歴名の成立とその変遷―『延喜式』陵墓歴名の分析を手がかりに―』（『史学雑誌』一二八―一二、二〇一九年）・『古代王権の正統性と国忌・荷前』（塙書房、二〇二三年）

藤井貴之（ふじい　たかゆき）　東大谷高等学校教諭。日本古代史。〔主な著作〕「位禄定の成立からみる官人給与の変質」（『ヒストリア』二五九、二〇一六年）・「平安前期における地方財政の環境と政策」（『続日本紀研究』四二八、二〇二二年）・「九世紀における鞠智城倉庫群の基礎的考察」（『鞠智城と古代社会』一一、二〇二三年）

山内晋次（やまうち　しんじ）　神戸女子大学教授。日本古代・中世国際交流史・海域アジア史。〔主な著作〕『奈良平安期の日本とアジア』（吉川弘文館、二〇〇三年）・『海域アジア史研究入門』（共編著、岩波書店、二〇〇八年）・『日宋貿易と「硫黄の道」』（山川出版社、二〇〇九年）

山口哲史（やまぐち　あきふみ）　関西大学等非常勤講師、関西大学東西学術研究所非常勤研究員。日本古代史・寺院史。〔主な著作〕「四天王寺五重塔壁画に関する基礎的考察」（西本昌弘編『日本古代の儀礼と神祇・仏教』塙書房、二〇二〇年）・「平安時代四天王寺における天台宗の受容―法隆寺との比較を通じて―」（『関西大学東西学術研究所紀要』五四、二〇二一年）・「奈良・平安初期の四天王寺における資財形成と東アジア」（西本昌弘編『都市と宗教の東アジア史』〈アジア遊学二八〇〉勉誠出版、二〇二三年）

姚　晶晶（よう　しょうしょう）　中国南通大学外国語学院専任講師。日本古代史・典籍史。〔主な著作〕「『唐暦』の成立と日本伝来について―『明文抄』所引の逸文を中心に―」（『古代史の研究』一九、二〇一五年）・「『諸道勘文 神鏡』所引『唐暦』新出逸文について―唐代の九鼎、渾天儀の制度を中心に―」（『古代文化』七一―四、二〇二〇年）

若井敏明（わかい　としあき）　関西大学非常勤講師。日本古代史。〔主な著作〕『邪馬台国の滅亡―大和王権の征服戦争―』（吉川弘文館、二〇一〇年）・『仁徳天皇』（ミネルヴァ書房、二〇一五年）・『謎の九州王権』（祥伝社、二〇二一年）

【編　者】
西本 昌弘（にしもと まさひろ）
関西大学文学部教授。日本古代史。
〔主な著作〕
『日本古代の王宮と儀礼』（塙書房、2008 年）
『飛鳥・藤原と古代王権』（同成社、2014 年）
『空海と弘仁皇帝の時代』（塙書房、2020 年）
『平安前期の政変と皇位継承』（吉川弘文館、2022 年）
『新撰年中行事』（編著、八木書店、2010 年）他多数。

日本《にほん》古代《こだい》の儀礼《ぎれい》と社会《しゃかい》

2024 年 10 月 10 日　初版第一刷発行　　定価（本体 10,000 円＋税）

編　者　西　本　昌　弘
発行所　株式会社　八木書店出版部
代表　八　木　乾　二
〒101-0052 東京都千代田区神田小川町 3-8
電話 03-3291-2969（編集）-6300（FAX）
発売元　株式会社　八　木　書　店
〒101-0052 東京都千代田区神田小川町 3-8
電話 03-3291-2961（営業）-6300（FAX）
https://catalogue.books-yagi.co.jp/
E-mail pub@books-yagi.co.jp

印　刷　精興社
製　本　牧製本印刷
用　紙　中性紙使用

ISBN978-4-8406-2604-0